»Es handelt sich bei der vorliegenden Bibliographie um ein informationsreiches und bibliographisch exakt gearbeitetes Werk, welches ... Eingang in die Handbibliothek jedes Historikers finden dürfte. Das Bücherverzeichnis wird sich im akademischen Lehrbetrieb als außerordentlich nützlich erweisen und sollte vorbildlich sein für die eigene bibliographische Arbeit der Studierenden.«
Harro Kieser (Deutsche Bibliothek) in der ›Zeitschrift für Bibliothekswesen und Bibliographie‹

Winfried Baumgart, geboren 1938 in Streckenbach/Schlesien, ist Ordinarius für Neueste Geschichte an der Universität Mainz. Zahlreiche Veröffentlichungen zur Geschichte des 19. und 20. Jahrhunderts, u. a.: ›Deutsche Ostpolitik 1918‹ (1966), ›Von Brest-Litovsk zur deutschen Novemberrevolution‹ (Hrsg., 1971), ›Der Friede von Paris 1856‹ (1972; 2. Aufl. 1981), ›Deutschland im Zeitalter des Imperialismus‹ (1973; 5. Aufl. 1986), ›Vom Europäischen Konzert zum Völkerbund‹ (1973; 2. Aufl. 1987), ›Der Imperialismus‹ (1975; 2. Aufl. 1982), ›Quellenkunde zur deutschen Geschichte der Neuzeit‹ (1977 ff.), ›Akten zur Geschichte des Krimkriegs‹ (Hrsg., 1979 ff.) ›Europäisches Konzert und nationale Bewegung. Internationale Beziehungen 1830–1878‹ (1999).

Winfried Baumgart
Bücherverzeichnis zur deutschen Geschichte

Hilfsmittel · Handbücher · Quellen

Deutscher Taschenbuch Verlag

15., durchgesehene und erweiterte Auflage Juli 2003
© Deutscher Taschenbuch Verlag GmbH & Co. KG München
www.dtv.de
Das Werk ist urheberrechtlich geschützt.
Sämtliche, auch auszugsweise Verwertungen bleiben vorbehalten.
Umschlagkonzept: Balk & Brumshagen
Gesamtherstellung: Druckerei C. H. Beck, Nördlingen
Gedruckt auf säurefreiem, chlorfrei gebleichtem Papier
Printed in Germany · ISBN 3-423-34043-6

Vorwort

Die vorliegende Bücherkunde erschien zunächst als ›Bibliographie zum Studium der Neueren Geschichte‹ im Rotaprint-Verfahren, Bonn 1969. Diese Bibliographie war rasch vergriffen. Eine völlige Neubearbeitung unter Einbeziehung der mittelalterlichen Geschichte und Kürzungen im Quellenteil wurde dann in der Ullstein-Taschenbuchreihe ›Deutsche Geschichte. Ereignisse und Probleme‹ als Band 14, Frankfurt a.M. 1971, veröffentlicht; ihre 4. Auflage von 1978 war 1980 vergriffen. Seit der 5. Auflage erscheint das Bücherverzeichnis im Deutschen Taschenbuch Verlag. Um unnötige Verwechslungen zu vermeiden, wurde der Titel beibehalten und die Auflagenzählung fortgeführt.
Das Bücherverzeichnis wird ergänzt durch die nun fertig gewordene »Quellenkunde zur deutschen Geschichte der Neuzeit« (vgl. unten S. 156).
Die Titelaufnahme, bei der möglichste Genauigkeit und Vollständigkeit angestrebt wurde, erfolgte in Anlehnung an die »preußischen Instruktionen« von 1909 und an die »Regeln zur allgemeinen Katalogisierung«.
Nach wie vor bin ich jedem Benutzer für Hinweise dankbar, die in einer Neuauflage berücksichtigt werden sollten.
Die vorliegende 15. Auflage wurde gründlich revidiert. Da etliche neue Titel aufgenommen wurden und der Umfang möglichst nicht erhöht werden sollte, wurde in einigen Fällen die Bandauflistung von mehrbändigen Werken aufgegeben; sie ist heute über das Internet einfacher zu ermitteln, als das früher der Fall war.

Mainz, im Februar 2003   Winfried Baumgart

Inhalt

Vorwort 5

I. Einführungen in das Studium der Geschichte 11
   1. Allgemeine Einführungen 11
   2. Einführungen in das Studium der mittelalterlichen Geschichte 13
   3. Einführungen in das Studium der neueren Geschichte 13

II. Hilfsmittel zum wissenschaftlichen Arbeiten 14

III. Allgemeine Bibliographien 15
   1. Handbücher 15
   2. Nationalbibliographien 16

IV. Bibliographien der Hochschulschriften und Festschriften 20

V. Bibliographien der Zeitschriftenliteratur 22
   1. Allgemein 22
   2. Zur Geschichte 23

VI. Bibliographien zur Geschichte 24
   1. Allgemein 24
   2. Bibliographien zur deutschen Geschichte 28
   3. Bibliographien zur außerdeutschen Geschichte 31
      a) England 31
      b) Vereinigte Staaten 33
      c) Frankreich 33
      d) Italien 34
      e) Spanien 35
      f) Rußland 35
      g) Nordeuropa 36
      h) übriges Westeuropa 37
      i) übriges Südost- und Osteuropa 38

VII. Lexika 41
   1. Enzyklopädien, Konversationslexika 41
   2. Sachlexika 43
      a) Altertums-, Volkskunde 43
      b) Theologie, Kirchengeschichte 44
      c) Konkordanzen 45
      d) Wörterbücher (Mittelalter) 46
      e) Verfassungs-, Sozial-, Wirtschafts- und Rechtsgeschichte .. 47
   3. Sachwörterbücher zur Geschichte 49

VIII. Biographische Hilfsmittel ... 52
1. Internationale Biographien ... 52
   a) Ältere Sammlungen ... 52
   b) Moderne Kompendien ... 52
2. Nationalbiographien ... 53
3. Spezielle biographische Nachschlagewerke ... 55

IX. Handbücher zur allgemeinen Geschichte ... 59
1. Welt- und Universalgeschichte ... 59
   a) französischsprachig ... 59
   b) deutschsprachig ... 64
2. Europäische Geschichte ... 68
   a) deutschsprachig ... 68
   b) englischsprachig ... 70
3. Deutsche Geschichte ... 72
4. Englische Geschichte ... 80
5. Amerikanische Geschichte (USA) ... 81
6. Französische Geschichte ... 82
7. Italienische Geschichte ... 84
8. Spanische Geschichte ... 85
9. Russische Geschichte ... 87

X. Handbücher und Hilfsmittel der historischen Hilfswissenschaften ... 89
1. Historische Geographie ... 89
2. Chronologie ... 91
3. Genealogie ... 92
4. Paläographie ... 97
5. Diplomatik ... 99
6. Sphragistik ... 100
7. Heraldik ... 101
8. Numismatik ... 103
9. Akten- und Archivkunde ... 104
   Inventare ... 105
   Gedruckte Repertorien (Findbücher) ... 107

XI. Handbücher von Teildisziplinen und Nachbargebieten der Geschichte ... 110
1. Kirchen- und Kirchenrechtsgeschichte ... 110
2. Rechts-, Verfassungs- und Verwaltungsgeschichte ... 111
3. Völkerrecht ... 115
4. Kriegs- und Militärgeschichte ... 115
5. Wirtschafts- und Sozialgeschichte ... 116
6. Geschichtliche Landeskunde und Landesgeschichte ... 121
7. Politische Ideengeschichte ... 124
8. Politische Wissenschaft ... 125
9. Publizistik ... 126
10. Kulturgeschichte ... 127

	11. Literaturgeschichte (Mittelalter)	127
	12. Kunstgeschichte	129
	13. Technikgeschichte	130
XII.	Geschichte der Geschichtswissenschaft	132
XIII.	Vertragssammlungen	134
XIV.	Bischofs-, Nuntien-, Regenten- und Diplomatenlisten	138
XV.	Jahrbücher	140
XVI.	Zeitschriften	142
	1. deutschsprachig	142
	2. fremdsprachig	150
XVII.	Quellenkunden	154
XVIII.	Quellen zur Geschichte des Mittelalters	158
	1. Quellensammlungen zur Reichsgeschichte	158
	2. Quellensammlungen zur Kirchengeschichte	164
	3. Regestenwerke	167
	a) Regesten zur Reichsgeschichte	167
	b) Regesten und Register zur Papstgeschichte	170
	4. Quellen zur Geschichte des 14.–16. Jahrhunderts	173
XIX.	Quellen zur Geschichte der Neuzeit	177
	1. Quellensammlungen zur Geschichte des 16.–20. Jahrhunderts	177
	2. Quellen zur Geschichte des Zeitalters der Glaubensspaltung	183
	3. Quellen zur Reichsgeschichte des 16.–18. Jahrhunderts	193
	4. Quellen zur Geschichte des 17. Jahrhunderts	201
	5. Staatsrechtsliteratur des 18. Jahrhunderts	203
	6. Quellen zur Geschichte des 18. Jahrhunderts	204
	7. Quellen zur Geschichte des 19. Jahrhunderts	208
	8. Quellen zur Vorgeschichte des Ersten Weltkriegs	218
	9. Quellensammlungen zur Geschichte des 20. Jahrhunderts	221
	10. Quellen und amtliche Darstellungen zur Geschichte des Ersten Weltkriegs	224
	11. Quellen zur Geschichte der Zwischenkriegszeit	230
	12. Quellen und Darstellungen zur Geschichte der Kirche 1933–45	235
	13. Quellen zur Geschichte des Zweiten Weltkriegs	236
	14. Quellen zur Geschichte der Nachkriegszeit	238
	15. Quellensammlungen zur Verfassungsgeschichte	244
	16. Quellen zur Geschichte der Parteien und des Parlamentarismus	245
	17. Quellen zur Geschichte des Marxismus	253
Verfasser- und Sachtitel-Register		262

I. Einführungen in das Studium der Geschichte

1. *Allgemeine Einführungen*

Johann Gustav **Droysen**, Historik. Vorlesungen über Enzyklopädie und Methodologie der Geschichte. Hrsg. v. Rudolf Hübner. München ^{9}1993. – 1. Aufl. u. d. T.: Grundriß der Historik. Jena 1858
Jacob **Burckhardt**, Weltgeschichtliche Betrachtungen. Hrsg. v. Jacob Oeri. Berlin/Stuttgart 1905 – Hist.-krit. Gesamtausgabe. Hrsg. v. Rudolf Stadelmann [o. O., o. J.] – [Nachdruck als dtv-Taschenbuch (München 1978). – Jüngste Ausgabe u. d. T.:] Über das Studium der Geschichte. Der Text der ›Weltgeschichtlichen Betrachtungen‹. Auf Grund der Vorarbeiten von Ernst Ziegler nach den Handschriften hrsg. v. Peter Ganz. München 1982

Aloys **Meister**, Grundzüge der historischen Methode (= Grundriß der Geschichtswissenschaft ... Hrsg. v. Aloys Meister 1,6). Leipzig 1913, Leipzig/Berlin ^{3}1923
Wilhelm **Bauer**, Einführung in das Studium der Geschichte. Wien 1921, Tübingen ^{2}1928 [Nachdruck Frankfurt 1961]
Paul **Kirn**, Einführung in die Geschichtswissenschaft (= Sammlung Göschen 270). Berlin 1947. – 6. Aufl. v. Joachim Leuschner. Berlin 1972
Karl **Brunner**, Einführung in den Umgang mit Geschichte. Wien 1985, ^{2}1991
Ahasver von **Brandt**, Werkzeug des Historikers. Eine Einführung in die historischen Hilfswissenschaften (= Urban-Taschenbücher ... 33). Stuttgart [u. a.] 1958, ^{15}1998
Theodor **Schieder**, Geschichte als Wissenschaft. Eine Einführung. München/Wien 1965, ^{2}1968
Volker **Sellin**, Einführung in die Geschichtswissenschaft (= Sammlung Vandenhoeck). Göttingen 1995, ^{2}2001
Karl-Georg **Faber,** Theorie der Geschichtswissenschaft (= Beck'sche Schwarze Reihe 78). München 1971, ^{5}1982
Theorieprobleme der Geschichtswissenschaft. Hrsg. v. Theodor Schieder u. Kurt Gräubig (= Wege d. Forschung 378). Darmstadt 1977
Jörn **Rüsen**, Historische Vernunft. Grundzüge einer Historik I: Die Grundlagen der Geschichtswissenschaft (= Kleine Vandenhoeck-Reihe 1489). Göttingen 1983. – Ders., Rekonstruktion der Vergangenheit. Grundzüge einer Historik II: Die Prinzipien der historischen Forschung (... 1515). Göttingen 1986. – Ders., Lebendige Geschichte. Grundzüge einer Historik III: Formen und Funktionen des historischen Wissens (... 1542). Göttingen 1989

Einführungen in das Studium der Geschichte

Chris **Lorenz**, Konstruktion der Vergangenheit. Eine Einführung in die Geschichtstheorie (= Beiträge zur Geschichtskunde 13). Köln [u. a.] 1997

Aufriß der historischen Wissenschaften in sieben Bänden. Hrsg. v. Michael Maurer. Stuttgart 2001 –
1. Epochen. [iV]
2. Räume. 2001
3. Sektoren. [iV]
4. Quellen. 2002
5. Mündliche Überlieferung und Geschichtsschreibung. [iV]
6. Institutionen. 2002
7. Neue Themen und Methoden der Geschichtswissenschaft. [iV]

Handbuch der Geschichtsdidaktik. Hrsg. v. Klaus Bergmann [u. a.]. Bd. 1–2. Düsseldorf 1979. – 5. Aufl. Seelze-Velber 1997

Michael **Sauer**, Gut unterrichten. Eine Einführung in die Didaktik und Methodik. Seelze-Velber 2001

Joachim **Rohlfes**, Geschichte und ihre Didaktik. Göttingen 1986, ²1997

Christian **v. Ditfurth**, Internet für Historiker. Frankfurt/New York ³1997

Waldemar **Grosch**, Geschichte im Internet. Tipps, Tricks und wichtige Adressen. Schwalbach/Ts. 2002

Internet-Handbuch Geschichte. [Hrsg. v.] Stuart Jenks u. Stephanie Marra (= UTB 2255). Köln [u. a.] 2001

Egon **Boshof**/Kurt **Düwell**/Hans **Kloft**, Grundlagen des Studiums der Geschichte. Eine Einführung (= Böhlau-Studien-Bücher). Köln/Wien 1973, ⁵1997

Peter **Borowsky**/Barbara **Vogel**/Heide **Wunder**, Einführung in die Geschichtswissenschaft. I. Grundprobleme, Arbeitsorganisation, Hilfsmittel. II. Materialien zu Theorie und Methode (= Studienbücher Moderne Geschichte 1–2). Opladen 1975 [Bd. 1 ⁵1989 (Ndr. 2000); Bd. 2 ²1980]

Peter **Burschel** [u. a.], Geschichte. Ein Tutorium (= Rombach Grundkurs 2). Freiburg 1997

Geschichte. Ein Grundkurs. Hrsg. v. Hans-Jürgen Goertz (= rowohlts enzyklopädie). Hamburg 1998

Kompaß der Geschichtswissenschaft. Ein Handbuch. Hrsg. v. Joachim Eibach u. Günther Lottes. Göttingen 2002

2. Einführungen in das Studium der mittelalterlichen Geschichte

Heinz **Quirin**, Einführung in das Studium der mittelalterlichen Geschichte mit einem Geleitwort v. Hermann Heimpel. Braunschweig 1950, Stuttgart ⁵1991

Raoul Charles van **Caenegem,** Kurze Quellenkunde des Westeuropäischen Mittelalters. Eine typologische, historische und bibliographische Einführung. Unter Mitarbeit v. François Louis Ganshof. Göttingen 1964 [Übers. aus d. Niederländ.]

[Englische Neubearbeitung, Stand 1975:]

Raoul Charles van **Caenegem,** Guide to the Sources of Medieval History. With the collaboration of François Louis Ganshof (= Europe in the Middle Ages. Selected Studies 2). Amsterdam 1978

[Neubearbeitung der engl. Ausgabe:]

Raoul Charles van **Caenegem,** Introduction aux sources de l'histoire médiévale. Typologie, histoire de l'érudition médiévale, grandes collections, sciences auxiliaires, bibliographie. Avec la collaboration de F. L. Ganshof (= Corp. Christ. Cont. mediev.). Turnhout 1997

Hartmut **Boockmann,** Einführung in die Geschichte des Mittelalters (= Beck'sche Elementarbücher). München 1978, ⁷2001

Hans-Werner **Goetz,** Proseminar Geschichte: Mittelalter (= Uni-Taschenbücher 1719). Stuttgart 1993, ²2000

Hans-Dieter **Heimann,** Einführung in die Geschichte des Mittelalters. (= Uni-Taschenbücher 1957). Stuttgart 1997

3. Einführungen in das Studium der neueren Geschichte

Ernst **Opgenoorth**, Einführung in das Studium der neueren Geschichte mit einem Geleitwort v. Walther Hubatsch. Braunschweig 1969, Paderborn [u. a.] ⁵1997 (= Uni-Taschenbücher 1553)

Boris **Schneider**, Einführung in die Neuere Geschichte (= Urban-Taschenbücher 178). Frankfurt/M 1974

Winfried **Schulze,** Einführung in die neuere Geschichte (= Uni-Taschenbücher 1422). Stuttgart 1987, ³1996

Pierre **Renouvin**/Jean-Baptiste **Duroselle**, Introduction à l'histoire des relations internationales. Paris 1964, ⁴1991

Matthias **Peter**/Hans-Jürgen **Schröder,** Einführung in das Studium der Zeitgeschichte (= Uni-Taschenbücher 1742). Paderborn [u. a.] 1994

Einführung in die Zeitgeschichte. Hrsg. v. Horst Möller u. Udo Wengst. München 2003

II. Hilfsmittel zum wissenschaftlichen Arbeiten

Horst **Kliemann**, Anleitungen zum wissenschaftlichen Arbeiten. Eine Einführung in die Praxis. Unter Mitw. v. Manhard Schütze ... überarb. u. hrsg. v. Heinz Steinberg. Freiburg i. Br. ^{8}1973

Johannes Erich **Heyde**, Technik des wissenschaftlichen Arbeitens. Berlin ^{10}1970

Klaus **Poenicke**/Ilse **Wodke-Repplinger**, Wie verfaßt man wissenschaftliche Arbeiten? Systematische Materialsammlung – Bücherbenutzung – Manuskriptgestaltung (= Duden-Taschenbücher 27). Mannheim [u.a.] 1977. – 2. Aufl. mit dem Untertitel: Ein Leitfaden vom ersten Semester bis zur Promotion (= Duden-Taschenbücher 21). Mannheim [u.a.] 1988

Georg **Rückriem** [u.a.], Die Technik wissenschaftlichen Arbeitens. Eine praktische Anleitung (= Uni-Taschenbücher 724). Paderborn [u.a.] 1977, ^{10}1997

Walter **Krämer,** Wie schreibe ich eine Seminar- und Examensarbeit? (= Campus concret 47). Frankfurt/New York 1999, ^{2}1999 [frühere Ausgaben unter erweitertem Titel. Stuttgart 1992, ^{5}1995]

Michael **Burchardt,** Leichter Studieren. Wegweiser für effektives wissenschaftliches Arbeiten. Berlin 1995

Horst **Kunze**, Über das Registermachen. München-Pullach 1964, München ^{4}1992

Uwe **Grund**/Armin **Heinen,** Wie benutze ich eine Bibliothek? Basiswissen – Strategien – Hilfsmittel (= Uni-Taschenbücher 1834). München 1995

III. Allgemeine Bibliographien

1. Handbücher

Hans-Joachim **Koppitz**, Grundzüge der Bibliographie. München 1977
Helmut **Allischewski**, Bibliographienkunde. Ein Lehrbuch mit Beschreibungen von mehr als 300 Druckschriftenverzeichnissen und allgemeinen Nachschlagewerken. Wiesbaden 1976–78, ²1986
Theodore **Bestermann**, A World Bibliography of Bibliographies and Bibliographical Catalogues, Calendars, Abstracts, Digests, Indexes and the like. Bd. 1–5. Lausanne ⁴1965–66 [Nachdruck München 1971]. – Erg.-Bd. 1–2 ⟨1964–1974⟩. Hrsg. v. Alice F. Toomey. Totowa, N.J. 1977
Internationale Bibliographie der Bibliographien 1959–1988 (IBB). International Bibliography of Bibliographies 1959–1988 (IBB). Staatsbibliothek zu Berlin Preußischer Kulturbesitz. München 1998 – (2003). [Bd. 1 General Bibliography. 1998. – Bd. 2 Bildungswesen ... Geschichte. 1999]
Wilhelm **Totok**/Rolf **Weitzel**, Handbuch der bibliographischen Nachschlagewerke. Bd. 1–2. Hrsg. v. Hans-Jürgen u. Dagmar Kernchen. Frankfurt/M ⁶1984–85 [1. Aufl. 1954]
Walford's Guide to Reference Material. Vol. 2. Social and Historical Sciences, Philsopy and Religion. Hrsg. v. Alan Day a. Michael Walsh. London ⁸2000 [1. Aufl. 1959]
Gert A. **Zischka**, Index Lexicorum. Bibliographie der lexikalischen Nachschlagewerke. Wien 1980
Wolfram **Zaunmüller**, Bibliographisches Handbuch der Sprachwörterbücher. Ein internationales Verzeichnis von 5600 Wörterbüchern der Jahre 1460–1958 für mehr als 500 Sprachen und Dialekte. Stuttgart 1958
World Dictionaries in Print 1983. A Guide to General and Subject Dictionaries in World Languages ... New York/London 1983

Nachdruck- und CD-ROM-Verzeichnisse

Internationale Bibliographie der Reprints. International Bibliography of Reprints. Bd. 1–2. München
   1: Teil 1–3. Bücher und Reihen. Books and Serials. Bearb. v. Christa Gnirss. 1976
   2: Zeitschriften, Zeitungen, Jahrbücher, Konferenzberichte usw. Periodicals, Newspapers, Annuals, Conference Reports, etc. Bearb. v. Hans Dettweiler ... 1980
Bibliographia anastatica [4 ff. **A Bimonthly Bibliography** of Photomechanical Reprints. – Haupttitel 11 ff.: Bulletin of Reprints]. 1 (1964) – 18 (1981). Amsterdam [11 ff. München] 1964–81 [Erscheinen eingestellt]

16 Allgemeine Bibliographien

Guide to Reprints [Zusatz anfangs: An Annual Cumulative Guide] ⟨1967–(2003)⟩ [Lücke 1999]. München [früher Washington] 1967–(2003)

Guide to Microforms in Print. Incorporating International Microforms in Print. [Teil 1.] Author. Title. – [Teil 2.] Subject Guide. ⟨1978–(2001)⟩. München [u. a.; früher London] 1978–(2002)

2. Nationalbibliographien

Gesamtverzeichnis [GV] **des deutschsprachigen Schrifttums** 1700–1910. Bearb. unter d. Leitung v. Hilmar Schmuck u. Willi Gorzny. Bd. 1–160, 1 Erg.-Bd. München [u. a.] 1979–87 [auch als Microfiche-Ed. erschienen: München 1986]

Deutsches Bücherverzeichnis [DBV]. Eine Zusammenstellung der im deutschen Buchhandel erschienenen Bücher, Zeitschriften und Landkarten ⟨1911–1940⟩ Bd. 1–22. Leipzig 1916–42 [Ndr. Graz 1960–62; Forts.:]

Deutsches Bücherverzeichnis [DBV]. Verzeichnis der in Deutschland, Österreich, der Schweiz und im übrigen Ausland herausgegebenen deutschsprachigen Verlagsschriften . . . ⟨1941–1985⟩ Bd. 23–90. Leipzig 1963–90

Gesamtverzeichnis [GV] **des deutschsprachigen Schrifttums** 1911–1965. Hrsg. v. Reinhard Oberschelp . . . Bd. 1–150. München 1976–81 [ersetzt beide Reihen des DBV bis 1965. – Auch als Microfiche-Ed. erschienen: München 1984]

Deutsche Nationalbibliographie und Bibliographie des im Ausland erschienenen Schrifttums. Reihe A–C [ohne Bandzählung]. Bearb. u. hrsg. v. d. Deutschen Bücherei Leipzig. Leipzig 1946–90

Reihe A: Neuerscheinungen des Buchhandels

Reihe B: Neuerscheinungen außerhalb des Buchhandels

Reihe C: Dissertationen und Habilitationsschriften

Deutsche Bibliographie. Fünfjahres-Verzeichnis . . . Bearb. u. hrsg. v. d. Deutschen Bibliothek Frankfurt ⟨1945–1985⟩. Frankfurt/M 1953–89 [bis 1980 ohne Bandzählung; 1981–85: Teil I. Alphabetisches Titelverzeichnis. Bd. 1–18. – Teil II. Schlagwort- und Stichwortregister. Bd. 1–17]

Deutsche Bibliographie. Halbjahresverzeichnis. Bearb. u. hrsg. v. d. Deutschen Bibliothek Frankfurt ⟨1953–1990⟩ [ohne Bandzählung]. Frankfurt/M 1953–1991

[seit 1990 Forts. der Deutschen Nationalbibliographie/Leipzig und der Deutschen Bibliographie/Frankfurt a. M.:]

Deutsche Nationalbibliographie und Bibliographie der im Ausland erschienenen deutschsprachigen Veröffentlichungen. Bearb. u. hrsg. v. d. Deutschen Bibliothek. Reihe A–T. Frankfurt/M

Reihe A: Monographien und Periodika des Verlagsbuchhandels. Wöchentliches Verzeichnis.
Reihe B: Monographien und Periodika außerhalb des Verlagsbuchhandels. Wöchentliches Verzeichnis.
Reihe C: Karten. Vierteljährliches Verzeichnis.
Reihe D: Monographien und Periodika. Halbjahresverzeichnis. ⟨1991/I–(2001/II)⟩. 1991–(2002)
Reihe E: Monographien und Periodika: Fünfjahresverzeichnis. ⟨1986–(2000)⟩. 1992–(2001)
Reihe G: Fremdsprachige Germanica und Übersetzungen deutschsprachiger Werke. Vierteljährliches Verzeichnis.
Reihe H: Hochschulschriften. Monatliches Verzeichnis. [Dazu jährliche Reg.-Bände]
Reihe M: Musikalien und Musikschriften. Monatliches Verzeichnis.
Reihe N: Vorankündigungen Monographien und Periodika (CIP). Wöchentliches Verzeichnis.
Reihe T: Musiktonträger. Monatliches Verzeichnis.

Verzeichnis lieferbarer Bücher. German Books in Print [VLB] 2002/2003. Frankfurt/M 2002

The British Library [früher: British Museum] General Catalogue of Printed Books to 1975 [BLC]. Bd. 1–360, Erg.-Bd. 1–6. London [u.a.] 1979–88 [ersetzt alle voraufgehenden BM-Kataloge; CD-ROM-Ausgabe für diese Reihe u. alle folgenden bis 1995. Cambridge 1997]
The British Library General Catalogue of Printed Books 1976 to 1982 [BLC]. Bd. 1–50. London [u.a.] 1983
The British Library General Catalogue of Printed Books 1982 to 1985 [BLC]. Bd. 1–26. London [u.a.] 1986
The British Library General Catalogue of Printed Books 1986 to 1987 [BLC]. Bd. 1–22. London [u.a.] 1988
The British Library General Catalogue of Printed Books 1988 to 1989 [BLC]. Bd. 1–28. München [u.a.] 1990–91
The British Library General Catalogue of Printed Books 1990 to 1992 [BLC]. Bd. 1–27. München [u.a.] 1993
The British Library General Catalogue of Printed Books 1993 to 1994 [BLC]. Bd. 1–27. München [u.a.] 1995
The British Library General Catalogue of Printed Books 1995 to 1996. Bd. 1–27. München [u.a.] 1997
The British Library General Catalogue of Printed Books 1997 to 1998. München 1999
The British Library General Catalogue of Printed Books 1999 to 2000. Bd. 1–27. München 2001
The British National Bibliography [BNB] on CD-ROM [seit 1950]. London 1989–(2003) [wird monatlich aktualisiert]

Allgemeine Bibliographien

The National Union Catalog [NUC]. Pre-1956 Imprints. A Cumulative Author List Representing Library of Congress Printed Cards and Titles Reported by Other American Libraries ... Bd. 1–685. London 1968–80. [Ersetzt alle früheren Library-of-Congress-(LOC-) Reihen.]
[Dazu:]
... Supplement. Bd. 686–754. London 1980–81

The National Union Catalog [NUC] 1956 through 1967. A Cumulative Author List Representing Library of Congress Printed Cards and Titles by Other American Libraries ... Bd. 1–125. Totowa, N. J. 1970–72
The National Union Catalog [NUC] ... 1968–1972. Bd. 1–104. Ann Arbor 1973
The National Union Catalog [NUC] 1973–1977 ... Bd. 1–135. Totowa, N. J. 1978
The National Union Catalog [NUC] 1978 ... Bd. 1–16. Washington, D. C. 1978–79
The National Union Catalog [NUC] 1979 ... Bd. 1–16. Washington, D. C. 1980
The National Union Catalog [NUC] 1980 ... Bd. 1–18. Washington, D. C. 1981
The National Union Catalog [NUC] 1981 ... Bd. 1–15. Washington, D. C. 1982
The National Union Catalog [NUC] 1982 ... Bd. 1–21. Washington, D. C. 1983
[Ab 1983 Forts. jahrgangsweise als Microfiche-Ausgabe]
The National Union Catalog [NUC] 1983–(2001). New York [u. a.] 1985–(2001)

Bibliothèque Nationale [BN]. Catalogue général des livres imprimés de la Bibliothèque Nationale ⟨bis 1960⟩. Bd. 1–231. Paris 1897–1981
Bibliothèque Nationale [BN]. Catalogue général des livres imprimés ... 1960–1969. Série 1. Caractères latins. Bd. 1–23. Paris 1972–1976
Bibliothèque Nationale [BN]. Catalogue général des livres imprimés ... 1960–1969. Série 2. Caractères non latins. Bd. 1–4. Paris 1972–78
Bibliothèque Nationale [BN]. Catalogue général des livres imprimés ... 1970–1979. Série en caractères non latins. Bd. 1–10. Paris 1983–85

Bibliographie Nationale Française [BNF] depuis 1970 sur CD-ROM. Paris 1989–97. – Danach Untertitel: Livres, publications en série et documents électroniques. Paris 1997 ff. [wird alle 2 Monate aktualisiert]

Bibliographie
DW 58/44–105
Friedrich **Domay**, Bibliographie der nationalen Bibliographien. Bibliographie mondiale des bibliographies nationales ... (= Hiersemanns bibliogr. Handbücher 6). Stuttgart 1987
Barbara L. **Bell,** An Annotated Guide to Current National Bibliographies (= International Federation of Library Associations and Institutions ... 18. München ²1998 [Erstausg. Alexandria, Va. 1986]

IV. Bibliographien der Hochschulschriften und Festschriften

Bio-Bibliographisches Verzeichnis von Universitäts- u. Hochschuldrucken (Dissertationen) vom Ausgang des 16. bis zum Ende des 19. Jahrhunderts. Begr. v. Hermann Mundt. Hrsg. v. Konrad Wickert. Bd. 1–4. München 1936–80

Jahresverzeichnis der deutschen Hochschulschriften [wechselnde Titel]. Bearb. v. der Deutschen Bücherei. 1 (1885/86) – 103 (1987). Leipzig 1887–1990 [1887–1927 Berlin, 1928–35 Berlin/Leipzig. – Erscheinen eingestellt. – Nachdruck der Bde. 1–79 ⟨1885–1963⟩ Nendeln/Lie.]

[Vgl. auch Deutsche Nationalbibliographie Reihe C oben unter Nationalbibliographien.]

Deutsche Bibliographie. Hochschulschriftenverzeichnis ... hrsg. v. der Deutschen Bibliothek Frankfurt am Main. ⟨1971–1990⟩. Frankfurt/M 1972–90 [monatliche Erscheinungsweise, jährliche Reg.-Bde.]

[Seit 1991 Fortsetzung:]

Deutsche Nationalbibliographie ... Reihe H ... [vgl. oben unter Nationalbibliographien]

Gesamtverzeichnis deutschsprachiger Hochschulschriften [GVH] 1966–1980. Bd. 1–40 [24 Bde. Haupttitel, 16 Bde. Reg.]. Hrsg. v. Willi Gorzny. München [u.a.] 1984–91

American Doctoral Dissertations [wechselnde Titel]. Compiled for the Association of Research Libraries. 1933/34 – (1999/2000). Ann Arbor [früher New York] 1934–(2002) [Nachdruck Jg. 1933/34–1955 New York]

Dissertation Abstracts International [wechselnde Titel]. 1 (1938) – 62 (2001/02). Ann Arbor 1938–(2001/02) [auch als CD-ROM u. online verfügbar]

[Seit 1966 in 2 Reihen geteilt: A, B.
A: Dissertation Abstracts. The Humanities and Social Sciences.
B: The Sciences and Engineering.]

Comprehensive Dissertation Index ⟨1861–1972⟩. Vol. 28. History. Ann Arbor 1973

... Supplements 1973–(2000). Ann Arbor 1974–(2002)

... Ten-Year Cumulation 1973–1982. Vol. 28. History. Ann Arbor 1984

... Five-Year Cumulation 1983–1987. Vol. 17. History, Law and Political Science, Mass Communications. Ann Arbor 1989

Warren F. **Kuehl,** Dissertations in History. An Index to Dissertations Completed in History Departments of United States and Canadian Universities. [Vol. 1.] 1873–1960. [Lexington, Ky.] 1965. – Vol. 2. 1961 – June 1970. Lexington, Ky. 1972. – Vol. 3. 1970 – June 1980. Santa Barbara, Ca. 1985

Index to Theses Accepted for Higher Degrees in the Universities of Great Britain and Ireland. 1 (1950/51) – 51 (2002). London 1953–(2002) [Nachdruck der Bde. 1–13. Nendeln/Lie.; Bd. 1–40 auch als CD-ROM London 1991–92; auch online verfügbar]

Retrospective Index to Theses . . . 1716–1950. Vol. 1. Social Sciences and Humanities. Hrsg. v. Roger R. Bilboul. Santa Barbara, Ca. 1975

History Theses 1901–70. Historical Research for Higher Degrees in the Universities of the United Kingdom. Bearb. v. P. M. Jacobs. [London] 1976. – . . . 1971–80 . . . Bearb. v. Joyce M. Horn. London 1984. – . . . 1981–90 . . . Bearb. v. Joyce M. Horn. London 1994

Catalogue des thèses de doctorat soutenues devant les universités françaises [bis 1958 u. d. T.: Catalogue des thèses et écrits académiques] Jg. 1884/85–1978. Paris 1885–1985 [Nachdruck Jg. 1884/85–1943 Vaduz 1964]

Inventaire des thèses de doctorat soutenues devant les universités françaises ⟨1981–92⟩. Droit, sciences économiques, sciences de gestion, lettres, sciences humaines, théologies. [Paris] 1982–95 [Erscheinen eingestellt]

Otto **Leistner**, Internationale Bibliographie der Festschriften von den Anfängen bis 1979 mit Sachregister. International Bibliography of Festschriften from the Beginnings until 1979 with Subject-Index. Bd. 1–2. Osnabrück ²1984–86 [1. Aufl. 1976]. – Bd. 3. Sachregister und Nachträge zu Bd. 1 und 2. Osnabrück 1989

Internationale Jahresbibliographie der Festschriften [IJBF; ab Bd. 2 hrsg. v. Otto u. Wolfram Zeller]. International Annual Bibliography of Festschriften . . . 1 (1980) – 22 (2001). Osnabrück 1982–(2002) [ab 1983 auch als CD-ROM und ab 1986 auch online verfügbar] . . . Alphabetisches Register 1980–1989 (Jahrgänge 1–10). Hrsg. v. Otto u. Wolfram Zeller. Bd. 1–2 Osnabrück 1992

Bibliographie
DW 58/124–134

V. Bibliographien der Zeitschriftenliteratur

1. *Allgemein*

Internationale Bibliographie der Zeitschriftenliteratur ⟨1896–1964⟩
... Hrsg. v. Reinhard Dietrich. Leipzig 1897–1947. Osnabrück 1948–64

Abt. A: Bibliographie der deutschen Zeitschriftenliteratur 1 (1896) – 128 (1964), Erg.-Bd. 1–20 ⟨1861–1915⟩
[Lücke 95 (1945) – 96 (1946)]

Abt. B: Bibliographie der fremdsprachigen Zeitschriftenliteratur 1 (1911) – 22 (1921/25), N. F. 1 (1925) – 51 (1964) [Lücke 26 (1943/44) – 29 (1948/49)]

Abt. C: Bibliographie der Rezensionen und Referate [wechselnde Titel] 1 (1900) – 77 (1943) [Abt. C fortgesetzt u. d. T.:]

Internationale Bibliographie der Rezensionen [IBR]. Hrsg. v. Otto [ab Bd. 8: u. Wolfram] Zeller. 1 (1969/70) – 28 (1998). Osnabrück 1971–(98). [Teilnachdruck aller drei Abt. Nendeln/Liecht.]

[Seit 1999 fortgesetzt u. d. T.:]

Internationale Bibliographie der Rezensionen geistes- und sozialwissenschaftlicher Literatur. IBR. International Bibliograhy of Book Reviews of Scholary Literature in the Humanities and Social Sciences. IBR. Hrsg. v. Wolfram Zeller. 29 (1998/99) – 32 (2001/02). München [u.a.] 1999/2000–(2003) [ab 1985 auch als CD-ROM und online verfügbar]

[Seit 1965 Abt. A und B vereinigt u. d. T.:]

Internationale Bibliographie der Zeitschriftenliteratur [IBZ] aus allen Gebieten des Wissens. International Bibliography of Periodical Literature Covering All Fields of Knowledge ... Hrsg. von Otto [Bd. 14 ff.: u. Wolfram] Zeller. 1 (1963/64) – 35 (1999). Osnabrück 1965–(99) [Dazu: Register der Schlagwörter 1975–1990. Hrsg. v. Otto u. Wolfram Zeller. Bd. 1–3. Osnabrück 1991]

[Seit 2000 fortgesetzt u. d. T.:]

Internationale Bibliographie der geistes- und sozialwissenschaftlichen **Zeitschriftenliteratur.** IBZ. International Bibliography of Periodical Literature in the Humanities and Social Sciences. IBZ. Hrsg. v. Wolfram Zeller. 36 (2000) – 38 (2001). München [u.a.] 2000–(2001/02) [ab 1983 auch als CD-ROM und online verfügbar]

2. Zur Geschichte

Historical Abstracts. Bibliography of the World's Periodical Literature. [Wechselnde Titel; seit 1971/73 Erweiterung des Berichtszeitraums und Teilung in 2 Hälften:] Part A: Modern History Abstracts 1450–1914. Part B: Twentieth Century Abstracts 1914 – present day. 1 (1955) – 51 (2000). Santa Barbara, Ca./Oxford 1955–(2000) [teilw. als CD-ROM und online verfügbar]
[Dazu:]
Five Year Indexes 1 ⟨1955/59⟩ – 7 ⟨1985/89⟩. Santa Barbara, Ca./Oxford 1963–(90)

Bibliographie
DW 58/106–123 b
Index deutschsprachiger Zeitschriften 1750–1850. [Hrsg. v. d.] Akademie der Wiss. zu Göttingen. Erstellt ... unter Leitung v. Klaus Schmidt. Bd. 1–10. Hildesheim [u.a.] 1997

VI. Bibliographien zur Geschichte

1. *Allgemein*

Günther **Franz**, Bücherkunde zur Weltgeschichte vom Untergang des Römischen Weltreiches bis zur Gegenwart. München 1956
The American Historical Association's Guide to Historical Literature. [Ed. by] George Frederick Howe [u. a.]. New York 1961 [= 2. Aufl.; 1. Aufl. New York 1931]
[Fortsetzung:]
The American Historical Association's Guide to Historical Literature. Third Edition. Bd. 1–2. Gen. Ed.: Mary Beth Norton. New York/ Oxford 1995
Reinhard **Feldmann** unter Mitarbeit v. Frank Heidtmann [seit 2. Aufl.: Reinhard Feldmann/Klaus Schultze], Wie finde ich Literatur zur Geschichte (= Veröffentlichungen d. Inst. f. Bibliothekswiss. u. Bibliothekarsausbildung d. Freien Univ. Berlin = Orientierungshilfen 8). Berlin 1987, ³1995

Jahresberichte der Geschichtswissenschaft 1 (1880) – 36 (1913). Berlin 1880–1916
International Bibliography of Historical Sciences. Hrsg. ... v. Massimo Mastrogregori [u. a.] 1 (1926) – 14 (1939), 16 (1947) – 67 (1998). München [u. a.] [früher Washington, Zürich; auch Paris] 1930–(2003) [Lücke für 1940–46 = Bd. 15. – Teilnachdruck New York]
Revue d'histoire ecclésiastique. Bibliographie. 1 (1900) – 96 (2002). Löwen 1900–(2002)
Cahiers de civilisation médiévale. X^e–XIIe siècles. Bibliographie. 1 (1958) – 44 (2001). Poitiers 1958–(2001)

Mittelalter

August **Potthast,** Bibliotheca historica medii aevi. Wegweiser durch die Geschichtswerke des europäischen Mittelalters bis 1500. Bd. 1–2. Berlin ²1896 [Nachdruck Graz 1954]. – 1. Aufl. ... von 375–1500 ...3 Teile. Berlin 1862
[Neubearbeitung:]
Repertorium fontium historiae medii aevi ... Bd. 1–. Rom 1962–
1: Series collectionum. 1962
2–6: Fontes. A–K. 1967–90

Bibliotheca hagiographica latina antiquae et mediae aetatis. Hrsg. von den Bollandisten. Bd. 1–2. Brüssel 1898–1901 [Nachdruck Brüssel 1949]. – Erg.-Bd. 1 (= Subsidia hagiographica 12). Brüssel 1911

Bibliographie ins neuhochdeutsche übersetzter mittelalterlicher Quellen. Unter Berücksichtigung von Schriften des nachbiblischen Judentums, des frühen Christentums und des Neuplatonismus. Bearb. v. Norbert Ohler. Wiesbaden 1991

Peter-Johannes **Schuler,** Grundbibliographie mittelalterliche Geschichte (= Hist. Grundwissenschaften in Einzeldarstellungen 1). Stuttgart 1990

Alfred **Heit**/Ernst **Voltmer**, Bibliographie zur Geschichte des Mittelalters. München 1997

Ulysse **Chevalier,** Répertoire des sources historiques du moyen âge. Biobibliographie. Bd. 1–2. Paris 1877–88, ²1905–07 [Nachdruck New York 1960]. – Topo-bibliographie. Bd. 1–2. Montbéliard 1894–1903 [Nachdruck Millwood, N. Y. 1975]

Louis John **Paetow,** A Guide to the Study of Medieval History. Berkeley 1917. – Bericht. Neuauflage New York 1931 [Ndr. New York 1964 u. ö.]

Gray Cowan **Boyce,** Literature on Medieval History 1930–1975. A Supplement to Louis John Paetow's »A Guide to the Study of Medieval History«. Bd. 1–5. Millwood, N. Y. 1981

Clavis patrum latinorum. Hrsg. v. Eligius Dekkers u. Aemilius Gaar (= Sacris erudiri 3). Steenbrugge 1951, ³1995

Leo **Santifaller,** Neuere Editionen mittelalterlicher Königs- und Papsturkunden. Eine Übersicht (= Österreichische Akademie der Wissenschaften. Mitteilungen der Wiener Diplomata-Abt. d. MGH 6). Wien 1958

Répertoire International des Médiévistes. International Directory of Medievalists. Hrsg. v. Centre National Scientifique u. v. Institut de Recherche et d'Histoire des Textes. 1 ⟨vor 1953⟩ – 9 ⟨1974–1999⟩. Paris [u. a.] 1953–99 [bis Bd. 4 keine Bandzählung, bandweise wechselnder Titel u. Hrsg., ab Ausgabe 7 (Brepols 1990) keine bibliogr. Angaben mehr]

International Medieval Bibliography [IMB]. Hrsg. v. Alan V. Murray. ⟨1968⟩ – 35 (2001). Leeds 1968–(2002) [Bandzählung erst ab 21 (1987); umfaßt nur Artikel in Zeitschriften und Serien; ab 1976 auch als CD-ROM und ab 1967 auch online]

Hochschulschriften zur Geschichte und Kultur des Mittelalters 1939 bis 1972/74 (Deutschland, Österreich, Schweiz). Zus.gest. v. Mitarbeitern der Monumenta Germaniae Historica. Teil 1–3 (= MGH. Hilfsmittel 1). München 1975

Bibliographie zur alteuropäischen Religionsgeschichte ... [verschiedene Untertitel] [Bd. 1–(3)]

[1:] 1954–1964. Bearb. v. Peter Buchholz (= Arbeiten zur Frühmittelalterforschung 2). Berlin 1967

2: 1965–1969. Bearb. v. Jürgen Ahrendts (= Arbeiten ... 5). Berlin/New York 1974

3: 1970–1975. Bearb. v. Wilfried Flüchter unter Mitw. v. Thomas Wefelmeyer (= Arbeiten ... 16). Berlin/New York 1985

Hans Eberhard **Mayer,** Bibliographie zur Geschichte der Kreuzzüge. Hannover 1960, ²1965

[Ergänzung:]

Hans Eberhard **Mayer,** Literaturbericht über die Geschichte der Kreuzzüge. Veröffentlichungen 1958–1967. In: Historische Zeitschrift. Sonderheft 3. München 1969, S. 641–731

Karl H. **Lampe,** Bibliographie des Deutschen Ordens bis 1959. Bearb. v. Klemens Wieser (= Quellen u. Studien zur Geschichte des Deutschen Ordens 3). Bonn-Bad Godesberg 1975

Emil van der **Vekene,** Bibliotheca bibliographica historiae sanctae inquisitionis. Bibliographisches Verzeichnis des gedruckten Schrifttums zur Geschichte und Literatur der Inquisition. Bd. 1–2. Vaduz 1982–83

Neuzeit

A Bibliography of Modern History. Hrsg. v. John Roach. Cambridge 1968

An Annotated Bibliography of the Holy Roman Empire. Bearb. v. Jonathan W. Zophy (= Bibliographies and Indexes in World History 3). New York [u. a.] 1986

Bibliographie de la Réforme 1450–1648. Ouvrages parus de 1940 à 1955 [6–7 à 1960, 8 de 1956 à 1975/6]. Hrsg. v. d. Commission internationale d'histoire ecclésiastique comparée . . . Bd. 1–(8). Leiden
1: Allemagne. Pays Bas. ³1964
2: Belgique. Suède. Norvège. Danemark. Irlande. Etats Unis d'Amérique. 1960
3: Italie. Espagne. Portugal. 1961
4: France. Angleterre. Suisse. 1963
5: Pologne. Hongrie. Tchécoslovaquie. Finlande. 1965
6: Autriche/Austria/Österreich. 1967
7: Ecosse. 1970
8: Benelux. 1982

The Bibliography of the Reform 1450–1648 relating to the United Kingdom and Ireland for the years 1955–70. Hrsg. v. Derek Baker. Oxford 1975

Bibliographische Vierteljahrshefte der Weltkriegsbücherei. Heft 1–19. – Fortgesetzt u. d. T.: Bibliographien der Weltkriegsbücherei. Heft 20–40. Stuttgart
[Gliederung:
1, 26–36: Polen ⟨19. Jh.–1939⟩. 1934–42
2–5: Österreich ⟨1848–1935⟩. 1934–35
6–10: England ⟨1870–1937⟩. 1935–37
11–16: Frankreich ⟨1871–1937⟩. 1937–38
17–19: Italien ⟨1861–1939⟩. 1939
20–25: Amerika ⟨1914–1938⟩. 1940
37–40: Deutsches Reich ⟨1871–1914⟩. 1943]

Bücherschau der Weltkriegsbücherei. Stuttgart [Anfang: Eingänge (der) Weltkriegsbücherei 1 (1921) – 3 (1923). – Forts.: Berichte d. WKB. 4 (1924) – 13 (1933). – Forts.: Neuerwerbungen d. WKB. 14 (1934) – 16 (1936). – Forts.: Neuerwerbungen und Bücherschau d. WKB. 17 (1937) – 18 (1938). – Forts.: Bücherschau d. WKB. 19 (1939) – 24 (1944), 25 (1953) – 31 (1959). – Forts.:]

Jahresbibliographie der Bibliothek für Zeitgeschichte. Weltkriegsbücherei – Stuttgart. Neue Folge der Bücherschau der Weltkriegsbücherei [wechselnde Untertitel]. 32 (1960) – 69 (1997). Essen [bis 1973 Frankfurt/M; 1974–82 München; 1983–89 Koblenz] 1960–99 [Erscheinen eingestellt]

[Dazu:]

Schriften der Bibliothek für Zeitgeschichte. Weltkriegsbücherei. Stuttgart. Neue Folge der Bibliographien der Weltkriegsbücherei. Heft 1–28. Koblenz [bis 1973 Frankfurt/M; 1974–82 München] 1962–90 [Hefte 2 u. 4 keine Bibliographien; ab H. 29 keine Bibliograhien mehr]

Systematischer Katalog der Bibliothek für Zeitgeschichte, Stuttgart. Microfiche-Ed. mit Begleitband. München 2002

Bibliothek des Instituts für Zeitgeschichte München
Sachkatalog. Bd. 1–6. Boston 1967
Alphabetischer Katalog. Bd. 1–5. Boston 1967
Biographischer Katalog A–Z. Boston 1967
Länderkatalog Bd. 1–2. Boston 1967
Nachtragsband. Biographischer Katalog, Länderkatalog, A–Z. Boston 1973

Bibliographie zur Zeitgeschichte und zum Zweiten Weltkrieg für die Jahre 1945–1950 ⟨1917–1945⟩. Zusammengestellt von Franz Herre u. Hellmuth Auerbach. München 1955 [Ndr. New York/Frankfurt/M 1966]

Bibliographie zur Zeitgeschichte. Beilage der Vierteljahrshefte für Zeitgeschichte ⟨1917–1990⟩. Zusammengestellt von Christoph Weisz [u.a.] 1 (1953) – 50 (2002). München [1953–(2002)] [seit 1995 auch im Internet]

Bibliographie zur Zeitgeschichte 1953–1980 [Bd. 4: bis 1989; Bd. 5: bis 1995]. Im Auftrag des Instituts für Zeitgeschichte München hrsg. v. Thilo Vogelsang u. Hellmuth Auerbach unter Mitw. v. Ursula van Laak [Bd. 4–5 . . . begr. v. Thilo Vogelsang]. Bd. 1–5. München [u.a.]
1: Allgemeiner Teil . . . 1982
2: Geschichte des 20. Jahrhunderts bis 1945 . . . 1982
3: Geschichte des 20. Jahrhunderts seit 1945 . . . 1983
4: Supplement 1981–1989. 1991
5: Supplement 1990–1995. Bearb. v. Christoph Weisz [u.a.] 1997

Alfred G. S. **Enser,** A Subject Bibliography of the First World War. Books in English 1914–1978. (London 1979). – 2. Aufl. ... 1914–1987. Aldershot/Brookfield 1990

Alfred G. S. **Enser,** A Subject Bibliography of the Second World War: Books in English 1939–1974. London 1977. – ... 1975–1983. Aldershot/Brookfield 1985. ... 1975–1987. Aldershot/Brookfield 1990

Bibliographie »Widerstand«. [Hrsg. v. d.] Forschungsgemeinschaft 20. Juli e. V. Bearb. v. Ulrich Cartarius. Mit einer Einl. v. Karl Otmar Frhr. v. Aretin. München [u. a.] 1984

Foreign Affairs Bibliography. A Selected and Annotated List of Books on International Relations. Bd. 1–5
  1: 1919–1932. Hrsg. von William L. Langer. New York/London 1935
  2: 1932–1942. Hrsg. von Henry L. Roberts. New York 1945
  3: 1942–1952. Hrsg. von Robert Gale Wolbert. New York 1955
  4: 1952–1962. Hrsg. von Henry L. Roberts. New York 1964
  5: 1962–1972. Hrsg. v. Janis A. Kreslins. New York 1976

The Foreign Affairs 50-Year Bibliography. New Evaluations of Significant Books on International Relations 1920–1970. Ed.: Byron Dexter. New York/London 1972

Patricia Pate **Havlice,** Oral History: A Reference Guide and Annotated Bibliography. Jefferson 1985

Historical Periodicals Directory. Hrsg. v. Eric H. Boehm [u. a.]. Bd. 1–5. Santa Barbara/Oxford
  1: USA and Canada. Hrsg. v. Marie S. Ensign. 1981
  2: Europe: West, North, Central and South. Hrsg. v. Barbara H. Pope. 1983
  3: Europe: East and Southeast; USSR. Hrsg. v. Shirley A. Matulich. 1984
  4: Latin America and the West Indies. Hrsg. v. Jessica S. Brown u. Susan K. Kinnell. 1985
  5: Australia and New Zealand; Cumulative Subject and Title Indexes. Hrsg. v. Suzanne Ontiveros u. Susan K. Kinnell. 1986
[Vgl. auch unten S. 153]

2. *Bibliographien zur deutschen Geschichte*

Dahlmann-Waitz. Quellenkunde der deutschen Geschichte. Nebst Registerband. Hrsg. von Hermann Haering. 9. Aufl. Leipzig 1931–32 [Behandelter Zeitraum: von den Anfängen bis 1918; Berichtszeitraum: bis 1929]

Dahlmann-Waitz. Quellenkunde der deutschen Geschichte. Bibliographie der Quellen und der Literatur zur deutschen Geschichte. Hrsg.

... von Hermann Heimpel u. Herbert Geuss. 10. Aufl. Bd. 1–11. Stuttgart 1969–98 [Behandelter Zeitraum: von den Anfängen bis 1945; Berichtszeitraum: bis 1960, in Auswahl auch bis nach 1960.]
Bd. 1: Abschnitt 1–38 (Geschichtswissenschaft; Geschichtsphilosophie; Geschichte der Geschichtswissenschaft und der Geschichtsschreibung; Archive, Bibliotheken, Museen; Hilfswiss.; Land u. Siedlung; Bevölkerung; Sprache; Volkstum, Gesellschaft; öff. Meinung; Wirtschaft; Verkehr). 1969
Bd. 2: Abschnitt 39–57 (Recht u. Staat; Kriegswesen; Gesundheitswesen; Religion u. Kirche; Formen der Weltauffassung; Erziehung; Wissenschaften; Kunst; Film; Rundfunk; Technik; Tägliches Leben). 1971
Bd. 3: Abschnitt 58–120 (Allgemeine u. politische Geschichte: allg. Bibliographien; Zeitschriften; Weltgeschichte; Außereuropa; europ. Länder; allg. dt. Geschichte; Landesgeschichte). 1984
Bd. 4: Abschnitt 121–136 (Forts. Landesgeschichte. Schluß des allg. Teils. Abschn. 137–157 werden nicht erscheinen). 1987
Bd. 5: Abschnitt 158–236 (Die einzelnen Zeitalter: Vorgeschichte; Germanen; Völkerwanderung, Franken, Karolinger; sächsische u. fränkische Könige u. Kaiser; Staufer). 1980
Bd. 6: Abschnitt 237–279 (Interregnum; die Zeit der Könige und Kaiser von Rudolf I. bis Maximilian I.; die Hanse; Reformation; Gegenreformation; Dreißigjähriger Krieg). 1987
Bd. 7: Abschnitt 280–351 ⟨1648–1792⟩ (Reich, Österreich und Preußen). 1992
Bd. 8: Abschnitt 352–392 ⟨1792–1914⟩ (Reich, Österreich, Preußen, deutsche Staaten und Deutsches Reich). 1996
Bd. [8 a]: Abschnitt 393–430 ⟨1914–1945⟩ (Weltkriege; Weimar und NS-Zeit; bisher erschienen 393–402; Erscheinen eingestellt). 1965–66
Bd. 9–11: Register. 1997–98

Jahresberichte für deutsche Geschichte. Hrsg. von Albert Brackmann und Fritz Hartung. 1(1925) – 15/16(1939/40). Leipzig 1927–42 [für 1941–48 nicht erschienen]
Jahresberichte für deutsche Geschichte. Neue Folge. Hrsg. v. d. Berlin-Brandenburgischen Akademie der Wissenschaften [bis Bd. 3/4 v. Fritz Hartung, bis Bd. 39 v. d. Akad. d. Wiss. der DDR, bis Bd. 41 v. d. Akademien d. Wiss. Berlin]. 1 (1949) – 53 (2001). Berlin 1952–(2002) [Nachdruck 1 (1949) – 16 (1964) Nendeln/Liecht. 1976. – Jg. 1986–2000 auch als CD-ROM]
Historische Bibliographie. Berichtsjahr 1986–(2001). Hrsg. v. d. Arbeitsgemeinschaft außeruniversitärer historischer Forschungseinrichtungen in der Bundesrepublik Deutschland. München 1987–(2002) [1990 ff. auch auf CD-ROM und online]

Die deutsche Geschichtswissenschaft im Zweiten Weltkrieg. Bibliographie des historischen Schrifttums deutscher Autoren 1939–1945. Hrsg. von Walther Holtzmann u. Gerhard Ritter. Marburg 1951

Karl **Schottenloher,** Bibliographie zur deutschen Geschichte im Zeitalter der Glaubensspaltung 1517–1585. Bd. 1–6. Leipzig 1932–1940. – 2. Aufl. Bd. 1–7. Stuttgart 1956–1966

Bibliographie des Täufertums 1520–1630. Hrsg. v. Hans Joachim Hillerbrand (= Quellen und Forschungen zur Reformationsgeschichte. Hrsg. v. Verein für Reformationsgeschichte. Bd. 30 = Quellen zur Geschichte der Täufer 10). Gütersloh 1962

The Wiener Library. Catalogue Series No. 1–7. London
  1: Persecution and Resistance under the Nazis. ^{2}1960
  2: From Weimar to Hitler. ^{2}1964
  3: German Jewry. Its History, Life and Culture. 1958
  4: After Hitler. Germany 1945–1963. ^{2}1965
  5: Prejudice – Racist, Religious, Nationalist. 1971
  6: German Jewry – Part II. 1978
  7: Persecution and Resistance under the Nazis. Part I: Reproduction of Catalogue No. 1 (second edition). Part II: New material and amendments. 1978

Michael **Ruck,** Bibliographie zum Nationalsozialismus. Köln 1995, ^{2}2000

Abraham J. **Edelheit**/Hershel **Edelheit,** Bibliography on Holocaust Literature. Boulder/London 1986. – Supplement. Boulder/London 1990

Bibliographie zur Deutschlandpolitik 1941–1974. Bearb. v. Marie-Luise Goldbach [u. a.]. Hrsg. v. Bundesministerium für Innerdeutsche Beziehungen (= Dokumente zur Deutschlandpolitik. Beihefte 1). Frankfurt/M 1975

Bibliographie zur Deutschlandpolitik 1975–1982. Bearb. v. Karsten Schröder. Hrsg. v. Bundesministerium f. Innerdeutsche Beziehungen (= Dokumente z. Deutschlandpolitik. Beihefte 6). Frankfurt/M 1983

Systematische Bibliographie von Zeitungen, Zeitschriften und Büchern zur politischen und gesellschaftlichen Entwicklung der SBZ/DDR seit 1945 ... Bd. 1. Geschichte und politisches System der SBZ/DDR, nichtkommunistische Länder aus der Sicht der DDR, deutsche Frage. Bearb. v. Walter Völkel unter Mitw. v. Christiana Stuff. Opladen 1986

3. Bibliographien zur außerdeutschen Geschichte

a) *England*

Writings on British History 1901–1933 ⟨400–1914⟩. Hrsg. v. d. Royal Historical Society. Bd. 1–5. London 1968–70
[Fortsetzung:]
Writings on British History ⟨450–1939⟩. Hrsg. v. d. Royal Historical Society. Bearb. v. Alexander Taylor Milne. London
- [1:]   1934. 1937
- [2:]   1935. 1939
- [3:]   1936. 1940
- [4:]   1937. 1949
- [5:]   1938. 1951
- [6:]   1939. 1953
- [7–8:] 1940/45. Bd. 1–2. 1960
- [9:]   1946–1948. Bearb. v. Donald James Munro. 1973
- [10:] 1949–1951. Bearb. v. Donald James Munro. 1975
- [11:] 1952–1954. Bearb. v. John Merriman Sims. 1975
- [12:] 1955–1957. Bearb. v. John Merriman Sims u. Phyllis M. Jacobs. 1977
- [13:] 1958–1959. Bearb. v. Heather J. Creaton. 1977
- [14:] 1960–1961. Bearb. v. Charles H. E. Philpin u. Heather J. Creaton. 1978
- [15:] 1962–1964. Bearb. v. Heather J. Creaton. 1980
- [16:] 1965–1966. Bearb. v. Heather J. Creaton. 1981
- [17:] 1967–1968. Bearb. v. Heather J. Creaton. 1982
- [18:] 1969–1970. Bearb. v. Heather J. Creaton. 1984
- [19:] 1971–1972. Bearb. v. Heather J. Creaton. 1985
- [20:] 1973–1974. Bearb. v. Heather J. Creaton. 1986

Bibliography of Historical Writings Published in Great Britain and the Empire. By Louis B. Frewer. Oxford 1947 [Nachdruck Westport, Ct. 1974]
[Fortsetzung u. d. T.:]
Bibliography of Historical Works. Issued in the United Kingdom 1946–1956. Compiled ... by Joan C. Lancaster (= University of London. Institute of Historical Research). London 1957 [Nachdruck 1964]
[Forts. u. d. gleichen Titel:]
... 1957–1960. Compiled ... by William Kellaway ... London 1962
... 1961–1965. Compiled ... by William Kellaway ... London 1967
... 1966–1970. Compiled ... by William Kellaway ... London 1972
... 1971–1975. Compiled ... by Rosemary Taylor ... London 1977

Bibliographien zur Geschichte

Annual Bulletin of Historical Literature. Hrsg. v. d. Historical Association. 1 (1911) – 85 (1999). Oxford [bis 1989 London] 1911–(2001)

Annual Bibliography of British and Irish History. Publications of ... ⟨1975–(2001)⟩ [Hrsg. v. d.] Royal Historical Society. Hrsg. v. Austin Gee. Oxford [u. a.] 1976–(2002) [auch auf CD-ROM]

Wilfrid **Bonser**, An Anglo-Saxon and Celtic Bibliography (450–1087). Oxford 1957. – Indices. Oxford 1957

A **Bibliography of English History to 1485.** Based on The Sources and Literature of English History from the earliest times to about 1485 by Charles Gross. Hrsg. v. Edgar B. Graves ... Oxford 1975

Antonia **Gransden,** Historical Writing in England [I.] c. 550 to c. 1307. London 1974. – II. c. 1307 to the Early Sixteenth Century. London/Henley 1982

Bibliography of British History.
- [1:] Tudor Period, 1485–1603. Hrsg. v. Conyers Read. Oxford ²1959 [Nachdruck Hassocks 1978]
- [2:] Stuart Period, 1603–1714. Hrsg. v. Godfrey Davies. Oxford 1928. – 2. Aufl. durchgesehen v. Mary Frear Keeler. Oxford 1970
- [3:] The Eighteenth Century, 1714–1789. Hrsg. v. Stanley Pargellis u. D. J. Medley. Oxford 1951 [Nachdruck 1977]
- [4:] 1789–1851. Bearb. v. Lucy B. Brown u. Ian R. Christie. Oxford 1977
- [5:] 1851–1914. Bearb. u. hrsg. v. H. J. Hanham. Oxford 1976
- [6:] 1914–1989. Bearb. u. hrsg. v. Keith Robbins. Oxford 1996

Conference on British Studies. Bibliographical Handbooks. Hrsg. v. J. Jean Hecht [u. a.]. [Bd. 1–10.] Cambridge [u. a.]
- [1:] Michael Altschul, Anglo-Norman England 1066–1154. 1969
- [2:] Bertie Wilkinson, The High Middle Ages in England, 1154–1377. 1978
- [3:] Delloyd J. Guth, Late-medieval England, 1377–1485. 1976
- [4:] Mortimer Levine, Tudor England, 1485–1603. 1968.
- [5:] [Stuart and Cromwellian England 1603–1660: noch nicht erschienen]
- [6:] William L. Sachse, Restoration England, 1660–1689. 1971
- [7:] [1689–1760: noch nicht erschienen]
- [8:] Robert A. Smith, Late Georgian and Regency England, 1760–1837. 1984
- [9:] Josef L. Altholz, Victorian England, 1837–1901. 1970
- [10:] Alfred F. Havighurst, Modern England, 1901–1984. ²1988

Peter **Catterall,** British History 1945–1987. An Annotated Bibliography. Oxford 1990

Edward Lindsay Carson **Mullins**, Texts and Calendars. An Analytical Guide to Serial Publications (= Royal Historical Society Guides and Handbooks 7). London 1958

Edward Lindsay Carson **Mullins**, Texts and Calendars II. An Analytical Guide to Serial Publications 1957–1982 (= Royal Historical Society Guides and Handbooks 12). London 1983

Alexander Taylor **Milne**, A Centenary Guide to the Publications of the Royal Historical Society 1868–1968 and of the Former Camden Society 1838–1897 (= Royal Historical Society Guides and Handbooks 9). London 1968

Geoffrey Rudolph **Elton**, Modern Historians on British History, 1485 to 1945. A critical bibliography, 1945–1969. London 1970

b) *Vereinigte Staaten*

Writings on American History. A Subject Bibliography of Articles. ⟨1902–1989/90⟩. Washington (1904–91) [Erscheinen eingestellt; Untertitel bis Jg. 1940: A Bibliography of Books and Articles on United States History. Ed. by G. G. Griffin a. others. – Nachdruck ⟨1902–1940, 1948⟩ Nendeln/Liecht. 1975. – Lücken für Jg. 1904/05, 1941–47.]

Writings on American History, 1962–73. A Subject Bibliography of Books and Monographs. Bearb. v. James R. Masterson. Bd. 1–10. Washington/White Plains, N. Y. 1985

Harvard Guide to American History. Hrsg. v. Frank Freidel. Rev. Ed. Bd. 1–2. Cambridge, Mass. 1974 [4. Nachdruck 1979]

Guide to the Study of United States History Outside the U. S., 1945–1980. Bd. 1–5. Hrsg. v. Lewis Hanke. White Plains, N. Y. 1985

Guide to American Foreign Relations since 1700. Hrsg. v. Richard Dean Burns. Santa Barbara/Oxford 1983

Bibliographie zum Studium der Geschichte der Vereinigten Staaten von Amerika. Bibliography for the Study of the History of the United States of America. Zsgest. v. Werner Heß, Werner Pollmann, Harald Thomas (= Sammlung Schöningh zur Geschichte u. Gegenwart). Paderborn 1975

c) *Frankreich*

Gabriel **Monod**, Bibliographie de l'histoire de France ⟨bis 1789⟩. Paris 1888 [Nachdruck Brüssel 1968]

Pierre **Caron**, Bibliographie des travaux publiés de 1866 à 1897 sur l'histoire de la France (= Publications de la Société d'histoire moderne). Paris 1912

Bibliographie générale des travaux historiques et archéologiques publiés par les sociétés savantes de la France ⟨1886–1900⟩. Hrsg. v.

Robert de Lasteyrie. Bd. 1–6. Paris 1888–1918 [Nachdruck New York 1972]

Bibliographie annuelle des travaux historiques et archéologiques ⟨1901–1910⟩. Hrsg. v. Robert de Lasteyrie u. Alexandre Vidier. Bd. 1–3. Paris 1906–14

Bibliographie générale des travaux historiques et archéologiques publiés par les sociétés savantes de la France ⟨1910–1940⟩. Hrsg. v. René Gandilhon u. Charles Samaran. Bd. 1–5. Paris 1944–61

Répertoire bibliographique de l'histoire de France. Hrsg. v. Pierre Caron u. Henri Stein. ⟨1920–1931⟩. Bd. 1–6. Paris 1923–38 [Vorgänger der Bibliographie annuelle de l'histoire de France; Nachdruck Aalen 1972]

Bibliographie annuelle de l'histoire de France du cinquième siècle à 1958 [früher: à 1939 und à 1945] ⟨1953/54–2000⟩. Paris 1954– (2001)

Henri **Stein**, Bibliographie générale des cartulaires français ou relatifs à l'histoire de France (= Manuels de bibliographie historique 4). Paris 1907 [Nachdr. Nendeln/Liecht. 1967]

Bibliographie de l'histoire médiévale en France (1965–1990). Hrsg. v. Michel Balard. Paris 1992

André **Martin**/Gérard **Walter**, Catalogue de l'histoire de la révolution francaise. Bd. 1–6. Paris 1936–69

1–4: Écrits de la période révolutionnaire. Auteurs. 1936–54
5: Écrits de la période révolutionnaire. Journaux et almanachs. 1943
6: Écrits de la période révolutionnaire. Table analytique. 1969

Gérard **Walter**, Répertoire de l'histoire de la révolution française. Travaux publiés de 1800 à 1940. Bd. 1–2. Paris

1: Personnes. 1941
2: Lieux. 1951

Bibliographie de la Révolution française 1940–1988. Bd. 1–2. Sous la direction de Alfred Fierro. Paris 1989

La recherche historique en France de 1940 à 1965. Hrsg. v. Comité français des Sciences Historiques. Paris 1965, ²1965

La recherche historique en France depuis 1965. Hrsg. v. Comité français des Sciences Historiques. Paris 1980

d) *Italien*

Bibliografia storica nazionale. 1 (1939) – 61 (1999). Rom/Bari 1942– (2001) [Teilnachdruck Nendeln/Liechtenstein]

e) *Spanien*

Benito **Sánchez Alonso**, Fuentes de la Historia Española e Hispanoamericana ... (= Publicaciones de la Revista de Filologia Española). Bd. 1–3. Madrid ³1952 [1. Aufl. in 1 Bd. 1919]
D. **Gómez Molleda**, Bibliografía Histórica Española. 1950–1954. Madrid 1955
Fernando **González Ollé**, Manual bibliográfico de estudios españoles. Pamplona 1976
Indice historico español. Bibliografía Histórica de España e Hispanoamerica. Hrsg. v. Centro de Estudios Históricos Internacionales, Universidad de Barcelona. 1 (1953/54) – 36 (1998). Barcelona 1953–([2001])
[Nebentitel: Indice Histórico Español. Publicación cuatrimestral del Centro de Estudios ...]
Jaime del **Burgo Torres**, Bibliografía de las Guerras Carlistas y de las Luchas Politicas del Siglo XIX, antecedente desde 1814 y apendice hasta 1936 (= Fuentes de la historia de España). Bd. 1–3. Pamplona 1955, 1978
Cuadernos bibliograficos de la guerra de España 1936–1939. Ed. por la cátedra de »Historia Contemporánea de España« de la Universidad de Madrid. Folletos e empresos menores del tiempo de la guerra. Serie 1. Fascículo 1. Madrid 1966
A Bibliographic Guide to Spanish Diplomatic History, 1460–1977. Zus.gest. v. James W. Cortada. Westport, Conn. 1977

f) *Rußland*

Karol **Maichel**, Guide to Russian Reference Books. Bd. 1–2. Hrsg. v. J. S. G. Simmons. – 1. General Bibliographies and Reference Books. 2. History, Auxiliary Historical Sciences, Ethnography, and Geography (= Hoover Institution. Bibl. Series 10, 18). Stanford 1962, 1964
Bibliografija russkoj bibliografii po istorii SSSR. Annotirovannyj perečen' bibliografičeskich ukazatelej, izdannych do 1917 goda [Bibliographie russischer Bibliographien zur Geschichte der UdSSR. Kommentiertes Verzeichnis bis 1917 erschienener bibliographischer Hilfsmittel]. Moskau 1967
Russia and the Soviet Union. A Bibliographic Guide to Western-Language Publications. Hrsg. v. Paul L. Horecky. Chicago/London (1965)
A Bibliography of Works in English on Early Russian History to 1800. Hrsg. v. Peter A. Crowther. Oxford 1969
Istorija istoričeskoj nauki v SSSR. Dooktjabr'skoj period. Bibliografija [Geschichte der historischen Wissenschaft in der UdSSR. Der Zeitraum bis zur Oktoberrevolution. Bibliographie]. Moskau 1965
Istorija istoričeskoj nauki v SSSR. Sovetskij period oktjabr' 1917 – 1967 g. Bibliografija [... Der sowjetische Zeitraum Oktober 1917–1967. Bibliographie]. Moskau 1980

Istorija SSSR. Annotirovannyj perečen' russkich bibliografij, izdannych do 1965 g. [Geschichte der UdSSR. Kommentiertes Verzeichnis bis 1965 erschienener russischer Bibliographien]. Moskau ²1966

Istorija SSSR. Ukazatel' sovetskoj literatury za 1917–1952 gg. [Geschichte der UdSSR. Wegweiser durch die sowjetische Literatur der Jahre 1917–1952] Bd. 1–2. Moskau
 1: Istorija SSSR s drevnejših vremen do vystuplenija Rossii v period kapitalizma ⟨–1861⟩. 1956
 2: Istorija SSSR v period kapitalizma (1861–1917). 1958
[Dazu unter demselben Titel]:
 . . . Priloženie [Anlagen]. Bd. 1–2. Moskau 1956, 1958

Russian History since 1917 (= Widener Library Shelflist No. 4). Cambridge/Mass. 1966

Soviet Foreign Relations and World Communism. A Selected, Annotated Bibliography of 7000 Books in 30 Languages. Hrsg. v. Thomas T. Hammond. Princeton 1965

Klaus **Meyer**, Bibliographie der Arbeiten zur osteuropäischen Geschichte aus den deutschsprachigen Fachzeitschriften 1858–1964. Hrsg. v. Werner Philipp (= Bibliographische Mitteilungen des Osteuropa-Instituts an der Freien Universität Berlin 9). Berlin 1966

Klaus **Meyer**, Bibliographie zur osteuropäischen Geschichte. Verzeichnis der zwischen 1939 und 1964 veröffentlichten Literatur in westeuropäischen Sprachen zur osteuropäischen Geschichte bis 1945 . . . hrsg. v. Werner Philipp (= Bibliographische Mitteilungen . . . 10). Berlin 1972

Christian D. **Schmidt**, Bibliographie zur osteuropäischen Geschichte. Verzeichnis der zwischen 1965 und 1974 veröffentlichten Literatur in westeuropäischen Sprachen zur osteuropäischen Geschichte bis 1945 . . . hrsg. v. Werner Philipp (= Bibliographische Mitteilungen . . . 22). Wiesbaden 1983

European Bibliography of Slavic and East European Studies . . . Europäische Bibliographie zur Osteuropaforschung [bis 15 (1989) . . . of Soviet, East European and Slavonic Studies . . . der Sowjet- und Osteuropastudien]. Hrsg. v. Monique Armand [u. a.]. 1 (1975) – 21 (1995). Paris [1–2 Birmingham] 1977–2001 [Erscheinen d. gedruckten Ausg. eingestellt; Forts. nur online]

g) *Nordeuropa*

Samuel E. **Bring**, Bibliografisk handbook till Sveriges historia. Stockholm 1934

Svensk historisk bibliografi . . . (= Skrifter utgivna af Svenska historiska föreningen . . .). [Bd. 1–8. – Bd. 1–3 Nachdruck Nendeln/Liechtenstein 1977–78]

[1:] 1771–1874. Von Kristian Setterwall. Uppsala 1937 (= Skrifter . . . 4)
[2:] 1875–1900. Von Kristian Setterwall. Stockholm 1907 (= Skrifter . . . 2)
[3:] 1901–1920. Von Kristian Setterwall. Uppsala 1923 (= Skrifter . . . 3)
[4:] 1921–1935. Bearb. v. Paul Sjörgen. Uppsala 1956 (= Skrifter . . . 5)
[5:] 1936–1950. Bearb. v. Harald Bohrn u. Percy Elfstrand. Stockholm 1964 (= Skrifter . . . 6)
[6:] 1951–1960. Bearb. v. Jan Rydbeck. Stockholm 1968 (= Skrifter . . . 7)
[7:] 1961–1970. Bearb. v. Marie-Louise Bachman u. Yvonne Hirdman. Stockholm 1978 (= Skrifter . . . 8)
[8:] 1971–1975. Stockholm 1987 (= Skrifter . . . 9)

Dansk historisk bibliografi 1913–1942. Bearb. v. Henry Bruun. Bd. 1–6. Kopenhagen
1. Indledning, politisk Historie samt Stats- og Kulturforhold til og med Erhvervsliv Nr. 1–11 830. 1966
2: Stats- og Kulturforhold fra Aandsliv og ud Nr. 11 831–20 819. 1967
3: Danmarks Topografi. Sonderjyllands (Hertugdommernes) Historie, indre Forhold og Topografi Nr. 20 820–29 961. 1968.
4: Personalhistorie, almindelig Del og speciel Del, A–J. Nr. 29 962–40 780. 1970
5: Personalhistorie, speciel Del, K–AA. Nr. 40 781–51 891. Bearb. v. Henry Bruun u. Georg Simon. 1973
6: Registre. 1977

Dansk historisk bibliografi 1943–1947. Bearb. v. Henry Bruun. Kopenhagen 1956

Dansk historisk bibliografi. Hrsg. v. d. Danske Historiske Forening. Kopenhagen
[1]: 1970–1973. Med supplementen til Dansk Historisk Årsbibliografi 1967–1969. 1993
[2]: 1974–1976. 1986

h) *übriges Westeuropa*

Bibliografie der geschiedenis van Nederland . . . Bearb. v. H. de Buck unter Mitwirkung v. E. M. Smit ⟨–1963⟩. Leiden 1968

Repertorium der verhandelingen en bijdragen betreffende de geschiedenis des vaderlands, in tijdschriften en mengelwerken tot op . . . verschenen. Bd. 1–5. Leiden
1: ⟨– 1900⟩. Bearb. v. Louis D. Petit. 1905
2: ⟨1901–1910⟩. Bearb. v. Louis D. Petit. 1913
3: ⟨1911–1920⟩. Bearb. v. H. J. A. Ruys. 1928
4: ⟨1921–1929⟩. Bearb. v. H. J. A. Ruys. 1933
5: ⟨1930–1939⟩. [Bearb. v. A. Kessen.] 1953

Repertorium van boeken en tijdschriftartikelen betreffende de geschiedenis van Nederland verschenen in ⟨1940–91⟩. Bearb. v. Th. S. H. Bos [u. a.][ab Jg. 1975 ff.; 1948–74 v. J. Brok-Ten Broek; 1940–47 v. Aleida Gast]. 's-Gravenhage [früher Groningen u. Leiden] 1943–95 [Erscheinen eingestellt] – Index 1940–1974. 1994

Henri **Pirenne**, Bibliographie de l'histoire de Belgique. Catalogue méthodique et chronologique des sources et des ouvrages principaux relatifs à l'histoire de tous les Pays-Bas jusqu'en 1598 et à l'histoire de Belgique jusqu'en 1914. Brüssel ^{3}1931

Bibliografie van de geschiedenis van België. Bibliographie de l'histoire de Belgique (= Centre interuniversitaire d'histoire contemporaine ... Cahiers 15, 37, 38, 90). Löwen
[1:] 1789–1831. Von Paul Gérin. 1960
[2:] 1831–1865. Von Solange Vervaeck. 1965
[3:] 1865–1914. Von Josef de Belder u. J. Hannes. 1965
[4:] 1914–1940. Von Micheline Heyse u. Romain van Eenoo. Brüssel 1986

Maria **De Waele**/Helmut **Gaus**/Frank **Uytterhaegen**, Bibliografie. Beknopte bibliografie von de politieke en sociaal-economische evolutie van België. 1918–1980. Gent 1983

Bibliographie d'histoire luxembourgeoise pour l'année ... [bis 1974 Haupttitel: Bibliographie zur Geschichte Luxemburgs für das Jahr ...] ⟨1914–(2001)⟩. Luxemburg 1948–(2002)

Jean-Louis **Santschy**, Manuel analytique et critique de bibliographie générale de l'histoire suisse. Bern 1961

Bibliographie der Schweizergeschichte. Hrsg. v. d. Schweizerischen Landesbibliothek. – Bibliographie de l'histoire suisse. Publiée par la Bibliothèque nationale suisse [verschiedene Titel u. Bearbeiter] ⟨1913–(1998)⟩. Bern 1914–(2001)

i) *übriges Südost- und Osteuropa*

Österreichische historische Bibliographie. Austrian Historical Bibliography. Hrsg. v. d. Redaktion d. Österreichischen historischen Bibliographie. Santa Barbara, Ca. [u. a.]
[1,1–3:] 1945–1964. Bearb. v. Günther Hödl [u. a.]. 1985
[2–3:] 1965–1966. Unter Mitw. v. Rudolf G. Artelt u. Günther Hödl bearb. v. Herbert Paulhart. 1967, 1969
[4–40:] 1967–2000. Bearb. v. Bettina Kuttin [u. a.] 1970–(2002)
Register 1945–1964. Bearb. v. Günther Hödl [u. a.]. 1985
Fünf-Jahres-Register ⟨1965–1999⟩. Bearb. von Bettina Kuttin [u. a.]. 1974–2002

Außerdeutsche Geschichte 39

Südosteuropa-Bibliographie. Bd. 1–. München 1956–
1: 1945–1950. Hrsg. v. Fritz Valjavec. Teil 1. Slowakei, Rumänien, Bulgarien. 1956. – 2. Aufl. m. Nachtrag 1968. – Teil 2. Jugoslawien, Ungarn, Albanien, Südosteuropa und größere Räume. 1959
2: 1951–1955. Hrsg. v. Südost-Institut München. Red. Gertrud Krallert-Sattler. Teil 1. Südosteuropa und größere Teilräume, Jugoslawien, Ungarn. 1960. – Teil 2. Albanien, Bulgarien, Rumänien, Slowakei. 1962
3: 1956–1960. Hrsg. v. Südost-Institut München. Red. Gertrud Krallert-Sattler. Teil 1. Slowakei, Ungarn, Rumänien. 1964. – Teil 2. Albanien, Bulgarien, Jugoslawien, Südosteuropa und größere Teilräume. 1968
4: 1961–1965. Hrsg. v. Südost-Institut München. Red. Gertrud Krallert-Sattler. Teil 1. Südosteuropa und größere Teilräume, Ungarn, Rumänien, Slowakei. 1971. – Teil 2. Albanien, Bulgarien, Jugoslawien. 1973.
5: 1966–1970. Hrsg. v. Südost-Institut München. Red. Gertrud Krallert-Sattler. Teil 1. Südosteuropa und größere Teilräume, Ungarn, Rumänien, Slowakei. 1982. – Teil 2. Albanien, Bulgarien, Jugoslawien. 1976
6: Teil 1. Rumänien 1971–1980. Hrsg. v. Südost-Institut München. Red. Gerhard Seewann. 1992
Erg.-Bd. 1: Bestandskatalog der Bibliothek des Südost-Instituts. 1. Druckschriften 1529–1945. Red. Gerhard Seewann. 1990
Erg.-Bd. 3: Bibliographisches Handbuch der ethnischen Gruppen Südosteuropas. Hrsg. v. Gerhard Seewann u. Peter Dippold. Bd. 1–2. 1997
Erg.-Bd. 4 [s. nächsten Titel Bd. 2,2]

Historische Bücherkunde Südosteuropa. Hrsg. v. Mathias Bernath [Bd. 2,1: u. Karl Nehring; Bd. 2,2: Hrsg. v. Südost-Institut München]. Leitung u. Red. Gertrud Krallert. Bd. 1– [Bd. 2,1–2: Gerhard Seewann] (= Südosteuropäische Arbeiten 76, 1–3) [Bd. 2,2 hat Reihentitel: Südosteuropa-Bibliographie, Erg-Bd. 4]. München
1,1–2: Mittelalter. 1978–80
2,1: Neuzeit: Teil 1. Osmanisches Reich, Makedonien, Albanien. 1988
2,2: Neuzeit. Teil 2. Rumänien 1521–1918. Bearb. v. Manfred Stoy. 2002

Bibliografia istorică a României. Bd. 1–. Bukarest 1970–
1: 1944–1969. Hrsg. v. Ioachim Crăciun, Gheorghe Hristodol [u.a.]. 1970
2: Secolul XIX. Bd. 1. Cadrul general. Tara şi locuitorii. Bearb. v. Cornelia Bodea. 1972
3: Secolul XIX. Bd. 5. Biografii. Bearb. v. Vladimir Diculescu. 1974

4: 1969–1974. Bibliografie selectivă. Hrsg. v. Gheorghe Hristodol [u. a.]. 1975
5: 1974–1979. Hrsg. v. Ştefan Pascu [u. a.]. 1980
6: 1979–1984. Hrsg. v. Ştefan Pascu [u. a.]. 1985
7: 1984–1989. Hrsg. v. Ştefan Pascu [u. a.]. 1990
8: 1989–1994. Hrsg. v. Ştefan Pascu [u. a.]. 1996
9: 1994–1999. Hrsg. v. Ştefan Pascu [u. a.]. 2000

Bibliografie české historie za rok ... Bearb. v. Stanislava Jonášová-Hájková ⟨1904–1937/41⟩ (= Česky Časopis Historický). Prag 1905–51

Bibliografie československé historie za rok ... ⟨1955–1965⟩. Prag 1957–72 [Erscheinen eingestellt; Lücke Jg. 1966–70; Forts.:]
Bibliografie dějin Československa za rok ... ⟨1971–92⟩. Prag 1979–98 [seit 1990 unregelmäßiges Erscheinen. Berichtslücken: 1978/79, 1982–89; Forts.:]
Bibliografie dějin Ceských za rok ... ⟨1993– ⟩. Prag 1999–

Bibliographie zur Geschichte und Landeskunde der böhmischen Länder von den Anfängen bis 1948. Publikationen der Jahre 1850 bis 1975. Bearb. v. Heinrich Jilek [3: Marlis Sewering-Wollanek]. Bd. 1–3 (= Ostmitteleuropa in Vergangenheit u. Gegenwart 19,1–3). Köln/Wien 1986–90
Ferdinand **Seibt**, Bohemica. Probleme und Literatur seit 1945 (= Historische Zeitschrift Sonderheft 4). München 1970

Bibliografia historii Polski. Bearb. v. Heleny Madurowicz-Urbánskiej. Bd. 1–3. Warschau 1965–78
Bibliografia historii Polskiej za rok ... ⟨1944–(1999)⟩. Breslau [u. a.] 1962–(2001)

Bibliographie
DW 74/1–9 [USA], 81/1–5 [Spanien], 82/1–9, 71–74 a [Südosteuropa], 93/1–21 [Rußland], 94/1–2, 96/1–7, 97/1–7, 98/1–6 [Nordeuropa], 100/1–12 a [England], 101/1–14 [Frankreich], 102/1–7 [Italien], 103/17–23 [Belgien], 104/1–4 [Holland], 105/1–13 [Schweiz], 106/1–3 [Österreich]

VII. Lexika

1. Enzyklopädien, Konversationslexika

Großes vollständiges Universal-Lexikon aller Wissenschaften und Künste [»Zedler«] Bd. 1–64, Erg.-Bd. 1–4 [– Caq]. Halle/Leipzig 1732–54 [Nachdrucke Graz 1961–64 und 1993–99. – Mikrofiche-Ausg. Erlangen 1995]

Allgemeine Encyclopädie der Wissenschaften und Künste. Hrsg. von Johann Samuel Ersch u. Johann Gottfried Gruber. Sektion 1–3 (137 Bde.) [unvollständig im Alphabet]. Leipzig 1818–89 [Nachdruck Graz 1969–92. – Mikrofiche-Ausg. Erlangen 1995]

Brockhaus Enzyklopädie [wechselnde Titel]
1. Aufl. [u. d. T.: Conversationslexikon mit vorzüglicher Rücksicht auf die gegenwärtigen Zeiten] Bd. 1–6, Erg.-Bd. 1–2. Leipzig 1796–1811 [Mikrofiche-Ausg. der 1.–14. Aufl. Erlangen 1997]
2. Aufl. Bd. 1–10. Altenburg/Leipzig 1812–19
5. Aufl. [bis zur 11. Aufl. u. d. T.: Allgemeine deutsche Real-Encyclopädie] Bd. 1–10. Leipzig 1819–20
12. Aufl. Bd. 1–15. Leipzig 1875–79
13. Aufl. Bd. 1–17. Leipzig 1882–87
14. Aufl. Bd. 1–16, 1 Erg.-Bd. Leipzig 1894–97
15. Aufl. [bis zur 16. Aufl. u. d. T.: Der Große Brockhaus] Bd. 1–20, 1 Erg.-Bd. Leipzig 1928–35
16. Aufl. Bd. 1–12, Erg.-Bd. 1–2. Wiesbaden 1952–63
17. Aufl. Bd. 1–20, Erg.-Bd. 21–25. Wiesbaden 1966–81
18. Aufl. Bd. 1–12, Erg.-Bd. 13–20. Mannheim 1977–84
19. Aufl. Bd. 1–24, Erg.-Bd. 25–30. Mannheim 1986–96
20. Aufl. Bd. 1–24. Leipzig [u. a.]. 1996–99 [auch auf CD-ROM]

Der Große Herder [früher Herders Conversationslexikon]
1. Aufl. Bd. 1–5. Freiburg 1853–57
4. Aufl. Bd. 1–12. Freiburg 1931–35
5. Aufl. Bd. 1–10, Erg.-Bd. 1–2. Freiburg 1952–62

Meyers Lexikon [wechselnde Titel]
1. Aufl. Bd. 1–46, Erg.-Bd. 1–6. Leipzig 1840–55 [Mikrofiche-Ausg. Erlangen 1993]
2. Aufl. Bd. 1–15. Leipzig 1857–60
6. Aufl. Bd. 1–20, Erg.-Bd. 1–4. Leipzig 1902–16

7. Aufl. Bd. 1–12, Erg.-Bd. 1–3. Leipzig 1924–35
8. Aufl. Bd. 1–9, 12 [unvollständig]. Leipzig 1936–42
9. Aufl. Bd. 1–25, Erg.-Bd. 26–32, Atlas-Bd. Mannheim/Wien/Zürich 1971–85
[10. Aufl.] Bd. 1–15, Erg.-Bd. 16–18, Atl.-Bd. Mannheim/Wien/Zürich 1981–86

Encyclopédie ou Dictionnaire raisonné des sciences, des arts et des métiers. Hrsg. von Denis Diderot u. Jean Baptiste d'Alembert. Bd. 1–17, Erg.-Bd. 1–4, Reg.-Bd. 1–2, Bildtafeln Bd. 1–11 und 1 Erg.-Bd. Paris 1751–80 [Nachdruck Stuttgart-Bad Cannstatt 1966. – Mikrofiche-Ausg. Erlangen 1996]

La Grande Encylopédie... Bd. 1–31. Paris [1886–1902] [Mikrofiche-Ausg. Erlangen 1992]

Larousse du XXe siècle. Bd. 1–6. Paris 1928–33

Grand Larousse Encyclopédique. Bd. 1–10. Paris 1960–64. – Erg.-Bd. 1–2. 1968–75

Grand Dictionnaire Encyclopédique Larousse. Bd. 1–10. Paris 1982–85. – Aktualisierte Aufl. u. d. T. Grand Larousse Universel. Bd. 1–15. Paris 1995

Encyclopaedia universalis. Bd. 1–20, Erg.-Bd. 1–2. Paris 1968–80

Encyclopaedia Britannica
1. Aufl. Bd. 1–3. Edinburgh 1768–71
11. Aufl. Bd. 1–29. London 1910–11
14. Aufl. Bd. 1–24. London/New York 1929
15. Aufl. Bd. 1–30. Chicago 1974
[seitdem o. Auflagen-Zählung; häufige, jetzt jährliche Neudrucke mit Teilkorrekturen; neueste Bearbeitung in 32 Bdn. u. 3 Abteilungen: Propaedia (systematisches Verzeichnis) 1 Bd., Micropaedia (Artikel mit weniger als 750 Wörtern) Bd. 1–12, Macropaedia (Artikel mit über 750 Wörtern) Bd. 13–29, Reg.-Bd. 1–2. Chicago (u. a.) 2002. – Auch auf CD-ROM und online verfügbar]

The Encyclopedia Americana 1. Aufl. Bd. 1–16. New York/Chicago 1903–04 [seit der Ausg. v. 1918–20 häufig verb. Ndr. o. Aufl.-Zählung; zuletzt Bd. 1–30. New York 2001]

Enciclopedia Italiana [ohne Auflagen-Zählung] Bd. 1–36. Rom 1929–1939. – Erg.-Bd. 1–4. Rom 1938–81

Grande Dizionario Enciclopedico Utet. Begr. v. Pietro Fedele. 3. Aufl. Bd. 1–20, Erg.-Bd. 1–3. Turin 1966–85. – 4. Aufl. Bd. 1–24. Turin 1984–93

Enciclopedia universal ilustrada, Europeo-Americana [Enciclopedia Espasa] Bd. 1–70. Madrid 1905–30. – Apéndice Bd. 1–10. Bilbao [u. a.] 1930–33. – Suplemento ⟨1935–(1992)⟩. Madrid 1936–95

Enciklopedičeskij slovar' [Brockhaus-Efron] Bd. 1–45, Erg.-Bd. 1–2. St. Petersburg [Neudruck in 55 Bänden. Moskau 1937–38]
Bol'šaja Sovetskaja ènciklopedija [= Große Sovet-Enzyklopädie]
1. Aufl. Bd. 1–65. Moskau 1926–1947
2. Aufl. Bd. 1–49. Moskau 1949–1957
3. Aufl. Bd. 1–30. Moskau 1970–1978
[Englische Übersetzung der 3. Aufl.:]
Great Soviet Encyclopaedia. A Translation of the Third Edition. Bd. 1–31, Reg.-Bd. Moskau/New York/London 1973–83

L'Enciclopaedia Europea [Garzanti]. Bd. 1–12. Mailand 1977–84

Bibliographie
DW 58/146–186 a

2. *Sachlexika*

a) *Altertums-, Volkskunde*

Paulys Realencyclopädie der classischen Altertumswissenschaften [RE]. Hrsg. v. Georg Wissowa [u.a.]. Reihe 1, Bd. 1–24,1. Stuttgart 1893–1963. – Reihe 2, Bd. 1–10. Stuttgart 1914–1972. – Suppl.-Bd. 1–15. Stuttgart 1903–1978. – Gesamtregister Bd. 1–2. Stuttgart 1997–2000 [alles auch auf CD-ROM]
[Neuauflage:]
Der Neue Pauly. Enzyklopädie der Antike. Bd. 1– (12,1) [–Ve], 13–15. Hrsg. v. Hubert Cancik u. Helmuth Schneider. Stuttgart/Weimar 1996–(2002) [Bde. 1–10 u. 13–14 auch auf CD-ROM]
Der Kleine Pauly. Lexikon der Antike... Bd. 1–5. München 1964–75 [Nachdruck als Taschenbuch 1979.]
Reallexikon der germanischen Altertumskunde. Hrsg. v. Johannes Hoops. Bd. 1–4. Straßburg 1911–19
[Neubearbeitung:]
Reallexikon der germanischen Altertumskunde. Begr. v. Johannes Hoops... Hrsg. v. Herbert Jankuhn, Klaus Kuhn [u.a.]. Bd. 1–(22) [–Pfalz und Pfalzen]. Berlin [1968–(2003)]
Handwörterbuch des deutschen Aberglaubens. Hrsg. v. Hanns Bächtold-Stäubli. Bd. 1–9, Reg.-Bd. 1 (= Handwörterbuch zur deutschen Volkskunde. Abt. 1). Berlin/Leipzig 1927–42 [Nachdruck als Kassettenausg. zuletzt Berlin 2000]

b) *Theologie, Kirchengeschichte*

Reallexikon für Antike und Christentum [RAC]. Sachwörterbuch zur Auseinandersetzung des Christentums mit der antiken Welt. Begr. v. Franz Joseph Dölger [u. a.]. Fortgef. v. d. Rheinisch-Westfäl. Akademie d. Wissenschaften. Bd. 1–(19) [–Kannibalismus], Erg-Bd. 1. Stuttgart 1950–(2001)

Dictionnaire d'archéologie chrétienne et de liturgie. Bd. [Doppelbde.]1–15. Paris 1924–53

Wetzer und Welte's Kirchenlexikon oder Encyklopädie der katholischen Theologie und ihrer Hülfswissenschaften.
1. Aufl. Bd. 1–13. Freiburg 1847–60
2. Aufl. Bd. 1–13. Freiburg 1882–1903

Kirchliches Handlexikon. Hrsg. v. Michael Buchberger. Bd. 1–2. München 1907–12.

[Neubearbeitung:]

Lexikon für Theologie und Kirche [LThK]. 2., neubearbeitete Aufl. des Kirchlichen Handlexikons. Hrsg. v. Michael Buchberger. Bd. 1–10. Freiburg 1930–38

2. völlig neubearbeitete Aufl., hrsg. v. Josef Höfer u. Karl Rahner. Bd. 1–10. Freiburg 1957–65. – Reg.-Bd. 1967. – Erg.-Bd. 1–3: Das Zweite Vatikanische Konzil. Freiburg 1966–68. – Sonderausgabe Bd. 1–14 [Bd. 1–10: A–Z; Bd. 11: Reg.; Bd. 12–14: Konzilsbände]. Freiburg i. Br. 1986

3. völlig neubearb. Aufl., hrsg. v. Walter Kasper [u. a.]. Bd. 1–10, Reg.-Bd. Freiburg/Br. [u. a.] 1993–2001

Lexikon für Kirchengeschichte. Bd. 1–2 (= Lexikon für Theologie und Kirche kompakt). Freiburg 2001

Dictionnaire de théologie catholique. Bd. [Doppelbände] 1–15. Paris 1903–1950. Reg.-Bd. 1–3. Paris 1951–72

[Davon Kurzfassung:]

Dictionnaire d'histoire et de géographie ecclésiastiques [DHGE]. Bd. 1–(28) [–Kalamona]. Paris 1909–(2002)

Carl **Andresen**/Georg **Denzler,** dtv-Wörterbuch der Kirchengeschichte. München 1982 [mehrere Neudrucke; auch auf CD-ROM]

Realencyclopädie für protestantische Theologie und Kirche. Begr. v. Johann Jakob Herzog. 3. Aufl. hrsg. v. Albert Hauck. Bd. 1–21, Reg.-Bd. 1, Erg.-Bd. 1–2. Leipzig 1896–1913 [Nachdruck Graz 1969–71]

[Neubearbeitung:]

Theologische Realenzyklopädie [TRE] ... hrsg. v. Gerhard Müller. Bd. 1–(34) [–Vernunft]. Berlin/New York 1976–(2002) [dazu: TRE Abkürzungsverzeichnis. Zus.gest. v. Siegfried Schwertner. 1976, ²1994. – Register zu Bd. 1–27 ... erstellt v. Claus-Jürgen Thornton. 1998. – Studienausg. von Bd. 1–27 nebst Reg. 1993–97]

Die Religion in Geschichte und Gegenwart [RGG]. Handwörterbuch für Theologie und Religionswissenschaft. Bd. 1–5. Tübingen 1909–1913

2. Aufl. hrsg. v. Hermann Gunkel u. Leopold Zscharnak. Bd. 1–5, Reg.-Bd. 1. Tübingen 1926–32
3. Aufl. hrsg. v. Kurt Galling. Bd. 1–6, Reg.-Bd. 1. Tübingen 1957–65 [Studienausgabe 1986; auch auf CD-ROM]
4. Aufl. hrsg. v. Hans Dieter Betz [u. a.]. Bd. 1–(5) [–M]. Tübingen 1998–(2002)

Evangelisches Kirchenlexikon [EKL]. Kirchlich-theologisches Handwörterbuch. Hrsg. v. Heinz Brunotte u. Otto Weber. Bd. 1–4. Göttingen 1956–61
[Neubearbeitung:]
Evangelisches Kirchenlexikon [EKL]. Internationale theologische Enzyklopädie. Hrsg. v. Erwin Fahlbusch [u. a.]. Bd. 1–4, Reg.-Bd. Göttingen 1986–98
Lexikon für Kirchen- und Staatskirchenrecht. Hrsg. v. Axel Frhr. v. Campenhausen [u. a.]. Bd. 1–(2) [–M]. Paderborn [u. a.] 2001–(2002)
Ludwig **Koch,** Jesuiten-Lexikon. Paderborn 1934 [Nachdruck Löwen Heverlee 1962]
Mennonitisches Lexikon. Hrsg. von Christian Hege u. Christian Neff, fortgeführt von Harold S. Bender u. Ernst Crous. Bd. 1–4. Frankfurt/M [ab Bd. 3 Karlsruhe] 1913–67
Eugen **Lennhoff**/Oskar **Posner**, Internationales Freimaurerlexikon. Wien 1932. – Überarb. u. erweit. Neuaufl. München 2000

c) *Konkordanzen*

Bonifatius **Fischer**, Novae Concordantiae Bibliorum Sacrorum juxta Vulgatam versionem critice editam. Bd. 1–5. Stuttgart-Bad Cannstatt 1977
Dominicus **Bo**, Lexicon Horatianum. Bd. 1–2 (= Alpha-Omega 1,1–2). Hildesheim 1965–66
Roy Joseph **Deferrari**, A Concordance of Ovid. Washington 1939 [Nachdruck Hildesheim 1968]
Rudolphus **Hanslik**, Benedicti Regula, Index verborum (= Corpus script. eccl. lat. 75). Wien 1960, ²1977
Corpus Augustinianum Gissense [CAG] a Cornelio Mayer editum [nur CD-ROM; keine Buchversion; mit Bedienerhandbuch]. Basel 1996
Augustinus-Lexikon. Hrsg. v. Cornelius Mayer. Bd. 1–(2) [–Epistulae]. Basel [u. a.] 1994–(2001)
Ludwig **Schütz**, Thomas-Lexikon . . . Paderborn 1881, ²1895 [Nachdruck Stuttgart 1983]
Index Thomisticus Sancti Thomae Aquinatis operum omnium indices et concordantiae. Hrsg. v. Robertus Busa. Introductio. – Sectio I, Indices, Bd. 1–10. – Sectio II, Concordantiae S. Thomae, Concordantia prima, Bd. 1–23. – Sectio II, Condordantia altera, Bd. 1–8. – Sectio III, Concordantiae aliorum auctorum, Concordantia prima, Bd. 1–6. – Sectio III, Concordantia altera, Bd. 1–2. Stuttgart-Bad Cannstatt 1974–80

d) *Wörterbücher (Mittelalter)*

Thesaurus linguae latinae ... Bd. 1–(10) [= Buchstabe A–P; z. T. in 2., 3. u. 4. Aufl.]. Leipzig 1900–(2001). – Onomasticon. Bd. 2–3 [= Buchstabe C und D]. Leipzig 1907–23, ⁴1989–90. – Index librorum ... Leipzig 1904. – Dazu Suppl. Leipzig 1958

Egidio **Forcellini**, Totius latinitatis lexicon ... Bd. 1–4. Padua 1771. – Neubearb. v. Vincenzo De-Vit. Bd. 1–6 ... lexicon. Prato ⁴1858–75. – Bd. 7–10: Totius latinitatis onomasticon. Bd. 1–4. Prato 1859–92

Heinrich u. Karl Ernst **Georges**, Ausführliches lateinisch-deutsches Handwörterbuch ... Bd. 1–2. Hannover/Leipzig ⁸1913 [verschiedene Nachdrucke in fortlauf. Auflagenzählung, zuletzt Hannover ¹⁴1995]

✗**Mittellateinisches Glossar.** Unter Mitw. v. F[riedrich] Gröbel hrsg. v. E[dwin] Habel. Paderborn 1931, [²1959] [Nachdruck m. einer Einf. v. Heinz-Dieter Heimann (= Uni-Taschenbücher 1551). Paderborn (u. a.) 1989] Wörterbuch (Mittellatein – Deutsch)

Oxford Latin Dictionary. Bd. 1–8. Oxford 1968–82 [mehrere Nachdrucke]

Charles Du Fresne Sieur **Du Cange**, Glossarium mediae et infimae latinitatis. Bd. 1–3. Paris 1678. – Bd. 1–10 bearb. v. Léopold Favre. Niort ⁵1883–87 [Nachdruck Graz 1954]

Eduard **Brinckmeier**, Glossarium diplomaticum zur Erläuterung ... lateinischer, hoch- und besonders niederdeutscher Wörter und Formeln ... des gesamten deutschen Mittelalters ... Bd. 1–2. Gotha 1856, 1863 [Nachdruck Aalen 1961, 2. Nachdruck 1967]

Lorenz **Diefenbach**, Glossarium latino-germanicum mediae et infimae aetatis ... Frankfurt/M 1857 [letzter Nachdruck Darmstadt 1997]

Jan Frederik **Niermeyer**, Mediae latinitatis lexicon minus. Lexique latin médiéval-français/anglais. A Medieval Latin-French/English Dictionary. Leiden 1976 [Nachdruck 1984]. – 2. Aufl. [lat./frz./engl./dt.] überarb. v. J. W. J. Burgers. Bd. 1–2. Leiden/Darmstadt 2002

Novum glossarium mediae latinitatis ab anno DCCC ad annum MCC. Kopenhagen 1967–(93) [bisher Buchstabe L – Pazzu und Index]

✗**Mittellateinisches Wörterbuch** bis zum ausgehenden 13. Jahrhundert. Hrsg. v. d. Bayerischen Akademie der Wissenschaften u. d. Berlin-Brandenburgischen Akademie der Wissenschaften. Bd. 1–(3) [–digressus]. München 1967–(2002)

James Houston **Baxter**/Charles **Johnson**, Medieval Latin Word-List from British and Irish Sources. London 1934 [mehrere Nachdrucke] [Neubearbeitung:]

Ronald Edward **Latham**, Revised Medieval Latin Word-List from British and Irish Sources. London 1965

Alexander **Souter**, A Glossary of Later Latin to 600 A.D. Oxford 1949 [bericht. Nachdruck 1964]

Albert **Blaise**, Dictionnaire latin-français des auteurs chrétiens. Neubearb. v. Henri Chirat. Straßburg 1954, Turnhout ⁴1993

Albert **Blaise**, Dictionnaire latin-français des auteurs du moyen-âge (= Corpus Christianorum. Cont. Med.). Turnhout 1975, ²1986

Incipit-Sammlung

In Principio. Incipit Index of Latin Texts [nur CD-ROM Ausgabe; wird laufend ergänzt]. Turnhout 2002

e) *Verfassungs-, Sozial-, Wirtschafts- und Rechtsgeschichte*

Das Staats-Lexikon. Hrsg. v. Carl von Rotteck u. Carl Welcker.
  1. Aufl. Bd. 1–15. Altona 1834–44
  2. Aufl. Bd. 1–12. Altona 1845–48 [Nachdruck Frankfurt/M 1990]
  3. Aufl. Bd. 1–14. Leipzig 1856–66
Deutsches Staats-Wörterbuch. Hrsg. v. Johann Caspar Bluntschli u. Karl Brater. Bd. 1–11. Stuttgart/Leipzig 1857–70 [Nachdruck Frankfurt/M 1983]
Neues Conversations-Lexikon. Staats- und Gesellschafts-Lexikon. Hrsg. v. Hermann Wagener. Bd. 1–23. Berlin 1859–67
Staatslexikon. Recht – Wirtschaft – Gesellschaft. Hrsg. v. der Görresgesellschaft. Bd. 1–5. Freiburg ⁷1985–89 [Aufl. 1–5 ohne Untertitel; Studienausgabe Freiburg i. Br. 1995]
  1. Aufl. hrsg. v. A. Bruder. Bd. 1–5. 1887–97
  2. Aufl. hrsg. v. Julius Bachem. Bd. 1–5. 1901–04
  3. Aufl. hrsg. v. Julius Bachem. Bd. 1–5. 1908–12
  4. Aufl. hrsg. v. Julius Bachem. Bd. 1–5. 1911–12
    [Bd. 4–5 = 3. u. 4. Aufl.]
  5. Aufl. hrsg. v. Hermann Sacher. Bd. 1–5. 1926–32
  6. Aufl. Bd. 1–8, Erg.-Bd. 1–3 (= Bd. 9–11). 1957–70
Evangelisches Staatslexikon. Begr. v. Hermann Kunst u. Siegfried Grundmann. Hrsg. v. Roman Herzog [u. a.]. Bd. 1–2. Stuttgart ³1987 [1. Aufl. Stuttgart/Berlin 1966; 2. Aufl. Stuttgart/Berlin 1975]

Handwörterbuch der Staatswissenschaften. Jena
  1. Aufl. hrsg. v. J. Conrad [u. a.]. Bd. 1–6. 1890–94
  4. Aufl. hrsg. v. Ludwig Elster [u. a.]. Bd. 1–8, Erg.-Bd. 1. 1923–29
[Neubearbeitung:]
Handwörterbuch der Sozialwissenschaften [HDSW]. Zugleich Neuaufl. des Handwörterbuchs der Staatswissenschaften. Hrsg. v. Erwin von Beckerath [u. a.]. Bd. 1–12, Reg.-Bd. 1. Stuttgart/Tübingen/Göttingen 1956–68
Handwörterbuch der Wirtschaftswissenschaften [HDWW]. Zugleich Neuaufl. des Handwörterbuchs der Sozialwissenschaften. Hrsg. v. Willi

Albers [u. a.]. Bd. 1–9, Reg.-Bd. Stuttgart [u. a.] 1977–83 [Studienausgabe 1988]
Encyclopedia of the Social Sciences. Hrsg. v. Edwin R. A. Seligman. Bd. 1–15. New York 1930–35 [Neudruck New York 1951–57]
International Encyclopedia of the Social Sciences. Bd. 1–16, Reg.-Bd. 1, Biogr. Suppl. [New York] 1968, 1979

Deutsches Rechtswörterbuch. Wörterbuch der älteren deutschen Rechtssprache. Hrsg. von der Preußischen Akademie der Wissenschaften [bis Bd. 3; Bd. 4 von der Deutschen Akademie der Wiss. zu Berlin; ab Bd. 5 von der Heidelberger Akademie der Wiss.]. Bd. 1–(10) [–Ræswa]. Weimar 1914–(2001)
Handwörterbuch zur deutschen Rechtsgeschichte [HRG]. Hrsg. von Adalbert Erler und Ekkehard Kaufmann. Bd. 1–5. Berlin 1964–98
Wörterbuch des Völkerrechts. Begr. v. Karl Strupp ... hrsg. v. Hans-Jürgen Schlochauer. Bd. 1–3, Reg.-Bd. Berlin ²1960–62

Politisches Handwörterbuch. Hrsg. v. Paul Herre. Bd. 1–2. Leipzig 1923
Handlexikon zur Politikwissenschaft. Hrsg. v. Axel Görlitz. München 1970, ²1972 [als Taschenbuch 1973 u. ö.]
Gesellschaft und Staat. Lexikon der Politik. Hrsg. v. Hanno Drechsler [u. a.]. Baden-Baden 1970, München ⁹1995
Manfred G. **Schmidt,** Wörterbuch zur Politik. Stuttgart 1995
Lexikon der Politik. Hrsg. v. Dieter Nohlen. Bd. 1–7. München 1992–98 [Kassetten-Ausg. 1999]
Lexikon der Politikwissenschaft. Theorien, Methoden, Begriffe. Hrsg. v. Dieter Nohlen u. Rainer-Olaf Schultze. München 2002 [auch auf CD-ROM]
Sowjetsystem und demokratische Gesellschaft [SDG]. Eine vergleichende Enzyklopädie. Hrsg. v. Claus D. Kernig. Bd. 1–6. Freiburg/Basel/Wien 1966–72. – Sonderbd.: Die kommunistischen Parteien der Welt. 1969
[Auch separat als Taschenbuchausgabe in mehreren Abteilungen erschienen u. d. T.: Marxismus im Systemvergleich. Recht. Hrsg. v. Claus D. Kernig ... Freiburg 1973. – ... Geschichte. Bd. 1–5 ... 1974. – Grundbegriffe. Bd. 1–3 ... 1973. – Ideologie und Philosophie. Bd. 1–3 ... 1973. – Ökonomie. Bd. 1–4 ... 1973. – Politik Bd. 1–4 ... 1973. – Soziologie. Bd. 1–2 ... 1973]

Lexikon zur Geschichte der Parteien in Europa ... hrsg. v. Frank Wende. Stuttgart 1981
Lexikon zur Parteiengeschichte. Die bürgerlichen und kleinbürgerlichen Parteien und Verbände in Deutschland (1789–1945). Hrsg. v. Dieter Fricke [u. a.]. Bd. 1–4. Köln/Leipzig 1983–86

3. Sachwörterbücher zur Geschichte

Hellmuth **Rößler**/Günther **Franz,** Sachwörterbuch zur deutschen Geschichte. München 1958 [Nachdr. in 2 Bdn. Nendeln/Lie. 1970]
Lexikon der deutschen Geschichte. Personen, Ereignisse, Institutionen. Von der Zeitwende bis zum Ausgang des 2. Weltkrieges. Unter Mitarbeit v. Historikern u. Archivaren hrsg. v. Gerhard Taddey. Stuttgart 1977, ^{3}1998
Lexikon der deutschen Geschichte von 1945 bis 1990. Ereignisse, Institutionen, Personen im geteilten Deutschland. Hrsg. v. Michael Behnen. Stuttgart 2002

Eugen **Haberkern**/Joseph Friedrich **Wallach**, Hilfswörterbuch für Historiker. Mittelalter und Neuzeit. Bd. 1–2 (= Uni-Taschenbücher 120). Bern/München ^{2}1964, ^{9}2001
Erich **Bayer**/[seit 5. Aufl.] Frank **Wende**, Wörterbuch zur Geschichte. Begriffe und Fachausdrücke (= Kröners Taschenausgabe 289). Stuttgart ^{5}1995.
Konrad **Fuchs**/Heribert **Raab**, dtv-Wörterbuch zur Geschichte. Bd. 1–2. München 1972, ^{13}2002 [auch als CD-ROM]
Lexikon der Weltgeschichte – Ploetz. Personen und Begriffe von A–Z. Neuausg. Freiburg 2000 [Erstausg.: Ploetz. Geschichtslexikon. Weltgeschichte von A–Z. Würzburg 1986]
Meyers Taschenlexikon Geschichte in 6 Bänden. Hrsg. u. bearb. v. d. Redaktion Geschichte des Bibliographischen Instituts unter Leitung v. Werner Digel. Mannheim [u.a.] 1982, ^{2}1989
Das Fischer Lexikon. Geschichte. Hrsg. v. Richard van Dülmen. Frankfurt/M 1990
Geschichtliche Grundbegriffe. Historisches Lexikon zur politisch-sozialen Sprache in Deutschland. Hrsg. v. Otto Brunner, Werner Conze, Reinhart Koselleck. Bd. 1–7, Reg.-Bd. Stuttgart 1972–97 [einzelne Bde. als Ndr.]
Otto **Ladendorf**, Historisches Schlagwörterbuch. Straßburg/Berlin 1906 [Nachdruck Hildesheim 1968]
Clavis medievalis. Kleines Wörterbuch der Mittelalterforschung. In Gemeinschaft mit Renate Klauser hrsg. v. Otto Meyer. Wiesbaden 1962 [Nachdruck 1966 u.ö.]
Sachwörterbuch der Mediävistik. Hrsg. v. Peter Dinzelbacher. Stuttgart 1992
Lexikon des Mittelalters. Red. Liselotte Lutz [u.a.]. Bd. 1–9, Reg.-Bd. München [u.a.] 1980–99 [Kassetten-Ausg. Stuttgart 1999; Taschenb.-Ausg. München 2002; auch auf CD-ROM]
Dictionary of the Middle Ages. Hrsg. v. Joseph R. Strayer. Bd. 1–13 [Bd. 13: Reg.-Bd.]. New York 1982–89
The Oxford Dictionary of Byzantium. Hrsg. v. Alexander P. Kashdan [u.a.]. Bd. 1–3. New York/Oxford 1991

The Oxford Encyclopedia of the Reformation. Hrsg. v. Hans J. Hillerbrand. Bd. 1–4. New York/Oxford 1996

Historisches Lexikon der Schweiz [auch französ. u. ital. Ausg.]. Bd. 1– [–Basel]. Basel 2002 –

Michel **Mourre**, Dictionnaire encyclopédique d'histoire. [Bd. 1–8.] Paris 1978

Historical Dictionaries of French History. London/Westport
- [1:] Historical Dictionary of the French Revolution, 1789–1799. Hrsg. v. Samuel F. Scott u. Barry Rothaus. 1985
- [2:] Historical Dictionary of Napoleonic France, 1799–1815. Hrsg. v. Owen Connelly [u.a]. 1985
- [3:] Historical Dictionary of France from the 1815 Restoration to the Second Empire. Hrsg. v. Edgar Leon Newman [u.a.]. 1987
- [4:] Historical Dictionary of the French Second Empire, 1852–1870. Hrsg. v. William E. Echard. 1985
- [5:] Historical Dictionary of the Third French Republic, 1870–1940. Hrsg. v. Patrick H. Hutton. 1986
- [6:] Historical Dictionary of World War II France. The Occupation, Vichy, and the Resistance, 1938–1946. Hrsg. v. Bertram M. Gordon. 1998
- [7:] Historical Dictionary of the French Fourth and Fifth Republics 1946–1990. Hrsg. v. Wayne Northcutt. 1992

Dictionnaire de l'Ancien Régime. Royaume de France XIVe–XVIIIe siècle. Unter d. Leitung v. Lucien Bély. Paris 1996

Dictionnaire du Grand Siècle ⟨1589–1715⟩. Unter d. Leitung v. François Bluche. [Paris] 1990

Dictionnaire Napoléon. Unter d. Leitung v. François Bluche. [Paris] 1987

Dictionary of British History. Hrsg. v. John Cannon (= Oxford Paperback Reference). Oxford 2001

A Dictionary of British History. Hrsg. v. John P. Kenyon. London 1981 [Taschenbuchausgabe London 1988, ^{2}1994]

Dictionary of American History. Hrsg. von James Truslow Adams [u.a.]. Bd. 1–5, Reg.-Bd. 1. London 1940, 1963
[Neubearbeitung:]
Dictionary of American History. Bd. 1–8. New York 1976–78

Richard B. **Morris**/Jeffrey B. **Morris,** The Encyclopedia of American History. New York [1953], ^{7}1996

Sovetskaja istoričeskaja ènciklopedija. Hrsg. von E. M. Žukov [u.a.]. Bd. 1–16. Moskau 1961–76

The Modern Encyclopedia of Russian and Soviet History [seit Bd. 56: ... of Russian, Soviet and Eurasian History]. Hrsg. v. Joseph L. Wieczynsky. Bd. 1–45, Erg.-Bd. 46–58. Gulf Breeze, Fl. 1976–94

Lexikon der Geschichte Rußlands. Von den Anfängen bis zur Oktoberrevolution. Hrsg. v. Hans-Joachim Torke. München 1985
Historisches Lexikon der Sowjetunion 1917/22 bis 1991. Hrsg. v. Hans-Joachim Torke. München 1993 [Sonderausg. 1997]

Diccionario de historia de España. Desde sus origines hasta el fin del reinado de Alfonso XIII. Bd. 1–2. Madrid 1952 [2. Aufl. u. d. T.:]
Diccionario de historia de España. Hrsg. v. Germán Bleiberg. Bd. 1–3. Madrid ²1968–69 [Nachdruck 1979]
Dizionario storico politico italiano. Hrsg. v. Ernesto Sestan. Florenz 1971

Historische W. P. Encyclopedie. Hrsg. v. Philip de Vries u. Theo Luyks. Bd. 1–3. Amsterdam/Brüssel 1957–59
H. W. J. **Volmuller**, Nijhoffs geschiedenislexicon. Nederland en België. 's-Gravenhage 1981
Dictionnaire d'histoire de Belgique. Vingt siècles d'institutions. Les hommes, les faits. Unter d. Leitung v. Hervé Hasquin. Brüssel 1988

VIII. Biographische Hilfsmittel

1. *Internationale Biographien*

a) *Ältere Sammlungen*

Allgemeines Gelehrten-Lexikon. Darinne die Gelehrten aller Stände ..., welche vom Anfange der Welt bis auf jetzige Zeit gelebt ... Hrsg. von Christian Gottlieb Jöcher. Bd. 1–4. Leipzig 1750–51 [Ndr. Hildesh. zuletzt 1998]
Fortsetzung und Ergänzungen zu Christian Gottlieb **Jöchers** allgemeinem Gelehrten-Lexiko ... Angefangen von Johann Christoph Adelung und vom Buchstaben K fortges. v. Heinrich Wilhelm Rotermund [Bd. 7 hrsg. v. Otto Günther]. Bd. 1–7 [–Romuleus]. Leipzig 1784–1897 [Nachdruck Hildesheim 1960–61]
Biographie universelle ancienne et moderne [Michaud]. Bd. 1–45. Paris ^{2}1854–65 [Nachdruck Graz 1966–70]
[1. Aufl. 1843–65 u. d. T.: Nouvelle Biographie ...]
Nouvelle biographie générale depuis les temps les plus reculés jusqu'à nos jours ⟨bis 1850/60⟩ ... Hrsg. v. Ferdinand Hoefer. Bd. 1–46. Paris 1852–66 [Nachdruck Kopenhagen 1963–69]

b) *Moderne Kompendien*

Max **Arnim**, Internationale Personalbibliographie ⟨1800–1986⟩. Bd. 1–5
 [1. Auflage in 1 Bd. ⟨1850–1935⟩. Leipzig 1936]
 1–2: A–Z ⟨1800–1943⟩. Leipzig ^{2}1952 [Bd. 1], Stuttgart ^{2}1952 [Bd. 2]
 3–5: A–Z ⟨1944–1980/84⟩. Von Franz Hodes. Stuttgart ^{2}1981–87
 [1. Aufl. v. Bd. 3: A–Z ⟨1944–1959⟩. Stuttgart 1963. – Nachträge bis 1975. Stuttgart 1978]

Internationales biographisches Archiv [IBA]. [Begr. u. hrsg. v. Ludwig Munzinger. – Loseblatt-Ausg.] Ravensburg 1974–(2002)
Who's Who ... 1 (1849) – 154 (2002). London [1849]–(2002)
Meyers großes Personenlexikon. Hrsg. und bearb. von den Fachredaktionen des Bibliographischen Instituts. Mannheim/Zürich 1968

2. Nationalbiographien

Deutsches Biographisches Archiv [DBA]. Eine Kumulation aus 264 der wichtigsten biographischen Nachschlagewerke für den deutschen Bereich bis zum Ausgang des 19. Jahrhunderts. Hrsg. v. Bernhard Fabian. Bearb. unter Leitung v. Willi Gorzny. Microfiches. München 1982–85
[Fortsetzung]:
Deutsches Biographisches Archiv. Neue Folge [DBA II]. Kumulation aus 284 biographischen Lexika und dem Nachweis von ca. 280 000 Personen. Bearb. v. Willi Gorzny. Microfiches. München 1989–93
[Wegweiser zu DBA I-II:]
Deutscher Biographischer Index. Bd. 1–8. München ²1998 [CD-ROM-Ausg. München 1998]
[Fortsetzung]:
Deutsches Biographisches Archiv 1960–1999 [DBA III]. Microfiche-Edition. München 1999
Deutsche Biographische Enzyklopädie [DBE]. Hrsg. v. Walther Killy. Redaktionelle Leitung: Willi Gorzny. Bd. 1–12 [Bd. 11–12 Reg.]. München [u.a.] 1995–2000 [Taschenbuchausg. 2001; auch auf CD-ROM]
Allgemeine deutsche Biographie [ADB]. Hrsg. durch die historische Commission bei der Königl. Akademie der Wissenschaften. Bd. 1–56 [davon Bd. 45–55 Nachträge, Bd. 56 Generalregister]. Leipzig 1875–1912 [Nachdruck Berlin 1971; auch als Microfiche-Ausg. New York]
Neue Deutsche Biographie [NDB]. Hrsg. von der Historischen Kommission bei der Bayerischen Akademie der Wissenschaften. Bd. 1–(21) [–Rohde]. Berlin 1953–(2003)
Constant von **Wurzbach**, Biographisches Lexicon des Kaisertums Österreich... ⟨1750–1850⟩. Bd. 1–60, Reg.-Bd. zu den Nachträgen. Wien 1856–1923 [Teilnachdruck New York 1966]
Österreichisches biographisches Lexikon 1815–1950. Hrsg. von der Österreichischen Akademie der Wissenschaften. Bd. 1–(10) [–Seidl]. Graz/Köln 1957–(2001)
Historisch-biographisches Lexikon der Schweiz. Hrsg. ... v. Heinrich Türler [u.a.]. Deutsche Ausgabe. Bd. 1–7. Neuenburg 1921–34. – Supplement ... hrsg. ... v. Marcel Godet [u.a.]. Neuenburg 1934
Biographisches Lexikon zur Geschichte der böhmischen Länder. Hrsg. im Auftrag des Collegium Carolinum v. Hans Lemberg [u.a.]. Bd. 1–(3) [–Sch]. München/Wien 1979–(2000)

Archives Biographiques Françaises [ABF]. Fusion dans un ordre alphabétique unique de 180 des plus importants ouvrages de référence biographiques français publiés du 17e au 20e siècle. Hrsg. v. Susan Bradley. Microfiches. London [u.a.] 1989–91

Archives Biographiques Françaises. Deuxième Série [ABF II]. Bearb. v. Tommaso Nappo. Microfiches. München 1993–96
[Dazu Wegweiser:]
Index Biographique Français [IBF]. Hrsg. v. Tommaso Nappo. Bd. 1–7. München ²1998
Archives Biographiques Françaises jusqu' à 1999 [ABF III]. Hrsg. v. Tommaso Nappo. Microfiches. München 2001–
Dictionnaire de biographie française. Bd. 1–(19) [–La Vallée]. Paris 1933–(2001)

British Biographical Archive [BBA]. A one-alphabet cumulation of 324 of the most important English-language biographical reference works originally published between 1601 and 1929. Managing ed.: Laureen Baillie. Hrsg. v. Paul Sieveking. Microfiches. London [u. a.] 1984–88
British Biographical Archive. Series II [BBA II]. Bearb. v. Humanities Reference Systems Unit, Univ. of Glasgow. Microfiches. London [u. a.] 1991–94
[Wegweiser zu BBA I–II:]
British Biographical Index [BBI II]. Bearb. v. David Bank u. Theresa McDonald. Bd. 1–7. London [u. a.] 1998
Dictionary of National Biography [DNB]. Bd. 1–63. New York/London 1885–1900 [Nachdruck in 22 Bänden London 1959–60; Supplementsbände in Zehn- bzw. Fünfjahresabständen für die Zeit von 1901–1990. Oxford 1912–96. – Corrections and Additions (für 1923–63) London 1966. – Missing Persons (bis 1985). Oxford/New York 1993. – CD-ROM-Ausgabe 1996]

American Biographical Archive [ABA]. A single-alphabet cumulation of 367 original biographical reference works in approx. 600 volumes covering 300 000 individuals from the earliest period of North American history through to the early 20th century. Hrsg. v. Nanette Gibbs u. Garance Worters. Microfiches. London 1986–91
American Biographical Archive. Series II [ABA II]. Bearb. v. Laureen Baillie. Microfiches. München 1993–96
[Wegweiser zu ABA I–II:]
American Biographical Index. Bearb. v. Laureen Baillie. Bd. 1–10. London [u. a.] 1997. – 2. Aufl. Bd. 1–10. München 1998
Dictionary of American Biography [DAB]. Bd. 1–20. New York 1928–36 [Index-Bd. für Bd. 1–20. New York 1937. – Suppl.-Bd. 1–10 (bis 1980 reichend) New York 1944–95]
American National Biography. Hrsg. v. John A. Garraty u. Marc C. Carnes. Bd. 1–24 [Reg. in Bd. 24], Erg.-Bd. 1. New York 1999–2002.

Archivio Biografico Italiano [ABI]/Italienisches Biographisches Archiv. Eine Kumulation der 321 wichtigsten biographischen Nachschlagwerke für den italienischen Bereich bis zum Anfang des 20. Jahrhunderts.

Insgesamt ca. 200 000 biographische Einträge. Red. Leitung: Tommaso Nappo. Microfiches. München [u. a.] 1987–91
Archivio Biografico Italiano. Nuova Serie [ABI II]. Italienisches Biographisches Archiv. Neue Folge. Red. Leitung: Tommaso Nappo. Microfiches. München [u. a.] 1991–94
Archivio Biografico Italiano sino al 1996 [ABI III]/Italienisches Biographisches Archiv bis 1996. Bearb. v. Tommaso Nappo. Mikrofiche-Edition. München [u. a.] 1998–2000
[Zu ABI I–III Wegweiser:]
Indice Biografico Italiano [IBI]/Italienischer Biographischer Index. Bearb. v. Tommaso Nappo. Bd. 1–10. München ³2001
Dizionario biografico degli italiani. Bd. 1–(59) [–Grossi Gondi]. Rom 1960–(2002)
[Dazu:]
Indice dei volumi I–X. Rom 1973

Russisches Biographisches Archiv/Russian Biographical Archive [RBA]. Bearb. v. Axel Frey. Microfiches. München 1997–2000
[Dazu Wegweiser:]
Russian Biographical Index. Russian Biographical Index. Bearb. v. Axel Frey. Bd. 1–3, Reg.-Bd. München 2002

[Wegweiser zu DBA, ABF, BBA, ABA und ABI:]
Internationaler Biographischer Index [IBI]/World Biographical Index. [nur online und auf CD-ROM, zuletzt 2001; erfaßt die Indices zu den meisten bisher erschien. Biographischen Archiven]

Biographisches Lexikon zur Geschichte Südosteuropas. Hrsg. v. Mathias Bernath u. Felix v. Schroeder [Bd. 4: u. Karl Nehring]. Bd. 1–4. München 1974–81

3. Spezielle biographische Nachschlagewerke

Wer ist's? [wechselnde Untertitel; ab Bd. 11 u. d. T.: Wer ist wer? Das deutsche Who's who]. Hrsg. v. Hermann A. L. Degener [ab Bd. 11 v. Walter Habel] 1 (1905) – 35 (1996/97). Leipzig [ab Bd. 10 Berlin; ab Bd. 16 Frankfurt/M.; ab Bd. 20 Lübeck] 1905–96

1: ⟨1905⟩ [1905]	7: ⟨1914⟩ 1914	13: ⟨1958⟩ 1958
2: ⟨1906⟩ [1906]	8. ⟨1922⟩ 1922	14: ⟨1962⟩ 1962
3: ⟨1907⟩ [1907]	9: ⟨1928⟩ 1928	14,1: ⟨1965⟩ 1965
4: ⟨1908⟩ [1908]	10: ⟨1935⟩ 1935	15: [Westdeutschland]
5: ⟨1911⟩ [1911]	11: ⟨1951⟩ [1951]	
6: ⟨1912⟩ [1912]	12: ⟨1955⟩ 1955	⟨1967⟩ 1967

16,1: ⟨1969/70⟩ 1970
17: ⟨1971/73⟩. 1973
18: ⟨1974/75⟩. 1975
19: ⟨1976/77⟩. 1977
20: ⟨1979⟩. 1979
21: ⟨1981⟩. 1981
22: ⟨1983⟩. 1983
23: ⟨1984⟩. 1984
24: ⟨1985⟩. 1985
25: ⟨1986/87⟩. 1986
26: ⟨1987/88⟩. 1987
27: ⟨1988/89⟩. 1988
28: ⟨1989/90⟩. 1989
29: ⟨1990/91⟩. 1990
30: ⟨1991/92⟩. 1991
31: ⟨1992/93⟩. 1992
32: ⟨1993/94⟩. 1993
33: ⟨1994/95⟩. 1994
34: ⟨1995/96⟩. 1995
35: ⟨1996/97⟩. 1996
36: ⟨1997/98⟩. 1997
37: ⟨1998/99⟩. 1998
38: ⟨1999/2000⟩. 1999
39: ⟨2000/2001⟩. 2000
40: ⟨2001/2002⟩. 2001
41: ⟨2002/2003⟩. 2002

Kürschners deutscher Gelehrten-Kalender [mit wechselnden Zusätzen]. 1 (1925) – 19 (2003). Berlin [u.a.] 1925–2003 [auch auf CD-ROM]

Günther **Buch**, Namen und Daten wichtiger Personen der DDR. (Berlin/Bonn [4]1987). – 1. Aufl. u. d. T.: Namen und Daten. Biographien wichtiger Personen der DDR. Berlin/Bonn 1973

Reichshandbuch der Deutschen Gesellschaft. Das Handbuch der Persönlichkeiten in Wort und Bild. Bd. 1–2. Berlin 1930–31

Meyers Handbuch der Geschichte. Bd. 1. Lexikon der historischen Persönlichkeiten ... Bearb. von Hans-Werner Wittenberg (= Meyers Handbücher der großen Wissensgebiete. Geschichte 1). Mannheim 1968

Das Fischer Lexikon. Sonderband. Geschichte in Gestalten. Hrsg. von Hans Herzfeld. Bd. 1–4. Frankfurt/M 1963 [häufige Neudrucke]

[Neubearbeitung:]

Biographisches Lexikon zur Weltgeschichte. Hrsg. v. Hans Herzfeld. Frankfurt/M 1970

Hellmuth **Rößler**/Günther **Franz,** Biographisches Wörterbuch zur deutschen Geschichte. München 1952

[Neubearbeitung:]

Biographisches Wörterbuch zur deutschen Geschichte. Begr. v. Hellmuth Rößler u. Günther Franz. 2. ... Aufl. Bearb. v. Karl Bosl, Günther Franz, Hanns Hubert Hofmann. Bd. 1–3. München [1973]–75 [Studienausgabe München 1982, Nachdruck Augsburg 1995]

Who's Who in History. Hrsg. v. C. R. N. Routh. Bd. 1–5. Oxford 1960–74
1: W. O. Hassall, British Isles 55 B. C. to 1485. 1960
2: C. R. N. Routh, England 1485 to 1603. 1964
3: C. P. Hill, England 1603 to 1714. 1965
4: Geoffrey Treasure, England 1714–1789. 1969
5: Geoffrey Treasure, England 1789–1837. 1974

[Neubearbeitung:]

Who's Who in British History Series. Hrsg. v. Geoffrey Treasure. Bd. 1–7. London
1: R. A. Fletcher, Who's Who in Roman Britain and Anglo-Saxon England. 1989
2: Christopher Tyerman, Who's Who in Early Medieval Britain 1066–1272. 1996

3: M. A. Hicks, Who's Who in Late Medieval England. 1991
4: C. R. N. Routh, Who's Who in Tudor England. (Rev. by Peter Holmes.) 1990
5: Charles Peter Hill, Who's Who in Stuart Britain 1603–1714. 1988
6: Geoffrey Treasure, Who's Who in Early Hanoverian Britain 1714–1789. 1992
7: Geoffrey Treasure, Who's Who in Late Hanoverian Britain 1789–1837. 1992, Neuaufl. 1997
8: Roger Ellis, Who's Who in Victorian Britain. 1997

Contemporaries of Erasmus. A Biographical Register of the Renaissance and Reformation. Hrsg. v. Peter G. Biethenholz... Bd. 1–3 (= Collected Works of Erasmus, Suppl.). Toronto [u.a.] 1985–87

Wilhelm **Kosch**, Biographisches Staatshandbuch. Lexikon der Politik, Presse und Publizistik. Bd. 1–2. Bern/München 1963

Wilhelm **Kosch**, Das katholische Deutschland. Bd. 1–3 [–Schlüter; mehr nicht erschienen]. Augsburg 1933–39

Biographisch-Bibliographisches Kirchenlexikon. Bearb. u. hrsg. v. Friedrich Wilhelm Bautz [seit Bd. 3: begr. u. hrsg. v. Friedrich Wilhelm Bautz. Fortgef. v. Traugott Bautz]. Bd. 1–14. Hamm/Westf. [ab Bd. 3: Herzberg] 1975–98

Max **Schwarz**, MdR. Biographisches Handbuch der Reichstage. Hannover 1965

M. d. R. Die Reichstagsabgeordneten der Weimarer Republik in der Zeit des Nationalsozialismus. Politische Verfolgung, Emigration und Ausbürgerung 1933–1945. Eine biographische Dokumentation. Hrsg. u. eingel. v. Martin Schumacher. Bearb. v. Katharina Lübbe u. Martin Schumacher. Düsseldorf 1991, ³1994

Dictionnaire des parlementaires français ... depuis le 1er mai 1789 jusqu'au 1er mai 1889. ... Unter Leitung v. Adolphe Robert [u.a.]. Bd. 1–5. Paris 1889–91 [Ndr. Genf 2000]

Dictionnaire des parlementaires français ⟨1889–1940⟩. Hrsg. unter Leitung v. Jean Jolly. Bd. 1–8. Paris 1960–77

Dictionnaire des parlementaires français. Notices biographiques sur les parlementaires français de 1940 à 1958. Hrsg. v. Service des archives de l'Assemblée Nationale. Bd. 1–(4) [–K]. Paris 1988–(2001)

Who's Who of British Members of Parliament. Hrsg. v. Michael Stenton (Bd. 2–4: u. Stephen Lees]. Bd. 1 ⟨1832–1885⟩. – Bd. 2 ⟨1886–1918⟩. – Bd. 3 ⟨1919–1945⟩. – Bd. 4 ⟨1946–1979⟩. Atlantic Highlands, N. J. 1976–81

Franz **Osterroth**, Biographisches Lexikon des Sozialismus. Bd. 1: Verstorbene Persönlichkeiten. Hannover 1960 [mehr nicht erschienen]

Dictionnaire biographique du mouvement ouvrier français. Teil 1 ⟨1789–1864⟩. Bd. 1–3. Paris 1964–66. – Teil 2 ⟨1864–1871⟩. La Première Internationale et la Commune. Bd. 4–9. Paris 1967–71. – Teil 3 ⟨1871–1914⟩. De la Commune à la Grande Guerre. Bd. 10–15. Paris

1973–77. – Teil 4 ⟨1914–1939⟩. De la Première à la Seconde Guerre mondiale (1914–1939). Bd. 16–43. 1981–93

✗ **Das deutsche Führerlexikon.** 1934/35. Berlin 1934 *(3. Reich)*

Erich **Stockhorst**, Fünftausend Köpfe. Wer war was im Dritten Reich. Kettwig 1967, Kiel ²1985

Wilhelm **Sternfeld**/Eva **Tiedemann**, Deutsche Exil-Literatur 1933–1945. Eine Bio-Bibliographie (= Veröffentlichungen der Deutschen Akademie für Sprache und Dichtung. Darmstadt. 29). Heidelberg 1962, ²1970

Biographisches Handbuch der deutschsprachigen Emigration nach 1933 = International Biographical Dictionary of Central European Emigrés 1933–1945. Hrsg. v. Inst. f. Zeitgeschichte u. v. d. Research Foundation for Jewish Immigration unter d. Gesamtleitung v. Werner Röder u. Herbert A. Strauss. Bd. 1–3. München [u.a.] 1980–83 [Jubil.ausg. 1999]

Bibliographie
DW 58/187–210

Biographical Dictionaries and Related Works. An International Bibliography of More Than 16,000 Collective Biographies, Bio-bibliographies ... Bd. 1–3. Hrsg. v. Robert B. Slocum. Detroit 1967, ²1986

IX. Handbücher zur allgemeinen Geschichte

1. *Welt- und Universalgeschichte*

Übersichten

[Karl **Ploetz**,] Der Große Ploetz. Die Daten-Enzyklopädie der Weltgeschichte. Daten, Fakten, Zusammenhänge. Freiburg ^{33}2002 [auch auf CD-ROM]
[1. Aufl. u. d. T.: Auszug aus der alten, mittleren und neueren Geschichte. Als Leitfaden und zu Repetitionen. Berlin 1863]
Universalgeschichte. Hrsg. v. Ernst Schulin (= Neue Wissenschaftliche Bibliothek 72). Köln 1974
Studienbuch Geschichte. Hrsg.v. Reinhard Elze [u.a.]. Stuttgart 1974 –. Ab 3. Aufl. Bd. 1–2. Stuttgart 1994, ^{6}2000 [auch in Einzelheften erschienen, für Mittelalter u. Neuzeit H. 3–10]
Imanuel **Geiss**, Geschichte griffbereit. Bd. 1–6 (= rororo 6235–40). Reinbek bei Hamburg 1979–83. – 3. Aufl. Gütersloh/München 2002
[Kurzfassung:]
Imanuel **Geiss**, Geschichte im Überblick. Daten und Zusammenhänge der Weltgeschichte. Reinbek 1986. – Neuaufl. 2000

Sammelwerke (des 20. Jahrhunderts)

a) *französischsprachig*

Histoire du monde. Hrsg. v. Eugène Cavaignac. Bd. 1–13. Paris 1922–30
Jacques **Pirenne**, Les grands courants de l'histoire universelle. Bd. 1–7. Neuchâtel/Paris 1944–56

»**Clio**«. Introduction aux études historiques. Paris [keine Bandzählung; für Mittelalter u. Neuzeit:]

[4:] Joseph Calmette, Le monde féodal. 1934, ^{4}1946. – Neubearb. v. Charles Higounet. 1951 [u.ö.]
[5:] Joseph Calmette, L'élaboration du monde moderne. 1934, ^{3}1949
[6:] Henri Sée/Armand Rébillon/Edmond Préclin, Le XVIe siècle. 1935, ^{3}1950
[7,1:] Edmond Préclin/Victor-L. Tapié, Le XVIIe siècle. Monarchies centralisées (1610–1715). 1943, ^{2}1949
[7,2:] Edmond Préclin/Victor-L. Tapié, Le XVIIIe siècle. Première partie. La France et le monde de 1715 à 1789. 1952

[7,3:] Edmond Préclin, Le XVIIIe siècle. Deuxième partie. Les forces internationales. 1952
[8,1:] Louis Villat, La Révolution et l'Empire (1789–1815). I. Les assemblées révolutionnaires (1789–1799). 1936, ³1947
[8,2:] Louis Villat, La Révolution et l'Empire (1789–1815). II. Napoléon (1799–1815). 1936, ³1947
[9,1:] Jacques Droz/Lucien Genet/Jean Vidalenc, L'époque contemporaine. I. Restaurations et révolutions (1815–1871). 1953, ²1963
[9,2:] Pierre Renouvin/Edmond Préclin/Georges Hardy, L'époque contemporaine. II. La paix armée et la grande guerre (1871–1919). 1939, ³1960
[13:] Jean Delorme, Chronologie des civilisations. 1949, ³1969

»Nouvelle Clio«. L'histoire et ses problèmes. Hrsg. v. Robert Boutruche u. Paul Lemerle. Bd. 1– . Paris [Bd. 1–11 für Vor- u. Frühgeschichte u. Altertum]

12: Lucien Musset, Les invasions: Les vagues germaniques. 1965, ²1969
12,1: Lucien Musset, Les invasions: Le second assaut contre l'Europe chrétienne (VIIe–XIe siècles). 1965, ²1971
14: Renée Doehaerd, Le Haut Moyen Age occidental: économies et sociétés. 1971, ³1990
15: Jacques Paul, L'Eglise et la culture en occident. IXe–XIIe siècles. T. 1. La sanctification de l'ordre temporel et spirituel. 1986, ²1994
15,1: Jacques Paul, L'Eglise ... T. 2. L'Eveil évangélique et les mentalités religieuses. 1986, ³2000
16: Jean Pierre Poly/Éric Bournazel, La mutation féodale. X^e–XIIe siècles. 1980, ²1991
17: Robert Fossier, Enfance de l'Europe. X^e–XIIe siècles. Aspects économiques et sociaux. T. 1. L'homme et son espace. 1982, ²1989
17,1: Robert Fossier, Enfance de l'Europe ... T. 2. Structures et problèmes. 1982, ²1989
18: Léopold Génicot: Le XIIIe siècle européen. 1968, ³1994
20: Robert Mantran: L'expansion musulmane (VIIe–XIe siècles). 1969, ⁶2001
22: Bernard Guenée, L'Occident aux XIVe et XVe siècles. Les Etats. 1971, ⁴1999
23: Jacques Heers, L'Occident aux XIVe et XVe siècles. Aspects économiques et sociaux. 1963, ⁷1994
24: Philippe Contamine, La guerre au moyen âge. 1980, ⁵1999
25: Francis Rapp, L'église et la vie religieuse en Occident à la fin du moyen âge. 1971, ⁶1999
26: Pierre Chaunu, L'expansion européenne du XIIIe au XVe siècle. 1969, ²1983

26,1: Pierre Chaunu, Conquête et exploitation des nouveaux mondes (XVIe siècle). 1969, ^{4}1991
27: Frédéric Mauro, L'expansion européenne (1600–1870). 1964, ^{4}1996
28: Jean-Louis Miège, Expansion européene et décolonisation de 1870 à nos jours. 1973, ^{2}1986
30: Jean Delumeau, Naissance et affirmation de la Réforme. 1965, ^{9}1998
30,1: Jean Delumeau, Le catholicisme entre Luther et Voltaire. 1971, ^{6}1996
31: Henri Lapeyre, Les monarchies européennes du XVIe siècle. Les relations internationales. 1967, ^{2}1973
32: Frédéric Mauro, Le XVIe siècle européen. Aspects économiques. 1966, ^{3}1981
33: Robert Mandrou, La France aux XVIIe et XVIIIe siècles. 1967, ^{6}1997
34: Pierre Jeannin, L'Europe du Nord-Ouest et du Nord aux XVIIe et XVIIIe siècles. 1969, ^{2}1987
36: Jacques Godechot, Les révolutions (1770–1799). 1963, ^{4}1986
37: Jacques Godechot, L'Europe et l'Amérique à l'époque napoléonienne (1800–1815). 1967
38: Jean-Baptiste Duroselle, L'Europe de 1815 à nos jours. Vie politique et relations internationales. 1964, ^{7}1993
39: Paul Gerbod, L'Europe culturelle et religieuse de 1815 à nos jours. 1977, ^{2}1989
43: Claude Fohlen, L'Amérique anglo-saxonne de 1815 à nos jours. 1965, ^{2}1969
44: François Chevalier, L'Amérique latine de l'indépendance à nos jours. 1977, ^{2}1993
45: Jean Chesneaux, L'Asie orientale aux XIXe et XXe siècle. Chine – Japon – Inde – Sud-Est asiatique. 1966, ^{2}1982
46: Catherine Coquery-Vidrovitch/Henri Moniot, L'Afrique noire de 1800 à nos jours. 1974, ^{4}1993
48: Jean Jacques Fol, Les pays nordiques aux XIXe et XXe siècles. 1978
[o. Bd.zählung:] François-Georges Dreyfus, L'Allemagne contemporaine 1815–1990. 1991

Peuples et civilisations. Histoire générale. Hrsg. v. Louis Halphen u. Philippe Sagnac. Bd. 1–21. Paris
[Bd. 1–4 Altertum]
5: Louis Halphen, Les Barbares des grandes invasions aux conquêtes turques du XIe siècle. 1926, ^{5}1948
[Neubearbeitung:]
Robert Folz [u.a.], De l'antiquité au monde médiéval. 1972, ^{2}1990

6: Louis Halphen, L'essor de l'Europe (XIe–XIIIe siècles). 1932, ^{3}1948
[Neubearbeitung:]
Georges Duby/Robert Mantran, L'Eurasie. XIe–XIIIe siècles. 1982

7,1: Henri Pirenne/Augustin Renaudet [u. a.], La fin du moyen âge. La désagrégation du monde médiévale (1285–1453). 1931, ^{3}1946

7,2: Henri Pirenne/Edouard Perroy [u. a.], L'annonce des temps nouveaux (1453–1492). 1931, ^{3}1946

8: Henri Hauser/Augustin Renaudet, Les débuts de l'âge moderne. 1929, ^{3}1946
[Neubearbeitung:]
Jean-Claude Margolin [u. a.], L'avènement des temps modernes. 1977

9: Henri Hauser, La prépondérance espagnole (1559–1660). 1933, ^{3}1948

10: Philippe Sagnac/Alexandre de Saint-Léger, Louis XIV (1661–1715). 1935, ^{3}1949
[Neubearbeitung:]
Robert Mandrou, Louis XIV en son temps 1661–1715. 1973, ^{2}1978

11: Pierre Muret, La prépondérance anglaise (1715–1763). 1937, ^{3}1949
[Neubearbeitung:]
Albert Soboul [u. a.], Le siècle des lumières. 1–2. L'essor (1715–1750). 1977

12: Philippe Sagnac, La fin de l'ancien régime et la révolution américaine (1763–1789). 1941, ^{3}1952
[Neubearbeitung:]
Michelle Vovelle [u. a.], Le siècle des Lumières. 1–2. L'apogée (1750–1789). 1997

13: Georges Lefebvre, La Révolution Française. 1930, ^{7}1989
[Neubearbeitung:]
Jean Meyer [u. a.], La révolution française. 1–2. 1991

14: Georges Lefebvre, Napoléon. 1936, ^{6}1969

15: Félix Ponteil, L'éveil des nationalités et le mouvement libéral (1815–1848). 1960. – Neuaufl. 1968 [Erste Ausgabe v. Georges Weill. 1930]

16: Charles-H. Pouthas, Démocratie et capitalisme (1848–1860). 1941, ^{3}1961. – Neuaufl. o. Aufl.zählung u. d. T.: Démocratie, réaction, capitalisme. 1983

17: Henri Hauser/Pierre Benaerts/Jean Maurain/Fernand L'Huillier, Du libéralisme à l'impérialisme (1860–1878). 1939, ^{2}1952
[Neubearbeitung:]
Fernand L'Huillier/Pierre Benaerts, Nationalité et nationalisme (1860–1878). 1968

18: Maurice Baumont, L'essor industriel et l'impérialisme colonial (1878–1904). 1937, ³1965
19: Pierre Renouvin, La crise européenne et la première guerre mondiale (1904–1918). 1934, ⁵1969
20,1–2: Maurice Baumont, La faillite de la paix (1918–1939).
    1. De Rethondes à Stresa (1918–1935). 1945, ⁵1967
    2. De l'affaire éthiopienne à la guerre (1936–1939). 1945, ⁵1968
21,1–2: Henri Michel, La Seconde Guerre mondiale. 1–2.
    1. Les succès de l'axe ⟨1939 IX – 1943 I⟩. 1968, ²1977
    2. La victoire des Alliés ⟨1943 I – 1945 IX⟩. 1945, ³1977
22,1–2: Maurice Crouzet [u. a.], Le monde depuis 1945. 1–2. 1973
    1. Les pays riches et la troisième révolution industrielle.
    2. Les pays pauvres et la naissance de nouveaux mondes.

Histoire du moyen âge. Bd. 1–10 (= Histoire générale). Paris 1928–45
1: Ferdinand Lot/Christian Pfister/François L. Ganshof, Les destinées de l'Empire en Occident de 395 à 888. 1928
2: Augustin Fliche, L'Europe occidentale de 888 à 1125. 1941
3: Charles Diehl/Georges Marçais, Le monde oriental de 395 à 1081. 1944
4,1: Edouard Jordan, L'Allemagne et l'Italie au XIIe et XIIIe siècles. 1939
4,2: Charles Petit-Dutaillis/P. Guinard, L'essor des états d'Occident. 1937, ²1944
6,1: Robert Fawtier, L'Europe occidentale de 1270 à 1380 [1. Teil]. 1940
6,2: Alfred Coville, L'Europe occidentale de 1270 à 1380 [2. Teil]. 1941
7,1: Joseph Calmette/Eugène Déprez, La France et l'Angleterre en conflit. 1937
8: Henri Pirenne/Gustav Cohen/Henri Focillon, La civilisation occidentale au moyen âge du XIe au milieu du XVe siècle. 1941
9,1: Charles Diehl/Lysimaque Oeconomos [u. a.], L'Europe orientale de 1081 à 1453. 1945
10,1: R. Grousset [u. a.], L'Asie orientale des origines au XVe siècle. 1941

Histoire des relations internationales. Hrsg. v. Pierre Renouvin. Bd. 1–8. Paris
1: François-L. Ganshof, Le moyen âge. 1953, ³1964
2–3: Gaston Zeller, Les temps modernes. 1. De Christophe Colomb à Cromwell. 1953. – 2. De Louis XIV à 1789. 1955
4: André Fugier, La révolution française et l'empire napoléonien. 1954

5–6: Pierre Renouvin, Le XIXe siècle. 1. De 1815 à 1871. L'Europe des nationalités et l'éveil de nouveaux mondes. 1954. – 2. De 1871 à 1914. L'apogée de l'Europe. 1955, [^{5}1970]
7–8: Pierre Renouvin, Les crises du XXe siècle. 1–2. – 1. De 1914 à 1929. 1957, [^{6}1972]. – 2. De 1929 à 1945. 1958, [^{6}1972]

Histoire générale des civilisations. Hrsg. v. Maurice Crouzet. Bd. 1–7. Paris 1953–57 [Bd. 3–7 Mittelalter u. Neuzeit; Bd. 3 ^{6}1967, Bd. 4–7 ^{5}1967–69]

b) *deutschsprachig*

Weltgeschichte in Einzeldarstellungen. Bd. 1–9. München 1950–56
Handbuch der Weltgeschichte. Hrsg. v. Alexander Randa. Bd. 1–2. Freiburg i. Br. 1954. – 2. u. 3. Aufl. Bd. 1–4. 1958, 1962
Propyläen-Weltgeschichte. Hrsg. v. Walter Goetz. Bd. 1–10 u. Reg.- Bd. Berlin 1929–33. [Für Mittelalter und Neuzeit Bd. 3–10]
Die neue Propyläen-Weltgeschichte. Hrsg. v. Willy Andreas. Bd. 1–6. Berlin 1940–43 [Unvollständig; erschienen nur Bd. 1–3, 5.]
Propyläen-Weltgeschichte. Eine Universalgeschichte hrsg. v. Golo Mann, Alfred Heuß und August Nitschke. Bd. 1–10. Berlin [u.a.] 1960–64 [auch als Taschenbuchausg. Bd. 1–20. Berlin (u.a.) 1976; auch auf CD-ROM; Bd. 5–10 Mittelalter u. Neuzeit]
Historia Mundi. Ein Handbuch der Weltgeschichte in zehn Bänden. Begr. v. Fritz Kern ... hrsg. v. Fritz Valjavec unter Mitwirkung des Instituts f. Europäische Geschichte in Mainz. Bd. 1–10. Bern 1952–61 [8 ff. Bern/München; Bd. 5–10 Mittelalter u. Neuzeit]

Saeculum Weltgeschichte. Hrsg. v. Herbert Franke [u.a.]. Bd. 1–7. Freiburg/Basel/Wien
4: Kunz Dittmer/Herbert Franke [u.a.], Die Hochkulturen im Zeichen der Weltreligionen (2). Das dreifache Mittelalter: Byzanz, Islam, Abendland, China, Korea, Japan, Zentralasien, Afrika südlich der Sahara. 1967
5: Herbert Franke/Hubert Jedin [u.a.], Die Epoche des Mongolensturms. Die Formation Europas. Die neuen islamischen Reiche. 1970
6: Herbert Franke/Wolfgang Franke [u.a.], Die Entdeckung der Welt durch Europa. Die Selbstbehauptung der asiatischen Kulturen. Europa im Zeichen der Rationalität. 1971
7: Heinrich Dumoulin/Oskar Köhler [u.a.], Werdende Einheit und wachsende Widersprüchlichkeit der politischen Welt. Die Weltreligionen. Selbst- und Weltverständnis nach der Revolution. Geschichte in Gegenwart. 1975

Die Weltgeschichte. Bd. 1–6. Hrsg. v. d. Brockhaus-Redaktion (= Brockhaus. Die Bibliothek). Leipzig/Mannheim 1997–99 [Bd. 3–6 Mittelalter u. Neuzeit]

Oldenbourg Grundriß der Geschichte [OGG]. Hrsg. v. Jochen Bleicken [u. a.]. Bd. 1–(32). München
[Bd. 1–3 Altertum]
  4: Jochen Martin, Spätantike und Völkerwanderung. 1987, ^{4}2001
  5: Reinhard Schneider, Das Frankenreich. 1982, ^{4}2001
  6: Johannes Fried, Die Formierung Europas 800–1046. 1991, ^{2}1993
  7: Hermann Jakobs, Kirchenreform und Hochmittelalter 1046–1215. 1984, ^{4}1999
  8: Ulf Dirlmeier/Gerhard Fouquet, Europa im Spätmittelalter 1215–1378. 2003
  9: Erich Meuthen, Das 15. Jahrhundert. 1980, ^{3}1996
 10: Heinrich Lutz, Reformation und Gegenreformation. 1980, ^{5}2002
 11: Heinz Duchhardt, Das Zeitalter des Absolutismus. 1989, ^{3}1998
 12: Elisabeth Fehrenbach, Vom Ancien Régime zum Wiener Kongreß. 1981, ^{4}2001
 13: Dieter Langewiesche, Restauration und Revolution 1815–1849. 1985, ^{4}2003
 14: Lothar Gall, Europa auf dem Weg in die Moderne 1850–1890. 1984, ^{3}1997
 15: Gregor Schöllgen, Das Zeitalter des Imperialismus. 1986, ^{4}2000
 16: Eberhard Kolb, Die Weimarer Republik. 1984, ^{6}2002
 17: Klaus Hildebrand, Das Dritte Reich. 1979, ^{6}2003
 18: Andreas Hillgruber, Europa in der Weltpolitik der Nachkriegszeit 1945–1963. 1979, ^{4}1993
[Neubearbeitung:]
Jost Dülffer, Europa im Zeichen des Ost-West-Konflikts 1945–1991. 2003
 19: Rudolf Morsey, Die Bundesrepublik Deutschland. Entstehung und Entwicklung bis 1969. 1987, ^{4}2000
 19a: Andreas Rödder, Die Bundesrepublik 1969–1990. 2003
 20: Hermann Weber, Die DDR 1945–1990. ^{3}2000 [1. Aufl. 1988 u. d. T. Die DDR 1945–1986].
 21: Horst Möller, Europa zwischen den Weltkriegen. 1998
 22: Peter Schreiner, Byzanz. 1986, ^{2}1994
 23: Hanns J. Prem, Geschichte Altamerikas. 1989
 24: Tilman Nagel, Die islamische Welt bis 1500. 1998
 25: Hans J. Nissen, Geschichte Alt-Vorderasiens. 1999
 26: Hedwig Schmidt-Glintzer, Geschichte Chinas bis zur mongolischen Eroberung 250 v. Chr. – 1279 n. Chr. 1999
 27: Leonhard Harding, Geschichte Afrikas im 19. und 20. Jahrhundert. 1999
 28: Willi Paul Adams, Die USA vor 1900. 2000

29: Willi Paul Adams, Die USA im 20. Jahrhundert. 2000
30: Klaus Kreiser, Der Osmanische Staat 1300–1922. 2001
31: Manfred Hildermeier, Die Sowjetunion 1917–1991. 2001
32: Peter Wende, Großbritannien 1500–2000. 2001
33: Christoph Schmidt, Russische Geschichte 1547–1917. 2003

Taschenbuchausgaben

Fischer Weltgeschichte. Bd. 1–36 (= Fischer Bücherei). Frankfurt [mehrfache Neudrucke]
[Bd. 1–8 Altertum]
 9: Die Verwandlung der Mittelmeerwelt. Hrsg. und verfaßt v. Franz Georg Maier. 1968
10: Das frühe Mittelalter. Hrsg. u. verfaßt v. Jan Dhondt. 1968
11: Das Hochmittelalter. Hrsg. u. verfaßt v. Jacques Le Goff. 1965
12: Die Grundlegung der modernen Welt. Spätmittelalter, Renaissance, Reformation. Hrsg. u. verfaßt v. Ruggiero Romano u. Alberto Tenenti. 1967
13: Byzanz. Hrsg. v. Franz Georg Maier. 1973
14: Der Islam I. Vom Ursprung bis zu den Anfängen des Osmanenreiches. Hrsg. u. verfaßt v. Claude Cahen. 1968
15: Der Islam II. Die islamischen Reiche nach dem Fall von Konstantinopel. Hrsg. v. G. E. von Grunebaum. 1971
16: Zentralasien. Hrsg. v. Gavin Hambly. 1966
17: Indien. Geschichte des Subkontinents von der Induskultur bis zum Beginn der englischen Herrschaft. Hrsg. u. verfaßt v. Ainslie T. Embree u. Friedrich Wilhelm. 1967
18: Südostasien vor der Kolonialzeit. Hrsg. u. verf. v. John Villiers. 1965
19: Das Chinesische Kaiserreich. Hrsg. u. verfaßt v. Herbert Franke und Rudolf Trauzettel. 1968
20: Das Japanische Kaiserreich. Hrsg. u. verfaßt v. John Whitney Hall. 1968
21: Altamerikanische Kulturen. Hrsg. u. verf. v. Laurette Séjourne. 1971
22: Süd- und Mittelamerika. I. Die Indianerkulturen Altamerikas und die spanisch-portugiesische Kolonialherrschaft. Hrsg. und verfaßt v. Richard Konetzke. 1965
23: Süd- und Mittelamerika. II. Von der Unabhängigkeit bis zur Krise der Gegenwart. Hrsg. u. verfaßt v. Gustavo Beyhaut. 1965
24: Entstehung des frühneuzeitlichen Europa 1550–1648. Hrsg. u. verfaßt v. Richard van Dülmen. 1982
25: Das Zeitalter des Absolutismus und der Aufklärung 1648–1779. Hrsg. u. verfaßt v. Günter Barudio. 1981
26: Das Zeitalter der europäischen Revolutionen 1780–1848. Hrsg. u. verfaßt v. Louis Bergeron, François Furet u. Reinhart Koselleck. 1969

27: Das bürgerliche Zeitalter. Hrsg. v. Guy Palmade. 1974
28: Das Zeitalter des Imperialismus. Hrsg. u. verfaßt v. Wolfgang J. Mommsen. 1969
29: Die Kolonialreiche seit dem 18. Jahrhundert. Hrsg. u. verfaßt v. David K. Fieldhouse. 1965
30: Die Vereinigten Staaten. Hrsg. v. Willi Paul Adams . . . 1977
31: Rußland. Hrsg. u. verfaßt v. Carsten Goehrke [u. a.]. 1973
32: Afrika. Von der Vorgeschichte bis zu den Staaten der Gegenwart. Hrsg. u. verfaßt v. Pierre Bertaux. 1966
33: Das moderne Asien. Hrsg. v. Lucien Bianco. 1969
34: Das zwanzigste Jahrhundert. I. 1918–1945. Hrsg. u. verfaßt v. R. A. C. Parker. 1967
35: Das zwanzigste Jahrhundert. II. Europa nach dem Zweiten Weltkrieg 1945–1965. Hrsg. u. verfaßt v. Wolfgang Benz u. Hermann Graml. 1983
36: Weltprobleme zwischen den Machtblöcken. – Das zwanzigste Jahrhundert. III. Hrsg. v. Wolfgang Benz/Hermann Graml unter Mitarbeit v. Rudolf v. Albertini [u. a.]. 1981

Weltgeschichte des 20. Jahrhunderts

Jean Rudolf von **Salis**, Weltgeschichte der neuesten Zeit ⟨1871–1945⟩. Bd. 1–3. Zürich 1951–60. – Neuausg. Bd. 1–6. Zürich 1980
Weltgeschichte der Gegenwart ⟨1918–1961/62⟩. Begr. v. Fritz Valjavec . . . hrsg. v. Felix von Schroeder. Bd. 1–2. Bern/München 1962–63

dtv-Weltgeschichte des 20. Jahrhunderts. Hrsg. v. Martin Broszat u. Helmut Heiber. 14 Bde. München [mehrere Nachdrucke]
Hans Herzfeld, Der Erste Weltkrieg (= dtv 4001). 1968
Gerhard Schulz, Revolutionen und Friedensschlüsse 1917–1920(= dtv 4002). 1967
Helmut Heiber, Die Republik von Weimar (= dtv 4003). 1966
Ernst Nolte, Die faschistischen Bewegungen. Die Krise des liberalen Systems und die Entwicklung der Faschismen (= dtv 4004). 1966
Hermann Graml, Europa zwischen den Kriegen (= dtv 4005). 1969
Gottfried-Karl Kindermann, Der Ferne Osten (= dtv 4006). 1970
Erich Angermann, Die Vereinigten Staaten von Amerika (= dtv 4007). 1966
Karl Heinz Ruffmann, Sowjetrußland. Struktur und Entfaltung einer Weltmacht (= dtv 4008). 1967
Martin Broszat, Der Staat Hitlers (= dtv 4009). 1969
Lothar Gruchmann, Der Zweite Weltkrieg. Kriegführung und Politik (= dtv 4010). 1967
Thilo Vogelsang, Das geteilte Deutschland (= dtv 4011). 1966

Wilfried Loth, Die Teilung der Welt. Geschichte des Kalten Krieges 1941–1955 (= dtv 4012). 1980
Franz Ansprenger, Auflösung der Kolonialreiche (= dtv 4013). 1966
Wolfgang Wagner, Europa zwischen Aufbruch und Restauration. Die europäische Staatenwelt seit 1945 (= dtv 4014). 1968

Bibliographie
DW 60/119–190 b

2. *Europäische Geschichte*

a) *deutschsprachig*

Werner **Näf**, Die Epochen der neueren Geschichte. Staat und Staatengemeinschaft vom Ausgang des Mittelalters bis zur Neuzeit. Bd. 1–2. Aarau 1945, 1946; ^{2}1959, 1960 [Bd. 2 hrsg. v. Ernst Walder. – Taschenbuchausg. 1970]

Hans **Freyer**, Weltgeschichte Europas. Bd. 1–2 (= Sammlung Dieterich 31, 32). Wiesbaden 1948. – 2. Aufl. Stuttgart 1954. – 3. Aufl. Stuttgart 1969

Handbuch der mittelalterlichen und neueren Geschichte. Hrsg. v. Georg v. Below, Friedrich Meinecke u. Albert Brackmann. Abt. II. Politische Geschichte. München/Berlin 1903–28. [In 6 Bänden ohne Bandzählung; unvollständig. – Nachdruck Osnabrück u. München 1967–71]

Handbuch für den Geschichtslehrer ... Hrsg. v. Oskar Kende. Bd. 1–5 [Bd. 2 nicht erschienen]. Leipzig/Wien 1927–37 [Bd. 3–5 in mehreren Nachdrucken Darmstadt 1965–80]

Harald **Zimmermann**, Das Mittelalter. I. Teil. Von den Anfängen bis zum Ende des Investiturstreits. Braunschweig 1975. II. Teil. Von den Kreuzzügen bis zum Beginn der großen Entdeckungsfahrten. Braunschweig 1979

Geschichte der Neuzeit. Hrsg. v. Gerhard Ritter. [Bd. 1–3.] Braunschweig 1950–62 [Bd. 1 ^{2}1966; Bd. 2 ^{4}1975; Bd. 3,1 ^{6}1969; Bd. 3,2 ^{5}1976]

Handbuch der europäischen Geschichte. Hrsg. v. Theodor Schieder. Bd. 1–7. Stuttgart [Teile auch als Taschenbuch]
1: Europa im Wandel von der Antike zum Mittelalter ... hrsg. v. Theodor Schieffer. 1976 [Nachdruck 1979], ^{3}1992
2: Europa im Hoch- und Spätmittelalter ... hrsg. v. Ferdinand Seibt. 1987

3: Die Entstehung des neuzeitlichen Europa ... hrsg. v. Josef Engel. 1971 [Nachdruck 1985], ⁴1994
4: Europa im Zeitalter des Absolutismus und der Aufklärung ... hrsg. v. Fritz Wagner. 1968, ²1975
5: Europa von der Französischen Revolution zu den nationalstaatlichen Bewegungen des 19. Jahrhunderts ... hrsg. v. Walter Bußmann. 1981
6: Europa im Zeitalter der Nationalstaaten und europäische Weltpolitik bis zum Ersten Weltkrieg ... hrsg. v. Theodor Schieder. 1968
7,1–2: Europa im Zeitalter der Weltmächte ... hrsg. v. Theodor Schieder. Teilbd. 1–2. 1979, ²1992

Propyläen Geschichte Europas. Bd. 1–6. Berlin [u. a.] [Studienausgabe 1982, Sonderausg. 1998]
1: Hellmut Diwald, Anspruch auf Mündigkeit um 1400–1555. [1975]
2: Ernst Walter Zeeden, Hegemonialkriege und Glaubenskämpfe 1556–1648. [1977]
3: Robert Mandrou, Staatsräson und Vernunft 1649–1775. [1976]
4: Eberhard Weis, Der Durchbruch des Bürgertums 1776–1847. [1978]
5: Theodor Schieder, Staatensystem als Vormacht der Welt 1848–1918. [1977]
6: Karl Dietrich Bracher, Die Krise Europas 1917–1975. [1976]
Erg.-Bd. [1]: Horst Lademacher, Die Niederlande. Politische Kultur zwischen Individualität und Anpassung. 1993
Erg.-Bd. [2]: Klaus Zernack, Polen und Rußland. Zwei Wege in der europäischen Geschichte. 1994

Siedler Geschichte Europas. Bd. 1–4. [Berlin]
[Bd. 1 Alte Geschichte]
[2:] Michael Borgolte, Antikes Erbe und christlicher Glaube. Die Einheit der christlichen Welt. 300 bis 1400 n. Chr. [iV]
[3:] Heinz Schilling, Die neue Zeit. Vom Christenheitseuropa zum Europa der Staaten. 1250 bis 1750. [1999]
[4:] Hagen Schulze, Phoenix Europa. Die Moderne. Von 1740 bis heute. [1998]

Handbuch der Geschichte Europas. Hrsg. v. Peter Blickle. Bd. 1– Stuttgart
[bisher erschienen:]
Jörg Fisch, Europa im Zeitalter von Wachstum und Gleichheit. 2002
Walther Bernecker, Europa zwischen den Kriegen. 2002

b) *englischsprachig*

The Cambridge Medieval History. Planned by J. B. Bury. Ed. by H. M. Gwatkin, J. P. Whitney [u. a.]. Bd. 1–8. Cambridge 1911–36 [mehrere Nachdrucke; Bd. 4 in Neubearb. Teil 1–2 1966–67]

The New Cambridge Medieval History. Bd. 1–7. Cambridge
- 1: 500–700. Hrsg. v. Paul Fouracre. [Für 1999 angekündigt]
- 2: 700–900. Hrsg. v. Rosamond McKitterick. 1995
- 3: 900–1024. Hrsg. v. Timothy Reuter. 1999
- 4,1–2: 1024–1198. Hrsg. v. David Luscombe. 1997
- 5: 1198–1300. Hrsg. v. David Abulafia. 1998
- 6: 1300–1415. Hrsg. v. Michael Jones. 2000
- 7: 1415–1500. Hrsg. v. Christopher Allmand. 1998

The Cambridge Modern History. Planned by the late Lord Acton ... Ed. by A. W. Ward, G. W. Prothero, Stanley Leathers. Bd. 1–13. Cambridge 1902–1911 [einzelne Bde. im Ndr.]
The Cambridge Modern History Atlas ... 1912

The New Cambridge Modern History. Advisory Committee: G. N. Clark, J. R. M. Butler, J. P. T. Bury, the late E. A. Benians. Bd. 1–14. Cambridge [Bd. 1, 2, 4, 6, 8, 11–14 auch als Paperback]
- 1: The Renaissance. 1493–1520. Hrsg. v. G. R. Potter. 1957, ^{2}1975
- 2: The Reformation. 1520–1559. Hrsg. v. G. R. Elton. 1958, ^{2}1990
- 3: The Counter-Reformation and Price Revolution. 1559–1610. Hrsg. v. R. B. Wernham. 1968
- 4: The Decline of Spain and the Thirty Years War, 1609–48/59. Hrsg. v. J. P. Cooper. 1970
- 5: The Ascendancy of France. 1648–88. Hrsg. v. F. L. Carsten. 1961
- 6: The Rise of Great Britain and Russia. 1688–1715/25. Hrsg. v. J. S. Bromley. 1970
- 7: The Old Regime. 1713–63. Hrsg. v. J. O. Lindsay. 1957
- 8: The American and French Revolutions. 1763–93. Hrsg. v. A. Goodwin. 1965
- 9: War and Peace in an Age of Upheaval. 1793–1830. Hrsg. v. C. W. Crawley. 1965
- 10: The Zenith of European Power. 1830–70. Hrsg. v. J. P. T. Bury. 1960
- 11: Material Progress and World-Wide Problems. 1870–1898. Hrsg. v. F. H. Hinsley. 1962
- 12: The Era of Violence. 1898–1945. Hrsg. v. David Thomson. 1960 [2. Aufl. u. d. T.: The Shifting Balance of World Forces. 1898–1945. Hrsg. v. C. L. Mowat. 1968]
- 13: Companion Volume. Hrsg. v. Peter Burke. 1979
- 14: Atlas. Hrsg. v. H. C. Darby u. Harold Fullard. 1970 [Neuausgabe 1975]

A General History of Europe. Hrsg. v. Denys Hay. London
[Keine Bandzählung]
- [1:] A. H. M. Jones, The Decline of the Ancient World. 1966 [Paperback 1975]
- [2:] P. McNulty, Dark Age Europe. [In Vorbereitung]
- [3:] Christopher Brooke, Europe in the Central Middle Ages, 962–1154. 1964, ³1999
- [4:] John H. Mundy, Europe in the High Middle Ages. 1150–1309. 1973, ³2000 [Paperback 1975]
- [5:] Denys Hay, Europe in the Fourteenth and Fifteenth Centuries. 1966, ²1989 [Nachdruck u. als Paperback 1970]
- [6:] Helmut Georg Koenigsberger/George L. Mosse, Europe in the Sixteenth Century. 1968, ²1989 [Paperback 1971]
- [7:] Donald H. Pennington, Seventeenth Century Europe. 1970, ²1989 [Paperback 1972]
- [8:] Matthew Anderson, Europe in the Eighteenth Century 1713–1783. 1961, ³1987
- [9:] Franklin L. Ford, Europe 1780–1830. 1970, ²1989 [Paperback 1971]
- [10:] Harry Hearder, Europe in the Nineteenth Century. 1830–1880 1966, ²1988
- [11:] John M. Roberts, Europe 1880–1945. 1967, ²1989 [Paperback 1972]

The Oxford History of Modern Europe ⟨1789–1945⟩. Hrsg. v. Alan Bullock u. F. W. Deakin. Oxford 1954–
[Keine Bandzählung; bisher erschienen:]
Alan John Percivale Taylor, The Struggle for Mastery in Europe 1845–1918. 1954 [Paperback 1971]
Hugh Seton Watson, The Russian Empire 1801–1917. 1967 [Paperback 1988]
Raymond Carr, Spain 1808–1939. 1966, ²1982 [Paperback 1982]
Theodore Zeldin, France 1848–1945. Bd. 1–2. 1973–77 [Paperback 1979–81]
Ernst Heinrich Kossmann, The Low Countries, 1780–1940. 1978
Gordon A. Craig, Germany, 1866–1945. 1978 [Paperback 1981]
James J. Sheehan, German History 1770–1866. 1989
Paul W. Schroeder, The Transformation of European Politics 1763–1848. 1994 [Paperback 1996]
Keith Hitchins, Rumania, 1866–1947. 1994
David Vital, A People Apart. The Jews in Europe, 1789–1939. 1999

3. *Deutsche Geschichte*

Deutsche Geschichte. Von den Anfängen bis zur Gegenwart. [Begr. v. Peter Rassow.] Hrsg. v. Martin Vogt. Stuttgart [4. Aufl. Stuttgart/Weimar] ^{4}1997 [Rassows Ausgabe: 1953, ^{3}1973]

Arbeitsbuch Geschichte. Hrsg. v. Eberhard Büssem u. Michael Neher (= Uni-Taschenbücher). München [u. a.]
Mittelalter. (3. bis 16. Jahrhundert.) Repetitorium. Bearb. v. Karl Brunner (= UTB 411). 1968, ^{11}1998
Neuzeit 1. (16. bis 18. Jahrhundert.) Repetitorium. Bearb. v. Eberhard Büssem [u. a.] (= UTB 569). 1969, ^{7}1999
Neuzeit 1. (16. bis 18. Jahrhundert.) Quellen. Mit einer Einführung in die hilfswissenschaftlichen Disziplinen. Bearb. v. Leopold Auer (= UTB 625). 1977
Neuzeit 3,1–2. 1871–1914. Die imperialistische Expansion. Repetitorium. Erster und zweiter Teil. Bearb. v. Gerd Höhler (= UTB 1143 bis 44). 1981, ^{3}1994 [Erstausg. 1972]

Ploetz Deutsche Geschichte. Epochen und Daten. Hrsg. v. Werner Conze u. Volker Hentschel. Würzburg 1979, ^{6}1996

Bruno **Gebhardt**, Handbuch der deutschen Geschichte.
1. Aufl. Bd. 1–2. Stuttgart 1891, 1892. – 2. Aufl. Bd. 1–2. Stuttgart 1901. – 3. Aufl. Bd. 1–2. Stuttgart 1906. – 4. Aufl. Bd. 1–2. Stuttgart 1910. – 5. Aufl. Bd. 1–2. Stuttgart 1913. – 6. Aufl. Hrsg. v. Aloys Meister. Bd. 1–3. Stuttgart/Berlin/Leipzig 1922–23. – 7. Aufl. Hrsg. v. Robert Holtzmann. Bd. 1–2. Stuttgart 1930, 1931. – 8. Aufl. Hrsg. v. Herbert Grundmann. Bd. 1–4. Stuttgart 1954–60. – 9. Aufl. Hrsg. v. Herbert Grundmann. Bd. 1–4,1–2. Stuttgart 1970–76
1: Frühzeit und Mittelalter. 1970
2: Von der Reformation bis zum Ende des Absolutismus. 1970
3: Von der Französischen Revolution bis zum Ersten Weltkrieg. 1970
4,1–2: Die Zeit der Weltkriege. Teil 1–2. 1973–76
[Auch als dtv-Taschenbuch Bd. 1–22. München 1973–80 u. ö.]
10. . . . Aufl. Wiss. Redaktion Rolf Häfele. Stuttgart [2001–]
[vorgesehen Bd. 1–24; bisher erschienen:]
2: Rudolf Schieffer, Die Zeit der Karolinger (729–887). [2003]
5: Alfred Haverkamp, Zwölftes Jahrhundert 1125–1198. [2003]
9: Wolfgang Reinhard, Probleme deutscher Geschichte 1495–1806. Reichsreform und Reformation 1495–1555. [2001]
10: Maximilian Lanzinner, Konfessionelles Zeitalter 1555–1618. – Gerhard Schormann, Dreißigjähriger Krieg 1618–1648. [2001]
13: Jürgen Kocka, Das lange 19. Jahrhundert. Arbeit, Nation und bürgerliche Gesellschaft. [2001]

15: Friedrich Lenger, Industrielle Revolution und Nationalstaatsgründung (1849–1870er Jahre). [2003]
16: Volker Berghahn, Das Kaiserreich 1871–1914. Industriegesellschaft, bürgerliche Kultur und autoritärer Staat. [2003]
17: Wolfgang J. Mommsen, Die Urkatastrophe Deutschlands. Der Erste Weltkrieg 1914–1918. [2002]

Handbuch der deutschen Geschichte. Begr. v. Otto Brandt. Fortgeführt v. Arnold Oskar Meyer. Neu hrsg. v. Leo Just . . . Bd. 1–6
1: Deutsche Geschichte bis zum Ausgang des Mittelalters. Von Karl J. Narr [u. a.]. Konstanz 1957
2: Deutsche Geschichte im Zeitalter der Reformation bis zum Ausgang des 18. Jahrhunderts. Von Rudolf Stadelmann [u. a.]. Konstanz 1956
3: Deutsche Geschichte im 19. Jahrhundert.
1. Teil. Von 1800 bis 1852
1. Abschnitt. Deutschland um 1800. Krise und Neugestaltung von 1789 bis 1815. Von Kurt v. Raumer und Manfred Botzenhart. 1980
2. Abschnitt. Restauration u. Revolution. Von 1815 bis 1851. Von Karl-Georg Faber. Wiesbaden 1979
2. Teil. Das Zeitalter Bismarcks. Von Walter Bußmann. Konstanz 1956. – 4. Aufl. Frankfurt/M 1968 [als Paperback]
4: Deutsche Geschichte der neuesten Zeit von Bismarcks Entlassung bis zur Gegenwart.
1. Teil. Von 1890 bis 1932
1. Abschnitt. Das Deutsche Reich von 1890 bis 1909. Von Werner Frauendienst. Frankfurt/M 1972. – Abschnitt 1 a. Die latente Krise des Deutschen Reiches 1909 bis 1914. Von Wolfgang J. Mommsen. Frankfurt/M 1972
2. Abschnitt. Der Weltkrieg 1914/18. Von Walther Hubatsch. Konstanz 1955
3. Abschnitt. Die Weimarer Republik. Von Albert Schwarz. Konstanz 1958 [auch als Paperback]
2. Teil. Von 1933 bis zur Gegenwart
4. Abschnitt. Die Diktatur Hitlers bis zum Beginn des Zweiten Weltkrieges. Von Walther Hofer. Konstanz 1960, ^{3}1971 [auch als Paperback]
5. Abschnitt. Der Zweite Weltkrieg 1939–1945. Von Herbert Michaelis. Konstanz 1965 [Abschnitt 4 u. 5 auch zusammen erschienen u. d. T.: Von 1933 bis 1945. Von Walther Hofer und Herbert Michaelis. Konstanz 1965]
3. Teil. Von 1945 bis 1955. Von Ernst Deuerlein. Konstanz 1965
5: Athenaion-Bilderatlas zur Deutschen Geschichte. Hrsg. v. Herbert Jankuhn, Hartmut Boockmann u. Wilhelm Treue. Frankfurt/M 1968 [aktualisierte Sonderausgabe Wiesbaden 1981]
6: Gesamtregister. Zus.gestellt v. Franz Busch. Essen 1985

Die Deutschen und ihre Nation = Siedler Deutsche Geschichte. Berlin
- [1:] Horst Möller, Fürstenstaat oder Bürgernation. Deutschland 1763–1815. [1989]
- [2:] Heinrich Lutz, Zwischen Habsburg und Preußen. Deutschland 1815–1866. 1985
- [3:] Michael Stürmer, Das ruhelose Reich. Deutschland 1866–1918. [1983]
- [4:] Hagen Schulze, Weimar. Deutschland 1917–1933. [1982]
- [5:] Hans-Ulrich Thamer, Verführung und Gewalt. Deutschland 1933–1945. [1986]
- [6:] Adolf Birke, Nation ohne Haus. Deutschland 1945–1961. [1989]
- [7:] Peter Graf Kielmansegg, Nach der Katastrophe. Eine Geschichte des geteilten Deutschland. [2000]

[Fortsetzung für Mittelalter und frühe Neuzeit unter neuem Reihentitel:]

Das Reich und die Deutschen = Siedler Deutsche Geschichte. Berlin
- [8:] Herwig Wolfram, Das Reich und die Deutschen. Zwischen Antike und Mittelalter. [1990]
- [9:] Hans K. Schulze, Vom Reich der Franken zum Land der Deutschen. Merowinger und Karolinger. 1987
- [10:] Hans K. Schulze, Hegemoniales Kaisertum. Ottonen und Salier. [1991]
- [11:] Hartmut Boockmann, Stauferzeit und spätes Mittelalter. Deutschland 1125–1517. 1987
- [12:] Heinz Schilling, Aufbruch und Krise. Deutschland 1517–1648. [1988]
- [13:] Heinz Schilling, Höfe und Allianzen. Deutschland 1648–1763. [1989]

[Sonderausgabe der Bd. 1–6, 8–13 1994. – Davon Taschenbuchausgabe 1998]

Neue Deutsche Geschichte. Bd. 1–10. Hrsg. v. Peter Moraw [u.a.]. München
- 1: Friedrich Prinz, Grundlagen und Anfänge. Deutschland bis 1056. 1985, ²1993
- 2: Alfred Haverkamp, Aufbruch und Gestaltung. Deutschland 1056–1273. 1984, ²1993
- 3: Peter Moraw, Wahlreich und Territorien. Deutschland 1273–1500. [iV]
- 4: Horst Rabe, Reich und Glaubensspaltung. Deutschland 1500–1600. 1989 [erweit. Fassung separat erschienen: München 1991]
- 5: Volker Press, Kriege und Krisen. Deutschland 1600–1715. 1991
- 6: [Das Reich, Österreich und Preußen. Deutschland 1715–1806.] [iV]
- 7: Wolfram Siemann, Vom Staatenbund zum Nationalstaat. Deutschland 1806–1871. 1995

8: [Machtstaat und Industriegesellschaft. Deutschland 1866–1918.] [iV]
9: [Republik und Diktatur. Deutschland 1918–1945.] [iV]
10: [West und Ost. Deutschland seit 1945.] [iV]

Propyläen Geschichte Deutschlands. Hrsg. v. Dieter Groh. Bd. 1–(9). Berlin
1: Johannes Fried, Der Weg in die Geschichte. Die Ursprünge Deutschlands bis 1024. 1994
2: Hagen Keller, Zwischen regionaler Begrenzung und universellem Horizont. Deutschland im Imperium der Salier und Staufer 1024 bis 1250. 1986
3: Peter Moraw, Von offener Verfassung zu gestalteter Verdichtung. Das Reich im späten Mittelalter 1250 bis 1490. 1985
4: Heinrich Lutz, Das Ringen um deutsche Einheit und kirchliche Erneuerung. Von Maximilian I. bis zum Westfälischen Frieden 1490 bis 1648. 1983
5: Rudolf Vierhaus, Staaten und Stände. Vom Westfälischen bis zum Hubertusburger Frieden 1648 bis 1763. 1984
6: James J. Sheehan, Der Ausklang des alten Reiches. Deutschland seit dem Ende des Siebenjährigen Krieges bis zur gescheiterten Revolution, 1763 bis 1850. Ins Deutsche übertragen v. Karl Heinz Siber. 1994
7,1: Wolfgang J. Mommsen, Das Ringen um den nationalen Staat. Die Gründung und der innere Ausbau des Deutschen Reiches unter Otto von Bismarck, 1850 bis 1890. 1993
7,2: Wolfgang J. Mommsen, Bürgerstolz und Weltmachtstreben. Deutschland unter Wilhelm II., 1890 bis 1918. 1995
8: Hans Mommsen, Die verspielte Freiheit. Der Weg der Republik von Weimar in den Untergang 1918 bis 1933. 1989
9: Karlheinz Weißmann, Der Weg in den Abgrund. Deutschland unter Hitler, 1933 bis 1945. 1995

Jahrbücher der deutschen Geschichte. Hrsg. v. d. Historischen Kommission bei der Bayerischen Akademie der Wissenschaften. [Bd. 1–21]
[1:] Heinrich Eduard Bonnell, Die Anfänge des karolingischen Hauses ⟨–714⟩. Berlin 1866 [Nachdruck Berlin 1975]
[2:] Theodor Breysig, Jahrbücher des fränkischen Reiches ⟨714–741⟩. Die Zeit Karl Martells. Leipzig 1869 [Nachdruck Berlin 1975]
[3:] Heinrich Hahn, Jahrbücher des fränkischen Reiches ⟨741–752⟩. Berlin 1863 [Nachdruck Berlin 1975]
[4:] Ludwig Oelsner, Jahrbücher des fränkischen Reiches unter König Pippin ⟨752–768⟩. Leipzig 1871 [Nachdruck Berlin 1975]

[5,1–2:] Sigurd Abel, Jahrbücher des Fränkischen Reiches unter Karl dem Großen ⟨768–814⟩. Bd. 1. Berlin 1866. – 2. Aufl. Leipzig 1888. – Bd. 2 fortgesetzt v. Bernhard Simson. Leipzig 1883 [Nachdruck Bd. 1–2 Berlin 1969]

[6,1–2:] Bernhard Simson, Jahrbücher des Fränkischen Reiches unter Ludwig dem Frommen. Bd. 1–2 ⟨814–840⟩. Leipzig 1874–76 [Nachdruck Berlin 1969]

[7,1–3:] Ernst Dümmler, Geschichte des Ostfränkischen Reiches. Bd. 1–2 ⟨814–918⟩. Berlin 1862–65. – 2. Aufl. in 3 Bänden. Leipzig 1887–88 [Nachdruck Hildesheim (auch Darmstadt) 1960]

[8:] Georg Waitz, Jahrbücher des Deutschen Reiches unter König Heinrich I. ⟨919–936⟩. Berlin 1836 [diese Aufl. außerhalb der Reihe erschienen]. – 3. Aufl. Leipzig 1885 [Nachdruck, mit Anhang, Darmstadt 1963]

[9:] Rudolf Köpke, vollendet v. Ernst Dümmler, Kaiser Otto der Große ⟨936–973⟩. Leipzig 1876 [Nachdruck Darmstadt 1962]

[10,1–2:] Karl [Bd. 2 und Mathilde] Uhlirz, Jahrbücher des Deutschen Reiches unter Otto II. und Otto III. Bd. 1. Otto II. ⟨973–983⟩. Leipzig 1902 [Nachdruck Berlin 1967]. – Bd. 2. Otto III. ⟨983–1002⟩. Berlin 1954

[11,1–3:] Siegfried Hirsch, Jahrbücher des Deutschen Reiches unter Heinrich II. Bd. 1–3 ⟨1002–1024⟩ [Bd. 3 hrsg. u. vollendet v. Harry Bresslau. Leipzig]. Berlin 1862–75 [Nachdruck Berlin 1975]

[12,1–2:] Harry Bresslau, Jahrbücher des Deutschen Reiches unter Konrad II. Bd. 1–2 ⟨1024–1039⟩. Leipzig 1879–84 [Nachdruck Berlin 1967]

[13,1–2:] Ernst Steindorff, Jahrbücher des Deutschen Reiches unter Heinrich III. Bd. 1–2 ⟨1039–1056⟩. Leipzig 1874–81 [Nachdruck, mit Anhang, Darmstadt 1963]

[14,1–7:] Gerold Meyer von Knonau, Jahrbücher des Deutschen Reiches unter Heinrich IV. und Heinrich V. Bd. 1–7 ⟨1056–1125⟩. Leipzig 1890–1909 [Nachdruck Berlin 1964–66]

[15:] Wilhelm Bernhardi, Lothar von Supplinburg ⟨1125–1137⟩. Leipzig 1879 [Nachdruck Berlin 1975]

[16,1–2:] Wilhelm Bernhardi, Konrad III. Bd. 1–2 ⟨1138–1152⟩. Leipzig 1883 [Nachdruck Berlin 1975]

[17,1:] Henry Simonsfeld, Jahrbücher des Deutschen Reiches unter Friedrich I. Bd. 1 ⟨1152–1158⟩. Leipzig 1908 [mehr nicht erschienen; Nachdruck Berlin 1967]

[18:] Theodor Toeche, Kaiser Heinrich VI. ⟨1189–1197⟩. Leipzig 1867 [Nachdruck Darmstadt 1965]

[19,1–2:] Eduard Winkelmann, Philipp von Schwaben und Otto IV. von Braunschweig. Bd. 1. Philipp von Schwaben ⟨1197–1208⟩. Leipzig 1873. – Bd. 2. Kaiser Otto IV. von Braun-

schweig ⟨1208–1218⟩. Leipzig 1878 [Nachdruck Darmstadt 1968]
[20,1–2:] Eduard Winkelmann, Kaiser Friedrich II. Bd. 1–2 ⟨1218–1233⟩. Leipzig 1889–97 [Nachdruck Darmstadt 1967]
[21:] Peter Thorau, König Heinrich (VII.), das Reich und die Territorien. Untersuchungen zur Phase der Minderjährigkeit und der „Regentschaften" Erzbischof Engelberts I. von Köln und Herzog Ludwigs I. von Bayern (1211)1220–1228. T. 1. Berlin 1998
[22:] Alfred Hessel, Jahrbücher des Deutschen Reiches unter König Albrecht I. von Habsburg ⟨1298–1308⟩. München 1931

Deutsche Geschichte. Hrsg. v. Joachim Leuschner. Bd. 1–10 (= Kleine Vandenhoeck-Reihe). Göttingen
1: Josef Fleckenstein, Grundlagen und Beginn der deutschen Geschichte. 1974, ^{3}1988
2: Horst Fuhrmann, Deutsche Geschichte im hohen Mittelalter von der Mitte des 1. bis zum Ende des 12. Jahrhunderts. 1978, ^{4}2002
3: Joachim Leuschner, Deutschland im späten Mittelalter. 1975, ^{2}1983
4: Bernd Moeller, Deutschland im Zeitalter der Reformation. 1977, ^{4}1999
5: Martin Heckel, Deutschland im konfessionellen Zeitalter. 1983
6: Rudolf Vierhaus, Deutschland im Zeitalter des Absolutismus. 1978, ^{2}1984
7: Karl Otmar Freiherr von Aretin, Vom Deutschen Reich zum Deutschen Bund. 1980, ^{2}1993
8: Reinhard Rürup, Deutschland im 19. Jahrhundert. 1984, ^{2}1992
9: Hans-Ulrich Wehler, Das Deutsche Kaiserreich 1871–1918. 1973, ^{7}1994
10: Gerhard Schulz, Deutschland seit dem Ersten Weltkrieg 1918 bis 1945. 1976, ^{2}1982
[Sonderausgabe in 3 Bden. Göttingen 1985: Bd. 1: Mittelalter (= Bd. 1–3). – Bd. 2: Frühe Neuzeit (= Bd. 4–7). – Bd. 3: 19. und 20. Jahrhundert (= Bd. 8–10)]

Deutsche Geschichte seit dem Ersten Weltkrieg. Bd. 1–3. Stuttgart 1971–73

Droste Geschichts-Kalendarium. Chronik deutscher Zeitgeschichte. Politik. Wirtschaft. Kultur. Bd. 1–3,1–2. Düsseldorf 1982–86

Geschichte der Bundesrepublik Deutschland in fünf Bänden. Hrsg. v. Karl Dietrich Bracher [u.a.]. Stuttgart/Wiesbaden [Bd. 5 Stuttgart/Mannheim. – Jubiläums-Ausg. Stuttgart/Mannheim 1989–90, Kassettenausgabe Wiesbaden 1994]

1: Theodor Eschenburg, Jahre der Besatzung 1945–1949. 1983
2: Hans-Peter Schwarz, Gründerjahre der Republik 1949–1957. 1981
3: Hans-Peter Schwarz, Die Ära Adenauer. Epochenwechsel. 1957 bis 1963. 1983
4: Klaus Hildebrand, Von Erhard zur Großen Koalition. 1963–1969. 1984
5,1: Karl Dietrich Bracher, Wolfgang Jäger, Werner Link, Republik im Wandel. 1969–1974. Die Ära Brandt. 1986
5,2: Wolfgang Jäger, Werner Link, Republik im Wandel. 1974–1982. Die Ära Schmidt. 1987

Dieter **Staritz**, Geschichte der DDR (= Neue Hist. Bibliothek/Edition Suhrkamp NF 260). Frankfurt/M 1985, ²1996

Hermann **Weber**, Geschichte der DDR. München 1985. – Erw. Neuausg. 1999 [Frühere Ausgaben unter wechselndem Titel. – Vgl. auch oben S. 65 Oldenbourg Grundriß der Geschichte 20]

Österreich

Erich **Zöllner**, Geschichte Österreichs. Von den Anfängen bis zur Gegenwart. München 1961, ⁸1990

Österreichische Geschichte. Hrsg. v. Herwig Wolfram. [Bd. 1–10]. Wien
[1:] Herwig Wolfram, 378–907. Grenzen und Räume. Geschichte Österreichs vor seiner Entstehung. 1995
[2:] Karl Brunner, 907–1156. Herzogtümer und Marken. Vom Ungarnsturm bis ins 12. Jahrhundert. 1994
[3:] Heinz Dopsch [u. a.], 1122–1278. Die Länder und das Reich. Der Ostalpenraum im Hochmittelalter. 1999
[4:] Alois Niederstätter, 1278–1411. Die Herrschaft Österreich. Fürst und Land im Spätmittelalter. 2001
[5:] Alois Niederstätter, 1400–1522. Das Jahrhundert der Mitte. An der Wende vom Mittelalter zur Neuzeit. 1996
[6:] Thomas Winkelbauer, 1522–1699. Ständefreiheit und Fürstenmacht. Länder und Untertanen des Hauses Habsburg im konfessionellen Zeitalter. 2002
[7:] Karl Vocelka, 1699–1815. Glanz und Untergang der höfischen Welt. Repräsentation, Reform und Restauration im habsburgischen Vielvölkerreich. 2001
[8:] Helmut Rumpler, 1804–1918. Eine Chance für Mitteleuropa. Bürgerliche Emanzipation und Staatsverfall der Habsburgermonarchie. 1997

[9:] Ernst Hanisch, 1890–1990. Der lange Schatten des Staates. Österreichische Gesellschaftsgeschichte im 20. Jahrhundert. 1994
[10:] Roman Sandgruber, Ökonomie und Politik. Österreichische Wirtschaftsgeschichte vom Mittelalter bis zur Gegenwart. 1995

Jean **Bérenger,** Geschichte des Habsburgerreiches 1273–1918. Aus dem Französischen v. Marie Therese Pitner. Wien [u. a.] 1995

Die Habsburgermonarchie 1848–1918. Im Auftrag der Kommission für die Geschichte der österreichisch-ungarischen Monarchie (1848–1918) hrsg. v. Adam Wandruszka [ab Bd. 7 Helmut Rumpler] u. Peter Urbanitsch. Bd. 1–6. Wien
1: Die wirtschaftliche Entwicklung. Hrsg. v. Alois Brusatti. 1973
2: Verwaltung und Rechtswesen. [Von Robert A. Kann (u. a.).] 1975
3: Die Völker des Reiches. [Von Erich Zöllner (u. a.).] 1980
4: Die Konfessionen. [Von Peter Leisching (u. a.).] 1985
5 Die bewaffnete Macht. [Von Johann Christoph Allmeyer-Beck (u. a.).] 1987
6,1–2: Die Habsburgermonarchie im System der internationalen Beziehungen. [Von Helmut Rumpler (u. a.)] Teilbd. 1–2. 1989–93
7,1–2: Verfassung und Parlamentarismus. [Von Stefan Malfèr (u. a.)] Teilbd. 1–2 [nebst Karten]. 2000

Erika **Weinzierl**/Kurt **Skalnik,** Österreich 1918–1938. Geschichte der Ersten Republik. Bd. 1–2. Graz [u. a.] 1983
Österreich. Die Zweite Republik. Hrsg. v. Erika Weinzierl u. Kurt Skalnik. Bd. 1–2. Graz 1972

Schweiz

Handbuch der Schweizer Geschichte. Bd. 1–2. Zürich
 1: Von den Anfängen bis 1660. Bearb. v. Emil Vogt [u. a.]. 1972, ²1980
 2: Von 1660 bis heute. Bearb. v. Ulrich Im Hof [u. a.]. 1977, ²1980
Geschichte der Schweiz – und der Schweizer. Unter der wiss. Betreuung des »Comité pour une Nouvelle Histoire de la Suisse«. Autoren: Ulrich Im Hof [u. a.]. Bd. 1–3. Basel/Frankfurt/M 1982–83 [Bd. 1 ²1983.– Auch in französ. u. ital. Ausg. – Studienausg. in 1 Bd. Basel 1986]

4. Englische Geschichte

Kurt **Kluxen**, Geschichte Englands. Von den Anfägen bis zur Gegenwart (= Kröners Taschenausgabe 374). Stuttgart 1968, ⁴1991
Peter **Wende,** Geschichte Englands. Stuttgart 1985, ²1995
Heiner **Haan** [u. a.], Einführung in die englische Geschichte. Hrsg. v. Gottfried Niedhart (= Beck'sche Elementarbücher). München 1982

The Oxford History of England. Hrsg. v. George N. Clark. Bd. 1–16. Oxford [häufige Nachdrucke u. Paperbackausgaben]
- 1A: Peter Salway, Roman Britain. 1981
- 1B: J. N. L. Myres, The English Settlements. 1986 [Frühere Ausg. als Bd. 1 der Reihe: R. G. Collingwood/J. N. L. Myres, Roman Britain and the English Settlements. 1936, ²1937]
- 2: Frank M. Stenton, Anglo-Saxon England. 1943, ³1971
- 3: Austin Lane Poole, From Domesday Book to Magna Carta 1087–1216. 1951, ²1955
- 3: Maurice Powicke, The Thirteenth Century. 1216–1307. 1953, ²1962
- 5: May McKisack, The Fourteenth Century. 1307–1399. 1959
- 6: Ernest F. Jacob, The Fifteenth Century. 1399–1485. 1961
- 7: John D. Mackie, The Earlier Tudors. 1485–1558. 1952, ²1957
- 8: J. B. Black, The Reign of Elizabeth. 1558–1603. 1936, ²1959
- 9: Godfrey Davies, The Early Stuarts. 1603–1660. 1937, ²1959
- 10: George N. Clark, The Later Stuarts. 1660–1714. 1934, ²1955
- 11: Basil Williams, The Whig Supremacy. 1714–1760. 1939, ²1962. [Ber. Neudr. 1965]
- 12: J. Steven Watson, The Reign of George III. 1760–1815. 1960
- 13: E. Llewellyn Woodward, The Age of Reform. 1815–1870. 1938, ²1962
- 14: R. C. K. Ensor, England 1870–1914. 1936, ²1952
- 15: A. J. P. Taylor, English History 1914–1945. 1965. [Ber. Neudruck 1966]
- [16:] Consolidated Index. Compiled by Richard Raper. 1991

The New Oxford History of England. Hrsg. v. J. M. Roberts. Oxford/New York
[Bisher erschienen:]
Robert Bartlett, England Under the Norman and Angevin Kings 1075–1225. 1998
Paul Langford, A Polite and Commercial People. England 1727–1783. 1989 [Paperback 1994]
Penry Williams, The Later Tudors. England 1547–1603. 1995 [Paperback 1998]
Julian Hoppit, England 1689–1727. 2000
K. Theodore Hoppen, The Mid-Victorian Generation 1846–1886. 1998

The New History of England. Hrsg. v. A. G. Dickens und Norman Gash. Bd. 1–10. London [häufige Nachdrucke]
1: J. R. Lander, Government and Community. England 1450–1509. 1980
2: G. R. Elton, Reform and Reformation. England 1509–1558. 1977
3: Patrick Collinson, The Queen and the Realm. England 1558–1603. [iV]
4: Derek Hirst, Authority and Conflict. England 1603–1658. 1986
5: James R. Jones, Country and Court. England 1658–1714. 1978
6: Will Arthur Speck, Stability and Strife. England 1714–1760. 1977
7: Ian R. Christie, Wars and Revolutions. Britain 1760–1815. 1982
8: Norman Gash, Aristocracy and People. Britain 1815–1865. 1979
9: E. J. Feuchtwanger, Democracy and Empire. Britain 1865–1914. 1985
10: Max Beloff, Wars and Welfare. Britain 1914–1945. 1984

5. *Amerikanische Geschichte (USA)*

Udo **Sautter**, Geschichte der Vereinigten Staaten von Amerika (= Kröners Taschenausgabe 443). Stuttgart 1976, ^{5}1994

Jürgen **Heideking**, Geschichte der USA (= Uni-Taschenbücher 1938). Tübingen [u. a.] 1996, ^{2}1999

Geschichte Nordamerikas in atlantischer Perspektive von den Anfängen bis zur Gegenwart. Bd. 1–(7). Münster 2000–(2003)
1: Hermann Wellenreuther, Niedergang und Aufstieg. Geschichte Nordamerikas vom Beginn der Besiedlung bis zum Ausgang des 17. Jahrhunderts. 2000
2: Hermann Wellenreuther, Ausbildung und Neubildung. Die Geschichte Nordamerikas vom Ausgang des 17. Jahrhunderts bis zum Ausbruch der Amerikanischen Revolution 1755. 2001
3: Erich Angermann, Vom Werden der jungen Republik. 2002
4: Norbert Finzsch, Konsolidierung und Dissens. 2001
5: Norbert Finzsch, Von der zweiten Revolution zum informellen Imperium. Nordamerika von 1865 bis 1917. [für 2003 angekündigt]
6: Ursula Lehmkuhl, Von Sarajewo bis San Francisco. Nordamerika in der Zeit der Weltkriege 1917–1945. [für 2003 angekündigt]
7: Ursula Lehmkuhl, Vom Kampf der Ideologien zum Kampf der Kulturen. Nordamerika im Kalten Krieg und danach. [iV]

Samuel Eliot **Morison**/Henry Steele **Commager**, The Growth of the American Republic. Bd. 1–2. New York [u. a.] 1930. – 7. Aufl. v. Samuel Eliot Morison/Henry Steele Commager u. William E. Leuchten-

burg. New York [u.a.] 1980. – Neubearb. Kurzausg. u. d. T.: A Concise History of the American Republic. New York 1977, ²1983
[Übersetzung:]
Samuel Eliot **Morison**/Henry Steele **Commager**, Das Werden der amerikanischen Republik. Geschichte der Vereinigten Staaten von ihren Anfängen bis zur Gegenwart. Bd. 1–2. Stuttgart 1949, 1950

6. *Französische Geschichte*

Ernest **Lavisse**, Histoire de France depuis les origines jusqu'à la Révolution... Bd. 1–9. Paris 1901–11 [Ndr. New York 1969]

Ernest **Lavisse** [Hrsg.], Histoire de la France contemporaine depuis la révolution jusqu'à la paix de 1919. Bd. 1–10. [Paris] 1911–22

Histoire de France sous la direction de Jean Favier. Bd. 1–6. Paris [Taschenbuchausgabe 1992–95; dt. Übers. u. d. T.: Geschichte Frankreichs. Bd. 1–6. Stuttgart 1989–95]
  1: Karl Ferdinand Werner, Les origines (avant l'an mil). 1984 [dt. 1989]
  2: Jean Favier, Le temps des principautés de l'an mil à 1515. 1984 [dt. 1989]
  3: Jean Meyer, La France Moderne de 1515 à 1789. 1985 [dt. 1990]
  4: Jean Tulard, Les révolutions de 1789 à 1851. 1985 [dt. 1989]
  5: François Caron, La France des patriotes de 1851 à 1918. 1985 [dt. 1991]
  6: René Rémond, Notre siècle de 1918 à 1988. 1988 – 3. Aufl. ... à 1995. 1996 [dt. 2 Bde. 1994–95]

Histoire de France. Bd. 1–5. Paris [engl. Übers. u. d. T.: A History of France. Bd. 1–5. Oxford 1991–96]
  1: Georges Duby, Le Moyen âge. De Hugues Capet à Jeanne d'Arc, 987–1460. 1987 [Ndr. 1998]
  2: Emmanuel Le Roy Ladurie, L'État royal. De Louis XI à Henri IV, 1460–1610. 1989
  3: Emmanuel Le Roy Ladurie, L'Ancien régime. De Louis XIII à Louis XV, 1610–1774. 1993
  4: François Furet, La Révolution. De Turgot à Jules Ferry, 1770–1880. 1988
  5: Maurice Agulhon, La République. De Jules Ferry à François Mitterrand, 1880 à nos jours. 1990

Nouvelle histoire de la France médiévale. Bd. 1–5 (= Collection Points, Série Histoire 201–205). [Paris]

1: Stéphane Lebecq, Les origines franques V^e–IXe siècle. 1990
2: Laurent Theis, L'héritage des Charles (de la mort de Charlemagne aux environs de l'an mil). 1990
3: Dominique Barthélemy, L'ordre seigneurial XIe–XIIe siècle. 1990
4: Monique Bourin-Derruau, Temps d'équilibres, temps de rupture XIIIe siècle. 1990
5: Alain Demurger, Temps de crises, temps d'espoir XIVe–XVe siècle. 1990

Nouvelle histoire de la France moderne. Bd. 1–5 (= Collection Points, Série Histoire 207–211). Paris
[Engl. Ausgabe 1995–]
1: Janine Garrisson, Royauté, Renaissance et Réforme, 1483–1559. 1991
2: Janine Garrisson, Guerre civile et compromis, 1559–1598. 1991
3: Yves-Marie Bercé, La naissance dramatique de l'absolutisme, 1598–1661. 1992
4: François Lebrun, La puissance et la guerre, 1661–1715. 1997
5: André Zysberg, La monarchie des Lumières, 1715–1786. 2002

Nouvelle histoire de la France contemporaine. Bd. 1–20. [Paris] [auch in englischer Übersetzung erschienen]
1: Michel Vovelle, La chute de la monarchie 1787–1792. 1972
2: Marc Bouloiseau, La République jacobine 10 août 1792 – 9 thermidor an II [1794]. 1972
3: Denis Woronoff, La République bourgeoise de Thermidor à Brumaire 1794–1799. 1972
4: Louis Bergeron, L'épisode napoléonien. 1. Aspects intérieurs 1799–1815. 1972
5: Jacques Lovie/André Palluel-Guillard, L'épisode napoléonien. 2. Aspects extérieurs 1799–1815. 1972
6–7: André Jardin/André-Jean Tudesq, La France des Notables 1815–1848. 1. La vie de la nation. 1973. – 2. L'évolution politique. 1973
8: Maurice Agulhon, 1848 et l'apprentissage de la République 1848–1852. 1973
9: Alain Plessis, De la fête impériale au mur des fédérés 1852–1871. 1973
10: Jean-Marie Mayeur, Les débuts de la Troisième République 1871–1899. 1973
11: Madeleine Rebérioux, La République radicale 1899–1914. 1975
12: Philippe Bernard, La fin d'un monde 1914–1929. 1975
[Neubearbeitung:]
Jean-Jacques Becker/Serge Berstein, Victoires et frustrations 1914–1929. 1990

13: Henri Dubief, Le déclin de la Troisième République 1929 à 1938. 1976
[Neubearbeitung:]
Dominique Borne/Henri Dubieuf, La crise des années trente 1929–1938. 1989
14: Jean-Pierre Azéma, De Munich à la Libération 1938–1944. 1979
15: Jean-Pierre Rioux, La France de la IVe République. 1. L'ardeur et la nécessité. 1944–1952. 1980
16: Jean-Pierre Rioux, La France de la IVe République. 2. L'expansion et l'impuissance. 1952–1958. 1983
17: Serge Berstein, La France de l'expansion 1958–1974. 1. La République gaullienne 1958–1969. 1989
18: Serge Berstein/Jean-Pierre Rioux, La France de l'expansion 1958–1974. 2. L'apogée Pompidou. 1969–1974. 1995
19: Jean-Jacques Becker, Crises et alternances 1974–2000. 2002
20: La France du XXe siècle. Documents d'histoire présentés par Olivier Wieviorka et Christophe Prochasson. 1994

Jean-Paul **Bertaud** [u.a.], Histoire de la France contemporaine 1789–1980. Bd. 1–8. [Mailand] 1978–81

Wolfgang **Schmale,** Geschichte Frankreichs (= UTB 2145). Stuttgart 2000

7. *Italienische Geschichte*

Werner **Goez**, Grundzüge der Geschichte Italiens in Mittelalter und Renaissance (= Grundzüge 27). Darmstadt 1975, ^{3}1988

Rudolf **Lill**, Geschichte Italiens in der Neuzeit. Darmstadt ^{4}1988 [1. Aufl. u. d. T.: Geschichte Italiens vom 16. Jahrhundert bis zu den Anfängen des Faschismus. 1980]

Storia d'Italia. Bd. 1–9. [Mailand] 1936–64 [Bd. 1–2 Altertum]
3: Luigi Salvatorelli, L'Italia medioevale. Dalle invasione barbariche agli inizi del secolo 11. [1938]
4: Luigi Salvatorelli, L'Italia communale dal sec. 11 alle metà del secolo 14. 1940
5: Nino Valeri, L'Italia nell'età dei principati dal 1343 al 1516. [1949]
6: Alessandro Visconti, L'Italia nel'epoca della controriforma (1516 al 1713). 1958
7: Franco Valsecchi, L'Italia nel Settecento dal 1714 al 1788. 1959
8: Franco Catalano/Ruggero Moscati/Franco Valsecchi, L'Italia nel Risorgimento. Dal 1789 al 1870. 1964
9. Giacomo Perticone, L'Italia contemporanea dal 1871 al 1948. 1962

Giorgio **Candeloro**, Storia dell'Italia moderna. Bd. 1–11. Mailand
1: Le origini del Risorgimento (1700–1815). 1975, ⁵1994
2: Dalla Restaurazione alla Rivoluzione nazionale (1815–1846). 1981, ²1994
3: La Rivoluzione nazionale (1846–1849). 1976, ³1995
4: Dalla Rivoluzione nazionale all'Unita (1848–1860). 1975, ⁴1995
5: La costruzione dello Stato unitario (1860–1871). 1977, ⁵1994
6: Lo sviluppo del capitalismo e del movimento operaio (1871–1896). 1981, ⁶1994
7: La crisi di fine secolo e l'età giolittiana (1896–1914). 1980, ⁵1995
8: La prima guerra mondiale, il dopo guerra, l'avvento del fascismo (1914–1922). 1978, ⁶1996
9: Il fascismo e le sue guerre (1922–1939). 1982, ⁸1998
10: La seconda guerra mondiale, il crollo del fascismo, la Resistenza. 1984, ³1990
11: La fondazione della Republica e la ricostruzione. 1986, ⁴1994

8. *Spanische Geschichte*

Historia de España. Fundada por **Ramon Menéndez Pidal.** Dir. por José María Jover Zamora. Bd. 1–. Madrid 1940– [Bd. 1–2 Altertum]
3: Manuel Torres López/Octavio Gil Farrés [u.a.], España Visigoda (414–711 de J. C.). 1940, ⁴1980
[Neubearbeitung als Bd. 3,1–2:]
Manuel C. Díaz y Díaz [u.a.], España Visigoda. 1991 [Bd. 3,2 ²1999]
4: Evariste Lévi-Provençal, España musulmana hasta la caída del Califato de Córdoba (711–1031 de J. C.). 1950, ⁸1996
5: Evariste Lévi-Provençal, España musulmana hasta la caída del Califato de Córdoba (711–1031 de J. C.). Instituciones y vida social e intelectual. 1957, ⁷1996
6: Fray Justo Pérez de Urbel/Ricardo del Arco y Garay, España cristiana comienzo de la Reconquista (711–1038). 1956, ⁶1997
7,1: Claudio Sánchez-Albornoz, La España cristiana de los siglos VIII al XI ... (722 a 1037). Sociedad, economía, gobernio, cultura y vida. 1980, ³1991
8,1–2: María Jesús Viguera Molíns [u.a.], Los reinos de taifas. Al-Andalus en el siglo XI. 1994
9: Miguel Ángel Ladero Quesado [u.a.], La Reconquista y el proceso de diferenciación política (1035–1217). 1998
10,1–2: María del Carmen Carlé [u.a.], Los reinos cristianos en los siglos XI y XII. Economías, sociedades, instituciones. 1992, ²1995–96

11:	Francisco López Estrada [u.a.], La cultura del románico, siglos XI al XIII. 1995, ²1997
12:	Julio Valdeon Baruque [u.a.], La Baja Edad Media peninsular, siglos XIII al XV. La población, la sociedad. 1996, ²1998
13,1–2:	Juan Torres Fontes [u.a.], La expansion peninsular y mediterránea (c.1212–c.1350). 1990, Bd. 1 ³1995, Bd. 2 ³1996
14:	Luis Suárez Fernández/Juan Reglá Campistol, España cristiana. Crisis de la Reconquista. Luchas civiles. 1966, ⁵1991
15:	Luis Suárez Fernández/Ángel Canellas López/Jaime Vicens Vives, Los trastámaras de Castilla y Aragón en el siglo XV ... 1964, ⁶1996
16:	José Ángel García de Cortázar [u.a.], La época del gótico en la cultura española. 1994, ²1997
17,1–2:	Luis Suárez Fernández/Juan de Mata Carriazo Arroquia, La España de los reyes católicos (1474–1516). 1969, ⁶1996
18:	Joseph Pérez [u.a.], La época de los descubrimientos y las conquistas (1400–1570). 1998
19:	Manuel Fernández Álvarez, El siglo XVI. Economía, sociedad, instituciones. 1989, ²1990
20:	Manuel Fernández Álvarez, La España del Emperador Carlos V (1500–1558; 1517–1556). 1979 [frühere Aufl. mit anderer Bd.zählung 1966], ⁵1990
21:	Víctor García de la Concha [u.a.], La cultura del renacimiento (1480–1580). 1999
22,1–4:	Luis Fernández y Fernández de Retana, España en tiempo de Felipe II ⟨1556–1598⟩. 1976–2002 [1. Aufl. mit anderer Bd.zählung 1958–66], Bd. 1 ⁶1992, Bd. 2 ⁷1996
23:	Antonio Domínguez Ortiz [u.a.], La crisis del siglo XVII ... 1989, ³1996
24:	Ciriaco Pérez Bustamante, La España de Felipe III ⟨1598–1621⟩. 1979, ⁴1992
25:	Francisco Tomás y Valiente [u.a.], La España de Felipe IV ⟨1621–1665⟩ ... 1982, ³1994
26,1–2:	Melquíades Andrés [u.a.], El siglo del Quijote (1580–1680). 1986, ⁴1996
27:	Demetrio Ramos [u.a.], La formación de la sociedades iberoamericanas (1568–1700). 1999
28:	Pere Molas Ribalta [u.a.], La transición del siglo XVII al XVIII. Entre la decadencia y la reconstrucción. 1993, ²1994
29, 1–2:	Francisco Cánovas Sánchez [u.a.], La época de los primeros Borbones ⟨1680–1759⟩. 1985, Bd. 1 ⁴1996, Bd. 2 ³1995
30:	Antonio Morales Moya [u.a.], Las bases políticas, económicas y sociales de un régimen en transformación (1759–1834). 1998

31,1–2: Miguel Batllori [u.a.], La época de la ilustración ⟨1759–1808⟩. 1987–88, ³1992–94
32: Miguel Artola Gallego, La España de Fernando VII ⟨1808–1833⟩. 1978, ⁵1992 [1. Aufl. mit anderer Bd.zählung]
33: Antonio Fernández García [u.a.], Los fundamentos de la España liberal (1834–1900). La sociedad, la economía y las formas de vidas. 1997
34: Joaquín Tomás Villarroya [u.a.], La era Isabelina y el sexenio democrático (1834–1874). 1981, ³1991
35,1–2: Hans Juretschke [u.a.], La época del romanticismo (1808–1874). 1989
36,1–2: Manuel Espadas Burgos [u.a.], La época de la Restauración (1875–1902). 2000–2002
37: José Luis García Delgado [u.a.], Los comienzos del siglo XX ... (1898–1931). 1984, ²1992
38,1–2: Carlos Seco Serrano [u.a.], La España de Alfonso XIII. El estado y la política, 1902–1931. 1995
39,1–2: Pedro Lain Entralgo [u.a.], La edad de plata de la cultura española, 1898–1936. 1993–94, ²1996
41,1–2: Raymond Carr [u.a.], La época de Franco (1939–1975). 1996–2001

Bartolomé **Bennassar**, Histoire des Espagnols. Bd. 1–2. Paris 1985, Neuaufl. in 1 Bd. 1992
Walther L. **Bernecker**/Horst **Pietschmann**, Geschichte Spaniens von der frühen Neuzeit bis zur Gegenwart. Stuttgart [u.a.] 1993, ³2000

9. *Russische Geschichte*

Karl **Stählin**, Geschichte Rußlands von den Anfängen bis zur Gegenwart [1917]. Bd. 1–4. Stuttgart/Königsberg/Berlin 1923–39 [Nachdruck Graz 1961]
Valentin **Gitermann**, Geschichte Rußlands. Bd. 1–3. Hamburg 1944–49. 3. Aufl. Frankfurt/M 1965 [Nachdruck der 1. Aufl. Frankfurt/M 1987]
Günther **Stökl**, Russische Geschichte. Von den Anfängen bis zur Gegenwart (= Kröners Taschenausgabe 244). Stuttgart 1962, ⁶1997
Heiko **Haumann,** Geschichte Rußlands. München 1996
Edgar **Hösch**, Geschichte Rußlands. Vom Kiever Reich bis zum Zerfall des Sowjetimperiums. Stuttgart [u.a.] 1996
Sergej Michajlovič **Solov'ev**, Istorija Rossii s drevnejšich vremen [Geschichte Rußlands von den ersten Anfängen] Buch 1–15 [= Bd. 1–29; in Bd. 29 Register]. St. Petersburg 1852–79 [Ndr. Moskau 1960–66]

George **Vernadsky**/Michael **Karpovich**, A History of Russia. Bd. 1–5. New Haven 1943–69

Handbuch der Geschichte Rußlands. Hrsg. v. Manfred Hellmann, Gottfried Schramm u. Klaus Zernack. Bd. 1–5. Stuttgart

1,1–2: Bis 1613. Von der Kiever Reichsbildung bis zum Moskauer Zartum . . . hrsg. v. Manfred Hellmann
    1. ⟨–1538⟩. 1981
    2. ⟨–1613⟩. 1989

2,1–2: 1613–1856. Vom Randstaat zur Hegemonialmacht. Hrsg. v. Klaus Zernack.
    1. ⟨–1762⟩. 1986
    2. ⟨–1856⟩. 2001

3,1–2: 1856–1945. Von den autokratischen Reformen zum Sowjetstaat. Hrsg. v. Gottfried Schramm
    1. ⟨–1928/29⟩. 1983
    2. ⟨–1945⟩. 1992

4: Register zu Bd. 1 bis 3. Hrsg. v. Klaus Zernack. 2002

5,1–2: 1945–1991. Vom Ende des Zweiten Weltkriegs bis zum Zusammenbruch der Sowjetunion. Hrsg. v. Stefan Plaggenborg.
    1. ⟨–1991⟩. 2002
    2. ⟨–1991⟩. 2002– [noch unvollständig]

Manfred **Hildermeier,** Geschichte der Sowjetunion 1917–1991. Entstehung und Niedergang des ersten sozialistischen Staates. München 1998 [Sonderausg. 2001]

X. Handbücher und Hilfsmittel der historischen Hilfswissenschaften

1. *Historische Geographie*

Friedrich **Ratzel**, Anthropogeographie oder Grundzüge der Anwendung der Erdkunde auf die Geschichte. Bd. 1–2 (= Bibliothek geographischer Handbücher). Stuttgart 1882–91, $^{2-3}$1909–1912

Hugo **Hassinger**, Geographische Grundlagen der Geschichte (= Geschichte der führenden Völker). Freiburg i. Br. 1931, ^{2}1953

Helmut **Jäger**, Historische Geographie (= Das geographische Seminar 10). Braunschweig 1969, ^{2}1973

Raum und Bevölkerung in der Weltgeschichte. Bevölkerungs-Ploetz. Bd. 1–2. Würzburg 1955–56. – 3. Aufl. in 4 Bänden. 1965–68
  1: Kartenteil zu Bd. 2, 3, 4. Bearb. v. Ernst Kirsten. Gezeichnet v. W. Kircheiß. 1965
  2: Von der Vorzeit bis zum Mittelalter. Bearb. v. Ernst Kirsten. 1968
  3: Vom Mittelalter zur Neuzeit. Bearb. v. Ernst Wolfgang Buchholz. 1966
  4: Bevölkerung und Raum in Neuerer und Neuester Zeit. Bearb. v. Wolfgang Köllmann. 1965

Lexikon zur Geschichte der Kartographie. Von den Anfängen bis zum Ersten Weltkrieg. Verfaßt von zahlreichen Experten. Bearb. v. Ingrid Kretschmer [u.a]. Bd. 1–2 (= Die Kartographie u. ihre Randgebiete, Enzyklopädie. Bd. C). Wien 1986

Historische Atlanten

Karl v. **Spruner**, Historisch-geographischer Hand-Atlas zur Geschichte der Staaten Europas bis auf die neueste Zeit. Gotha 1846. – [3. Aufl. u. d. T.:]

Spruner-Menke, Hand-Atlas für die Geschichte des Mittelalters und der Neueren Zeit. Dritte Aufl. von Karl v. Spruners Hand-Atlas. Neu bearb. v. Theodor Menke. Gotha 1880

[Gustav **Droysen**,] Professor G. Droysens allgemeiner historischer Handatlas in 96 Karten mit erläuterndem Text. Ausgeführt . . . unter Leitung v. Richard Andree. Bielefeld/Leipzig 1886

Friedrich Wilhelm **Putzger**, Historischer Weltatlas. Berlin/Bielefeld ^{103}2001

[Erstaufl. u. d. T.:]

Friedrich Wilhelm **Putzger**, Historischer Schulatlas zur alten, mittleren und neueren Geschichte . . . Bielefeld 1877

Westermanns Atlas zur Weltgeschichte. Teil III: Neuzeit. Bearb. v. Gerhard Czybulka ... Braunschweig [u.a.] 1953, ³1969
[Teil I–III vereinigt in 1 Bd. u. d. T.:] **Westermanns Großer ...** Hrsg. v. Hans-Erich Stier [u.a], Vorzeit – Altertum – Mittelalter – Neuzeit. Bearb. v. Hans-Erich Stier [u.a.]. Braunschweig [u.a.] 1956, ¹⁰1978 [erweit. Ausg. o. Aufl.zählung 1997]
[Kürzere Ausgabe in 1 Bd.:]
Völker, Staaten und Kulturen. Ein Kartenwerk zur Geschichte. Erw. Ausg. Hrsg. v. Hans-Erich Stier [u.a.]. Braunschweig 1957. – Neuaufl. 1980
Großer Historischer Weltatlas. Hrsg. v. Bayerischen Schulbuch-Verlag. München
  II. Mittelalter [Atlas]. Redaktion: Josef Engel 1970, ²1979. – Mittelalter. Erläuterungen. Hrsg. v. Ernst Walter Zeeden. 1983
  III. Neuzeit [Atlas]. Redaktion: Josef Engel u. Ernst Walter Zeeden 1957, ⁴1981. – Neuzeit. Erläuterungen. Hrsg. v. Ernst Walter Zeeden. 1984, ²1993
  IV. Neueste Zeit [Atlas]. Redaktion: Wilfried Loth [u.a.]. 1995. – Neueste Zeit. Erläuterungen. 1996
Hermann **Kinder**/Werner **Hilgemann**, dtv-Atlas zur Weltgeschichte. Karten und chronologischer Abriß. Bd. 1–2. München 1964–66, ³³1999
  1: Von den Anfängen bis zur Französischen Revolution.
  2: Von der Französischen Revolution bis zur Gegenwart.
Hermann **Kinder**/Werner **Hilgemann**, Atlas zur Weltgeschichte. Von den Anfängen bis zur Gegenwart. München/Zürich ²1982 [1. Aufl. u. d. T.: Pipers Weltgeschichte in Karten, Daten, Bildern. München 1970]
Werner **Hilgemann**, Atlas zur deutschen Zeitgeschichte 1918–1968. München/Zürich 1984 [auch als Taschenbuchausg.]

Atlas historique de la France. Préface de Pierre Miquel. [Paris] 1985

Ortsverzeichnisse

Benjamin **Ritter**, Geographisch-statistisches Comptoir- und Zeitungslexikon. Leipzig 1835 [9. rev. Aufl. u. d. T.:]
Ritters geographisch-statistisches Lexikon über die Erdteile, Länder, Meere, Häfen, Seen, Flüsse ... Ein Nachschlagewerk über jeden geographischen Namen der Erde von irgendwelcher Bedeutung für den Weltverkehr. Bd. 1–2. Leipzig 1910 [Nachdruck der 6. Aufl. von 1874: Essen 1983]
Johann Georg Theodor **Graesse**, Orbis Latinus oder Verzeichnis lateinischer Benennungen der bekanntesten Städte ... Dresden 1861 [Nachdruck Amsterdam 1969]. – 2. Aufl. bearb. v. Friedrich Benedict. Berlin 1909. – 4. Aufl. u. d. T.: Graesse, Benedict, Plechl. Orbis latinus. Lexikon lateinischer geographischer Namen des Mittelalters und

der Neuzeit. Großausgabe, bearb. u. hrsg. v. Helmut Plechl ... Bd. 1–3. Braunschweig 1972. – ... Handausgabe. Lat.-dt., dt.-lat. Hrsg. ... v. Helmut Plechl. Braunschweig 1971

Hermann **Oesterley**, Historisch-geographisches Wörterbuch des deutschen Mittelalters. Gotha 1883 [Nachdruck Aalen 1962]

Meyer's Orts- und Verkehrslexikon des Deutschen Reichs. Bd. 1–2. Leipzig ^{5}1912–13

Maurits **Gysseling**, Toponymisch Woordenboek van België, Nederland, Luxemburg, Noord-Frankrijk en West-Duitsland (voor 1226). Bd. 1–2 (= Bouwstoffen en studiën voor de geschiedenis en de Lexicografie van het Nederlands 6,1–2). [o. O.] 1960

Bibliographie

Schulatlanten in Deutschland und benachbarten Ländern vom 18. Jahrhundert bis 1950. Ein bibliographisches Verzeichnis. Bearb. v. Astrid Badziag u. Petra Mohs ... Hrsg. v. Lothar Zögner (= Bibliographia Cartographica. Sonderheft 1). München [u. a.] 1982

Bibliographie zur Geschichte der deutschen Kartographie. Bearb. v. Lothar Zögner unter Mitarbeit v. Evelyn Schulte (= Bibliographia Cartographica. Sonderheft 2). München [u. a.] 1984

Günther **Franz**, Historische Kartographie. Forschung und Bibliographie (= Akademie für Raumforschung und Landesplanung. Beiträge 46). Hannover ^{3}1980 [1. Aufl. 1955]

DW 26/1–1469; 27/1–390 a.

2. *Chronologie*

Hermann **Grotefend**, Zeitrechnung des deutschen Mittelalters und der Neuzeit. Bd. 1–2. Hannover [Nachdruck Aalen zuletzt 1997]
 1: Glossar und Tafeln. 1891
 2,1: Kalender der Diöcesen Deutschlands, der Schweiz und Skandinaviens. 1892
 2,2: Ordenskalender, Heiligenverzeichnis. Nachträge zum Glossar. 1898

Hermann **Grotefend**, Taschenbuch der Zeitrechnung des deutschen Mittelalters und der Neuzeit. Für den praktischen Gebrauch und zu Lehrzwecken entworfen. Hannover 1898, ^{13}1991

Friedrich Karl **Ginzel**, Handbuch der mathematischen und technischen Chronologie. Das Zeitrechnungswesen der Völker. Bd. 1–3. Leipzig 1906–14 [Nachdruck Leipzig 1958]
 3: Zeitrechnung der Makedonier, Kleinasier und Syrer, der Germanen und Kelten, des Mittelalters, der Byzantiner (und Russen), Armenier, Kopten, Abessinier, Zeitrechnung der neueren Geschichte sowie Nachträge zu den drei Bänden. 1914

Hans **Lietzmann**, Zeitrechnung der römischen Kaiserzeit, des Mittelalters und der Neuzeit für die Jahre 1–2000 nach Christus (= Sammlung Göschen 1085). Berl. 1934. – 4. Aufl., bearb. v. Kurt Aland. Berlin 1984

Egied I. **Strubbe**/Léon **Voet**, De chronologie van de middeleeuwen en de moderne tijden in de Nederlanden. Antwerpen/Amsterdam 1960, Brüssel ²1991

Bibliographie
DW 17/1–147

3. Genealogie

Ottokar **Lorenz**, Lehrbuch der gesamten wissenschaftlichen Genealogie. Stammbaum und Ahnentafel in ihrer geschichtlichen, sociologischen und naturwissenschaftlichen Bedeutung. Berlin 1898

Wilhelm Karl Prinz von **Isenburg**, Historische Genealogie. München/Berlin 1940

Handbuch der Genealogie ... hrsg. v. Eckart Henning u. Wolfgang Ribbe. Neustadt a. d. Aisch 1972

Hans **Fischer,** Lehrbuch der genealogischen Methode. Berlin 1996

Wolfgang **Ribbe**/Eckart **Henning**, Taschenbuch für Familiengeschichtsforschung. Begr. v. Friedrich Wecken. Neustadt a. d. Aisch ¹²2000 [1. Aufl. Leipzig 1919]

Wörterbuch

Fritz **Verdenhalven**, Familienkundliches Wörterbuch. Neustadt a. d. Aisch 1964, ³1992

Stammtafeln

Stammtafeln zur Geschichte der europäischen Staaten. Hrsg. v. Wilhelm Karl Prinz von Isenburg. Bd. 1–3. Berlin [1936–] 1937
[2. verb. Aufl. u. d. T.:]
Stammtafeln zur Geschichte der europäischen Staaten. Von Wilhelm Karl Prinz von Isenburg. Hrsg. v. Frank Baron Freytag von Loringhoven. Bd. 1–2. Marburg 1953. – Bericht. u. erg. Abdruck ... 1956. – Neudruck Marburg 1975–76

1: Die deutschen Staaten
2: Die außerdeutschen Staaten
[Fortsetzung:]
Europäische Stammtafeln. Stammtafeln zur Geschichte der europäischen Staaten. Von Frank Baron Freytag von Loringhoven. Bd. 3–5.
3: Marburg 1956, ³1975
4: Marburg 1957. – Nachdruck der 2. Aufl. 1975
5: Aus dem Nachlaß hrsg. v. Detlev Schwennicke. Marburg 1978
[Fortsetzung:]
Europäische Stammtafeln ... Neue Folge. Hrsg. v. Detlev Schwennicke. Bd. 6–7. Marburg 1978–79
Europäische Stammtafeln. Stammtafeln zur Geschichte der europäischen Staaten. Begr. v. Wilhelm Karl Prinz zu Isenburg, fortgef. v. Frank Baron Freytag von Loringhoven. Neue Folge hrsg. v. Detlev Schwennicke. Bd. 1–. Marburg [ab 1998 Frankfurt]
- 1: Frank Freytag von Loringhoven, Die deutschen Staaten. Hrsg. v. Detlev Schwennicke. 1980
- 1,1: Die fränkischen Könige und die Könige und Kaiser, Stammesherzoge, Kurfürsten, Markgrafen und Herzoge des Heiligen Römischen Reichs Deutscher Nation. 1998
- 1,2: Přemysliden, Askanier, Herzöge von Lothringen, die Häuser Hessen, Württemberg und Zähringen. 1999
- 1,3: Häuser Oldenburg, Mecklenburg, Schwarzburg, Waldeck, Lippe und Reuß. 2000
- 2: Die außerdeutschen Staaten. Die regierenden Häuser der übrigen Staaten Europas. 1984
- 3,1: Herzogs- und Grafenhäuser des Heiligen Römischen Reiches. Andere Fürstenhäuser. 1984
- 3,2: Nichtstandesgemäße und illegitime Nachkommen der regierenden Häuser Europas. 1983
- 3,3: Andere große europäische Familien. Illegitime Nachkommen spanischer und portugiesischer Königshäuser. 1985
- 3,4: Das feudale Frankreich und sein Einfluß auf die Welt des Mittelalters. 1989
- 4: Standesherrliche Häuser. I. 1981
- 5: Standesherrliche Häuser. II. 1988
- 6: Familien des alten Lotharingien. I. 1978
- 7: Familien des alten Lotharingien. II. 1979
- 8: West-, mittel- und nordeuropäische Familien. 1980
- 9: Familien des Früh- und Hochkapitalismus. 1987
- 10: Pairs de France und ihre Familien. 1986
- 11: Familien vom Mittel- und Oberrhein und aus Burgund. 1986
- 12: Schwaben. 1992
- 13: Les familles féodales de France. I. 1990
- 14: Les familles féodales de France. II. 1991

15: La Bourgogne au moyen âge. 1993
16: Bayern und Franken. 1995
17: Hessen und Stammesherzogtum Sachsen. 1998
18: Zwischen Maas und Rhein. 1998
19: Zwischen Weser und Oder. 2000
20: Brandenburg und Preußen 1. 2002
21: Brandenburg und Preußen 2. 2002

Wilhelm **Wegener**, Genealogische Tafeln zur mitteleuropäischen Geschichte. Göttingen 1962–69
Stammtafeln europäischer Herrscherhäuser. Zus.gest. v. Brigitte Sokop. Wien [u.a.] 1976, ³1993

Der »Gotha«

⟨1763–1942⟩
[A. Für die regierenden, ehemals regierenden vormals reichsständischen und alle übrigen *fürstlichen Häuser* Europas:]
  1) Gothaischer Hof-Kalender zum Nutzen und Vergnügen eingerichtet. [Bd. 1–52.] ⟨1763–1816⟩. Gotha
  2) Gothaischer genealogischer Kalender 53 (1816) – 60 (1823). Gotha
  3) Gothaischer genealogischer Hof-Kalender 61 (1824) – 85 (1848). Gotha
  4) Gothaischer genealogischer Hof-Kalender nebst diplomatisch-statistischem Jahrbuch 86 (1849) – 156 (1919). Gotha
  5) Gothaischer Kalender. Genealogischer Hofkalender und diplomatisch-statistisches Jahrbuch 157 (1920) – 162 (1925). Gotha
  6) Gothaischer Hofkalender. Genealogisches Taschenbuch der Fürstlichen Häuser 163 (1926) – 175 (1938). Gotha
  7) Gothaisches genealogisches Taschenbuch. Fürstliche Häuser (Hofkalender) 176 (1939) – 179 (1942). Gotha

⟨1825–1942⟩
[B. Für die *gräflichen Häuser*:]
  1) Genalogisches Taschenbuch der deutschen Gräflichen Häuser 1 (1825) – 21 (1848). Gotha
  2) Genealogisches Taschenbuch der Gräflichen Häuser 22 (1849) – 27 (1854). Gotha
  3) Gothaisches genealogisches Taschenbuch der Gräflichen Häuser 28 (1855) – 95 (1922). Gotha
  4) Gothaisches genealogisches Taschenbuch der Gräflichen Häuser. Teil A und B. 96 (1923) – 115 (1942). Gotha
     A. Deutscher Uradel. B. Alter Adel und Briefadel

⟨1848–1942⟩
[C. Für die *freiherrlichen Häuser*:]
1) Genealogisches Taschenbuch der Freiherrlichen Häuser 1 (1848) – 4 (1854). Gotha
2) Gothaisches genealogisches Taschenbuch der Freiherrlichen Häuser 5 (1855) – 71 (1921). Gotha
3) Gothaisches genealogisches Taschenbuch. Teil A und B. 72 (1922) – 92 (1942). Gotha. – A. Deutscher Uradel. B. Alter Adel und Briefadel

⟨1900–1942⟩
[D. Für die *adeligen (uradeligen) Häuser*:]
1) Gothaisches genealogisches Taschenbuch der Adeligen Häuser 1 (1900) – 7 (1906). Gotha
2) Gothaisches genealogisches Taschenbuch der Uradeligen Häuser. Der in Deutschland eingeborene Adel [Uradel]. 8 (1907) – 20 (1919). Gotha
3) Gothaisches genealogisches Taschenbuch der Adeligen Häuser. Deutscher Uradel [= Teil A]. 21 (1920) – 41 (1942). Gotha

⟨1907–1942⟩
[E. Für die *briefadeligen Häuser* (Alter Adel und Briefadel):]
1) Genealogisches Taschenbuch der Briefadeligen Häuser 1 (1907) – 13 (1919). Gotha
2) Gothaisches genealogisches Taschenbuch der Adeligen Häuser. Alter Adel und Briefadel [= Teil B]. 14 (1920) – 34 (1942). Gotha

[F. Gesamtverzeichnisse:]
Gesamtverzeichnis der im Hofkalender und in den Taschenbüchern behandelten Geschlechter nach dem Stand von 1926. Gotha 1926
[Fortsetzung:]
Gesamtverzeichnis der in den Gothaischen genealogischen Taschenbüchern behandelten Häuser. Mit Angabe der Jahrgänge der Erst- und Letztaufnahme und der Veröffentlichung von Stammreihe und Wappenbild sowie Hinzufügung der Aufnahmebedingungen ⟨1927–1942⟩. Gotha 1927–42

[G. Microfiche-Edition: Bd. 1–486. München 1981–82]

[Fortsetzung des »Gotha« für Deutschland:]
Genealogisches Handbuch des Adels. Bearb. v. Walter Hueck [u.a.]. Bd. 1–. Glücksburg [ab 1958 Limburg/L.] 1951–
[Übersicht:]
[A.] Genealogisches Handbuch der fürstlichen Häuser. Bd. 1–(16) [= Bd. 1, 3, 8, 14, 19, 25, 33, 42, 50, 70, 75, 85, 90, 100, 114, 124 der Gesamtreihe]. 1951–(2001)

[B.] Genealogisches Handbuch der Gräflichen Häuser. A. Bd. 1–7 [= Bd. 2, 10, 18, 28, 40, 47, 56 der Gesamtreihe]. 1952–73. – ...
B. Bd. 1–4 [= Bd. 6, 23, 35, 54 der Gesamtreihe]. 1953–73. – [Ab Bd. 8 der Reihe A keine Unterteilung mehr:] ... Bd. 8–(16) [= Bd. 63, 72, 77, 82, 94, 101, 105, 112, 123 der Gesamtreihe]. 1976–(2000)

[C.] Genealogisches Handbuch der Freiherrlichen Häuser. A. Bd. 1–(19) [= Bd. 4, 13, 21, 27, 30, 37, 44, 51, 59, 65, 69, 74, 80, 88, 96, 102, 107, 109, 110 der Gesamtreihe]. 1952–96. [Danach keine Unterteilung mehr.]
... B. Bd. 1–8 [= Bd. 7, 16, 31, 39, 48, 62, 68, 79 der Gesamtreihe]. 1954–82
... Bd. 14–(22) [= Bd. 88, 96, 102, 107, 109, 110, 118, 120, 127 der Gesamtreihe]. 1986–(2002)

[D.] Genealogisches Handbuch der Adeligen Häuser. A. Bd. 1–(26) [= Bd. 5, 11, 15, 22, 24, 29, 34, 38, 43, 45, 49, 55, 60, 66, 71, 76, 81, 87, 92, 93, 98, 103, 106, 111, 117, 126 der Gesamtreihe]. 1953–(2001)
... B. Bd. 1–(24) [= Bd. 9, 12, 17, 20, 26, 32, 36, 41, 46, 52, 57, 64, 73, 78, 83, 86, 89, 95, 99, 104, 108, 115, 121, 129 der Gesamtreihe]. 1954–(2002)

[Fortsetzung des »Gotha« (oben A. und B./Hochadel) für Europa:]
Almanach de Gotha. Bd. 1–(2). London 1998–(2001)

Genealogisches Handbuch bürgerlicher Familien. Hrsg. unter Leitung eines Redaktions-Comités des Vereins »Herold« [7 ff. von Bernhard Koerner]. Bd. 1–10. Charlottenburg [u. a.] 1889–1903
[Fortsetzung:]
Genealogisches Handbuch bürgerlicher Familien, ein Deutsches Geschlechterbuch. Hrsg. v. Bernhard Koerner. Bd. 11–18. Berlin [u. a.] 1904–10
[Fortsetzung:]
Deutsches Geschlechterbuch. (Genealogisches Handbuch bürgerlicher Familien.) Hrsg. v. Bernhard Koerner. Bd. 19–119. Görlitz 1911–43. – Neue Reihe. Hrsg. v. Edmund Strutz [Bd. 140 ff. (1965 ff.) von Marianne Strutz-Ködel unter Mitarbeit von Friedrich W. Euler]. Bd. 120–(214). Glücksburg [1958 ff. Limburg/L.] 1955–(2002)
[Register für das Genealogische Handbuch und das Deutsche Geschlechterbuch:]
Stammfolge-Verzeichnisse für das Genealogische Handbuch des Adels ⟨Bände 1–105⟩ ... und das Deutsche Geschlechterbuch ⟨Alte Reihe Bände 1–119, Neue Reihe Bände 120–199⟩. Limburg/L. 1994
[Verzeichnis für den »Gotha«:]
Thomas von **Fritsch**, Die Gothaischen Taschenbücher, Hofkalender und Almanach[e]. Bibliographie und Namensregister zu den bis 1944 er-

schienenen Taschenbüchern (= Aus dem Deutschen Adelsarchiv . . .
Bd. 2 der Schriftenreihe der Gothaischen Taschenbücher, Hofkalender
und Almanach[e]). Limburg/L. 1968
Neues allgemeines deutsches Adels-Lexicon . . . Hrsg. v. Ernst Heinrich
Kneschke. Bd. 1–9. Leipzig 1859–70 [Neudruck Leipzig 1929–30;
Nachdruck Hildesheim zuletzt 1996]
Adelslexikon. Bearb. v. Walter v. Hueck [u. a.]. Bd. 1–(13) (= Genealogisches Handbuch des Adels . . . Bd. 53, 58, 61, 67, 84, 91, 97, 113, 116, 119, 122, 125, 128 der Gesamtreihe). Limburg 1972–(2002)

Bibliographien
Familiengeschichtliche Bibliographie. Hrsg. v. der Zentralstelle für
Deutsche Personen- und Familiengeschichte. 1 (1900) – 11,3 (1962).
Leipzig [u. a., zuletzt Neustadt a. d. Aisch] 1932–63 [Nachdruck
Bd. 1–6. Wiesbaden 1969]
Gaston **Saffroy** [Bd. 5: Geneviève **Saffroy**], Bibliographie généalogique,
héraldique et nobiliaire de la France des origines à nos jours. Imprimés
et manuscrits. Bd. 1–5. Paris 1968–88
Etienne **Arnaud**, Répertoire de généalogies françaises imprimées. Bd. 1–
3. [Nancy] 1978–82
DW 21/1–263

4. *Paläographie*

Karl **Brandi**, Die Schrift. In: Grundzüge der Deutschkunde. Hrsg.
v. W. Hofstaetter u. Fr. Panzer. Bd. 1. Leipzig/Berlin 1925, S. 61–
70
[Wiederabdruck in:]
Karl **Brandi**, Ausgewählte Aufsätze . . . Festgabe . . . Oldenburg i. O./Berlin 1938, S. 53–63
Heribert **Sturm**, Unsere Schrift. Einführung in die Entwicklung ihrer Stilformen. Neustadt a. d. Aisch 1961 [Nachdruck 1993]
Schrift und Schriftlichkeit. /Writing and Its Use. Ein interdisziplinäres
Handbuch internationaler Forschung. . . . Hrsg. v. Hartmut Günther u.
Otto Ludwig. 1. Halbband (= Handbücher zur Sprach- und Kommunikationswissenschaft 10,1). Berlin/New York 1994
Harald **Haarmann**, Universalgeschichte der Schrift. Frankfurt/M
[u. a.] 1990, ^{2}1991 [Sonderausg. 1998]
Bernhard **Bischoff**, Paläographie (mit besonderer Berücksichtigung des
deutschen Kulturgebiets). In: Deutsche Philologie im Aufriß. Bd. 1.
Berlin/Bielefeld/München 1952. – 2. Aufl. [ohne Untertitel] Berlin/Bielefeld/München 1957 [Nachdruck Berlin 1966]

[Neubearbeitung:]
Bernhard **Bischoff**, Paläographie des römischen Altertums und des abendländischen Mittelalters (= Grundlagen d. Germanistik 24). Berlin 1979, ²1986

Hans **Foerster**, Abriß der lateinischen Paläographie. Bern (1949). – 2. Aufl. Stuttgart 1963 [Nachdruck 1981]

Wilhelm **Wattenbach**, Das Schriftwesen im Mittelalter. Leipzig 1871, ³1896 [Nachdruck Graz 1958]

Jacques **Stiennon**, Paléographie du Moyen Age. Paris 1973, ²1991 [mit Schrifttafeln]

Tafelwerke

Kaiserurkunden in Abbildungen. Hrsg. v. Heinrich v. Sybel u. Theodor von Sickel. Lieferung 1–11. Berlin 1880–91

Franz **Steffens**, Lateinische Paläographie. 125 Tafeln in Lichtdruck mit gegenüberstehender Transkription nebst Erläuterungen und einer systematischen Darstellung der Entwicklung der lateinischen Schrift. Berlin ²1929 [Nachdruck Berlin 1964; 1. Aufl. . . . Hundert Tafeln . . . Freiburg/Schweiz 1903]

Inscriptiones Latinae. Zusammengestellt v. Ernst Diehl (= Tabulae in usum scholarum 4). Bonn 1912

Urkunden und Siegel in Nachbildungen für den akademischen Gebrauch. Hrsg. v. Gerhard Seeliger. Heft 2–4 [1 nicht erschienen]. Leipzig/Berlin 1914
2: Albert Brackmann, Papsturkunden
3: Oswald Redlich/Lothar Gross, Privaturkunden
4: Friedrich Philippi, Siegel

Codices Latini antiquiores. A Palaeographical Guide to Latin Manuscripts Prior to the Ninth Century. Hrsg. v. Elias Avery Lowe. Bd. 1–11. Oxford 1934–66. – Suppl. 1971, Nachdruck u. Index Osnabrück 1982

Chartae latinae antiquiores. Facsimile Edition of the Latin Charters Prior to the Ninth Century. Hrsg. v. Albert Bruckner u. Robert Marichal. Bd. 1–49. Dietikon-Zürich [u. a.] 1954–98

[Fortsetzung:]
Chartae Latinae antiquiores/2. Facsimile Edition of the Latin Charters. 2nd Series. Ninth Century. Hrsg. v. Guglielmo Cavallo [u. a.]. Bd. 50–(62) u. 72. Dietikon-Zürich 1997–(2002)

Charles **Samaran**/Robert **Marichal**, Catalogue des manuscrits en écriture latine portant des indications de date, de lieu ou de copiste. Bd. 1 –. Paris 1959–(85). [Jeder Bd. in 2 Teilen: Texte – Planches; bisher erschienen Bd. 1–3, 4,1, 5–7]

Handschriften der Reformationszeit. Ausgew. v. Georg Mentz (= Tabulae in usum scholarum 5). Bonn 1912

Schrifttafeln zur deutschen Paläographie des 16.–20. Jahrhunderts. Bearb. v. Kurt Dülfer u. Hans-Enno Korn. T. 1–2 (= Veröffentlichungen der Archivschule Marburg ... 2). Marburg 1966, ⁹1998
1: Tafeln
2: Transkriptionen

Abkürzungsverzeichnisse

Adriano **Cappelli**, Lexicon abbreviaturarum. Dizionario di abbreviature latine ed italiane ... Mailand 1899, ⁶1979 [mehrere Neudrucke]
[Deutsche Ausgabe:]
Adriano **Cappelli**, Lexicon abbreviaturarum. Wörterbuch lateinischer und italienischer Abkürzungen, wie sie in Urkunden und Handschriften besonders des Mittelalters gebräuchlich sind. Leipzig 1901. – 2. Auflage (= J. J. Webers illustrierte Handbücher) 1928
[Dazu Suppl.:]
Auguste **Pelzer**, Abbréviations latines médiévales. Löwen 1964. – 2. Aufl. (= Recherches de philosophie ancienne et médiévale) 1966 [Nachdruck Brüssel 1982]
Paul Arnold **Grun**, Schlüssel zu alten und neuen Abkürzungen. Wörterbuch lateinischer und deutscher Abkürzungen des späten Mittelalters und der Neuzeit mit historischer und systematischer Einführung für Archivbenutzer, Studierende, Heimat- und Familienforscher u. a. ... (= Grundriß der Genealogie 6). Limburg/L. 1966
Gebräuchliche Abkürzungen des 16.–20. Jahrhunderts. Bearb. v. Kurt Dülfer (= Veröff. d. Archivschule Marburg ... 1). Marburg 1966, ⁷1999

Bibliographien
Josefina **Mateu Ibars**/M.ª Dolores **Mateu Ibars**, Bibliografía paleográfica. Barcelona 1974
DW 14/1–275

5. Diplomatik

Harry **Bresslau**, Handbuch der Urkundenlehre für Deutschland und Italien. Bd. 1. Leipzig 1889; 2. Aufl. Leipzig 1912; 4. Aufl. Berlin 1969 [= Nachdruck der 2. Aufl.]. – Bd. 2,1. Leipzig 1889 [= 2. Hälfte v. Bd. 1]; 2. Aufl. Leipzig 1915; 4. Aufl. Berlin 1968 [= Nachdruck der 2. Aufl.]. – Bd. 2,2. Aus dem Nachlaß hrsg. v. Hans-Walter Klewitz. Berlin/Leipzig 1931; 4. Aufl. Berlin 1969 [= Nachdruck der 1. Aufl.]. –

Reg. zur zweiten u. dritten Aufl. zusammengestellt v. Hans Schulze. Berlin 1960

Wilhelm **Erben**/Ludwig **Schmitz-Kallenberg**/Oswald **Redlich**, Urkundenlehre. Teil 1–3 (= Handbuch der mittelalterlichen und neueren Geschichte. Hrsg. v. Georg v. Below u. Friedrich Meinecke. Abt. IV)
   1: Oswald Redlich, Allgemeine Einleitung zur Urkundenlehre. – Wilhelm Erben, Die Kaiser- und Königsurkunden des Mittelalters in Deutschland, Frankreich und Italien. München/Berlin 1907 [2. Nachdruck München 1971]
   2: [nicht erschienen]
   3: Oswald Redlich, Die Privaturkunden des Mittelalters. München/Berlin 1911 [2. Nachdruck München 1971]

Ludwig **Schmitz-Kallenberg**, Papsturkunden. In: Grundriß der Geschichtswissenschaft ... Hrsg. v. Aloys Meister. Erste Reihe, 2. Abt. Leipzig/Berlin ²1913

Leo **Santifaller**, Urkundenforschung. Methoden, Ziele, Ergebnisse. Weimar 1937 [Nachdruck als 2. Aufl. Darmstadt 1967 (= Sonderausgabe ... der Wissenschaftlichen Buchgesellschaft 162)]. – 4. Aufl. (= Böhlau-Studienbücher). Köln/Wien 1986

Thomas **Frenz**, Papsturkunden des Mittelalters und der Neuzeit (= Historische Grundwissenschaften in Einzeldarstellungen 2). Stuttgart 1986, ²2000

Olivier **Guyotjeannin** [u.a.], Diplomatique médiévale (= L'atelier du médiéviste). Turnhout 1993

Georges **Tessier**, Diplomatique royale française. Paris 1962

Wörterbuch
Vocabulaire international de la diplomatique. [Hrsg. v.] Mª Milagros Cárcel Ortí. Valencia 1994

Bibliographie
DW 18/1–143

6. *Sphragistik*

Wilhelm **Ewald**, Siegelkunde (= Handbuch der mittelalterlichen und neueren Geschichte. Hrsg. v. Georg von Below und Friedrich Meinecke. Abt. IV. ...) München 1914 [4. Nachdruck München 1978]

Erich **Kittel**, Siegel (= Bibliothek für Kunst- und Antiquitätenfreunde 11). Braunschweig 1970 [mit Abbildungen u. Bibliographie]

Abbildungswerke

Otto **Posse**, Die Siegel der deutschen Kaiser und Könige von 751 bis 1806. Bd. 1–5 [Bd. 5 u. d. T.: Das Siegelwesen der deutschen Kaiser und Könige von 751 bis 1913]. Dresden 1909–13 [Nachdruck Köln 1981]
Pietro **Sella**, I sigilli dell'Archivio Vaticano. Bd. 1–2 (= Inventari dell'Archivio Segreto Vaticano). Vatikanstadt 1937–46

Bibliographien
Mariette **Tourneur-Nicodème**, Bibliographie générale de la sigillographie. Besançon 1934
Mariette **Tourneur-Nicodème**, ... Supplément. In: Archives, bibliothèques et musées de Belgique 30 (1959). Brüssel 1959
Bibliographie zur Sphragistik. Schrifttum Deutschlands, Österreichs und der Schweiz bis 1990. Bearb. v. Eckart Henning u. Gabriele Jochums (= Bibliographien d. Hist. Hilfswissenschaften 2). Köln/Weimar 1995
DW 19/1–69

7. Heraldik

Erich **Gritzner**, Heraldik. In: Grundriß der Geschichtswissenschaft ... Hrsg. v. Aloys Meister. Bd. 1,2. Leipzig 1906. – 2. Aufl. Leipzig 1912. In: Grundriß ... Bd. 1,4
Carl-Alexander von **Volborth**, Heraldik. Eine Einführung in die Welt der Wappen. Stuttgart [u. a.] 1989, ^{2}1992
Václav Vok **Filip**, Einführung in die Heraldik (= Histor. Grundwissenschaften in Einzeldarstellungen 3). Stuttgart 2000
Wappenfibel. Handbuch der Heraldik. Hrsg. v. »Herold« ... Begr. durch Adolf Matthias Hildebrandt. Bearb. v. Herolds-Ausschuß der Deutschen Wappenrolle. Neustadt a. d. Aisch ^{19}1998
[1. u. 2. Aufl. u. d. T.: Wappenfibel. Kurze Zusammenstellung der hauptsächlichsten heraldischen und genealogischen Regeln. Frankfurt/M 1887]
Walter **Leonhard**, Das große Buch der Wappenkunst. Entwicklung, Elemente, Bildmotive, Gestaltung. München 1976, ^{3}1984
Ottfried **Neubecker**, Heraldik. Wappen – ihr Ursprung, Sinn und Wert. Mit Beiträgen von J. P. Brooke-Little. Gestaltet v. Robert Tobler. Frankfurt/M 1977 [^{2}1982, Neudruck Augsburg 1990] [auch amerikanische Ausgabe 1976]

Ottfried **Neubecker**, Wappenkunde. München 1980, ²1991 [Übers. aus dem Engl.]
Franz **Gall**, Österreichische Wappenkunde. Handbuch der Wappenwissenschaft. Wien/Köln 1977, ³1996

Wappenbücher

Johann **Siebmacher**, Wappen-Büchlein ... Nürnberg 1596. [Mehrere Neubearbeitungen; zuletzt:]
Johann Siebmacher's großes und allgemeines Wappenbuch ... hrsg. ... v. Otto Titan von Hefner. Nürnberg 1856–1967
[Dazu:]
General-Index zu den Siebmacher'schen Wappenbüchern von 1605 bis 1967. Bearb. v. H. Jäger-Sunstenau. Graz 1984
[Nachdrucke:]
Johann Siebmachers Wappen-Buch. Faksimile-Nachdruck der 1701/05 ... in Nürnberg erschienenen Ausgabe ... mit ... Erweiterungen bis zum Abschluß der Stammausgabe von 1772. München 1975
Johann Siebmachers Wappen-Buch. Faksimile-Nachdruck der von 1753 bis 1806 ... in Nürnberg erschienenen zwölf Supplemente. München 1979
J[ohann] Siebmachers großes Wappenbuch. Bd. 1–35. Neustadt a. d. Aisch 1978–86 [Nachdruck]
Johann Siebmachers Wappenbuch von 1605. Hrsg. v. Horst Appuhn (= Die bibliophilen Taschenbücher 693). Dortmund 1994

Wörterbuch

Gert **Oswald**, Lexikon der Heraldik. Mannheim [u.a.] 1984 [auch Leipzig 1985]
Ottfried **Neubecker**, Großes Wappen-Bilder-Lexikon der bürgerlichen Geschlechter Deutschlands, Österreichs und der Schweiz. München 1985, Augsburg ²1992

Bibliographien
Heraldische Bibliographie. Bearb. v. Egon Frhr. von Berchem. Teil 1. Leipzig 1937. – [Auch in:] Familiengeschichtliche Bibliographie. Hrsg. v. d. Zentralstelle für Deutsche Personen- und Familiengeschichte 5,3 (1937). Leipzig 1937
Bibliographie zur Heraldik. Schrifttum Deutschlands und Österreichs bis 1980. Bearb. v. Eckart Henning u. Gabriele Jochums (= Bibliographien d. hist. Hilfswissenschaften 1). Köln/Wien 1984
DW 20/1–187

8. Numismatik

Arnold **Luschin von Ebengreuth**, Allgemeine Münzkunde und Geldgeschichte des Mittelalters und der neueren Zeit (= Handbuch der mittelalterlichen und neueren Geschichte. Hrsg. v. Georg von Below und Friedrich Meinecke. Abt. III). München 1904. – 2. Aufl. München 1926 (= Handbuch ... Abt. IV). [4. Nachdruck München 1976.]

Robert **Göbl**, Numismatik. Grundriß und wissenschaftliches System. München 1987

Philip **Grierson**, Münzen des Mittelalters (= Die Welt der Münzen 4). München 1976

Elvira E. u. Vladimir **Clain-Stefanelli**, Münzen der Neuzeit (= Die Welt der Münzen [5]). München 1978

Herbert **Rittmann**, Moderne Münzen (= Die Welt der Münzen 6). München 1974

Arthur **Suhle**, Deutsche Münz- und Geldgeschichte von den Anfängen bis zum 15. Jahrhundert. Berlin (Ost) 1964, ^{8}1975 [Lizenzausgabe München 1970]

Bernd **Sprenger**, Das Geld der Deutschen. Geldgeschichte Deutschlands von den Anfängen bis zur Gegenwart. Paderborn [u. a.] 1991, ^{3}2001

Herbert **Rittmann**, Deutsche Geldgeschichte 1484–1914. München 1975

Herbert **Rittmann**, Deutsche Geldgeschichte seit 1914. München 1986

Günther **Probszt**, Österreichische Münz- und Geldgeschichte. Von den Anfängen bis 1918. Wien [u. a.] 1973, ^{3}1994

Norbert **Furrer**, Das Münzgeld der alten Schweiz. Grundriss. Zürich 1995

Wörterbücher

Wörterbuch der Münzkunde ... Hrsg. v. Friedrich Frhr. v. Schrötter. Berlin/Leipzig 1930. – 2. Aufl. Berlin 1970

Tyll **Kroha**, Lexikon der Numismatik unter Mitarbeit v. Klaus Bronny [u. a.]. Gütersloh 1977

Helmut **Kahnt**/Bernd **Knorr**, Alte Maße, Münzen und Gewichte. Ein Lexikon. Mannheim 1987 [auch Leipzig 1986]

Von Aktie bis Zoll. Ein historisches Lexikon des Geldes. Hrsg. v. Michael Worth. München 1995

Abbildungswerke

Hermann **Dannenberg**, Die deutschen Münzen der sächsischen und fränkischen Kaiserzeit. Bd. 1–4, Erg.-Bd. 1. Berlin 1876–1905 [Nachdruck Aalen 1967]

Maurice **Prou**, Les monnaies mérovingiennes (= Catalogue des monnaies françaises de la Bibliothèque Nationale). Paris 1896 [Nachdruck Graz 1969]

Maurice **Prou**, Les monnaies carolingiennes (= Catalogue des monnaies françaises de la Bibliothèque Nationale). Paris 1892 [Nachdruck Graz 1969]

Jean **Lafaurie**, Les Monnaies des rois de France. Hugues Capet à Louis XII. Paris 1951
[Fortsetzung:]

Jean **Lafaurie**/Pierre **Prieur**, Les monnaies des rois de France. François Ier à Henri IV. Paris 1956

Victor **Gadoury**/Frédéric **Droulers**, Les monnaies royales françaises de Louis XIII à Louis XVI 1610–1792. Monte Carlo 1978, ^{2}1987

Victor **Gadoury**, Les monnaies françaises 1789–1995. Monte Carlo ^{12}1995

Jean **Mazard,** Histoire monétaire et numismatique contemporaine 1790–1963 [1967]. Bd. 1–2. Paris 1965–69

Bibliographien

Philip **Grierson**, Bibliographie numismatique (= Cercle d'études numismatiques. Travaux 2). Brüssel 1966. – 2. Aufl. 1979 (= Cercle . . . Travaux 9)

Elvira E. **Clain-Stefanelli**, Numismatic Bibliography. München 1985
DW 22/1–202

9. *Akten- und Archivkunde*

Heinrich Otto **Meisner**, Aktenkunde. Ein Handbuch für Archivbenutzer mit besonderer Berücksichtigung Brandenburg-Preußens. Berlin 1935
[Neubearbeitung:]

Heinrich Otto **Meisner**, Urkunden- und Aktenlehre der Neuzeit. Leipzig 1950, ^{2}1952
[Neubearbeitung:]

Heinrich Otto **Meisner**, Archivalienkunde vom 16. Jahrhundert bis 1918. Göttingen 1969

Adolf **Brenneke**, Archivkunde. Ein Beitrag zur Theorie und Geschichte des europäischen Archivwesens. Bearb. nach Vorlesungsnachschriften und Nachlaßpapieren u. erg. v. Wolfgang Leesch. Leipzig 1953 [Nachdruck München 1988, auch Leipzig 1970]
[Neubearbeitung:]

Adolf **Brenneke**/Wolfgang **Leesch,** Archivkunde. Bd. 1 [iV]. – Bd. 2: Internationale Archivbibliographie. Mit besonderer Berücksichtigung des deutschen und österreichischen Archivwesens. München 1993

Eckhart G. **Franz**, Einführung in die Archivkunde. Darmstadt 1974, ⁵1999

Hans Wilhelm **Eckardt** [u.a.] »Thun kund und zu wissen männiglich«. Paläographie – Archivalische Textsorten – Aktenkunde. Köln 1999

Rudolf **Schatz**, Behördenschriftgut, Aktenbildung, Aktenverwaltung, Archivierung (= Schriften des Bundesarchivs 8). Boppard a. Rh. 1961

Heinz **Hoffmann**, Behördliche Schriftgutverwaltung. Ein Handbuch für das Ordnen, Registrieren, Aussondern und Archivieren von Akten. Boppard 1993. – 2. Aufl. München 2000

Friedrich P. **Kahlenberg**, Deutsche Archive in West und Ost. Zur Entwicklung des staatlichen Archivwesens seit 1945 (= Mannheimer Schriften zur Politik und Zeitgeschichte 4). Düsseldorf 1972

Die archivalischen Quellen. Eine Einführung in ihre Benutzung. Hrsg. v. Friedrich Beck u. Eckart Henning (= Veröffentlichungen des Brandenburgischen Landeshauptarchivs Potsdam 29). Weimar 1994, ³2002 [angekündigt]

Hermann **Meyer**, Das politische Schriftwesen im deutschen auswärtigen Dienst. Ein Leitfaden zum Verständnis diplomatischer Dokumente. Tübingen 1920

Inventare

a) *Altes Reich/Österreich*

Inventare österreichischer Archive. V. Inventare des Wiener Haus-, Hof- und Staatsarchivs, Bd. 4–8. Gesamtinventar des Wiener Haus-, Hof- und Staatsarchivs. Aufgebaut auf der Geschichte des Archivs und seiner Bestände. Hrsg. v. . . . Ludwig Bittner. Bd. 1–5. Wien 1936–40

. . . VII. Inventar des Wiener Hofkammerarchivs (= Publikationen des Österreichischen Staatsarchivs. Hrsg. v. d. Generaldirektion. II. Serie: Inventare österreichischer Archive . . .). Wien 1951

. . . VII/1. Register zum Inventar des Wiener Hofkammerarchivs. Bearb. v. den Beamten des Hofkammerarchivs (= Pulikationen . . .). Wien 1958

. . . VIII. Inventar des Kriegsarchivs Wien. Verfaßt von den Beamten des Kriegsarchivs. Bd. 1 (= Publikationen . . .). Wien 1953

Robert **Stropp**, Die Akten des k. u. k. Ministeriums des Äußern 1848 bis 1918. Sonderdruck aus: Mitteilungen des Österreichischen Staatsarchivs 20 (1967) S. 389–506

Verzeichnis der schriftlichen Nachlässe in den Bibliotheken und Museen der Republik Österreich. Hrsg. v. Eva Irblich. Bd. 1: Gerhard Renner, Die Nachlässe in den Bibliotheken und Museen der Republik Österreich. Ausgenommen die Österreichische Nationalbibliothek und das Österreichische Theatermuseum. Wien [u.a.] 1993 [3 Bde. geplant]

b) *Deutschland*

Das Bundesarchiv und seine Bestände. Übersicht. Bearb. v. Friedrich Facius, Hans Booms, Heinz Boberach (= Schriften des Bundesarchivs 10). Boppard 1961. – 3. erg. u. neu bearb. Aufl. v. Gerhard Granier [u. a.]. Boppard 1977

Übersicht über die Bestände des Geheimen Staatsarchivs in Berlin-Dahlem. Bearb. v. Hans Branig [u. a.]. T. 1–2. Köln/Berlin 1966–67

Jürgen **Kloosterhuis**, Die Tektonik des Geheimen Staatsarchivs Preußischer Kulturbesitz. In: Archivarbeit für Preußen. Hrsg. v. Jürgen Kloosterhuis. Berlin 2000, S. 71–257

Verzeichnis der schriftlichen Nachlässe in deutschen Archiven und Bibliotheken. Bd. 1–2. Boppard

1,1–2: Die Nachlässe in den deutschen Archiven (mit Ergänzungen aus anderen Beständen). Bearb. v. Wolfgang A. Mommsen. T. 1. Einleitung und Verzeichnis (= Schriften des Bundesarchivs 17). 1971. – T. 2. [Nachträge und Ergänzungen. Register] (= Schriften des Bundesarchivs 17,2). 1983

2: Die Nachlässe in den Bibliotheken der Bundesrepublik Deutschland. Bearb. in der Murhardschen Bibliothek der Stadt Kassel und der Landesbibliothek v. Ludwig Denecke. 1969. – 2. Aufl. völlig neu bearb. v. Tilo Brandis. 1981

Übersicht über die Bestände des Deutschen Zentralarchivs Potsdam. Bearb. v. Helmut Lötzke u. Hans-Stephan Brater (= Schriftenreihe des Deutschen Zentralarchivs 1). Berlin (Ost) 1957

Die Nachlässe in den wissenschaftlichen Allgemeinbibliotheken. Stand vom 1. 8. 1959 (= Gelehrten- und Schriftstellernachlässe in den Bibliotheken der Deutschen Demokratischen Republik 1). Berlin (Ost) 1959

Die Nachlässe in wissenschaftlichen Instituten und Museen und in den allgemeinbildenden Bibliotheken. Hrsg. ... v. Hans Lülfing u. Ruth Unger (= Gelehrten- und Schriftstellernachlässe ... 2). Berlin (Ost) 1968

[Dazu:]

Nachträge, Ergänzungen, Register ... hrsg. v. Hans Lülfing u. Horst Wolf (= Gelehrten- u. Schriftstellernachlässe ... 3). Berlin (Ost) 1971

c) *Vatikan und Italien*

Karl August **Fink**, Das Vatikanische Archiv. Einführung in die Bestände und ihre Erforschung. Rom ²1951. – 1. Aufl. mit dem Zusatz: unter besonderer Berücksichtigung der deutschen Geschichte (= Bibliothek des Deutschen Historischen Instituts in Rom 20). Rom 1943

Guida generale degli Archivi di Stato italiani. [Hrsg. v.] Ministero per i beni culturali e ambientali. Ufficio centrale per i beni archivistici. Dir.: Piero D'Angiolini [u. a.]. Bd. 1–4. Rom 1981–94

d) *Frankreich*

Les Archives Nationales. État général des fonds, publié sous la direction de Jean Favier. Bd. 1–5. Paris 1978–80 [Microfiche-Ausg. 1991]
Ministère des Relations extérieures, Les archives du Ministère des Relations extérieures depuis les origines. Histoire et guide. Bd. 1–2. Paris 1984–85

e) *England*

Guide to the Contents of the Public Record Office. Bd. 1–3. London 1963–68 [Neudruck Bd. 1 1964, Bd. 2 1965]

Gedruckte Repertorien (Findbücher)

a) *Für das Politische Archiv [PA] des Auswärtigen Amtes, Bonn*

A Catalogue of Files and Microfilms of the German Foreign Ministry Archives 1867–1920. Hrsg. v. The American Historical Association. Committee for the Study of War Documents. [o. O. Druck: Oxford] 1959 [Nachdruck New York 1970]
A Catalog of Files and Microfilms of the German Foreign Ministry Archives 1920–1945. Compiled and ed. by George O. Kent. Bd. 1–4 (= Hoover Institution Publications). Stanford
1: ⟨1920–1936⟩. 1962
2: ⟨1920–1936⟩. 1964
3: ⟨1936–1945⟩. 1966
4: ⟨1936–1945⟩. 1972

b) *Für das Bundesarchiv Koblenz und das Bundesarchiv/Militärarchiv Freiburg i. Br.*

Guides to German Records Microfilmed at Alexandria, Va. Hrsg. v. The American Historical Association (AHA), Committee for the Study of War Documents. Nr. 1–97. Washington 1958–96

c) *Für das Public Record Office [PRO], London*

1) **Public Record Office Lists and Indexes.** Bd. 1–55. London 1892–1936 [Bd. 1–2, 4–40, 42–55 als Nachdruck, z. T. revidiert, New York]
2) **Public Record Office Lists and Indexes.** Supplementary Series. Nr. 13. Bd. 1–28. New York 1963–79

3) **Index to the Correspondence of the Foreign Office** for the Year ... ⟨1920–1951⟩ (Now preserved in the Public Record Office, London.) Nendeln (Liechtenstein) 1969–82 [Keine Bd.-, sond. Jahrgangszählung; jeder Jahrgang alphabetisch geordnet und aus 4 Teilen bestehend; wurde entsprechend der Benutzungsgrenze von 30 Jahren jahrgangsweise bis 1952 geführt.]

Archivführer

Archive. Archive im deutschsprachigen Raum. Bd. 1–2 (= Minerva-Handbücher). Berlin/New York ²1974. – 1. Aufl. u. d. T.: Die Archive. Bd. 1 ... Berlin 1932
Archive und Archivare in der Bundesrepublik Deutschland, Österreich und der Schweiz. Hrsg. v. Verein deutscher Archivare. 15. Ausg. 1995. Münster 1995

The New Guide to the Diplomatic Archives of Western Europe. Hrsg. v. Daniel H. Thomas u. Lynn M. Case. Philadelphia/Pa. 1975. – 1. Aufl. u. d. T.: Guide to ... 1959
Janet **Foster**/Julia **Sheppard**, British Archives. A Guide to Archive Resources in the United Kingdom. Detroit 1982 [Paperpack London 1984]. – Basingstoke [u. a.] ³1995
The Records of the Foreign Office 1782–1939. Bearb. v. M. Roper (= Public Record Office Handbook Nr. 13). London [Her Majesty's Stationery Office] 1969
Patricia Kennedy **Grimsted**, Archives and Manuscript Repositories in the USSR. Moscow and Leningrad (= Studies of the Russian Institute, Columbia University). Princeton, N. J. 1972
[Dazu Erg.-Bd.:]
... Supplement 1. Bibliographical Addenda (= Bibliotheca Slavica). Zug 1976
Patricia Kennedy **Grimsted**, Archives and Manuscript Repositories in the USSR. Estonia, Latvia, Lithuania, and Belorussia (= Studies of the Russian Institute, Columbia University). Princeton, N. J. 1981
Patricia Kennedy **Grimsted,** Archives and Manuscript Repositories in the USSR. Ukraine and Moldavia. Bd. 1. General Bibliography and Institutional Directory. Princeton, N. J. 1988
Archivy Rossii. Moskva i Sankt-Peterburg. Spravočnik-obozrenie i bibliografičeskij ukazatel'. Hrsg. v. Vladimir Petrovič Kozlov. Moskau 1997
[Überarbeit. engl. Ausgabe:]
Archives of Russia. A Directory and Bibliographic Guide to Holdings in Moscow and St. Petersburg. Hrsg. v. Patricia Kennedy Grimsted. New York/London 2000

Bibliographie
DW 9/1–530 a
International Bibliography of Directories and Guides to Archival Repositories. Hrsg. v. Margarita Vázquez de Parga [u.a.] (= International Council on Archives 36). München [u.a.] 1990

XI. Handbücher von Teildisziplinen und Nachbargebieten der Geschichte

1. *Kirchen- und Kirchenrechtsgeschichte*

Albert **Hauck,** Kirchengeschichte Deutschlands. Bd. 1–5. Leipzig 1887 bis 1920 [Bd. 4–5 in 1. u. 2. Aufl.]. – 8. unveränderte Aufl. Berlin/Leipzig 1954

Karl **Bihlmeyer,** Kirchengeschichte. Neu besorgt von Hermann Tüchle (= Uni-Taschenbücher 1919). Bd. 1–3. Paderborn [20]1996 [1. Aufl. von Franz Xaver Funk, Lehrbuch der Kirchengeschichte. Rottenburg 1886]

Karl **Heussi,** Kompendium der Kirchengeschichte, Tübingen [18]1991 [1. Aufl. in 2 Hälften. Tübingen 1907–08]

Josef **Lortz,** Geschichte der Kirche in ideengeschichtlicher Betrachtung Bd. 1–2. Münster [22/23]1962–1964 [1. Aufl. mit zusätzlichem Untertitel: Eine geschichtliche Sinndeutung der christlichen Vergangenheit. Münster 1932]

Kurt Dietrich **Schmidt,** Grundriß der Kirchengeschichte. Göttingen 1967, [9]1990

Wolfgang **Sommer**/Detlef **Klahr,** Kirchengeschichtliches Repetitorium. Zwanzig Grundkapitel der Kirchen-, Dogmen- und Theologiegeschichte (= Uni-Taschenbücher 1796). Göttingen 1994

Christoph **Markschies,** Arbeitsbuch Kirchengeschichte (= Uni-Taschenbücher 1857). Tübingen 1995

Geschichte der katholischen Kirche. Ein Grundkurs. Hrsg. v. Josef Lenzenweger [u. a.]. Graz [u. a.] 1986, [3]1995 [Studienausg. 1990]

Ökumenische Kirchengeschichte (... hrsg. v. Raymund Kottje u. Bernd Moeller). Bd. 1–3. Mainz/München 1970–74 [Bd. 1 [5]1989; Bd. 2–3 [5]1993]

Emanuel **Hirsch,** Geschichte der neueren evangelischen Theologie im Zusammenhang mit den allgemeinen Bewegungen des europäischen Denkens. Bd. 1–5. Gütersloh 1949–54, [5]1975

Handbuch der Kirchengeschichte. Bd. 1–7. Hrsg. v. Hubert Jedin [Bd. 7: u. Konrad Repgen]. Freiburg/Basel/Wien 1962–79 [Sonderausg. in 10 Teilbden. Freiburg (u. a.) 1985 und 2001; auch auf CD-ROM]

Histoire de l'église depuis les origines jusqu'à nos jours. Fondée par Augustin Fliche et Victor Martin. Bd. 1–21. Paris 1934–52 [z. T. 2. Aufl. Bd. 11 nicht erschienen. Für die Neuzeit ⟨–1978⟩ Bd. 15–21]

Die Kirche in ihrer Geschichte. Ein Handbuch. Begr. v. Kurt Dietrich Schmidt u. Ernst Wolf. Hrsg. v. Bernd Moeller. Bd. 1–(4). Göttingen 1961–(2001) [bisher nur in Lieferungen erschienen]

Die Geschichte des Christentums. Religion. Politik. Kultur. Hrsg. v. Jean-Marie Mayeur [u.a.]. Deutsche Ausgabe hrsg. v. Norbert Brox [u.a.]. Bd. (1–14). Freiburg [u.a.] 1991– [bisher erschienen Bd. 2–13 1991–2002. – Frz. Originalausgabe u. d. T.: Histoire du christianisme des origines à nos jours. Bd. 1–14. Paris 1991–2001]
Handbuch religionswissenschaftlicher Grundbegriffe. Hrsg. v. Hubert Cancik [u.a.]. Bd. 1–4. Stuttgart 1988–2001

Paul **Hinschius**, Das Kirchenrecht der Katholiken und Protestanten Bd. 1–6,1 [unvollständig]. Berlin 1869–97 [Nachdruck Graz 1959]

Johannes Baptist **Sägmüller**, Lehrbuch des katholischen Kirchenrechts, Freiburg i. Br. 1904, ²1909. – 3. Aufl. Bd. 1–2. 1914. – 4. Aufl. Bd. 1– 4. 1925–34

Hans Erich **Feine**, Kirchliche Rechtsgeschichte. Bd. 1 [mehr nicht erschienen]. Die katholische Kirche. Weimar 1950. – 5. Aufl. Köln/Graz 1972

Willibald M. **Plöchl**, Geschichte des Kirchenrechts. Bd. 1–5. Wien/München 1953–69 [Bd. 1 u. 2 ²1960–62]

Albert **Werminghoff**, Verfassungsgeschichte der deutschen Kirche im Mittelalter (= Grundriß der Geschichtswissenschaft. Hrsg. v. Aloys Meister, 2,6). Leipzig 1907. – 2. Aufl. Leipzig/Berlin 1913

Quellensammlungen

Corpus Iuris Canonici ... [Bearb. v.] Emil Friedberg. Bd. 1–2. Leipzig ²1879–81 [Nachdruck Graz 1955. – Frühe Auflagen aus dem 16. Jh. u.ö. – Neuausg. des 19. Jh. hrsg. v. Aemilius L. Richter. Leipzig 1839.]

Codex Iuris Canonici [CIC] ... [Hrsg. v. Pietro Gasparri]. Rom 1917 [häufige Neudrucke; nach dem 2. Vaticanum verbindliche lateinisch-deutsche Ausgabe: Codex des kanonischen Rechtes. Hrsg. im Auftr. d. Deutschen u. d. Berliner Bischofskonferenz ... Die dt. Übers. ... besorgte ... Winfried Aymans. Kevelaer 1983, ⁴1994]

[Dazu Hilfsmittel:]

Hartmut **Zapp**, Codex Iuris Canonici. Lemmata. Stichwortverzeichnis. Elektron. Datenverarbeitung: Peter Ullrich. Freiburg i. Br. 1986

2. Rechts-, Verfassungs- und Verwaltungsgeschichte

Europa

Hans **Fenske**, Der moderne Verfassungsstaat. Eine vergleichende Geschichte von der Entstehung bis zum 20. Jahrhundert. Paderborn [u.a.] 2001

Deutschland

Heinrich **Brunner**, Deutsche Rechtsgeschichte. Bd. 1–2 (=Systematisches Handbuch der Deutschen Rechtswissenschaft. Abt. 2, Teil 1 Bd. 1–2). Leipzig 1887–92, ^{2}1906–28 [Bd. 2 neu bearb. v. Claudius v. Schwerin. München. – Nachdruck als 3. Aufl. Berlin 1958–61]

Heinrich **Mitteis**, Deutsche Rechtsgeschichte. Ein Studienbuch (= Kurzlehrbücher für das juristische Studium). München/Berlin 1949. – Neubearb. v. Heinz Lieberich. München ^{19}1992

Hans **Planitz**, Deutsche Rechtsgeschichte. Graz 1950. – Von der 2. Aufl. an bearb. v. Karl August Eckhardt. Graz/Köln ^{4}1981

Hermann **Conrad**, Deutsche Rechtsgeschichte. Ein Lehrbuch. Bd. 1–2. Karlsruhe

1: Frühzeit und Mittelalter. 1954, ^{2}1962 [Nachdruck 1982]

2: Neuzeit bis 1806. 1966 [Nachdruck 1981]

Karl **Kroeschell**, Deutsche Rechtsgeschichte. Bd. 1–3

1: Bis 1250. Reinbek 1972. – 11. Aufl. (= WV Studium 8) Opladen 1999

2: 1250–1650. Reinbek 1973. – 8. Aufl. (= WV Studium 9) Opladen 1992

3: Seit 1650 (= WV Studium 139). Opladen 1989, ^{3}2001

Karl **Kroeschell**, Rechtsgeschichte Deutschlands im 20. Jahrhundert (= Uni-Taschenbücher 1681). Göttingen 1992

Uwe **Wesel**, Geschichte des Rechts. Von den Frühformen bis zur Gegenwart [1. Aufl.: ... bis zum Vertrag von Maastricht]. München 1991, ^{2}2001

Georg **Waitz**, Deutsche Verfassungsgeschichte. Bd. 1–8. Kiel 1844–78. – Bd. 1–2 ^{3}1880–82; Bd. 3–6 ^{2}1883–96 [Nachdruck, jeweils in fortlaufender Aufl.-Zählung, Graz 1953–55]

Hans K. **Schulze**, Grundstrukturen der Verfassung im Mittelalter. Bd. 1–3 (=Urban-Taschenbücher 371–72, 463). Stuttgart [u. a.] 1985–98, Bd. 1 ^{3}1995, Bd. 2 ^{2}1992

Rolf **Sprandel**, Verfassung und Gesellschaft im Mittelalter (= Uni-Taschenbücher 461). Paderborn [u. a.] 1975, ^{5}1994

Heinz **Duchhardt**, Deutsche Verfassungsgeschichte 1495–1806 (= Urban-Taschenbücher 417). Stuttgart [u. a.] 1991

Hans **Boldt**, Deutsche Verfassungsgeschichte. Bd. 1. Von den Anfängen bis zum Ende des älteren deutschen Reiches 1806 (= dtv 4424). München 1984. – Bd. 2. Von 1806 bis zur Gegenwart (= dtv 4425). München 1990

Manfred **Botzenhart**, Deutsche Verfassungsgeschichte 1806–1949 (= Urban-Taschenbücher 450). Stuttgart [u. a.] 1993

Dietmar **Willoweit**, Deutsche Verfassungsgeschichte. Vom Frankenreich bis zur Wiedervereinigung Deutschlands [1. Aufl.: ... Teilung Deutschlands]. Ein Studienbuch. München 1990, ^{4}2001

Ernst Rudolf **Huber**, Deutsche Verfassungsgeschichte seit 1789. Bd. 1–8. Stuttgart [u. a.] 1957–90
1: Reform und Restauration. 1789–1830. 1957, ²1967 [revid. Nachdruck 1995]
2: Der Kampf um Einheit und Freiheit. 1830 bis 1850. 1960, ³1988
3: Bismarck und das Reich. 1963, ³1988
4: Struktur und Krise des Kaiserreichs. 1969, ²1982 [revid. Nachdruck 1994]
5: Weltkrieg, Revolution und Reichserneuerung 1914–1919. 1978 [revid. Nachdruck 1992]
6: Die Weimarer Reichsverfassung. 1981 [revid. Nachdruck 1993]
7: Ausbau, Schutz und Untergang der Weimarer Republik. 1984
8: Registerband bearb. v. Gustav Schmidt u. Gerhard Borawski. 1990

Moderne deutsche Verfassungsgeschichte (1815–1918). Hrsg. v. Ernst-Wolfgang Böckenförde unter Mitarbeit v. Rainer Wahl (= Neue Wiss. Bibliothek 51. Geschichte). Köln 1972, ²1980

Christian-Friedrich **Menger**, Deutsche Verfassungsgeschichte der Neuzeit. Eine Einführung in die Grundlagen. Karlsruhe 1975. – 8. Aufl. Stuttgart 1993 (= Uni-Taschenbücher 930)

Hans **Fenske**, Deutsche Verfassungsgeschichte. Vom Norddeutschen Bund bis heute (= Beiträge zur Zeitgeschichte 6). Berlin 1981, ⁴1993

Deutsche Verwaltungsgeschichte. Im Auftrag der Freiherr-vom-Stein-Gesellschaft e. V. hrsg. v. Kurt G. A. Jeserich [u. a.]. Bd. 1–6. Stuttgart
1: Fritz Blaich [u. a.], Vom Spätmittelalter bis zum Ende des Reiches. 1983
2: Karlheinz Blaschke [u. a.], Vom Reichsdeputationshauptschluß bis zur Auflösung des Deutschen Bundes. 1983
3: Karlheinz Blaschke [u. a.], Das Deutsche Reich bis zum Ende der Monarchie. 1984
4: Wilfried Berg [u. a.], Das Reich als Republik und in der Zeit des Nationalsozialismus. 1985
5: Hildegard Bartels [u. a.], Die Bundesrepublik Deutschland. 1987
6: Registerband. 1988

Grundriß zur deutschen Verwaltungsgeschichte 1815–1945. Begr. v. Walther Hubatsch. Reihe A–C. Bd. 1–22. Marburg/L
Reihe A. Preußen. Hrsg. v. Walther Hubatsch. Bd. 1–12, Reg.-Bd. 12 A. 1975–81.
Reihe B. Mitteldeutschland (außer Preußen). Hrsg. v. Thomas Klein. Bd. 13–17. 1976–83
Reihe C. Süddeutschland. Bd. 18–21 [nicht erschienen]
Schlußband außerhalb der Reihen A–C. Bd. 22. Bundes- und Reichsbehörden. Bearb. v. Walther Hubatsch unter Mitwirkung v. Iselin Gundermann [u. a.]. 1983

114 Teildisziplinen und Nachbargebiete

Quellensammlung

Corpus Iuris Civilis. [Bearb. v. Paul Krüger (u.a.).] Bd. 1–3. Berlin
1: [Institutiones/Digesta]. 1872, ^{25}1993
2: [Codex Iustinianus]. 1877, ^{15}1970
3: [Novellae]. 1895, ^{13}1993
Corpus Iuris Civilis [CIC]. Text und Übersetzung. Auf der Grundlage der v. Theodor Mommsen u. Paul Krüger besorgten Textausgaben. Hrsg. v. Okko Behrends [u.a.]. Bd. 1–3. Heidelberg
1: Institutionen. 1993, ^{2}1999
2: Digesten 1–10. 1995
3: Digesten 11–20. 1999

Wörterbuch

Gerhard **Köbler**, Lexikon der europäischen Rechtsgeschichte. München 1997

Österreich

Friedrich **Walter**, Österreichische Verfassungs- und Verwaltungsgeschichte von 1500–1955. Aus dem Nachlaß hrsg. v. Adam Wandruszka (= Veröffentlichungen der Kommission für Neuere Geschichte Österreichs 59). Wien/Köln/Graz 1972
Hermann **Baltl**, Österreichische Rechtsgeschichte. Graz 1970, ^{6}1986

Frankreich

Peter Claus **Hartmann**, Französische Verfassungsgeschichte der Neuzeit (1450–1980). (= Grundzüge 61). Darmstadt 1985. – 2. Auflage: ... (1450–2002). Berlin 2003

England

David Lindsay **Keir**, The Constitutional History of Modern Britain since 1485. London 1938, ^{9}1969
Kurt **Kluxen**, Englische Verfassungsgeschichte. Mittelalter. Darmstadt 1987

3. Völkerrecht

Alfred **Verdross**, Bruno **Simma**, Universelles Völkerrecht. Theorie und Praxis. Berlin 1976, ³1984 [Frühere Ausg.: Alfred Verdross. Völkerrecht... Berlin 1937. – 5. Aufl. Wien 1964]
Georg **Dahm**, Völkerrecht. Bd. 1–3. Stuttgart 1958–61 [Bd. 1,1: 2. von Jost Delbrück u. Rüdiger Wolfram völlig neu bearb. Aufl. Berlin 1989]
Friedrich **Berber**, Lehrbuch des Völkerrechts. Bd. 1–3. München/Berlin. – 2. Aufl. Berlin
  1: Allgemeines Friedensrecht. 1960, ²1975
  2: Kriegsrecht. 1962, ²1969
  3: Streiterledigung, Kriegsverhütung, Integration. 1964, ³1977
Hermann **Meyer-Lindenberg**, Völkerrecht (= Schaeffers Grundriß des Rechts und der Wirtschaft. Abt. 2 Bd. 32. Stuttgart 1957. – 2. Aufl. in Zusammenarbeit mit P. Sympher. (Stuttgart) 1969. – 3. Aufl. ... Stuttgart [u. a.] [1974]
Otto **Kimminich** [ab 7. Aufl.: u. Stephan Hobe], Einführung in das Völkerrecht (= Uni-Taschenbücher 469). Pullach b. München 1975, Tübingen ⁷2000

4. Kriegs- und Militärgeschichte

Carl Hans **Hermann**, Deutsche Militärgeschichte. Eine Einführung. Hrsg. im Auftrag d. Arbeitskreises f. Wehrforschung. Frankfurt/M 1966, ³1979
Kurzer Abriß der Militärgeschichte von den Anfängen der Geschichte des deutschen Volkes bis 1945. [Bearb. v. einem Autorenkollektiv.] (= Schriften des Militärgeschichtlichen Institutes der DDR). Berlin (Ost) 1974. – 3. Aufl. u. d. T.: Kurzer Abriß der deutschen Militärgeschichte. Berlin (Ost) 1984

Handbuch zur deutschen Militärgeschichte 1648–1938. Bd. 1–6. Hrsg. v. Militärgeschichtlichen Forschungsamt. München/Freiburg 1964–81 [Studienausgabe Herrsching 1983]
  1: Gerhard Papke, Von der Miliz zum Stehenden Heer. Wehrwesen im Absolutismus (1648–1789). – Rainer Wohlfeil, Vom Stehenden Heer des Absolutismus zur Allgemeinen Wehrpflicht (1789–1814). – Jürg Zimmermann, Militärverwaltung und Heeresaufbringung in Österreich bis 1806. 1964–78
  2: Manfred Messerschmidt/Wolfgang Petter/Edgar Graf von Matuschka, Militärgeschichte im 19. Jahrhundert 1814–1890. 1975–76
  3: Wiegand Schmidt-Richberg/Edgar Graf von Matuschka, Von der Entlassung Bismarcks bis zum Ende des Ersten Weltkrieges (1890

bis 1918). – Rainer Wohlfeil/Edgar Graf von Matuschka, Reichswehr und Republik (1918–1933). 1968–70
4: Michael Salewski/Herbert Schottelius/Gustav-Adolf Caspar, Wehrmacht und Nationalsozialismus 1933–1939. – Wolfgang Petter/Rolf Güth/Jost Dülffer, Deutsche Marinegeschichte der Neuzeit. 1977–79
5: Volkmar Regling/Heinz-Ludger Borgert, Grundzüge der militärischen Kriegführung. 1979
6: Registerband. 1981

Biographisches Lexikon

Soldatisches Führertum. Hrsg. v. Kurt von Priesdorff. Bd. 1–10, Reg.-Bd. 1. Hamburg [1937–42]

Bibliographien

Hans **Planitz**/Thea **Buyken**, Bibliographie zur deutschen Rechtsgeschichte. Bd. 1–2. Frankfurt/M 1952

Gerhard **Köbler**/Johann Heinrich **Kumpf**, Bibliographie der deutschen Hochschulschriften zur Rechtsgeschichte (1885–1945) (= Arbeiten zur Rechts- und Sprachwissenschaft [6]). Göttingen/Gießen 1975

Bibliographie der deutschen Hochschulschriften zur Rechtsgeschichte (1945–1964). Bearb. v. Gerhard Köbler (= Göttinger Studien zur Rechtsgeschichte. Sonderband 1). Göttingen/Zürich/Frankfurt/M. 1969, ^{2}1972

Bücherverzeichnis zur Kirchengeschichte. Eine kommentierte Bibliographie. Hrsg. v. Lutz E. von Padberg u. Michael von Fürstenberg (= Amateca – Repertoria 1). Paderborn [u.a.] 1999

Dennis E. **Showalter**, German Military History 1648–1982. A Critical Bibliography (= Military History Bibliographies 3 = Garland Library of Social Science 113). New York/London 1984

Dale E. **Floyd**, World Bibliography of Armed Land Conflict from Waterloo to World War I. Wars, campaigns, battles, revolutions, revolts, coups d'état, insurrections, riots, armed confrontations. Bd. 1–2. London 1981

DW 39/1–3935 [Recht und Staat]; DW 40/1–506 [Kriegs- und Wehrwesen]; 42/1–4386 [Religion und Kirche]

5. *Wirtschafts- und Sozialgeschichte*

Willi A. **Boelcke**, Wirtschafts- und Sozialgeschichte. Einführung, Bibliographie, Methoden, Problemfelder. Darmstadt 1987

Wirtschafts-Ploetz. Die Wirtschaftsgeschichte zum Nachschlagen. Hrsg. v. Hugo Ott u. Hermann Schäfer. Freiburg i. Br./Würzburg 1984, ^{2}1985

Rolf **Walter**, Wirtschaftsgeschichte. Vom Merkantilismus bis zur Gegenwart (= Wirtschafts- u. sozialgeschichtl. Studien 4). Köln [u. a.] 1995, ^{3}2000

Rolf **Walter,** Einführung in die Wirtschafts- und Sozialgeschichte (= Uni-Taschenbücher 1717). Paderborn [u. a.] 1994
Moderne Wirtschaftsgeschichte. Eine Einführung für Historiker und Ökonomen. Hrsg. v. Gerold Ambrosius [u. a.]. München 1996
Christoph **Buchheim,** Einführung in die Wirtschaftsgeschichte (= C. H. Beck Studium). München 1997
Grundlagen der Historischen Statistik von Deutschland. Quellen, Methoden, Forschungsziele. Hrsg. v. Wolfram Fischer u. Andreas Kunz (= Schriften des Zentralinstituts für sozialwissenschaftliche Forschung der Freien Universität Berlin 65). Opladen 1991
Bevölkerungsgeschichte. Hrsg. v. Wolfgang Köllmann u. Peter Marschalck (= Neue Wiss. Bibliothek 54. Geschichte). Köln 1972
Arthur E. **Imhof,** Einführung in die Historische Demographie (= Beck'-sche Elementarbücher). München 1977
Pierre **Léon,** Histoire économique et sociale du monde ⟨14.–20. Jh.⟩. Bd. 1–6. Paris 1977–78 [Bd. 5–6 ^{2}1982]

Europa

The Cambridge Economic History of Europe [Bd. 1: of Europe from the Decline of the Roman Empire]. Bd. 1–8. Cambridge 1941–89

Handbuch der europäischen Wirtschafts- und Sozialgeschichte. Bd. 1–6. Hrsg. v. Wolfram Fischer [u. a.]. Stuttgart
1: Europäische Wirtschafts- und Sozialgeschichte in der römischen Kaiserzeit. Hrsg. v. Friedrich Vittinghoff. 1990
2: Europäische Wirtschafts- und Sozialgeschichte im Mittelalter. Hrsg. v. Jan A. van Houtte. 1980
3: Europäische Wirtschafts- und Sozialgeschichte vom ausgehenden Mittelalter bis zur Mitte des 17. Jahrhunderts. Hrsg. v. Hermann Kellenbenz. 1986
4: Europäische Wirtschafts- und Sozialgeschichte von der Mitte des 17. Jahrhunderts bis zur Mitte des 19. Jahrhunderts. Hrsg. v. Ilja Mieck. 1993
5: Europäische Wirtschafts- und Sozialgeschichte von der Mitte des 19. Jahrhunderts bis zum Ersten Weltkrieg. Hrsg. v. Wolfram Fischer. 1985
6: Europäische Wirtschafts- und Sozialgeschichte vom Ersten Weltkrieg bis zur Gegenwart. Hrsg. v. Wolfram Fischer. 1987

Europäische Wirtschaftsgeschichte. The Fontana Economic History of Europe. Hrsg. v. Carlo M. Cipolla. Dt. Ausg. hrsg. v. Knut Borchardt. Bd. 1–5. Stuttgart/New York [Studienausgabe (= Uni-Taschenbücher) 1983–86]

1: Mittelalter . . . 1978
2: Sechzehntes und siebzehntes Jahrhundert . . . 1979
3: Die industrielle Revolution . . . 1976
4: Die Entwicklung der industriellen Gesellschaften . . . 1977
5: Die europäischen Volkswirtschaften im zwanzigsten Jahrhundert . . . 1980

Hans **Haussherr**, Wirtschaftsgeschichte der Neuzeit vom Ende des 14. Jh.s bis zur Höhe des 19. Jh.s. Weimar 1954. – 5. Aufl. (= Böhlau-Studien-Bücher) Köln/Wien 1981

Wilhelm **Treue**, Wirtschaftsgeschichte der Neuzeit ⟨18.–20. Jh.⟩. Bd.1–2. [Untertitel der 1. Aufl.: Im Zeitalter der Industriellen Revolution 1710 bis 1960.] (= Kröners Taschenbuchausg. 207–208). Stuttgart 1962, ³1973

Geschichte der Weltwirtschaft im 20. Jahrhundert. Hrsg. v. Wolfram Fischer. Bd. 1–6. München
1: [Titel erscheint nicht]
2: Gerd Hardach, Der Erste Weltkrieg 1914–1918. 1973
3: Derek Howard Aldcroft, Die zwanziger Jahre. Von Versailles zur Wall Street 1919–1929. 1978
4: Charles Poor Kindleberger, Die Weltwirtschaftskrise 1929–1939. 1973, ³1984
5: Alan Steele Milward, Der Zweite Weltkrieg. Krieg, Wirtschaft und Gesellschaft 1939–1945. 1977
6: Hermann van der Wee, Der gebremste Wohlstand. 1984

Deutschland

Friedrich **Lütge**, Deutsche Sozial- und Wirtschaftsgeschichte. Ein Überblick (= Enzyklopädie der Rechts- und Staatswissenschaft. Abt. Staatswissenschaft . . .). Berlin [u. a.] 1952, ³1966 [Nachdruck Berlin (u. a.) 1979]

Handbuch der deutschen Wirtschafts- und Sozialgeschichte. Hrsg. v. Hermann Aubin u. Wolfgang Zorn. Bd. 1–2. Stuttgart
1: Von der Frühzeit bis zum Ende des 18. Jahrhunderts. 1971 [Nachdruck 1978]
2: Das 19. und 20. Jahrhundert. 1976

Friedrich-Wilhelm **Henning**, Handbuch der Wirtschafts- und Sozialgeschichte Deutschlands. Bd. 1–3. Paderborn [u. a.]
1: Deutsche Wirtschafts- und Sozialgeschichte im Mittelalter und in der frühen Neuzeit. 1991
2: Deutsche Wirtschafts- und Sozialgeschichte im 19. Jahrhundert. 1996
3,1–2: Deutsche Wirtschafts- und Sozialgeschichte im 20. Jahrhundert. Teilbd. 1–2. [iV]

Friedrich-Wilhelm **Henning**, Wirtschafts- und Sozialgeschichte Deutschlands. Bd. 1–3. Paderborn
- 1: Das vorindustrielle Deutschland 800 bis 1800 (= Uni-Taschenbücher 398). 1974, ⁵1994
- 2: Die Industrialisierung in Deutschland 1800 bis 1914 (= Uni-Taschenbücher 145). 1973, ⁹1995
- 3: Das industrialisierte Deutschland 1914 bis 1992 (= Uni-Taschenbücher 337). 1974, ⁹1997

Hermann **Kellenbenz**, Deutsche Wirtschaftsgeschichte. Bd. 1–2 (= Beck'sche Sonderausgaben). München 1977–81

Deutsche Wirtschaftsgeschichte. Ein Jahrtausend im Überblick. Mit Beiträgen v. Gerold Ambrosius [u. a.]. Hrsg. v. Michael North. München 2000

Hans-Ulrich **Wehler**, Deutsche Gesellschaftsgeschichte. Bd. 1–(4). München
- 1: Vom Feudalismus des Alten Reiches bis zur Defensiven Modernisierung der Reformära 1700–1815. 1987, ³1996
- 2: Von der Reformära bis zur industriellen und politischen »Deutschen Doppelrevolution« 1815–1845/49. 1987, ³1996
- 3: Von der »Deutschen Doppelrevolution« bis zum Beginn des Ersten Weltkrieges 1849–1914. 1995
- 4: Vom Beginn des Ersten Weltkrieges bis zur zweiten deutschen Republik 1914–1949. [iV]

Wolfgang **Zorn**, Einführung in die Wirtschafts- und Sozialgeschichte des Mittelalters und der Neuzeit. Probleme und Methoden (= Beck'sche Elementarbücher). München 1972, ²1974

Walther G. **Hoffmann,** Das Wachstum der deutschen Wirtschaft seit der Mitte des 19. Jahrhunderts. Unter Mitarbeit v. Franz Grumbach u. Helmut Hesse. Berlin [u. a.] 1965

Gustav **Stolper**, Deutsche Wirtschaft seit 1870. Fortgef. v. Karl Häuser u. Knut Borchardt. Tübingen 1964, ²1966. – 1. Ausgabe u. d. T.: Deutsche Wirtschaft 1870–1940. Kaiserreich – Republik – Drittes Reich. Stuttgart 1950

Deutsche Agrargeschichte. Hrsg. v. Günther Franz. Bd. 1–6. Stuttgart 1962–84 [Bd. 2 ³1978, Bd. 3 ²1967, Bd. 4 ²1976, Bd. 5 ²1972]

[Neubearbeitung:]

Deutsche Agrargeschichte. [Bd. 1–]. Stuttgart 1993–
- [1: Vor- und Frühgeschichte]
- [2:] Friedrich-Wilhelm Henning, Deutsche Agrargeschichte. 9. bis 15. Jahrhundert. 1994
- [3:] [iV]
- [4:] Walter Achilles, Deutsche Agrargeschichte im Zeitalter der Reformen und der Industrialisierung. 1993
- [5:] [iV]

Werner **Rösener,** Einführung in die Agrargeschichte. Darmstadt 1997

Teildisziplinen und Nachbargebiete

Österreich

Anton **Tautscher**, Wirtschaftsgeschichte Österreichs auf der Grundlage abendländischer Kulturgeschichte. Berlin 1974

Roman **Sandgruber,** Ökonomie und Politik. Österreichische Wirtschaftsgeschichte vom Mittelalter bis zur Gegenwart (= Österreichische Geschichte [10]). Wien 1995

Ernst **Bruckmüller**, Sozialgeschichte Österreichs. Wien/München 1987, ²2001

Frankreich

Histoire économique et sociale de la France. Hrsg. v. Fernand Braudel u. Ernest Labrousse ... Bd. 1–4. Paris 1970–82 [Studienausgabe 1993]

Pierre **Goubert**, L'ancien régime ⟨1600–1750⟩. Bd. 1. La société (= Collection U. Série »Histoire moderne« ...). Paris 1969, ⁶1979. – Bd. 2. Les pouvoirs (= Collection U ...). Paris 1973

Georges **Dupeux**, La société française 1789–1970 (= Collection U. Série »Histoire contemporaine« ...). Paris 1964, ⁶1986

Wirtschaft und Gesellschaft in Frankreich seit 1789. Hrsg. v. Gilbert Ziebura ... (= Neue Wiss. Bibliothek 76). Köln 1975

England

Ephraim **Lipson**, The Economic History of England. Bd. 1–3. London 1915–31 [Bd. 1 u. d. T.: An Introduction to the Economic History of England. 1. The Middle Ages. 1915, ¹²1959. – Für die Neuzeit: Bd.2–3: The Age of Mercantilism. 1931, ⁶1956; häufige Neudrucke]

Pauline **Gregg**, A Social and Economic History of Britain 1760–1972. London ⁷1973. – 1. Aufl. u. d. T.: ... 1760–1950. London 1950

The Economic History of Britain since 1700. Hrsg. v. Roderick Floud a. Donald McCloskey. Bd. 1–3. Cambridge [u.a.] ²1994 [1. Aufl. 1981 in 2 Bden.]

Edward **Royle**, Modern Britain. A Social History 1750–1985. London [u.a.] 1987

The Cambridge Social History of Britain, 1750–1950. Hrsg. v. F. M. L. Thompson. Bd. 1–3. Cambridge [u.a.] 1990 [Paperback 1992]

Bibliographie

Hans-Ulrich **Wehler**, Bibliographie zur modernen deutschen Wirtschaftsgeschichte. (18.–20. Jahrhundert.) (= Arbeitsbücher z. modernen Gesch. 2 = Uni-Taschenbücher 621). Göttingen 1976

Hans-Ulrich **Wehler,** Bibliographie zur neueren deutschen Sozialgeschichte (= C. H. Beck Studium). München 1993
DW 35/1–1658 [Sozialwissenschaften]; 37/1–1242 [Wirtschaft]

6. *Geschichtliche Landeskunde und Landesgeschichte*

Alois **Gerlich,** Geschichtliche Landeskunde des Mittelalters. Genese und Probleme. Darmstadt 1986
Probleme und Methoden der Landesgeschichte. Hrsg. v. Pankraz Fried (= Wege der Forschung 492). Darmstadt 1978
Geschichte der deutschen Länder. »Territorien-Ploetz«. Hrsg. v. Georg Wilhelm Sante u. A. G. Ploetz-Verlag. Bd. 1–2. Würzburg
1: Die Territorien bis zum Ende des alten Reiches. 1964
2: Die deutschen Länder vom Wiener Kongreß bis zur Gegenwart. 1971
Handbuch der historischen Stätten [bis Bd. 12: ... Deutschlands]. Bd. 1–[16] (= Kröners Taschenausgabe ...). Stuttgart 1958–(98) [z. T. mehrere Neuauflagen]

Geschichte Schleswig-Holsteins. Begr. v. Volquart Pauls. Im Auftrage der Gesellschaft für Schleswig-Holsteinische Geschichte ... hrsg. v. Olaf Klose u. Erich Hoffmann. Bd. 1–10. Neumünster 1954–(2001) [noch unvollständig]
Otto **Brandt** [u. a.], Geschichte Schleswig-Holsteins. Ein Grundriß. Kiel 1957, [8]1981
Geschichte Schleswig-Holsteins von den Anfängen bis zur Gegenwart. Hrsg. v. Ulrich Lange. Neumünster 1996
Geschichte Niedersachsens. Hrsg. v. Hans Patze. Bd. 1, 2,1, 3,1–2 (= Veröffentlichungen der Hist. Komm. f. Niedersachsen u. Bremen 36). Hannover [Bd. 1 Hildesheim] 1977–(98)
Niedersächsische Geschichte. Hrsg. v. Bernd Ulrich Hucker [u. a.]. Göttingen 1997
Geschichte des Landes Oldenburg. Ein Handbuch. Im Auftrag der Oldenburgischen Landschaft hrsg. v. Albrecht Eckhardt in Zus.arbeit m. Heinrich Schmidt. Oldenburg 1987, [4]1993
Der Raum Westfalen. Im Auftrag des Landschaftsverbandes Westfalen-Lippe hrsg. v. Hermann Aubin [u. a.]. Bd. 1–6. Berlin 1931–34 [Bd. 1; 2,2; 3]; Münster 1955–96 [Bd. 2,1; 4,1–5; 5,1–2; 6,1–2]
Westfälische Geschichte. Hrsg. v. Wilhelm Kohl. Bd. 1–3, Bild- u. Dok.-Bd., Reg.-Bd. (= Veröffentlichungen der Hist. Komm. f. Westfäl. Landeskunde u. Volksforschung des Landschaftsverbandes Westfalen-Lippe 43). Düsseldorf 1982–84
Harm **Klueting,** Geschichte Westfalens. Das Land zwischen Rhein und Weser vom 8. bis zum 20. Jahrhundert. Paderborn 1998

Rheinische Geschichte in drei Bänden. Hrsg. v. Franz Petri u. Georg Droege. Bd. 1–3 [nebst Bild-, Dok.- u. Reg.-Bd.]. Düsseldorf 1976–83 [Bd. 1 bisher in 3 Teilbänden; noch unvollständig; Bd. 2 ³1980, Bd. 3 ²1980]

Karl E. **Demandt**, Geschichte des Landes Hessen. Kassel 1959, ²1972 [Nachdruck 1980]

Das Werden Hessens. Hrsg. v. Walter Heinemeyer (= Veröffentlichungen d. Hist. Komm. f. Hessen u. Waldeck 50). Marburg 1986

Meinrad **Schaab**, Geschichte der Kurpfalz. Bd. 1–2. Stuttgart [u. a.] 1988–92

Winfried **Dotzauer,** Der historische Raum des Bundeslandes Rheinland-Pfalz. Der Weg zu einem Kernraum deutscher Reichsgeschichte (bis 1500) (= Europäische Hochschulschriften, Reihe 3: Geschichte und ihre Hilfswissenschaften 491). Frankfurt/M [u. a.] 1992

Winfried **Dotzauer,** Der historische Raum des Bundeslandes Rheinland-Pfalz von 1500–1815. Die fürstliche Politik für Reich und Land, ihre Krisen und Zusammenbrüche (= Europäische Hochschulschriften, Reihe 3: Geschichte und ihre Hilfswissenschaften 538). Frankfurt/M [u. a.] 1993

Geschichtliche Landeskunde des Saarlandes. Hrsg. v. Kurt Hoppstädter u. Hans-Walter Herrmann. Bd. 1–3 (= Mitteilungen d. Hist. Vereins f. d. Saargegend e. V., N. F. 3–5). Saarbrücken 1960–94 [Nachdruck Bd. 1 1983]

Wolfgang **Hug,** Geschichte Badens. Stuttgart 1992, ²1998

Josef **Becker** [u. a.], Badische Geschichte. Vom Großherzogtum bis zur Gegenwart. Hrsg. v. d. Landeszentrale für politische Bildung Baden-Württemberg. Stuttgart 1979, ²1987

Karl **Weller**/Arnold **Weller**, Württembergische Geschichte im südwestdeutschen Raum. Stuttgart ¹⁰1989 [1. Aufl.: Karl Weller, Württembergische Geschichte. Leipzig 1909]

Erich **Marquardt,** Geschichte Württembergs. Stuttgart 1961, ³1985

Handbuch der baden-württembergischen Geschichte. Im Auftrag d. Komm. f. geschichtl. Landeskunde in Baden-Württemberg hrsg. v. Hansmartin Schwarzmaier. Bd. 1–(3) (= Veröffentlichungen d. Komm. f. geschichtl. Landeskunde in Baden-Württemberg). Stuttgart 1992–(2001)

Handbuch der bayerischen Geschichte ... Begr. v. Max Spindler. Neu hrsg. v. Andreas Kraus. Bd. 1–4. München 1966–75 [Bd. 1 ²1981; Bd. 2 ²1988; Bd. 3,1 ³1997; Bd. 3,2 ³2001; Bd. 3,3 ³1995; Bd. 4 ²1979]

Andreas **Kraus**, Geschichte Bayerns. Von den Anfängen bis zur Gegenwart. München 1983, ²1988

Peter Claus **Hartmann**, Bayerns Weg in die Gegenwart. Vom Stammesherzogtum zum Freistaat heute. Regensburg 1989

Friedrich **Prinz,** Die Geschichte Bayerns. München 1997

Handbuch der Geschichte der böhmischen Länder. Hrsg. im Auftrag des Collegium Carolinum v. Karl Bosl. Bd. 1–4. Stuttgart 1967–74

Bruno **Schumacher**, Geschichte Ost- und Westpreußens. Königsberg 1937, Würzburg ⁷1987 [Sonderausgabe Augsburg 1994]

Handbuch der Geschichte Ost- und Westpreußens. Im Auftrag der Historischen Kommission für ost- und westpreußische Landesforschung hrsg. v. Ernst Opgenoorth. Bd. 2–4 ⟨1466–1945⟩ (= Einzelschriften der Historischen Kommission für ost- und westpreußische Landesforschung 10). Lüneburg 1994–1998

Geschichte Schlesiens. Im Auftrage der Hist. Komm. f. Schlesien hrsg. v. Ludwig Petry, Josef Joachim Menzel u. Winfried Irgang. Bd. 1–3. Sigmaringen [2: Darmstadt] 1961–99 [Bd. 1 Sigmaringen ^{7}2000. – Bd. 2 Sigmaringen ^{4}2000. – Von den drei geplanten Bden. der 1. Vorkriegsaufl. erschien nur Bd. 1. Breslau 1938]

Oskar **Eggert**, Geschichte Pommerns. Bd. 1–. Hamburg 1974–

Hans **Branig**, Geschichte Pommerns Bd. 1–(2) ⟨1300–1800⟩ (= Veröff. d. Hist. Komm. f. Pommern V, 22/1–2). Köln 1997–(2000)

Otto **Vitense**, Geschichte von Mecklenburg (= Allgemeine Staatengesch. III. Abt. Deutsche Landesgeschichten 11). Gotha 1920 [Nachdruck Würzburg 1990]

Wolf **Karge**/Ernst **Münch**/Hartmut **Schmied,** Die Geschichte Mecklenburgs. Rostock 1993

Johannes **Schultze**, Die Mark Brandenburg. Bd. 1–5 ⟨–1815⟩. Berlin 1961–69, ^{2}1989

Brandenburgische Geschichte. Hrsg. v. Ingo Materna u. Wolfgang Ribbe. Berlin 1995

Rudolf **Kötzschke**/Hellmut **Kretzschmar**, Sächsische Geschichte. Werden und Wandlungen eines deutschen Stammes und seiner Heimat im Rahmen der deutschen Geschichte. Bd. 1–2. Dresden 1935 [Nachdruck in 1 Bd. Frankfurt/M 1965, ^{3}1977]

Karlheinz **Blaschke,** Geschichte Sachsens im Mittelalter. München 1990

Geschichte Sachsens. Hrsg. im Auftrage d. Hist. Komm. d. Sächsischen Akad. d. Wiss. zu Leipzig v. Karl Czok. Weimar 1989

Geschichte Thüringens. Hrsg. v. Hans Patze u. Walter Schlesinger. Bd. 1–6 (=Mitteldeutsche Forschungen 48/I–VI). Köln [u.a.] 1967–84 [Bd. 1 ^{2}1985]

Deutsche Geschichte im Osten Europas. Begr. v. Werner Conze, hrsg. v. Hartmut Boockmann. [Berlin]
Baltische Länder. Hrsg. v. Gert von Pistohlkors. 1994
Böhmen und Mähren. Hrsg. v. Friedrich Prinz. 1993, ^{2}1995
Land an der Donau. Hrsg. v. Günter Schödl. 1995
Hartmut Boockmann, Ostpreußen und Westpreußen. 1992, ^{2}1993
Schlesien. Hrsg. v. Norbert Conrads. 1994
Pommern. Hrsg. v. Werner Buchholz. 1999
Land der großen Ströme. Von Polen nach Litauen. Hrsg. v. Joachim Rogall. 1996
Rußland. Hrsg. v. Gerd Stricker. 1997
Zwischen Adria und Karawanken. Hrsg. v. Arnold Suppan. 1998
Galizien, Bukowina, Moldau. Hrsg. v. Isabel Röskau-Rydel. 1999

Lexikon
Gerhard **Köbler,** Historisches Lexikon der deutschen Länder. Die deutschen Territorien vom Mittelalter bis zur Gegenwart. München 1988, ^{6}1999

Bibliographien
DW 26/1–1469
Reinhard **Oberschelp,** Die Bibliographien zur deutschen Landesgeschichte und Landeskunde im 19. und 20. Jahrhundert (= Zeitschrift für Bibliothekswesen und Bibliographie. Sonderheft 7). Frankfurt/M 1967, ^{3}1997
Bibliographie zur deutschen historischen Städteforschung. Bearb. v. Brigitte Schröder u. Heinz Stoob. Teil 1–2 (= Städteforschung. Reihe B. Handbücher. Bd. 1,1–2). Köln/Wien 1986–96

7. *Politische Ideengeschichte*

Friedrich **Meinecke,** Die Idee der Staatsräson in der neueren Geschichte. München/Berlin 1924. – [Zuletzt in:] F. Meinecke, Werke. Bd. 1. Hrsg. u. eingel. v. Walther Hofer. München 1957, ^{4}1976
Gerhard **Ritter,** Die Dämonie der Macht. Betrachtungen über Geschichte und Wesen des Machtproblems im politischen Denken der Neuzeit. München ^{6}1948
[1. Aufl. u. d. T.: Machtstaat und Utopie. Vom Streit um die Dämonie der Macht seit Machiavelli und Morus. München/Berlin 1940]
Hans **Fenske** [u. a.], Geschichte der politischen Ideen. Von Homer bis zur Gegenwart. Königstein/Ts. 1981 [als Taschenbuch Frankfurt/M 1987, ^{6}1994; davon aktualis. Neuausg. 1996 u. 2001]
Pipers Handbuch der politischen Ideen. Hrsg. v. Iring Fetscher u. Herfried Münkler. Bd. 1–5. München/Zürich 1985–93
Henning **Ottmann,** Geschichte des politischen Denkens. Bd. 1–(2,1). Stuttgart [u. a.] 2001–(2002)
Jean **Touchard,** Histoire des idées politiques (= »Thémis«. Manuels juridiques, économiques et politiques . . .) Bd. 1–2. Paris 1959 [Bd. 1 ^{9}1988; Bd. 2 ^{11}1990]

Bibliographie
DW 39/1841–1943

8. Politische Wissenschaft

Otto Heinrich von der **Gablentz**, Einführung in die Politische Wissenschaft (= Die Wissenschaft von d. Politik 13). Köln/Opladen 1965
Gerhard **Lehmbruch**, Einführung in die Politikwissenschaft. Unter Mitarbeit v. Frieder Naschold u. Peter Seibt (= Gesch. u. Gegenwart). Stuttgart [u.a.] 1967, ^{4}1971
Manfred **Hättich**, Lehrbuch der Politik-Wissenschaft. Bd. 1–3. Mainz 1967–72
Manfred **Hättich**, Grundbegriffe der Politikwissenschaft. Darmstadt 1969, ^{2}1980
Politikwissenschaft. Eine Grundlegung. Hrsg. v. Klaus v. Beyme, Ernst O. Czempiel, Peter Kielmansegg, Peter Schmoock. Bd. 1–3. Stuttgart [u.a.] 1987
Paul **Noack**, Was ist Politik? Eine Einführung in ihre Wissenschaft. Geleitwort v. Alfred Grosser. München/Zürich 1973 [als Taschenbuch München/Zürich 1981]
Dirk **Berg-Schlosser** [u.a.], Einführung in die Politikwissenschaft (= Beck'sche Elementarbücher). München 1974, ^{7}2003
Ulrich von **Alemann**, Grundlagen der Politikwissenschaft. Ein Wegweiser (= Grundwissen Politik 9). Opladen 1994
Politikwissenschaftliche Methoden. Grundriß für Studium und Forschung. Hrsg. v. Ulrich von Alemann. Opladen 1995
Politikwissenschaft. Eine Einführung. Hrsg. v. Manfred Mols [u.a.]. Paderborn [u.a.] 1994, ^{2}1996

Bibliographien
Bibliographie zur Politik in Theorie und Praxis. Hrsg. v. Karl Dietrich Bracher und Hans-Adolf Jacobsen (= Bonner Schriften zur Politik und Zeitgeschichte 1). Düsseldorf 1970. – ... Erg.-Bd. (= Bonner Schriften ... 8). Düsseldorf 1973. – Aktualis. Neuaufl. (= Bonner Schriften ... 13). Düsseldorf 1976. – [4. Aufl. u. d. T.:] Bibliographie zur Politik in Theorie und Praxis. Hrsg. v. Karl Dietrich Bracher [u.a.]. Vollst. Neubearbeitung. Zus.gestellt v. Manfred Funke [u.a.]. Bearb. v. Albrecht Tyrell (= Bonner Schriften ... 20). Königstein/Ts./Düsseldorf 1982
International Bibliography of the Social Sciences. International Bibliography of Political Science. Bearb. v. International Committee for Social Science Information and Documentation. 1 (1952) – 49 (2000). London/New York 1954–(2001) [Bd. 1–8 ohne Haupttitel]
DW 39/1735–1767

9. Publizistik

Handbuch der Publizistik. Hrsg. v. Emil Dovifat. Bd. 1–3. Berlin 1968–69 [Bd. 1 ²1971]
Einführung in die Publizistikwissenschaft. Hrsg. v. Otfried Jarren u. Heinz Bonfadelli. Bern [u. a.] 2001
Jürgen **Wilke**, Grundzüge der Medien- und Kommunikationsgeschichte. Von den Anfängen bis zum 20. Jahrhundert. Köln [u. a.] 2000
Geschichte der deutschen Presse. Teil 1–4 (=Abhandlungen u. Materialien z. Publizistik 5–7, 10). Berlin
  1. Margot Lindemann, Deutsche Presse bis 1815. 1969 [Nachdruck 1988]
  2: Kurt Koszyk, Deutsche Presse im 19. Jahrhundert. 1966
  3: Kurt Koszyk, Deutsche Presse, 1914–1945. 1972
  4: Kurt Koszyk, Pressepolitik für Deutsche 1945–1949. Hrsg. v. Bernd Sösemann. 1986
Rundfunk in Deutschland. Hrsg. v. Hans Bausch. Bd. 1–5. München 1980

Bibliographien
DW 36/1–396 [Publizistik], 54/1–212 [Film], 55/1–114 [Rundfunk]
Christina **Holtz-Bacha**, Publizistik-Bibliographie. Eine internationale Bibliographie von Nachschlagewerken zur Literatur der Kommunikationswissenschaft (= Schriften d. Dt. Gesellsch. f. Comnet 4). Konstanz 1985
Bibliographie der Zeitschriften des deutschen Sprachgebiets bis 1900. Hrsg. v. Joachim Kirchner. Bd. 1–(4). Stuttgart 1969–(89) [Bd. 4 = Reg.-Bd., noch unvollständig]
Gert **Hagelweide**, Literatur zur deutschsprachigen Presse. Eine Bibliographie: Von den Anfängen bis 1970. Bd. 1–(13) [15 Bde. u. 3 Reg.-Bde. geplant] (= Dortmunder Beiträge z. Zeitungsforschung 35). München [u. a.] 1985–(2002)
Deutsche Presse. Biobibliographische Handbücher zur Geschichte der deutschsprachigen periodischen Presse von den Anfängen bis 1815. Kommentierte Bibliographie der Zeitungen, Zeitschriften, Intelligenzblätter, Kalender und Almanache sowie biographische Hinweise zu Herausgebern, Verlegern und Druckern periodischer Schriften. Hrsg. v. Holger Böning. Bd. 1–(3). Stuttgart 1996– [40 Bde. geplant]

10. *Kulturgeschichte*

Handbuch der Kulturgeschichte. Hrsg. v. Heinz Kindermann. Abt. 1–2. Potsdam 1934–39
Abt. 1 [Bd. 1–7]: Geschichte des deutschen Lebens
Abt. 2 [Bd. 1–3; unvollständig]: Geschichte des Völkerlebens
[Neubearbeitung:]
Handbuch der Kulturgeschichte. Begr. v. Heinz Kindermann. Neu hrsg. v. Eugen Thurnher. Abt. 1–2. 1960–
Abt. 1: Zeitalter deutscher Kultur
- [1,1:] Willy Krogmann, Die Kultur der Germanen. Teil 1: Die materiellen Voraussetzungen. Wiesbaden 1978
- [2:] Alois Wolf, Deutsche Kultur im Hochmittelalter 1150 bis 1250. Essen 1986
- [4:] Hans-Friedrich Rosenfeld/Hellmut Rosenfeld, Deutsche Kultur im Spätmittelalter 1250–1500. Wiesbaden 1978
- [5:] Ernst W. Zeeden, Deutsche Kultur in der frühen Neuzeit. Frankfurt/M 1968
- [6:] Willi Flemming, Deutsche Kultur im Zeitalter des Barocks. Konstanz 1960
- [7:] Emil Ermatinger, Deutsche Kultur im Zeitalter der Aufklärung. Frankfurt/M 1969
- [8:] Walter Horace Bruford, Deutsche Kultur in der Goethezeit. Konstanz 1965 [Neuaufl. 1981]
- [9:] Karl Buchheim, Deutsche Kultur zwischen 1830 und 1870. Frankfurt/M 1966
- [10:] Hans Kramer, Deutsche Kultur zwischen 1871 und 1918. Frankfurt/M 1971
- [11:] Dietrich W. H. Schwarz, Die Kultur der Schweiz. Frankfurt/M 1967
- [12:] Die Kultur Österreichs [iV]

Abt. 2: Kulturen der Völker [noch nicht abgeschlossen]

11. *Literaturgeschichte (Mittelalter)*

Gustav **Gröber**, Übersicht über die Lateinische Literatur von der Mitte des 6. bis zur Mitte des 14. Jahrhunderts. In: Grundriß der romanischen Philologie, Bd. 2 Abt. 1. Straßburg 1902 [Nachdruck München 1974]

Max **Manitius**, Geschichte der lateinischen Literatur des Mittelalters. Bd. 1–3 [Bd. 3 unter Paul Lehmanns Mitwirkung] (= Handbuch der klassischen Altertumswissenschaft. Abt. 9, Teil 2). München 1911–31 [Nachdruck 1965–74]

Franz **Brunhölzl**, Geschichte der lateinischen Literatur des Mittelalters. Bd. 1–(2) [4 Bde. geplant]. München 1975–(92) [Bd. 1 ²1996]
Berthold **Altaner**, Patrologie (= Herders theologische Grundrisse). Freiburg 1938 [Neubearbeitung:]
Berthold **Altaner**/Alfred **Stuiber**, Patrologie. Leben, Schriften und Lehre der Kirchenväter. Freiburg/Basel/Wien ⁹1980 [Sonderausgabe 1993]
Gustav **Ehrismann**, Geschichte der deutschen Literatur bis zum Ausgang des Mittelalters. Bd. 1–2 (= Handbuch des deutschen Unterrichts an höheren Schulen 6). München 1918–32 [Bd. 1 ²1932. – Nachdruck München 1954 und 1965–66]
Neues Handbuch der Literaturwissenschaft. Hrsg. v. Klaus von See. Bd. 1–(25). Wiesbaden [u. a.] [noch unvollständig; davon Mittelalter: Bd. 5–8. 1978–90]
Helmut de **Boor**/Richard **Newald**, Geschichte der deutschen Literatur von den Anfängen bis zur Gegenwart. Bd. 1–7, 9, 12. München 1949–(98) [noch unvollständig; davon Mittelalter: Bd. 1–4. 1949–87. – Einzelne Bde. in Neuaufl.]

Vulgär- und Mittellatein

Karl **Vossler**, Einführung ins Vulgärlatein. Hrsg. u. bearb. v. Helmut Schmeck. München 1954
Karl **Strecker**, Einführung in das Mittellatein. Berlin ³1939. – [Zuletzt in engl. Übersetzung:]
Karl **Strecker**, Introduction to Medieval Latin. English Translation and Revised by Robert B. Palmer. Berlin 1957. – 6. Aufl. Zürich/Berlin 1971
Ludwig **Traube**, Einleitung in die lateinische Philologie des Mittelalters. Hrsg. v. Paul Lehmann (= Ludwig Traube, Vorlesungen und Abhandlungen 2). München 1911 [Nachdruck München 1965]
Karl **Langosch**, Lateinisches Mittelalter. Einleitung in Sprache und Literatur. Darmstadt 1963, ⁵1988
Dag **Norberg**, Manuel pratique de latin médiéval (= Connaissances des langues 4). Paris 1968, ²1981
Peter **Stotz**, Handbuch zur lateinischen Sprache des Mittelalters. Bd. 1–4 (= Handbuch der Altertumswissenschaft II, 5,1–4). München 1996–2002

Textgeschichte und Rhetorik

Paul **Maas**, Textkritik. Leipzig ⁴1960
Geschichte der Textüberlieferung der antiken und mittelalterlichen Literatur. Bd. 1–2. Zürich. – Bd. 1. Von Herbert Hunger [u. a.]. 1961. – Bd. 2. Von Karl Langosch [u. a.]. 1964

Heinrich **Lausberg**, Handbuch der literarischen Rhetorik. Eine Grundlegung der Literaturwissenschaft [nebst Reg.-Bd.]. München 1960, ³1990

Heinrich **Lausberg**, Elemente der literarischen Rhetorik. Eine Einführung für Studierende der klassischen, romanischen, englischen und deutschen Philologie. Münster 1949, ¹⁰1990

Leonid **Arbusow**, Colores rhetorici. Eine Auswahl rhetorischer Figuren und Gemeinplätze als Hilfsmittel für akademische Übungen an mittelalterlichen Texten. Göttingen 1948, ²1963

Wörterbücher

Die deutsche Literatur des Mittelalters. Verfasserlexikon. Bd. 1–4, Nachtrags-Bd. 1. Hrsg. v. Wolfgang Stammler. Berlin/Leipzig [Bd. 3 ff. Berlin] 1933–1955

[Neubearbeitung:]
Die deutsche Literatur des Mittelalters. Verfasserlexikon. Begr. v. Wolfgang Stammler, fortgeführt v. Karl Langosch. Zweite, völlig neu bearb. Aufl. hrsg. v. Kurt Ruh [u. a.]. Bd. 1–10, Erg.-Bd. 1 [–Mande]. Berlin/New York 1977–(2002)

[Auswahlausg. in 1 Bd.:]
Deutschsprachige Literatur des Mittelalters. Studienauswahl aus dem »Verfasserlexikon« (Bd. 1–10). Besorgt v. Burghart Wachinger. Berlin/New York 2001

Alfred **Franklin**, Dictionnaire des noms, surnoms et pseudonymes latins de l'histoire littéraire du moyen âge [1100 à 1530]. Paris 1875 [Nachdruck Hildesheim 1966]

Bibliographie
DW 31/266–377, 50/230–378, 622–685

12. *Kunstgeschichte*

Ernst H. **Gombrich**, Die Geschichte der Kunst. Stuttgart/Zürich 1982. – 16. Aufl. Frankfurt/M 1996 [Nachdr. Berlin 2001. – Engl. Ausg.: The Story of Art. London 1950, ¹⁶1995. – Auch als Paperback]

Hermann **Bauer**, Kunsthistorik. Eine kritische Einführung in das Studium der Kunstgeschichte (= Beck'sche Elementarbücher). München 1976, ³1989

Propyläen-Kunstgeschichte. Bd. 1–18, Suppl.-Bd. 1–5, Sonderbd. 1–3. Frankfurt/M [u. a.] 1966–83. – 1. Aufl. Bd. 1–16, Erg.-Bd. [1–2]. Berlin 1923–42 [Sonderausgabe Bd. 1–12. 1990]

Heinrich **Klotz** [Bd. 1 u. 3]/Martin **Warnke** [Bd. 2], Geschichte der deutschen Kunst. München 1998–2000

Lexikon
Reallexikon der deutschen Kunstgeschichte. Begonnen v. Otto Schmitt. Hrsg. v. Zentralinstitut f. Kunstgeschichte München. Bd. 1–9 [–Flugblatt]. München 1937–(2003) [Nachdruck Bd. 1–2 1983–88]

Bibliographien
DW 51/547–594 [Bild. Künste], 52/219–705 [Musik], 53/226–400 [Theater]
Bibliographie d'histoire de l'art. (Colloque) Paris 24, 25, 26 mars 1969 (= Colloques internationaux du Centre national de la recherche scientifique, Sciences humaines). Paris 1969

13. *Technikgeschichte*

Franz **Hendrichs**, Der Weg aus der Tretmühle. Ein Abriß der Technik der Neueren Zeit. Düsseldorf 1955, ^{3}1966
Albrecht **Timm**, Einführung in die Technikgeschichte (= Sammlung Göschen 5010). Berlin/New York 1972
Moderne Technikgeschichte. Hrsg. v. Karin Hausen u. Reinhard Rürup (= Neue Wiss. Bibliothek 81). Köln 1975
Burchard **Brentjes** [u. a], Geschichte der Technik. Hrsg. v. Rolf Sonnemann. [Köln] 1978, ^{2}1987

Propyläen Technikgeschichte. Hrsg. v. Wolfgang König. [Bd. 1–5.] Berlin
  1: Dieter Hägermann/Helmuth Schneider, Landbau 750 v. Chr. bis 1000. 1991
  2: Karl-Heinz Ludwig/Volker Schmidtchen, Metalle und Macht 1000 bis 1600. 1992
  3: Akos Paulinyi/Ulrich Troitzsch, Mechanisierung und Maschinisierung 1600 bis 1840. 1991
  4: Wolfgang König/Wolfhard Weber, Netzwerke – Stahl und Strom 1840–1914. 1990
  5: Hans-Joachim Braun/Walter Kaiser, Energiewirtschaft – Automatisierung – Information 1914 bis 1990. 1992

A History of Technology. Hrsg. v. Charles Singer [u. a.]. Bd. 1–8. Oxford 1954–84
Thomas Kingston **Derry**/Trevor J. **Williams**, A Short History of Technology. From the Earliest Times to A. D. 1900. Oxford 1960 [als Paperback London/Oxford/New York 1970]
Histoire générale des techniques. Publiée sous la direction de Maurice Daumas. Bd. 1–5. Paris 1962–79

Hilfsmittel

Biographical Dictionary of the History of Technology. Hrsg. v. Jan McNeil u. Lance Day. London 1995

Bibliographie
DW 56/1–431

XII. Geschichte der Geschichtswissenschaft

Karl **Brandi**, Geschichte der Geschichtswissenschaft (= Geschichte der Wissenschaften. I. Geschichtswissenschaften). Bonn 1947. – 2. Aufl. überarbeitet v. Wolfgang Graf. Bonn 1952
Companion to Historiography. Hrsg. v. Michael Bentley. London/New York 1997 [Nachdruck 2001]
Christian **Simon,** Historiographie. Eine Einführung. Stuttgart 1996

Mittelalter

Herbert **Grundmann**, Geschichtsschreibung im Mittelalter. Gattungen, Epochen, Eigenart. In: Deutsche Philologie im Aufriß. Hrsg. v. Wolfgang Stammler, Bd. 3. Berlin 1957, ^{2}1962. [Als Sonderausg. = Kleine Vandenhoeck-Reihe 209/210. Göttingen 1965, ^{4}1987]
Franz-Josef **Schmale**, Funktion und Formen mittelalterlicher Geschichtsschreibung. Eine Einführung. Darmstadt 1985, ^{2}1993
Hans-Werner **Goetz**, Geschichtsschreibung und Geschichtsbewußtsein im hohen Mittelalter (= Orbis mediaevalis. Vorstellungswelten des Mittelalters 1). Berlin 1999

Neuzeit

Eduard **Fueter**, Geschichte der neueren Historiographie (= Handbuch der mittelalterlichen und neueren Geschichte. Hrsg. v. Georg von Below und Friedrich Meinecke. Abt. I). München/Berlin 1911, ^{3}1936 [Nachdruck München/Berlin 1968 u. Zürich/Schwäbisch Hall 1985]
Heinrich Ritter von **Srbik**, Geist und Geschichte vom deutschen Humanismus bis zur Gegenwart. Bd. 1–2. München/Salzburg 1950–51 [Bd. 1 in 3. unveränderter, Bd. 2 in 2. unveränderter Aufl. 1964]
Friedrich **Meinecke**, Die Entstehung des Historismus. Bd. 1–2. Berlin 1936 [Neudruck in:]
Friedrich **Meinecke**, Die Entstehung des Historismus. Hrsg. v. Carl Hinrichs (= Werke 3). München ^{2}1965
Friedrich **Meinecke**, Zur Geschichte der Geschichtsschreibung. Hrsg. v. Eberhard Kessel (= Werke 7). München 1968
George Peabody **Gooch**, History and Historians in the Nineteenth Century. London 1913, ^{2}1952 [Deutsche Ausgabe:]
George Peabody **Gooch**, Geschichte und Geschichtsschreiber im 19. Jahrhundert. Vom Verfasser neubearb. deutsche Ausgabe mit einem Ergänzungskapitel. Frankfurt/M 1964

Geschichtsdiskurs. Hrsg. v. Wolfgang Küttler [u.a.] (= Fischer Wissenschaft). Bd. 1–5. Frankfurt/M 1993–98
  1: Grundlagen und Methoden der Historiographiegeschichte. 1993
  2: Anfänge modernen historischen Denkens. 1994
  3: Die Epoche der Historisierung. 1997
  4: Krisenbewußtsein, Katastrophenerfahrungen und Innovationen 1880–1945. 1997
  5: Globale Konflikte, Erinnerungsarbeit und Neuorientierung seit 1945. 1998
Kompass der Geschichtswissenschaft. Ein Handbuch. Hrsg. v. Joachim Eibach u. Günther Lottes (= UTB 2271). Göttingen 2002
Georg G. **Iggers**, The German Conception of History. The National Tradition of Historical Thought, from Herder to the Present. Middletown/Conn. 1968. – [Als Paperback 1983. – In deutscher Übers. erschienen u. d. T.:] Deutsche Geschichtswissenschaft. Eine Kritik der traditionellen Geschichtsauffassung von Herder bis zur Gegenwart (= dtv Wiss. Reihe). München 1971, ^{4}1997
[Neuauflage:]
Georg G. **Iggers**, Deutsche Geschichtswissenschaft (= Böhlau Studienbuch). Wien 1997
Alfons **Lhotsky**, Österreichische Historiographie (= Österreich Archiv). München 1962
Richard **Feller**/Edgar **Bonjour**, Geschichtsschreibung der Schweiz vom Spätmittelalter zur Neuzeit. Bd. 1–2. Basel/Stuttgart 1962, ^{2}1979

Textsammlungen

Geschichte und Geschichtsschreibung. Möglichkeiten. Aufgaben. Methoden. Texte von Voltaire bis zur Gegenwart. Hrsg. u. eingel. v. Fritz Stern. München 1966 [Übers. aus d. Amerikanischen]
Hauptwerke der Geschichtsschreibung. Hrsg. v. Volker Reinhardt (= Kröners Taschenausg. 435). Stuttgart 1997

Bibliographien
DW 5/1–45; 7/1–1624
Georg G. **Iggers**/Wilhelm **Schulz**, Geschichtswissenschaft. In: Sowjetsystem und demokratische Gesellschaft. Eine vergleichende Enzyklopädie. Hrsg. v. C. D. Kernig ... Bd. 2. Freiburg/Basel/Wien 1968, Sp. 955–59
[Über Geschichtsphilosophie vgl. DW 3/1–746; 4/1–446.]

XIII. Vertragssammlungen

Corps Universel Diplomatique du Droit des Gens; contenant un recueil des traitez d'alliance, de paix, de trêve ... depuis le Regne de l'Empereur Charlemagne jusques à présent ... Hrsg. v. Jean DuMont [u.a.]. Bd. 1–8. Amsterdam/Den Haag 1726–31
1: ⟨800–1358⟩. 1726
2: ⟨1359–1435⟩. 1726
3: ⟨1436–1500⟩. 1726
4: ⟨1501–1555⟩. 1726
5: ⟨1556–1630⟩. 1728
6: ⟨1631–1666⟩. 1728
7: ⟨1667–1700⟩. 1731
8: ⟨1701–1730⟩. 1731

Supplément au Corps Universel ... augmenté par Jean Rousset de Missy. Bd. 1–5. Amsterdam/Den Haag 1739

The Consolidated Treaty Series [CTS] ⟨1648–1919⟩. Ed. ... by Clive Parry. Bd. 1–229, Erg.-Bd. 1–5 ⟨1648–1799⟩, Reg.-Bd. 1–5 (General Chronological List 1648–1920), Reg.-Bd. 1–2 (Special Chronological List [= Colonial, Postal, Telegraph etc. Agreements] 1648–1919), Reg.-Bd. 1–5 (Party Index). Dobbs Ferry 1969–86 [ersetzt Bd. 6–8 des DuMont, die Martens-Serien und andere Vertragssammlungen in deren Vertragsteil, nicht jedoch, soweit sie auch Protokolle abdrucken]

Martens-Serien

1) ⟨1761–1808⟩
Recueil de traités [Bd. 5 ff. Recueil des principaux traités] d'alliance, de paix, de trêve, de neutralité, de commerce, de limites, d'échange ... des puissances et Etats de l'Europe ... depuis 1761 jusqu'à présent ... Hrsg. v. Georges Frédéric de Martens [Georg Friedrich von Martens]. Bd. 1–8. Göttingen ^{2}1817–1835 [1. Aufl. Bd. 1–7. Göttingen 1791–1801]

2) ⟨1494, –1807⟩
Supplément au Recueil des principaux traités d'alliance ... conclus par les puissances de l'Europe tant entre elles qu'avec les puissances et Etats dans d'autres parties du monde depuis 1761 jusqu'à présent, précédé de traités du XVIIIe siècle à cette époque et qui ne se trouvent pas dans le corps universel diplomatique de Mrs Dumont et Rousset et autres recueils généraux de traités ... par Georges Frédéric de Martens. Bd. 1–4. Göttingen 1802–08

3) ⟨1808–1839⟩
Nouveau Recueil ... depuis 1808 ... par Georges Frédéric de Martens [tomes 1–4; tome 5 par le Baron C. de Martens; vol. suppl. au Veme vol. et tomes 6–9 par F. Saalfeld; tomes 10–16 par F. Murhard]. Bd. 1–16. Göttingen 1817–42. – [Als Vortitel erscheint auch der Titel von 2) mit durchgehender Bandzählung von Bd. 1–20.]

4) ⟨1559, –1839⟩
Nouveaux supplémens au Recueil de traités ... Par Frédéric Murhard. Bd. 1–3. Göttingen 1839–42

5) [Register zu 1)–4); ersetzt durch 7);]
Table générale ... Teil 1 ⟨1760–1826⟩. Göttingen 1837
Teil 2 ⟨1559–1839⟩. Göttingen 1843

6) ⟨1720–1874⟩
Nouveau recueil général de traités, de conventions et autres transactions remarquables ... Rédigé ... par Frédéric Murhard [tomes 1–11. Continué par Ch. Murhard et J. Pinhas, tomes 12, 13; par Charles Samwer, tomes 14–17; par Charles Samwer et Jules Hopf, tomes 18–20.] *Serie 1* Bd. 1–20. Göttingen 1843–76 [Bd. 12 u. 13 tragen Nebentitel: Archives diplomatiques générales des années 1848 et suivantes ... Bd. 1–2. Göttingen 1854–55
Bd. 14–20 tragen Nebentitel: Recueil général de traités et autres actes relatifs aux rapports de droit international ... Bd. 1–7. Göttingen 1856–76. – [Nachdruck Bd. 1–20 Nendeln/Liecht. 1975]

7) [Register zu 1)–4), 6):]
Table générale ... 1494–1874. Teil 1–2. Göttingen
1. [chronologisch]. 1875
2. [alphabetisch]. 1876

8) ⟨1776, –1907⟩
Nouveau recueil général de traités et autres actes relatifs aux rapports de droit international. Continuation ... par Charles Samwer [tomes 1–7; par Jules Hopf, tomes 8–10; par Felix Stoerk, tomes 11–35] *Serie 2* Bd. 1–35. Göttingen [Bd. 22 ff. Leipzig] 1876–1908 [Nachdruck Nendeln/New York 1967]

9) [Register zu 8):]
Table générale. Tomes I–XXV ⟨1853–1899⟩. Leipzig 1900 [Überholt durch:]
Table générale. Tomes I–XXXV ⟨1776–1907⟩. Leipzig 1910 [Nachdruck Nendeln/New York 1967]

10) ⟨1799, –1943⟩
Nouveau recueil général de traités et autres actes relatifs aux rapports de droit international. Continuation par Heinrich Triepel [u. a.]. *Serie 3* Bd. 1–41. Leipzig [1941 ff. Greifswald] 1909–44 [Teilnachdruck Aalen 1959–71; Lieferung 3 von Bd. 41, die 1944 nicht mehr erschien, erstmalig Aalen 1970]

11) [Register zu 10):]
Table générale. Tomes I à X ... ⟨1799–1920⟩. Leipzig 1922 [Nachdruck Aalen 1965]
Table générale. Tomes XI à XX ... ⟨1880–1928⟩. Leipzig 1930 [Nachdruck Aalen 1965]
Table générale. Tomes XXI–XXX ... ⟨1859–1935⟩. Leipzig 1935 [Nachdruck Aalen 1965]
Table générale. Tomes XXXI–XLI ... ⟨1897–1945⟩. Aalen 1975

Der Vertrags-Ploetz

Konferenzen und Verträge. Vertrags-Ploetz. Ein Handbuch geschichtlich bedeutsamer Zusammenkünfte, Vereinbarungen, Manifeste und Memoranden. Teil II: 1493–1952. Bearb. v. Helmuth Rönnefarth ... Bielefeld 1953
[Neubearbeitung:]
Konferenzen und Verträge. Vertrags-Ploetz. Ein Handbuch geschichtlich bedeutsamer Zusammenkünfte und Vereinbarungen. Teil II. Bd. 3: Neuere Zeit. 1492–1914. Zweite erweiterte u. veränderte Aufl. Bearb. v. Helmuth K. G. Rönnefarth. Würzburg 1958. – Teil II. Bd. 4: Neueste Zeit. 1914–1959. Zweite erweiterte u. veränderte Auflage. Bearb. v. Helmuth K. G. Rönnefarth und Heinrich Euler. Würzburg 1959
[Neubearbeitung von Teil II Bd. 4 unter demselben Haupttitel:]
... Teil II. Bd. 4 A: Neueste Zeit. 1914–1959. Zweite u. erweiterte Auflage. Bearb. v. Helmuth K. G. Rönnefarth u. Heinrich Euler. Würzburg 1959
Teil II. Bd. 4 B: Neueste Zeit. 1959–1963. Begr. v. Helmuth K. G. Rönnefarth. Unter seiner Mitwirkung bearb. v. Heinrich Euler, unterstützt v. Johanna Schomerus. Würzburg 1963
[Teil II.] Bd. 5: 1963–1970. Bearb. v. Heinrich Euler ... Würzburg 1975

Handbuch der Verträge 1871–1964. Verträge und andere Dokumente aus der Geschichte der internationalen Beziehungen. Hrsg. v. Helmuth Stoecker unter Mitarbeit v. Adolf Rüger. (Ost)Berlin 1968
Handbuch der Noten, Pakte und Verträge ⟨1944–1967⟩. Hrsg. v. Franz-Wilhelm Engel. Recklinghausen ²1968

Index to Multilateral Treaties. A chronological list of multiparty international agreements from the 16th century through 1963, with citations to their text. Hrsg. v. V. Mostecky u. F. R. Doyle (= Harvard Law School Library). Cambridge/Mass. 1965

League of Nations. Treaty Series [LNTS]. Publications of Treaties and International Engagements Registered with the Secretariat of the League of Nations. ⟨1918–1943⟩. Bd. 1–205. London 1920–46

[Französischer Vortitel dieser Sammlung:]

Société des Nations. Recueil des Traités et des Engagements Internationaux enregistrés par le Secrétariat de la Société des Nations ... [auch Lausanne 1920–46]

United Nations. Nations Unies. Treaty Series [UNTS]. Treaties and other International Agreements Registered or Filed and Recorded with the Secretariat of the United Nations. 1 (1946/47) – 2100 (2000). New York 1946–(2002)

[Dazu:]

United Nations ... Treaty Series ... Cumulative Index Nr. 1–35 [für Bd. 1–2000]. New York 1956–2002

Verträge der Bundesrepublik Deutschland. Serie A: Multilaterale Verträge. Hrsg. v. Auswärtigen Amt. Bd. 1–74. Bonn [u.a.] 1955–96. [Erscheinen eingestellt] – Erg.-Bd. 1: Verzeichnis und Stand der Verträge ... 1960. – Erg.-Lfg. 1–13. 1960–88 [Serie B: Bilaterale Verträge. Nicht erschienen]

Bibliographien

Ludwig **Bittner**, Chronologisches Verzeichnis der österreichischen Staatsverträge. II. Die österreichischen Staatsverträge von 1763 bis 1847 (= Veröffentlichungen der Kommission für Neuere Geschichte Österreichs 8). Wien 1909, S. XXI–XXXVII. – IV. Register mit Nachträgen (1526–1914) (= Veröffentlichungen ... 15). Wien 1917, S. XVII bis XLV

XIV. Bischofs-, Nuntien-, Regenten- und Diplomatenlisten

Louis **Duchesne**, Fastes épiscopaux de l'ancienne Gaule. Bd. 1–3. Paris 1894–1915. – Bd. 1 ²1907; Bd. 2 ²1910

Pius Bonifatius **Gams**, Series episcoporum ecclesiae catholicae. Regensburg 1873–86 [Nachdruck Graz 1957]

[Neubearbeitung:]

Series episcoporum ecclesiae catholicae occidentalis ab initio usque ad annum 1198. Auf der Grundlage des Werkes von P. B. Gams völlig neu bearb. u. hrsg. v. Odilo Engels u. Stefan Weinfurter. Bd. 1–7. Stuttgart

1: Italia. Teil 1. Roma, Dioceses suburbicariae et Provincia romana, Dioceses exemtae. Teil 2. Provinciae Italiae et insularum.

2: Africa et Oriens latinus

3: Iberia

4: Gallia

5: Germania [bisher: Bd. 1 (Köln). 1982. – Bd. 2 (Hamburg, Bremen). 1984]

6: Britannia, Scotia et Hibernia, Scandinavia [bisher: Bd. 1 (Schottland). 1991. – Bd. 2 (Lund). 1992]

7: Graecia, Illyricum et Hungaria, Polonia

8: Register

Hierarchia catholica medii [4 ff.: et recentioris] aevi. Hrsg. von Konrad Eubel [u. a.] ⟨1198–1903⟩. Bd. 1–8. Münster [5 ff.: Padua] 1898–1978 [Bd. 1–3 ²1913–23]

Die Bischöfe des Heiligen Römischen Reiches 1198 bis 1448. Ein biographisches Lexikon. Hrsg. v. Erwin Gatz unter Mitw. v. Claus Brodkorb. Berlin 2001

... 1448 bis 1648. Ein biographisches Lexikon. Hrsg. v. Erwin Gatz unter Mitw. v. Clemens Brodkorb. Berlin 1996

... 1648 bis 1803. Ein biographisches Lexikon. Hrsg. v. Erwin Gatz unter Mitw. v. Stephan M. Janker. Berlin 1990

Die Bischöfe der deutschsprachigen Länder 1785/1803 bis 1945. Ein biographisches Lexikon. Hrsg. v. Erwin Gatz. Berlin 1983

... 1945–2001. Ein biographisches Lexikon. Hrsg. v. Erwin Gatz. Berlin 2002

Henry **Biaudet**, Les Nonciatures apostoliques permanentes jusqu'en 1648 (= Études romaines publiées par l'Expédition finlandaise Vol. 1 No. 1). Helsinki 1910

Liisi **Karttunen**, Les Nonciatures apostoliques permanentes de 1650 à 1800. Genf 1912

Giuseppe **De Marchi**, Le Nunziature Apostoliche dal 1800 al 1956 (= Sussidi eruditi 13). Rom 1957

Regenten und Regierungen der Welt. Sovereigns and Governments of the World ... Teil II: 1492–1953. Bearb. v. Bertold Spuler. Bielefeld (1953). – Neuauflage: ... Teil II. Bd. 3–5 ⟨1492–1970⟩. Bearb. v. Bertold Spuler. Würzburg 1962–72

Peter **Truhart**, Regents of Nations. Systematic Chronology of States and Their Political Representatives in Past and Present. A Biographical Reference Book./Regenten der Nationen. Systematische Chronologie ... Teil 1–3. München [u. a.]
1: Africa/America. 1984
2: Asia/Australia – Oceania. 1985
3,1: Central-, Eastern-, Northern-, Southern-, South East Europe. 1986
3,2: Western Europe. Addenda – Corrigenda. General Alphabetic Index. 1988
[2. überarb. Ausgabe]

Peter **Truhart**, Regents of Nations ... Bd. 1–(5). München
1: Antiquity Worldwide. 2000
2: America & Africa. 2002
[3–5 i V]

Peter **Truhart**, International Directory of Foreign Ministers 1589–1989./Internationales Verzeichnis der Außenminister 1589–1989 ... München [u. a.] 1989. – Supplement 1945–1995. München [u. a.] 1996

Klaus-Jürgen **Matz**, Regententabellen zur Weltgeschichte. Von den Anfängen bis zur Gegenwart. München 1980 [auch als Taschenbuch, u. d. T.: Wer regierte wann? Regententabellen zur Weltgeschichte. München 1990, ⁵2001]

Handbook of British Chronology. Hrsg. v. F. Maurice Powicke [3. Aufl.: u. E. B. Fryde (u. a.)] (= Royal Historical Society Guides and Handbooks 2). London 1939, ³1986 [revid. Nachdruck Cambridge 1996]

Repertorium der diplomatischen Vertreter aller Länder seit dem Westfälischen Frieden (1648) ... Veröffentlicht ... vom Internationalen Ausschuß für Geschichtswissenschaft. Bd. 1–3.
1: (1648–1715). Hrsg. v. Ludwig Bittner u. Lothar Groß. Oldenburg i. O./Berlin 1936 [Nachdruck Nendeln/Liecht. 1976]
2: (1716–1763). Hrsg. unter der Leitung v. Leo Santifaller ... v. Friedrich Hausmann. Zürich 1950 [Nachdruck Schaan/Liecht. 1983]
3: 1764–1815. Hrsg. ... unter der Leitung und der Mitarbeit v. Edith Wohlgemuth-Kotasek v. Otto Friedrich Winter. Graz/Köln 1965

XV. Jahrbücher

L'année politique ... [häufige Änderungen im weiteren Titel u. im Untertitel; derzeit: ..., économique et sociale] ⟨1874–(2001)⟩. Paris 1875–(2002)

Annuaire Européen/European Yearbook. Publié sous les auspices du Conseil de l'Europe. Published under the auspices of the Council of Europe. 1 (1948/53) – 48 (2000). Den Haag [u.a.] 1955–(2002)

The Annual Register, or a view of the history, politicks ... for the year ... 1 (1758) – 242 (2000). London [u.a.] 1758–(2001) [zu Beginn mehrere Auflagen; begr. v. Edmund Burke]
[Titeländerungen:
Bd. 105 ff. ⟨1863⟩: The Annual Register, a review of public events at home and abroad, for the year ... New Series
Bd. 163 ff. ⟨1921⟩: The Annual Register ... Ed. by M. Epstein. New Series
Bd. 196 ff. ⟨1954⟩: The Annual Register of World Events. A review of the year ...
Bd. 206 ff. ⟨1964⟩: The Annual Register. World Events in ...]

Deutscher Geschichtskalender. Begr. v. Karl Wippermann. Hrsg. v. Friedrich Purlitz u. Sigfried H. Steinberg. 1 (1885) – 49 (1933). Leipzig 1886–[1934]
[Jeder Bd. hat 2 Teile: Inland und Ausland.]
Europäischer Geschichtskalender. Hrsg. v. Heinrich Schulthess. 1 (1860) – 25 (1884). Nördlingen 1861–85
[Fortges. u. d. T.:]
Schulthess' europäischer Geschichtskalender. Neue Folge. ... Hrsg. v. Ernst Delbrück [u.a.; zuletzt v. Ulrich Thürauf] 26 (1885) – 82 (1941) [= N. F. 1–57] Nördlingen [30 ff. München] 1886–1965
[Bd. 81 erschien 1942, der während des Krieges schon fertiggestellte Bd. 82 erst nachträglich 1965. – Teilnachdruck Nendeln 1971 und 1977]

Archiv der Gegenwart. Die weltweite Dokumentation für Politik und Wirtschaft [bis Bd. 25: Keesings Archiv der Gegenwart]. Hrsg. v. Heinrich von Siegler. 1 (1931/33) – 72 (2002). Sankt Augustin [o.J.; vor 1980 Bonn (u.a.). – alle Jge. auch auf CD-ROM, Jg. 1931–80 auch in Microfiche-Ausg. Brighton]
Jahrbuch internationale Politik. Hrsg. v. Wolfgang Wagner [u.a.] ⟨1955–(2000)⟩. München 1958–(2001). – [Titel bis 1995: Die internationale Politik. Jahrbücher der Deutschen Gesellschaft für Auswärtige

Politik. – Neueste Bde. auch als Studienausgabe. – Zur Hauptausgabe erschienen Erg.-Bde. m. d. Untertitel: Dokumente und Zeittafeln ⟨1961–1979⟩. München 1962–80. – Erscheinen eingestellt.]

Survey of International Affairs... Hrsg. v. Arnold J. Toynbee [u. a.]. Issued under the auspices of the Royal Institute of International Affairs. ⟨1920/23–1963⟩. London [u. a.] 1925–77 [Erscheinen eingestellt; Nachdruck vergriffener Bände New York 1965]
[Übersicht:
A. Vorkriegsserie ⟨1920–1938⟩. Davon mit besonderem Untertitel:
  ... 1935. Bd. 2: Arnold J. Toynbee, Abyssinia and Italy. 1936
  ... 1937. Bd. 2: Arnold J. Toynbee, The International Repercussions of the War in Spain (1936–7). 1938
  ... 1938. Bd. 2: Robert George Laffan, The Crisis over Czechoslovakia. January to September 1938. 1951
B. Kriegsserie ⟨1939–1946⟩. Sämtliche Bände mit zusätzlichem Untertitel:
  [1:] The World in March 1939. Hrsg. v. Arnold J. Toynbee u. Frank T. Ashton-Gwatkin. 1952
  [2:] Arnold J. Toynbee/Veronica M. Toynbee, The Eve of War. 1958
  [3:] The Initial Triumph of the Axis. Hrsg. v. Arnold J. Toynbee u. Veronica M. Toynbee. 1958
  [4:] Hitler's Europe. Hrsg. v. Arnold J. Toynbee u. Veronica M. Toynbee. 1954
  [5:] William Hardy Macneill, America, Britain, and Russia... 1941–1946. 1953
  [6:] The War and the Neutrals. Hrsg. v. Arnold J. Toynbee u. Veronica M. Toynbee. 1956
  [7:] Michael Balfour/John Mair, Four-Power Control in Germany and Austria 1945–1946. 1956
  [8:] The Realignment of Europe. Hrsg. v. Arnold J. Toynbee u. Veronica M. Toynbee. 1955
  [9:] George Kirk, The Middle East in the War. 1952
  [10:] George Kirk, The Middle East 1945–50. 1954
  [11:] F. C. Jones [u. a.], The Far East 1942–46. 1955
C. Nachkriegsserie ⟨1947/48–63⟩]

XVI. Zeitschriften

[Vermerkt werden in der Regel nur der jeweilige letzte Herausgeber und Erscheinungsort. Nachdruck früherer Jahrgänge liegt zumeist vor und wird nicht eigens aufgeführt.]

1. *deutschsprachig*

Archiv für Diplomatik, Schriftgeschichte, Siegel- und Wappenkunde. Begr. durch Edmund E. Stengel. Hrsg. v. Walter Koch u. Theo Kölzer. 1 (1955) – 46 (2000). Köln [u. a.] [1955 Münster/Köln; 1956–68 Köln/Graz; 1969–90 Köln/Wien] 1955–(2000)
Archiv der Gesellschaft für ältere deutsche Geschichtskunde... Hrsg. v. J. Lambert Büchler u. Carl Georg Dümge [5 ff. Georg Heinrich Pertz]. 1 (1820) – 12 (1874). Frankfurt/M [5 ff. Hannover] 1820–74 [Forts. Neues Archiv]
Archiv für Kulturgeschichte. Hrsg. v. Helmut Neuhaus. 1 (1903) – 84 (2002). Köln [u. a.] 1903–(2002)
Archiv für Reformationsgeschichte [ARG]. Internationale Zeitschrift zur Erforschung der Reformation und ihrer Weltwirkungen. Im Auftrag des Vereins für Reformationsgeschichte und der American Society for Reformation Research. Hrsg. v. Jodi Bilinkoff [u. a.]. 1 (1903) – 93 (2002). Gütersloh 1903–(2002). – Beiheft. Literaturbericht. 1 (1972) – 28 (1999). Gütersloh 1972–(99)
[Dazu:]
Register Bd. 1–5. 1978. – Register Bd. 6–10. 1983. – Register Bd. 11–15. 1990
Archiv für Sozialgeschichte. Hrsg. v. d. Friedrich-Ebert-Stiftung. 1 (1961) – 42 (2002). Bonn 1961–(2002)
[Dazu:]
Verzeichnis der in Bd. 1–20 (1961–1980) erschienenen Aufsätze, Dokumentationen, Forschungsberichte und Rezensionen sowie der Mitarbeiter dieses Jahrbuchs. Zus.gest. v. Nora Walter. Bonn (1980)
Archiv für Urkundenforschung [AUF]. Hrsg. v. Karl Brandi. 1 (1908) – 17 (1942). Berlin 1908–42
Archivalische Zeitschrift. [Folge 3.] Hrsg. v. d. Generaldirektion d. Staatl. Archive Bayerns. 1 (1915) – 76 (1980), 77 (1992) – 78 (1993), 79 (1996) – 84 (2001). Köln/Graz 1915–80, 1992–(2001). – [1 (1876) – 13 (1888). – N. F. 1 (1890) – 20 (1914)]
Der Archivar. Mitteilungsblatt für deutsches Archivwesen. Hrsg. v. Nordrhein-Westfäl. Hauptstaatsarchiv. 1 (1947/48) – 54 (2001). Düsseldorf 1947/48–(2001)

Archivmitteilungen. Zeitschrift für Archivwesen, archivalische Quellenkunde und historische Hilfswissenschaften [bis 1990 anderer Untertitel]. Hrsg. v. Dieter Hebig [u.a.]. 1 (1951) – 43 (1994). Potsdam [bis 1990 Berlin (Ost)] 1951–94 [Erscheinen eingestellt]

Beiträge zur Geschichte der Arbeiterbewegung. [Bd. 1–10: ... der deutschen Arbeiterbewegung]. 1 (1959) – 43 (2001). Berlin [bis 1991 Berlin (Ost) bzw. Kösching] 1959–(2001)

Berliner Monatshefte. Hrsg. v. August Bach. 1 (1923) – 21 (1943). Berlin 1923–43
[Jg. 1–5 u. d. T.: Die Kriegsschuldfrage. Monatsschrift für internationale Aufklärung]

Blätter für deutsche Landesgeschichte. Neue Folge des Korrespondenzblattes. Im Auftrage des Gesamtvereins der deutschen Geschichts- und Altertumsvereine hrsg. v. Heinz-Günther Borck. 1 (1853) – 136 (2000). Wiesbaden 1853–(2000)
[Jg. 1–83: Correspondenz-Blatt des Gesamtvereins der deutschen Geschichts- und Altertumsvereine ...]

Bohemia. Zeitschrift für Geschichte und Kunst der böhmischen Länder. A Journal of History and Civilisation in East Central Europe. Hrsg. im Auftrag des Collegium Carolinum v. Ferdinand Seibt. 1 (1960) – 43 (2002). München 1960–(2002)
[Jg. 1–20: Jahrbuch des Collegium Carolinum]

Byzantinische Zeitschrift. Begr. v. Karl Krumbacher. Hrsg. v. Peter Schreiner. 1 (1892) – 94 (2002). Stuttgart/Leipzig 1892–(2002)

Deutsche Vierteljahrsschrift für Literaturwissenschaft und Geistesgeschichte [DVjs]. Begr. v. Paul Kluckhohn u. Erich Rothacker. Hrsg. v. Richard Brinkmann [u.a.]. 1 (1923) – 75 (2001). Stuttgart/Weimar 1923–(2001)
[Dazu:]
Gesamtregister für Bd. 1–40. 1923–1966. Stuttgart 1968

Deutsches Archiv für Erforschung [bis Bd. 7: für Geschichte] des Mittelalters [DA]. Namens d. Monumenta Germaniae historica hrsg. v. Johannes Fried u. Rudolf Schieffer. 1 (1937) – 58 (2002). Köln [u.a.] [1937–44 Weimar; 1951 Marburg; 1952–55 Münster/Köln; 1956–68 Köln/Graz] 1937–(2002). [Forts. v. Neues Archiv]
[Dazu:]
Registerband zu 1 (1937) – 50 (1994). 1997

Forschungen zur brandenburgischen und preußischen Geschichte [FBPG]. Hrsg. v. Johannes Schultze. 1 (1888) – 55 (1943). Berlin 1888–1943
[Fortsetzung:]
Forschungen zur brandenburgischen und preußischen Geschichte [FBPG]. Neue Folge. Hrsg. im Auftrag der Preuß. Hist. Komm.,

Berlin, v. Johannes Kunisch 1 (1991) – 12 (2002). Berlin 1991–(2002)
Forschungen zur osteuropäischen Geschichte [FOEG]. Hrsg. v. Hans-Joachim Torke. 1 (1954) – 59 (2001). Wiesbaden [bis 1965 Berlin] 1954–(2001)
Francia. Forschungen zur westeuropäischen Geschichte. Hrsg. v. Dt. Historischen Institut in Paris. 1 (1973) – 29 (2002). Stuttgart [bis 1999 Sigmaringen] 1973–(2002)
[Dazu:]
Register zu Bd. 1–10. Bearb. v. Martin Heinzelmann. Sigmaringen 1985. – ... zu Bd. 11–20. Bearb. v. Martin Heinzelmann [u. a.]. Sigmaringen 1994
Frühmittelalterliche Studien [FMST]. Jahrbuch des Instituts für Frühmittelalterforschung der Universität Münster. Hrsg. v. Gerd Althoff [u. a.] 1 (1967) – 35 (2001). Berlin/New York 1967–(2003)
[Dazu:]
Register zu Bd. 1–5. Bearb. v. Brigitta Grau u. Goswin Spreckelmeyer. Berlin/New York 1974. – ... zu Bd. 6–10. Bearb. v. Jörgen Vogel u. Wolfgang Piecha. Berlin/New York 1977

Geschichte und Gesellschaft. Zeitschrift für Historische Sozialwissenschaft. Hrsg. v. Werner Abelshauser [u. a.]. 1 (1975) – 28 (2002). Göttingen 1975–(2002)
Geschichte in Wissenschaft und Unterricht [GWU]. Zeitschrift des Verbandes d. Geschichtslehrer Deutschlands. Hrsg. v. Joachim Rohlfes u. Winfried Schulze. 1 (1950) – 54 (2003). Seelze [bis 1983 Stuttgart] 1950–(2003)
[Dazu:]
Gesamtverzeichnis für die Jahrgänge 1–5 (1950–1954). Stuttgart [o. J.]
... 6–10 (1955–1959). Stuttgart [o. J.]
... 11–15 (1960–1964). Stuttgart 1966
... 16–20 (1965–1969). Stuttgart 1969

Hansische Geschichtsblätter. Hrsg. v. Hansischen Geschichtsverein. 1 (1871) – 119 (2001). Köln [u. a.] 1871–(2001)
[Dazu:]
Stichwortregister Jg. 1871–1900. Bearb. v. Barbara Radke-Sieb. Köln/Wien 1977
Das historisch-politische Buch [HPB]. Hrsg. im Auftrage der Ranke-Gesellschaft ... v. Michael Salewski 1 (1953) – 50 (2002). Göttingen [u. a.] 1953–(2002)
Historische Mitteilungen [HMRG] [Titel von Bd. 1: Mitteilungen der Ranke-Gesellschaft]. Im Auftrage der Ranke-Gesellschaft ... hrsg. v. Jürgen Elvert u. Michael Salewski. 1 (1988) – 15 (2002). Stuttgart 1988–(2002) [Bd. 1–2 im Selbstdruck erschienen: Kiel/Hamburg]

Historische Vierteljahrsschrift. Zeitschrift für Geschichtswissenschaft und für lateinische Philologie des Mittelalters. 1 (1898) – 31 (1936/37). Dresden 1898–1938
[Früherer Titel: Deutsche Zeitschrift für Geschichtswissenschaft. Hrsg. v. L. Quidde. 1 (1889) – 12 (1894/95). Freiburg i. Br. 1889–96. – Dsgl. N. F. 1 (1896/97) – 2 (1897/98). Freiburg i. Br. (u. a.) 1897/98]
Historische Zeitschrift [HZ]. Begründet v. Heinrich von Sybel. Fortgeführt v. Friedrich Meinecke. Hrsg. v. Lothar Gall. 1 (1859) – 276 (2003). München 1859–(2003)
[Dazu:]
Register zu Bd. 1–56. Bearb. v. R. Arnold. München/Leipzig 1888. – ... zu Bd. 57–96. Bearb. v. Paul Wentzcke. München/Berlin 1906. – ... zu Bd. 97–130. Bearb. v. Friedrich Schneider. München/Berlin 1925. – ... zu Bd. 131 (1925) – 168 (1943). Bearb. v. Hubertus von Schrottenberg. München 1976. – ... zu Bd. 169 (1949) – 225 (1977). Bearb. v. Hubertus von Schrottenberg. München 1978. – ... zu Bd. 226 (1978) – 245 (1987). Bearb. v. Barbara Blessing-Hein u. Dieter Hein. München 1990. – ... zu Bd. 246 (1988) – 255 (1992). Bearb. v. Barbara Blessing-Hein u. Dieter Hein. München 1993. – ... zu Bd. 256 (1993) – 265 (1997). Bearb. v. Barbara Blessing-Hein. München 1999
Historisches Jahrbuch [HJb]. Im Auftrag der Görres-Gesellschaft. Hrsg. v. Franz J. Felten [u. a.]. 1 (1880) – 122 (2002). Freiburg/München 1880–(2002)

Internationale Politik. Europa-Archiv. [Hrsg. v.] Deutsche Gesellschaft für Auswärtige Politik [Titel bis 1994: Europa-Archiv. Zeitschrift für Internationale Politik] 1 (1946) – 56 (2001). Bielefeld/Bonn 1946–(2002)
Internationales Jahrbuch für Geschichts- und Geographie-Unterricht. Hrsg. v. Internationalen Schulbuchinstitut mit Unterstützung der Arbeitsgemeinschaft Deutscher Lehrerverbände. 1 (1951) – 18 (1977/78). Braunschweig 1951–78
[Fortsetzung:]
Internationale Schulbuchforschung. Zeitschrift des Georg-Eckert-Instituts für internationale Schulbuchforschung. Hrsg. v. Ursula A. J. Becher. 1 (1979) – 24 (2002). Hannover [bis 1987 Braunschweig, bis 1996 Frankfurt/M] 1979–(2002)

Jahrbuch für Geschichte. Hrsg. v. d. Akademie d. Wiss. d. DDR. Zentralinstitut f. Geschichte. 1 (1967) – 39 (1990). Berlin (Ost) 1967–90
[Erscheinen eingestellt]
[Dazu:]
Gesamtinhaltsverzeichnis Jg. 1–30. 1985
Jahrbuch für Geschichte Mittel- und Ostdeutschlands. Im Auftrage der Historischen Kommission zu Berlin u. des Brandenburg. Landeshauptarchivs hrsg. v. Klaus Neitmann u. Wolfgang Neugebauer. 1 (1952) – 47 (2001). München [u. a.] 1952–(2002)

Jahrbuch der historischen Forschung in der Bundesrepublik Deutschland ⟨1974–(2001)⟩. Hrsg. im Auftrag der Arbeitsgemeinschaft außeruniversitärer historischer Forschungseinrichtungen in der Bundesrepublik Deutschland. Stuttgart [1982 ff. München] 1974–(2002)

Jahrbuch für Wirtschaftsgeschichte. Hrsg. v. Lothar Baar [u.a.]. ⟨1960–2002⟩. Berlin [bis 1990 Berlin (Ost)] 1960–(2002)

[Dazu:]

Register Jg. 1960–79. 1980

Jahrbücher für Geschichte Osteuropas [JBfGOE]. Begründet als Jahresberichte für Kultur und Geschichte der Slaven (Breslau 1924). Neue Folge: Jahrbücher für Kultur und Geschichte der Slaven (Breslau 1925–1935). Fortgeführt als Jahrbücher für Geschichte Osteuropas (Breslau 1936–1941). Neue Folge (München 1953 ff.). Im Auftrage des Osteuropa-Institutes München ... hrsg. v. Edgar Hösch. 1 (1953) – 50 (2002). Stuttgart [1953–60 München; 1961–83 Wiesbaden] 1953–(2002)

[Dazu:]

Register zu den Bänden N. F. 1–20 (1953–1972). Bearb. v. Jürgen Kämmerer. Wiesbaden 1976. ... 21–30 (1973–1982). Bearb. v. Hubertus Jahn. Stuttgart 1987 ... 31–40 (1983–1992). Bearb. v. Katrin Boeckh. Stuttgart 1994

Luther-Jahrbuch. Organ der internationalen Lutherforschung. Im Auftrag der Luther-Gesellschaft hrsg. v. Helmar Junghans. 1 (1919) – 68 (2001). Hamburg 1919–(2001)

Militärgeschichte. Hrsg. v. Militärgeschichtlichen Institut der Deutschen Demokratischen Republik. 1 (1962) – 29 (1990). Berlin (Ost) 1962–90. – [Jg. 1–10: Zeitschrift für Militärgeschichte. – Erscheinen eingestellt]

[Dazu:]

Register zu Bd. 1–20 (1962–1981). 1981

Militärgeschichtliche Zeitschrift [MGZ] [bis 58 (1999) ... Mitteilungen]. Hrsg. v. Militärgeschichtlichen Forschungsamt. 1 (1967) – 61 (2002). München [bis 1990 Karlsruhe] 1967–(2002)

[Dazu:]

Register zu Bd. 1–20 (1967–1976). Bearb. v. Horst Zoske. Karlsruhe 1977

Mitteilungen des Instituts für österreichische Geschichtsforschung [MIÖG]. Hrsg. v. Institut für Österreichische Geschichtsforschung. 1 (1880) – 110 (2002). München [1880–1991 Wien (u.a.)] 1880–(2002)

[Dazu:]

Register zu Bd. 41–65 [nebst Erg.-Bdn.] (1926–1957). Bearb. v. Herbert Paulhart. Graz/Köln 1960. – ... Bd. 66–75 [nebst Erg.-Bdn.] (1958–1967). Bearb. v. Herbert Paulhart. Wien [u.a.] 1971. – ... Bd. 76–84 [nebst Erg.-Bdn.] (1968–1976). Bearb. v. Georg Scheibelreiter u. Anton Scharer. Wien [u.a.] 1977. – . . . Bd. 85–96 [nebst Erg.-Bdn. u. Veröffentlichungen] (1977–1987). Bearb. v. Anton Scharrer u. Georg Scheibelreiter. Wien/Köln 1991. – . . . Bd. 96 (1988) – 105 (1997), zu den Erg.-Bden. 27–33. Bearb. v. Anton Scharrer u. Georg Scheibelreiter. München 1998

Mitteilungen des österreichischen Staatsarchivs. Hrsg. v. d. Generaldirektion. 1 (1948) – 49 (2001). Wien 1948–(2001)

Neue Politische Literatur [NPL]. Berichte über das internationale Schrifttum. Hrsg. v. Karl Otmar Frhr. v. Aretin [u.a.]. 1 (1956) – 47 (2002). Frankfurt/M [u.a.] 1956–(2002)
[Dazu:]
Register der Jg. 11 (1966) – 20 (1975). Bearb. v. Michael Mattig u. Ingrid Schmidt. 1978

Neues Archiv der Gesellschaft für ältere deutsche Geschichtskunde . . . [NA]. 1 (1876) – 50 (1935). Berlin 1876–1935.
[Vorher: Archiv der Gesellschaft für ältere deutsche Geschichtskunde; Forts.: Deutsches Archiv]

Osteuropa. Zeitschrift für Gegenwartsfragen des Ostens. Hrsg. v. d. Deutschen Gesellschaft für Osteuropakunde. 1 (1951/52) – 52 (2002). Stuttgart 1952–(2002)

Preußische Jahrbücher. Begr. v. Rudolf Haym, Heinrich v. Treitschke u. Hans Delbrück. 1 (1858) – 240 (1935). Berlin 1858–1935

Publizistik. Vierteljahreshefte für Kommunikationsforschung . . . Hrsg. v. Christina Holtz-Bacha [u.a.]. 1 (1956) – 47 (2002). Wiesbaden 1956–(2002)
[Dazu:]
Wissenschaftliches Gesamtregister der Jg. 1 (1956) – 20 (1975). 1980

Quellen und Forschungen aus italienischen Archiven und Bibliotheken [QFIAB]. Hrsg. v. Deutschen [früher: Königlich Preußischen] Historischen Institut in Rom 1 (1898) – 82 (2002). Tübingen 1898–(2002)
[Dazu:]
Register zu den Bänden 1–50 (1898–1971). Bearb. v. Brigitte Szabó-Bechstein. 1973

Rheinische Vierteljahrsblätter. Mitteilungen des Instituts für Geschichtliche Landeskunde der Rheinlande der Universität Bonn. Hrsg. v. H. L. Cox [u.a.]. 1 (1931) – 66 (2002). Bonn 1932–(2002)
[Dazu:]
Register der Bde. 1–20 (1931–1955). Bearb. v. Anneliese Reinhardt. 1986

Römische Quartalsschrift für christliche Altertumskunde und für Kirchengeschichte. Im Auftrage des Priesterkollegs am Campo Santo Teutonico in Rom u. des Römischen Instituts der Görresgesellschaft ... hrsg. v. Erwin Gatz [u.a.]. 1 (1887) – 97 (2002). Rom [u.a.] 1887–(2002)

Saeculum. Jahrbuch für Universalgeschichte. Begr. v. Georg Stadtmüller. Hrsg. v. Jochen Martin [u.a.]. 1 (1950) – 54 (2003). Freiburg/München 1950–(2003)

Schmollers Jahrbuch für Gesetzgebung, Verwaltung und Volkswirtschaft. S. Zeitschrift für Wirtschafts- und Sozialwissenschaften.

Schweizerische Zeitschrift für Geschichte. Revue Suisse d'histoire. Rivista storica svizzera. Hrsg. v. d. Allgemeinen Geschichtsforschenden Gesellschaft der Schweiz. 1 (1951) – 52 (2002). Basel 1951–(2002) [Forts. von: Zeitschrift für schweizerische Geschichte ...]

Sozialwissenschaftliche Informationen für Unterricht und Studium. Hrsg. v. Gerhard Hufnagel [u.a.]. 1 (1972) – 31 (2002). Seelze [bis 1983 Stuttgart] 1972–(2002)

Der Staat. Zeitschrift für Staatslehre, Öffentliches Recht und Verfassungsgeschichte. Hrsg. v. Ernst-Wolfgang Böckenförde [u.a.]. 1 (1962) – 41 (2002). Berlin 1962–(2002)
[Dazu:]
Register Jg. 1–35 (1962–1996). Hrsg. v. Rolf Grawert. Berlin 1999

Technikgeschichte. Hrsg. v. Verein Deutscher Ingenieure. 32 (1965) – 69 (2002). Berlin [bis 1988 Düsseldorf] 1965–(2002)
[Früherer Titel: Beiträge zur Geschichte der Technik und Industrie. Jahrbuch des Vereins Deutscher Ingenieure 1 (1909) – 21 (1931/32); danach Forts. u. d. T.: Technik-Geschichte. Beiträge ... 22 (1933) – 30 (1941). – Dazu: Register zu Bd. 1–30 als Bd. 31. 1965]

Vierteljahrshefte für Zeitgeschichte [VfZG]. Im Auftrage des Instituts für Zeitgeschichte München hrsg. v. Karl Dietrich Bracher [u.a.]. 1 (1953) – 51 (2003). München [bis 1984 Stuttgart] 1953–(2003)

Vierteljahrschrift für Sozial- und Wirtschaftsgeschichte [VSWG]. Hrsg. v. Hans Pohl [u.a.]. 1 (1903) – 89 (2002). Stuttgart [1903–04 Leipzig; 1950–88 Wiesbaden] 1903–(2002)
[Dazu:]
Register zu Bd. 21–50 (1928–1963). Bearb. v. Erich Will. 1971. ... Bd. 51–75 (1964–1988) [in Bd. 76 (1989)]

Wehrwissenschaftliche Rundschau [WWR]. Zeitschrift für Europäische Sicherheit. Hrsg. v. Arbeitskreis für Wehrforschung. 1 (1951) – 31 (1982). Frankfurt/M 1951–82. [Erschien 21 (1971/72) – 24 (1975) u. d. T. Wehrforschung. – Ab 32 (1983) aufgegangen in: Europäische Wehrkunde. Wehrwissenschaftliche Rundschau]

Die Welt als Geschichte [WaG]. Eine Zeitschrift für Universalgeschichtliche Forschung [wechselnder Untertitel]. Hrsg. v. Hans Erich Stier u. Fritz Ernst. 1 (1935) – 23 (1963). Stuttgart 1953–63

Zeitschrift für Geschichtswissenschaft [ZfG]. Hrsg. v. Wolfgang Benz [u. a.] 1 (1953) – 51 (2003). Berlin [bis 1990 Berlin (Ost)] 1953–(2003)

Zeitschrift für Historische Forschung [ZHF]. Vierteljahresschrift zur Erforschung des Spätmittelalters und der frühen Neuzeit. Hrsg. v. Johannes Kunisch [u. a.]. 1 (1974) – 29 (2002). Berlin 1974–(2002)

[Dazu:]

Register der Jge. 1 (1974) – 15 (1988). Bearb. v. Lothar Schilling (= Beihefte zur ZHF 10). Stuttgart 1991

Zeitschrift für Kirchengeschichte [ZKG]. Hrsg. v. Wolfgang Bienert [u. a.]. 1 (1887) – 113 (2002). Stuttgart [u. a.] 1887–(2002)

Zeitschrift für Ostforschung [ZfO]. Länder und Völker im östlichen Mitteleuropa. [Titel seit 44 (1995): Zeitschrift für Ostmitteleuropaforschung. Neue Folge der Zeitschrift für Ostforschung.] Im Auftrag des Johann Gottfried Herder-Forschungsrates e. V. hrsg. v. Włodzimierz Borodziej [u. a.]. 1 (1952) – 51 (2002). Marburg/L. 1952–(2002)

Zeitschrift für Religions- und Geistesgeschichte. Hrsg. v. Joachim H. Knoell [u. a.]. 1 (1948) – 54 (2002). Leiden [bis 1989 Köln] 1948–(2002)

Zeitschrift der Savigny-Stiftung für Rechtsgeschichte [ZRG]. Hrsg. v. R. Knütel [u. a.]. Köln [u. a.] [1880–1979 Weimar; 1980–1990 Wien (u. a.)]

Germanistische Abteilung. 1 (1880) – 119 (2002). 1880–(2002)

Romanistische Abteilung. 1 (1880) – 119 (2002). 1880–(2002)

Kanonistische Abteilung. 1910 begr. v. Ulrich Stutz. 1 (1911) – 88 (2002). 1911–(2002)

[Dazu:]

(Germ. Abt.) Generalregister zu den Bänden 1–50. Weimar 1932. ... 51–75. Teil 1–2. Bearb. v. Rudolf Beckert. Weimar 1971–72

(Rom. Abt.) Generalregister zu den Bänden 1–50. Bearb. v. Erich Sachers. Weimar 1932. ... 51–75. Teil 1–2. Bearb. v. Erich Sachers. Weimar 1967–70. ... 76–100. Teil 1–2. Bearb. v. Marianne Meinhart u. Josef Menner. Wien 1990

(Kan. Abt.) Generalregister zu den Bänden 1–25. Bearb. v. Josef Hemmerle. Weimar 1937. ... 26–50. Bearb. v. Josef Hemmerle. Weimar 1968

Zeitschrift für Wirtschafts- und Sozialwissenschaften. Hrsg. v. d. Gesellschaft f. Wirtschafts- u. Sozialwissenschaften – Verein für Socialpolitik. 1 (1877) – 122 (2002). Berlin 1877–(2002)

[Ursprünglicher Titel: Jahrbuch für Gesetzgebung, Verwaltung und Volkswirtschaft im Deutschen Reich. – Späterer Titel u. a.: Schmollers Jahrbuch für Gesetzgebung]

2. fremdsprachig

The American Historical Review [AHR]. Hrsg. v. d. American Historical Association. 1 (1895/96) – 108 (2003). Richmond, Va. 1896–(2003)

Annales. Histoire, Sciences Sociales. Hrsg. v. Charles Morazé [u.a.]. 1 (1946) – 58 (2003). Paris 1946–(2003)
[Früherer Titel: Annales d'histoire économique et sociale. Hrsg. v. Marc Bloch u. Lucien Febvre. 1 (1929) – 10 (1938). Danach wechselnde Titel.]

Archivio storico italiano. Fondato da G. P. Vieusseur e pubblicato dalla Deputazione di Storia Patria per la Toscana. 1 (1842) – 159 (2001). Florenz 1842–(2001)

Archivum historiae pontificiae. Editum a Facultate Historiae Ecclesiasticae in Pontificia Universitate Gregoriana. 1 (1963) – 39 (2001). Rom 1963–(2001)

Bibliothèque de l'École des Chartes [BECh]. 1 (1839) – 160 (2002). Paris/Genf 1839/40–(2002)
[Dazu:]
Table. [In unregelmäßigen Abständen erschienen für die Bände 1–100. Paris 1849–1942]

Bibliothèque d'Humanisme et Renaissance. Travaux et documents. 1 (1941) – 64 (2002). Genf 1941–(2002)
[Vorläufer: Humanisme et Renaissance 1 (1934) – 7 (1940). Paris 1934–40.]
[Der bibliographische Teil erscheint seit 1965 selbständig u. d. T.: Bibliographie internationale de l'Humanisme et de la Renaissance. Travaux parus en ... Hrsg. v. d. Fédération internationale des Sociétés et Instituts pour l'étude de la Renaissance. 1 (1965) – 33 (1997). Genf 1966–(2001)]

Cahiers de civilisation médiévale. X^e–XIIe siècles. 1 (1958) – 45 (2002). Poitiers 1958–(2002) [Bibliogr. Teil oben S.24]

Central European History. Hrsg. v. Kenneth D. Barkin. 1 (1968) – 35 (2002). Atlantic Highlands, N. J. 1968–(2002)
[Setzt das eingegangene Journal of Central European Affairs fort. Vgl. unten.]
[Dazu:]
Index to vol. 1 (1968)–20 (1987). 1989

Comparative Studies in Society and History [CSSH]. An international quarterly. Hrsg. v. Thomas R. Trautmann. 1 (1958/59) – 44 (2002). Cambridge 1958/59–(2002)

The Economic History Review. 1 (1927/28) – 18 (1948). London 1927–48. – Second Series. Hrsg. v. John Hatcher u. Nicholas Crafts. 1 (1948/49) – 55 (2002). London 1948/49–(2002)
The English Historical Review [EHR]. Hrsg. v. Jean Dunbabin u. G. W. Bernard. 1 (1886) – 117 (2002). London 1886–(2002)
[Dazu:]
General Index . . . [to] vol. 1–40. London 1906 [Nachdruck New York 1967]

Hispania. Revista española de historia. 1 (1940/41) – 62 (2002). Madrid 1940/41–(2002)
The Historical Journal. Hrsg. v. Joel Mokyr [u. a.]. 1 (1958) – 41 (1998). Cambridge 1958–(2002)
[Vorläufer: The Cambridge Historical Journal. 1 (1923) – 13 (1957)]
History. The Journal of the Historical Association. [New Series.] Hrsg. v. Joseph Smith 1 (1916) – 87 (2002). Oxford/Cambridge, Mass. 1916–(2002)

Istorija SSSR [Geschichte der UdSSR]. Hrsg. v. Institut istorii SSSR. ⟨1956–1992⟩. Moskau 1956–92 [Forts. ab Heft März/April 1992 u. d. T. Otečestvennaja istorija]
Istoričeskie zapiski [Historische Schriften]. Hrsg. v. d. Akademija nauk SSSR. Institut istorii SSSR. 1 (1937) – 118 (1990). Moskau 1937–90 [Erscheinen eingestellt]
[Dazu:]
Index to volumes 1–90 (1937–1972). Bearb. v. Angelika Schmiegelow Powell. Nendeln/Liecht. 1976

Journal of Central European Affairs. 1 (1941/42) – 23 (1963). Boulder 1942–64
[Ersch. eingest. Nachfolgeorgan Central European History; vgl. oben.]
The Journal of Contemporary History. Hrsg. v. Walter Laqueur [u. a.]. 1 (1966) – 38 (2003). London 1966–(2003)
The Journal of Economic History. Hrsg. v. Jean de Vries u. Gavin Wright. 1 (1941) – 62 (2002). New York 1941–(2002)
The Journal of Modern History. Hrsg. v. John W. Boyer [u. a.]. 1 (1929) – 74 (2002). Chicago 1929–(2002)

Krasnyj archiv. Istoričeskij žurnal [Das Rote Archiv. Historische Zeitschrift]. 1 (1922) – 106 (1941). Moskau 1922–41
[Dazu Wegweiser:]
Krasnyj archiv . . . 1922–1941. Annotirovannyj ukazatel' soderžanija. Bearb. v. Rostislav Jakovlevič Zverev. Moskau 1960

Le moyen âge [MA]. Revue [bis Bd. 10: Bulletin mensuel] d'histoire et de philologie. Hrsg. v. J. Dalarun [u. a.]. 1 (1888) – 108 (2002). Brüssel 1888–(2002)

Novaja i novejšaja istorija [Neuere und neueste Geschichte.]. Hrsg. v. d. Rossijskaja akademija nauk. Institut vseobščej istorii. ⟨1957–2003⟩. Moskau 1957–(2003)
Otečestvennaja istorija [Vaterländische Geschichte]. Hrsg. v. d. Rossijskaja akademija nauk. Institut rossijskoj istorii. ⟨1992–(2002)⟩. Moskau 1992–(2002) [setzt ab März/April 1992 die Zeitschrift Istorija SSSR fort]

Past and Present. A Journal of Historical Studies. Hrsg. v. Chris Wickham ⟨1952–2002⟩. Oxford 1952–(2002)

Revue d'histoire diplomatique. Publiée par la Société d'histoire générale et d'histoire diplomatique. 1 (1887) – 116 (2002). Paris 1887–(2002)
[Dazu:]
G. Dethan, Table générale et méthodique de la Revue d'histoire diplomatique depuis son origine (1887–1963). Paris 1965
Revue d'histoire ecclésiastique [RHE]. 1 (1900) – 97 (2002). Löwen 1900–(2002). – [Bibliogr. Teil oben S. 24]
Revue d'histoire moderne et contemporaine. Publiée par la Société d'histoire moderne . . .1 (1954) – 49 (2002). Paris 1954–(2002)
[Vorläufer: Revue d'histoire moderne 1 (1926) – 15 (1940). Paris 1926–40.]
Revue historique [RH]. Fondée en 1876 par Gabriel Monod. Hrsg. v. Claude Gauvard u. Jean-François Sirinelli. 1 (1876) – 307 (2002). Paris 1876–(2002)
Rivista storica italiana [RSI]. 1 (1884) – 114 (2002). Neapel 1884–(2002)

Speculum. A Journal of Medieval Studies. Publ. by the Medieval Academy of America. 1 (1926) – 76 (2001). Cambridge/Mass. 1926–(2001)
Studi medievali. 1 (1904/05) – 4 (1912/13). – Nuovi studi medievali. 1 (1923) – 3 (1927). – Studi medievali N. S. 1 (1928) – 18 (1952). – Studi medievali. Serie 3. 1 (1960) – 43 (2002). Spoleto 1904/05–(2002)
Studi storici. Rivista trimestrale. 1 (1959/60) – 43 (2002). Rom 1959–(2002)

Traditio. Studies in Ancient and Medieval History, Thought, and Religion. Hrsg. v. R. E. Kaske [u. a.]. 1 (1943) – 56 (2001). New York 1943–(2001)

Voprosy istorii. Ečemesjačnyj žurnal [Fragen der Geschichte. Monatsschrift]. ⟨1946–2003⟩. Moskau 1946–(2003)
[Dazu:]
Author Index 1945–1975. Bearb. v. Angelika Schmiegelow Powell. Nendeln/Liecht. 1977
Subject Index 1945–1975. Bd. 1–3. Bearb. v. Angelika Schmiegelow Powell. Nendeln/Liecht. 1977
[Vorher: Bor'ba klassov 1 (1931) – 6 (1936). Moskau 1931–36. – Forts.: Istoričeskij žurnal ⟨1937–1941 (Heft 6)⟩. Moskau 1937–41. – Danach bis 1945 vereint mit Istorik Marksist. Moskau]

Year Book. Leo Baeck Institute. 1 (1956) – 45 (2002). London/Jerusalem/New York 1956–(2002)

Bibliographien
Historical Periodicals Directory. Hrsg. v. Eric H. Boehm [u.a.]. Bd. 1–5. Santa Barbara/Oxford 1981–86
Bayerische Staatsbibliothek. Katalog der Geschichtszeitschriften. Teil 1–2. München [u.a.] 1991
DW 59/1–308

XVII. Quellenkunden

Gerhard **Theuerkauf,** Einführung in die Interpretation historischer Quellen. Schwerpunkt: Mittelalter (= Uni-Taschenbücher 1554). Paderborn [u. a.] 1991, ²1997

Bernd A. **Rusinek** [u. a.] Einführung in die Interpretation historischer Quellen. Schwerpunkt: Neuzeit (= Uni-Taschenbücher 1674). Paderborn [u. a.] 1992

Max **Jansen,** Historiographie und Quellen der deutschen Geschichte bis 1500 (= Grundriß der Geschichtswissenschaft ... Hrsg. v. Aloys Meister 1,2). Leipzig 1902

[In 2. Aufl.:]

Max **Jansen**/Ludwig **Schmitz-Kallenberg,** Historiographie und Quellen der deutschen Geschichte bis 1500 (= Grundriß der Geschichtswissenschaft ... Hrsg. v. Aloys Meister 1,7). Leipzig/Berlin 1914

Karl **Jacob,** Quellenkunde der Deutschen Geschichte im Mittelalter (bis zur Mitte des 15. Jahrhunderts). Bd. 1–3. Berlin
1: Einleitung. Allgemeiner Teil. Die Zeit der Karolinger. 1906. – 6. A. bearb. v. Heinrich Hohenleutner (= Sammlung Göschen 279). 1959
2: Die Kaiserzeit (911–1250). ²1926. – 6. Aufl. v. Heinrich Hohenleutner (= Sammlung Göschen 280). 1968
3: Das Spätmittelalter (vom Interregnum bis 1500). Hrsg. v. Fritz Weden (= Sammlung Göschen 284). 1952

Winfried **Dotzauer,** Quellenkunde zur deutschen Geschichte im Spätmittelalter. Darmstadt 1996

Wilhelm **Wattenbach,** Deutschlands Geschichtsquellen im Mittelalter bis zur Mitte des dreizehnten Jahrhunderts. Bd. 1–2. Berlin ⁶1893–94. [Bd. 1 in 7. Aufl. bearb. v. Ernst Dümmler. Stuttgart/Berlin 1904. – 1. Aufl. in 1 Bd. Berlin 1858]

[Neubearbeitung:]

Deutschlands Geschichtsquellen im Mittelalter. Frühzeit und Karolinger. Hrsg. v. Alexander Heine. Auf d. Grundlage d. 7., v. W. Wattenbach begonnenen u. E. Dümmler hrsg. Aufl. neubearb. u. erg. v. Franz Huf. Teil 1–2. Kettwig 1991

Wilhelm **Wattenbach**/Wilhelm **Levison,** Deutschlands Geschichtsquellen im Mittelalter. Vorzeit und Karolinger. Heft 1–6. Weimar
1: Die Vorzeit von den Anfängen bis zur Herrschaft der Karolinger. Bearb. v. Wilhelm Levison. 1952 [Nachdruck 1967]
2: Die Karolinger vom Anfang des 8. Jahrhunderts bis zum Tode Karls des Großen. Bearb. v. Wilhelm Levison u. Heinz Löwe. 1953 [Nachdruck 1970]

Quellenkunden

3: Die Karolinger vom Tode Karls des Großen bis zum Vertrag von Verdun. Bearb. v. Heinz Löwe. 1957 [Nachdruck 1966]
4: Die Karolinger vom Vertrag von Verdun bis zum Herrschaftsantritt der Herrscher aus dem sächsischen Hause. Italien und das Papsttum. Bearb. v. Heinz Löwe. 1963
5: Die Karolinger vom Vertrag von Verdun bis zum Herrschaftsantritt der Herrscher aus dem sächsischen Hause. Das westfränkische Reich. Bearb. v. Heinz Löwe. 1973
6: Die Karolinger vom Vertrag von Verdun bis zum Herrschaftsantritt der Herrscher aus dem sächsischen Hause. Das ostfränkische Reich. Bearb. v. Heinz Löwe. 1990
Beiheft: Rudolf Buchner, Die Rechtsquellen. 1953 [Nachdruck 1984]

Wilhelm **Wattenbach**, Deutschlands Geschichtsquellen im Mittelalter. Deutsche Kaiserzeit. Hrsg. v. Robert Holtzmann. Heft 1–2. Berlin 1938–39. – 2. Aufl. Tübingen 1942–48. – Heft 1 in 3. Aufl. Tübingen 1948. – Heft 3–4. Berlin 1940–43, ^{2}1948

[Unveränderte Neuausgabe:]
Wilhelm **Wattenbach**/Robert **Holtzmann**, Deutschlands Geschichtsquellen im Mittelalter. Die Zeit der Sachsen und Salier. Neuausgabe, besorgt v. Franz-Josef Schmale. Teil 1–2. Darmstadt 1967

[Forts. u. Ergänzung:]
Wilhelm **Wattenbach**/Robert **Holtzmann**, Deutschlands Geschichtsquellen im Mittelalter. Die Zeit der Sachsen und Salier. Teil 3. Italien (1050–1125). England (900–1135). Nachträge z. ersten u. zweiten Teil. Neuausg. besorgt v. Franz-Josef Schmale. Darmstadt 1971

Wilhelm **Wattenbach**/Franz-Josef **Schmale**, Deutschlands Geschichtsquellen im Mittelalter. Vom Tode Heinrichs V. bis zum Ende des Interregnums. Bearb. v. Franz-Josef Schmale unter Mitarb. v. Irene Schmale-Ott u. Dieter Berg. Bd. 1. Darmstadt 1976

Typologie des sources du moyen âge occidental. Hrsg. v. Léopold Génicot (= Université Catholique de Louvain, Institut Interfacultaire d'Etudes Médiévales). Fasc. 1–(85). Turnhout 1972–(2001)

Findmittel

János M. **Bak**, Mittelalterliche Geschichtsquellen in chronologischer Übersicht. Nebst einer Auswahl von Briefsammlungen. In Zus.arbeit m. Heinz Quirin u. Paul Hollingsworth. Stuttgart 1987

Johannes **Karayannopulos**/Günter **Weiss**, Quellenkunde zur Geschichte von Byzanz (324–1453) (= Schriften zur Geistesgesch. d. östl. Europa 14). Wiesbaden 1982

Quellenkunde zur deutschen Geschichte der Neuzeit von 1500 bis zur Gegenwart. Hrsg. v. Winfried Baumgart. Bd. 1–7. Darmstadt
1: Das Zeitalter der Glaubensspaltung (1500–1618). Bearb. v. Winfried Dotzauer. 1987
2: Dreißigjähriger Krieg und Zeitalter Ludwigs XIV. (1618–1715). Bearb. v. Winfried Becker. 1995
3: Absolutismus und Zeitalter der Französischen Revolution (1715–1815). Bearb. v. Klaus Müller. 1982
4: Restauration, Liberalismus und nationale Bewegung (1815–1870). Bearb. v. Wolfram Siemann. 1982
5,1–2: Das Zeitalter des Imperialismus und des Ersten Weltkrieges (1871–1918). Bearb. v. Winfried Baumgart. 1977, ²1991
6,1: Weimarer Republik, Nationalsozialismus, Zweiter Weltkrieg (1919–1945). Teil 1. Bearb. v. Hans Günter Hockerts. 1996
6,2: Weimarer Republik, Nationalsozialismus, Zweiter Weltkrieg (1919–1945). Teil 2. Bearb. v. Wolfgang Elz. 2003
7: Besatzungszeit, Bundesrepublik Deutschland und Deutsche Demokratische Republik (1945–1969). Bearb. v. Michael Hollmann. 2001

Gustav **Wolf**, Quellenkunde der deutschen Reformationsgeschichte. Bd. 1–3. Gotha 1915–23 [Bd. 3 Stuttgart/Gotha. – Nachdruck Nieuwkoop/Hildesheim 1965]
Franz **Schnabel**, Deutschlands geschichtliche Quellen und Darstellungen in der Neuzeit. Erster Teil. Das Zeitalter der Reformation. 1500–1550. Leipzig/Berlin 1931 [mehr nicht erschienen; Nachdruck Darmstadt 1972]

Alfons **Lhotsky,** Quellenkunde zur mittelalterlichen Geschichte Österreichs (= Mitteilungen des Instituts für Österreichische Geschichtsforschung. Erg.-Bd. 19). Graz/Köln 1963
Die Quellen der Geschichte Österreichs. Hrsg. v. Erich Zöllner. Redigiert v. Hermann Möcker (= Schriften d. Instituts f. Österreichkunde 40). Wien 1982

Les sources de l'histoire de France depuis les origines jusqu'en 1815. Hrsg. v. Auguste Molinier, Henri Hauser, Emile Bourgeois, Louis André. 3 Teile. Paris 1901–35 [Nachdruck New York 1964–76]
1: Des origines aux guerres d'Italie (1494). Von Auguste Molinier. Bd. 1–6. 1901–06
2: XVIe siècle (1494–1610). Von Henri Hauser. Bd. 1–4. 1906–15
3: XVIIe siècle (1610–1715). Von Emile Bourgeois u. Louis André. Bd. 1–8. 1913–35
[Neuausgabe:]
Les sources de l'histoire de France des origines à la fin du XVe siècle. Unter d. Leitung v. Robert Fawtier. Bd. 1–. Paris 1971–

1,1–2: La Gaule jusqu'au milieu du Ve siècle. Bearb. v. Paul-Marie Duval. 1971

Ugo **Balzani,** Le chronache italiane nel medio evo. Mailand 1884, ^{3}1909 [Nachdruck Hildesheim/New York 1973]

XVIII. Quellen zur Geschichte des Mittelalters

1. *Quellensammlungen zur Reichsgeschichte*

Monumenta Germaniae historica [MGH]. Hrsg. v. Georg Heinrich Pertz [SS Bd. 1–12, 16–23; LL Bd. 1–4; DD Bd. 1; andere Bände v. d. Zentraldirektion der MGH; 1936–45 v. Reichsinstitut für ältere deutsche Geschichtskunde; seit 1996 Erfassung auf CD-ROM]

   I. Scriptores [SS] Abt. 1–10
   1. Auctores antiquissimi [AA/Auct. ant.]. Bd. 1–15. Berlin 1877–1919 [Nachdruck 1961 u. ö.]
   2. Scriptores rerum Merovingicarum [Script. rer. Mer./SS rer. Mer(ov).]. Bd. 1–7. Hannover [Bd. 4 ff. Hannover/Leipzig] 1884–1920 [Nachdruck 1937–97]
   3. Scriptores rerum Langobardicarum et Italicarum saec. VI–IX [Script. rer. Lang./SS rer. Lang.]. Bd. 1. Hannover 1878 [Nachdruck 1988]
   4. Gesta pontificum Romanorum [Gesta pont. Rom.]. Bd. 1. Berlin 1898 [Nachdruck 1991]
   5. Scriptores [SS]. Bd. 1–32, 34–36, 38. Hannover 1826–1934, 1980–2000 [Bd. 32 Hannover/Leipzig; Bd. 34–36, 38 Hannover; Nachdruck Bd. 1–30 Leipzig 1925 und New York 1963–76 u. ö.; Bd. 31 1980; Bd. 32 1963]
   6. Scriptores rerum Germanicarum. Nova Series [Script. rer. Germ. N. S./SS rer. Germ. N. S.]. Bd. 1–17. Berlin [Bd. 10–11 Weimar; Bd. 15–17 München] 1922–(98) [Nachdruck Bd. 1–13. 1955–80 u. ö.]
   7. Scriptores rerum Germanicarum in usum scholarum separatim editi [Script. rer. Germ./SS rer. Germ.]. Bd. 1–69, 71, 73. Hannover/Leipzig [Bd. 26, 34, 40, 49 Berlin, seit Bd. 63 Hannover] 1839–(2001) [Teilnachdruck 1925–94]
   8. Deutsche Chroniken und andere Geschichtsbücher des Mittelalters. Scriptores qui vernacula lingua usi sunt [Dt. Chron.]. Bd. 1–6. Hannover/Leipzig [Bd. 4,2 Berlin] 1876–1909 [Nachdruck 1968–84]
   9. Libelli de lite imperatorum et pontificum saec. XI et XII conscripti [Libelli/L.d. l.]. Bd. 1–3. Hannover 1891–97 [Nachdruck 1956–57, 1994]
   10. Staatsschriften des späteren Mittelalters [Staatsschr.]. Bd. 1,1, 2,1, 2,4, 3,1–3, 5,1–2, 6. Leipzig [seit Bd. 2,4 Stuttgart] 1941–(92) [Teilnachdruck 1965–95]

II. *Leges* [LL] Abt. 1–4
1. Leges in folio [LL/LL in-fol.]. Bd. 1–5. Hannover 1835–89 [Nachdrucke Leipzig 1925, New York 1965 u. Stuttgart 1985–93]
2. Leges in Quart
    a) Legum sectio I: Leges nationum Germanicarum [LL in-4°/Leg. nat. Germ.]. Bd. 1–5. Hannover/Leipzig [Bd. 3,2 u. 5 Hannover] 1888–1969 [Teilnachdruck 1966–97]
    b) Legum sectio II: Capitularia regum Francorum [Capit.]. Bd. 1–2. Hannover 1883–97 [Nachdruck 1984]. . . . Nova Series. Bd. 1. Hannover 1996
    c) Legum sectio III: Concilia [Conc.]. Bd. 1–4, 6,1, Erg.-Bde. zu Bd. 2. u. 4. Hannover [Bd. 2 u. Erg.-Bd. Hannover/Leipzig] 1893–1998 [Teilnachdruck 1979–89]
    Capitula episcoporum [Capit. episc.]. Teil 1–(3). Hannover 1984–(97)
    Ordines de celebrando concilio. Hannover 1996
    d) Legum sectio IV: Constitutiones et acta publica imperatorum et regum [Const.]. Bd. 1–6, 8–11, Erg.-Bd. zu Bd. 2. Hannover [Bd. 3–5 Hannover/Leipzig, Bd. 9–11 Weimar] 1893–1999 [Teilnachdruck 1963–82]
    e) Legum sectio V: Formulae [Formulae/Form.]. Bd. 1. Hannover 1882–86 [Nachdruck 1963]
3. Fontes iuris Germanici antiqui. Nova series [Font. iur. Germ., N. S.]. Bd. 1–5. Hannover [Bd. 5 Weimar] 1933–74 [Bd. 1 Göttingen ²1955–56, verbess. Nachdruck Hannover 1989–95; Bd. 4 Hannover ²1974; Teilnachdruck 1984–95]
4. Fontes iuris Germanici antiqui in usum scholarum separatim editi [Font. iur. Germ.]. Bd. 1–15. Hannover/Leipzig [Bd. 6–10, 12–15 Hannover, Bd. 11 Weimar] 1869–1998 [Bd. 3 Hannover ²1980; Teilnachdruck 1984–90]

III. Diplomata [DD] Abt. 1–6
1. Diplomata in folio [Diplomata regum Francorum . . .] [DD in-fol./Dipl. in-fol.]. Bd. 1–2. Hannover 1872 und 2001 [Nachdruck 1981]
2. Diplomata Karolinorum. Die Urkunden der Karolinger [Dipl. Kar.]. Bd. 1. Hannover 1906 [Nachdruck 1991]. – Bd. 3. Berlin/Zürich 1966 [Nachdruck 1979]. – Bd. 4. München 1994
3. Diplomata regum Germaniae ex stirpe Karolinorum. Die Urkunden der deutschen Karolinger [Dipl. Kar. Germ.]. Bd. 1–4. Berlin 1934–60 [Nachdruck 1980–84]
4. Diplomata regum et imperatorum Germaniae. Die Urkunden der deutschen Könige und Kaiser [Dipl. reg. imp. Germ.]. Bd. 1–6, 8–11, 18. Hannover [Bd. 3–4 Hannover/Leipzig; Bd. 5, 6,1, 8 Berlin; Bd. 6,2 Weimar; Bd. 6,3 Berlin/Wei-

mar/Hannover; Bd. 9 Wien/Köln/Graz; Bd. 10–11, 18 Hannover] 1879–1990 [Teilnachdruck 1978–93]
5. Regum Burgundiae e stirpe Rudolfina diplomata et acta. Die Urkunden der burgundischen Rudolfinger. [München] 1977 [Nachdruck 1983]
6. Laienfürsten- und Dynastenurkunden der Kaiserzeit. Bd. 1. Leipzig 1941–49 [Nachdruck 1995]. – Bd. 2. Hannover 1998

IV. *Epistolae* [Epist./Epp./EE] Abt. 1–4
1. Epistolae in Quart [Epist.]. Bd. 1–8. Berlin 1887–1939 [Nachdruck 1978–95]
2. Die Briefe der deutschen Kaiserzeit [Briefe]. Bd. 1–7. Weimar [Bd. 2 Berlin/Weimar, Bd. 4, 6–7 München] 1949–95 [Nachdruck Bd. 1–3 u. 5 1977–88]
3. Epistolae saec. XIII e regestis pontificum Romanorum selectae per G. H. Pertz, ed. C. Rodenberg [Epist. saec. XIII]. Bd. 1–3. Berlin 1883–94 [Nachdruck 1982]
4. Epistolae selectae [Epist. sel.]. Bd. 1–5. Berlin [Bd. 5 Weimar] 1916–52 [Nachdruck 1978–90]
5. Briefe des späteren Mittelalters. Bd. 1– . München 2001 –

V. *Antiquitates* Abt. 1–5
1. Poetae Latini Medii Aevi [Bd. 5 u. 6: Die lateinischen Dichter des deutschen Mittelalters. – Poetae/Poet. Lat.]. Bd. 1–6. Berlin [Bd. 5,1–2 Leipzig; Bd. 5,3 München; Bd. 6,1 Weimar] 1881–1979 [Nachdruck 1978–97]
2. Necrologia Germaniae [Necr.]. Bd. 1–5, Suppl.-Bd. Berlin 1884–1920 [Nachdruck 1983]
3. Libri confraternitatum Sancti Galli, Augiensis, Fabariensis [Libri confr.]. Bd. 1. Berlin 1884 [Nachdruck 1983]
4. Libri memoriales [Libri mem.]. Bd. 1,1–2. Dublin/Zürich 1970 [Nachdruck 1981]. – Bd. 2,1–3. Hannover 2001
5. Libri memoriales et necrologia [Libri mem. N. S.]. Nova Seria. Bd. 1–5. Hannover 1979–98

VI. *Quellen zur Geistesgeschichte des Mittelalters* [Quell. Geistesgesch.]. Bd. 1–18. Weimar 1955–2002 [Teilnachdruck 1983–91]

VII. *Deutsches Mittelalter.* Kritische Studientexte des Reichsinstituts für ältere deutsche Geschichtskunde [Bd. 4 ... der Monumenta Germaniae historica]. Bd. 1–4. Leipzig [Bd. 4 Weimar] 1937–49 [Bd. 1–3 Nachdruck Stuttgart 1978–80]

Hilfsmittel zu den MGH
Oswald **Holder-Egger**/Karl **Zeumer,** Indices eorum quae Monumentorum Germaniae historicorum tomis hucusque editis continentur. Hannover/Berlin 1890 [Nachdruck 1985]

Harry **Bresslau,** Geschichte der Monumenta Germaniae historica (= Neues Archiv ... Bd. 42). Hannover 1921 [Nachdruck 1976 u. 1994]

Repertorium fontium historiae medii aevi [siehe oben S. 23], Bd. 1, S. 466–479

Herbert **Grundmann,** Monumenta Germaniae historica 1819–1969. Gedenkschrift zur 150-Jahr-Feier. Köln/Wien/Graz 1969

Ausgewählte Quellen zur deutschen Geschichte des Mittelalters [Freiherr-vom-Stein-Gedächtnisausgabe]. Begr. v. Rudolf Buchner u. fortgef. v. Franz-Josef Schmale. Bd. 1–(39). Darmstadt

1a: Altes Germanien. Auszüge aus antiken Quellen über die Germanen und ihre Beziehungen zum Römischen Reich. Quellen der alten Geschichte bis zum Jahr 238 n. Chr. Hrsg. v. Hans-Werner Goetz u. Karl-Wilhelm Welwei. 1995

1b: Die Germanen in der Völkerwanderung. Auszüge über die Geschichte der germanischen Stämme aus spätantiken Quellen. Eugippius, Vita Severini. Hrsg. v. Hans-Werner Goetz u. Karl-Wilhelm Welwei. [iV]

2: Gregor von Tours. Zehn Bücher Geschichten [Fränkische Geschichte]. Bd. 1, Buch 1–5. Auf Grund der Übers. W. Giesebrechts neubearb. v. Rudolf Buchner. 1955, ^{8}2000

3: Gregor von Tours. Zehn Bücher Geschichten [Fränkische Geschichte]. Bd. 2, Buch 6–10. Auf Grund der Übers. W. Giesebrechts neubearb. v. Rudolf Buchner. 1956, ^{9}2000

4a: Quellen zur Geschichte des 7. und 8. Jahrhunderts [Fredegar; Liber Historiae Francorum; Leben Lebuins; Jonas, Leben Columbans]. Unter d. Leitung v. Herwig Wolfram neu übertragen v. Andreas Kusternig, Herbert Haupt. 1982, ^{2}1994

4b: Briefe des Bonifatius (vollständig). Willibalds Leben des Bonifatius (desgl.). Nebst einigen zeitgenössischen Dokumenten. Unter Benützung der Übersetzungen v. M. Tangl und Ph. H. Külb neu bearb. v. Reinhold Rau. 1968, ^{3}1994

5: Quellen zur karolingischen Reichsgeschichte. Die Reichsannalen. Einhard, Leben Karls des Großen. Zwei Leben Ludwigs. Nithard, Geschichten. Erster Teil. Unter Benützung der Übersetzungen v. O. Abel u. J. v. Jasmund neu bearb. v. Reinhold Rau. 1955 [Nachdruck 1993]

6: Quellen zur karolingischen Reichsgeschichte. Zweiter Teil. Jahrbücher von St. Bertin. Jahrbücher von St. Vaast. Xantener Jahrbücher. Unter Benutzung der Übersetzungen v. J. v. Jasmund u. C. Rehdantz neu bearb. v. Reinhold Rau 1958, ^{2}2002

7: Quellen zur karolingischen Reichsgeschichte. Dritter Teil. Jahrbücher von Fulda. Regino, Chronik. Notker, Taten Karls des Großen. Unter Benutzung der Übersetzungen v. C. Rehdantz, E. Dümmler u. W. Wattenbach neu bearb. v. Reinhold Rau. 1960, ^{2}2002

8: Quellen zur Geschichte der sächsischen Kaiserzeit. Widukinds Sachsengeschichte. Adalberts Fortsetzung. Die Chronik Reginos. Liudprands Werke. Unter Benützung der Übersetzungen v. P. Hirsch, M. Büdinger u. W. Wattenbach neu bearb. v. Albert Bauer u. Reinhold Rau. 1971, ⁵2002

9: Thietmar von Merseburg, Chronik. Neu übertragen u. erl. v. Werner Trillmich. 1957, ⁸2002

10: Ekkehard IV., St. Galler Klostergeschichten. Hrsg. u. übers. v. Hans F. Haefele. 1980, ⁴2002

11: Quellen des 9. und 11. Jahrhunderts zur Geschichte der hamburgischen Kirche und des Reiches. Rimbert, Leben Ansgars. Adam von Bremen, Bischofsgeschichte der Hamburger Kirche. Wipo, Taten Kaiser Konrads II. Neu übertragen v. Werner Trillmich. – Hermann von Reichenau, Chronik. Unter Benützung der Übers. v. K. Nobbe neu bearb. v. Rudolf Buchner. 1961, ⁷2000

12: Quellen zur Geschichte Kaiser Heinrichs IV. Die Briefe Heinrichs IV. Das Lied vom Sachsenkrieg. Brunos Sachsenkrieg. Neu übers. v. Franz-Josef Schmale. – Das Leben Kaiser Heinrichs IV. Neu übers. v. Irene Schmale-Ott. 1963, ⁴2000

12a: Quellen zum Investiturstreit. Erster Teil. Ausgewählte Briefe Papst Gregors VII. Hrsg. u. übers. v. Franz-Josef Schmale. 1978

12b: Quellen zum Investiturstreit. Zweiter Teil. Schriften über den Streit zwischen Regnum und Sacerdotium. Übers. v. Irene Schmale-Ott. 1984

13: Lampert von Hersfeld. Annalen. Neu übers. v. Adolf Schmidt. Erl. v. Wolfgang Dietrich Fritz. 1957, ⁴2000

14: Bertholds und Bernolds Chroniken. Hrsg. v. Ian Stuart Robinson. Übers. v. Helga Robinson-Hammerstein u. Ian Stuart Robinson. 2002

15: Frutolfs und Ekkehards Chroniken u. die anonyme Kaiserchronik. Übers. v. Franz-Josef Schmale u. Irene Schmale-Ott. 1972, ²2002

16: Otto Bischof von Freising, Chronik oder Die Geschichte der zwei Staaten. Übers. v. Adolf Schmidt. Hrsg. v. Walther Lammers. 1960, ⁵1990

17: Bischof Otto von Freising und Rahewin, Die Taten Friedrichs oder richtiger Cronica. Übers. v. Adolf Schmidt. Hrsg. v. Franz-Josef Schmale. 1965, ⁴2000

17a: Italische Quellen über die Taten Kaiser Friedrichs I. in Italien und der Brief über den Kreuzzug Kaiser Friedrichs I. Übers. v. Franz-Josef Schmale. 1986

18a: Die Chronik Ottos von St. Blasien und Die Marbacher Annalen. Hrsg. u. übers. v. Franz-Josef Schmale. 1998

18b: Historia Welforum. Burchart von Ursberg. Hrsg. v. N. N. [iV]

19: Helmold von Bosau, Slawenchronik. Neu übertragen u. erl. v. Heinz Stoob. 1963, ⁶2002
20: Arnold von Lübeck, Chronik (Fortsetzung Helmolds, bis 1209). Hrsg. v. N. N. [iV]
21: Kölner Königschronik. Hrsg. v. Carl August Lückerath [iV]
22: Lebensbeschreibung einiger Bischöfe des 10.–12. Jahrhunderts [Ulrich von Augsburg, Bruno von Köln, Bernward von Hildesheim, Benno von Osnabrück, Norbert von Magdeburg, Albero von Trier]. Übers. von Hatto Kallfelz. 1973, ²1986
23: Heiligen-Leben zur ostdeutsch-slavischen Geschichte. Hrsg. v. N. N. [iV]
23 a: Adalbert von Stade, Cronica. Hrsg. v. N. N. [iV]
24: Heinrich von Lettland, Livländische Chronik. Neu übers. v. Albert Bauer. 1959, ²1975
25: Peter von Dusburg, Chronik des Preußenlandes. Übers. u. erl. v. Klaus Scholz u. Dieter Woytecki. 1984
26 a–b: Urkunden und erzählende Quellen zur deutschen Ostsiedlung im Mittelalter. Ges. u. hrsg. v. Herbert Helbig u. Lorenz Weinrich. Erster Teil. Mittel- und Norddeutschland. Ostseeküste 1968, ³1984. – Zweiter Teil: Schlesien, Polen, Böhmen-Mähren, Österreich, Ungarn-Siebenbürgen. 1970
27: Lex Salica. Hrsg. v. Ruth Schmidt-Wiegand. Lex Ribvaria. Hrsg. v. N. N. [iV]
30: Der Sachsenspiegel des Eike von Repgow. Land- und Lehensrecht. Hrsg. v. Ruth Schmidt-Wiegand. [iV]
31: Quellen zur Geschichte des deutschen Bauernstandes im Mittelalter. Ges. u. hrsg. v. Günther Franz. 1967, ²1974
32: Quellen zur deutschen Verfassungs-, Wirtschafts- und Sozialgeschichte bis 1250. Hrsg. v. Lorenz Weinrich. 1977, ²2000
33: Quellen zur Verfassungsgeschichte des Römisch-Deutschen Reiches im Spätmittelalter (1250–1500). Hrsg. v. Lorenz Weinrich. 1983
34: Quellen zur Verfassungsgeschichte der deutschen Stadt im Mittelalter. Hrsg. v. Bernd-Ulrich Hergemöller. 2000
35: Quellen zur Reichsgeschichte unter Heinrich VI., Philipp von Schwaben und Otto IV. (1190–1214). Hrsg. v. N. N. [iV]
36: Quellen zur Hanse-Geschichte . . . Zus. gestellt u. hrsg. v. Rolf Sprandel. 1982
37: Quellen zur Wirtschafts- und Sozialgeschichte mittel- und oberdeutscher Städte im Spätmittelalter. Ausgew. u. übers. v. Gisela Möncke. 1982
38 a–b: Quellen zur Kirchenreform im Zeitalter der großen Konzilien des 15. Jahrhunderts. Hrsg. v. Jürgen Miethke u. Lorenz Weinrich. Erster Teil: Die Konzilien von Pisa (1409) und Konstanz (1414–1418). 1995. – Zweiter Teil: Die Konzilien von Pavia/

Siena (1423/24), Basel (1431–1449.) Ausgew. u. übers. v. Jürgen Miethke u. Lorenz Weinrich. 2002
39: Quellen zur Reichsreform im Spätmittelalter. Hrsg. u. übers. v. Lorenz Weinrich. 2001

Fontes rerum Germanicarum. Geschichtsquellen Deutschlands ⟨12.–14. Jh.⟩. Hrsg. v. Johann Friedrich Böhmer. Bd. 1–4 [Bd. 4 hrsg. aus dem Nachlasse Johann Friedrich Böhmer's v. Alfons Huber]. Stuttgart 1843–68 [Nachdruck Aalen 1969]
Bibliotheca rerum Germanicarum. Hrsg. v. Philipp Jaffé [Bd. 6 v. Wilhelm Wattenbach u. Ernst Dümmler]. Bd. 1–6. Berlin 1864–73 [Nachdruck Aalen 1964]
Johann Friedrich **Böhmer**, Acta Imperii selecta. Urkunden deutscher Könige und Kaiser mit einem Anhang von Reichssachen. Hrsg. aus seinem Nachlasse. Innsbruck 1868 [Neudr. d. Ausg. v. 1870 Aalen 1967]
Historia diplomatica Friderici secundi ... Hrsg. v. Jean-Louis-Alphonse Huillard-Bréholles. Bd. 1–6. Paris 1852–61 [Nachdruck Turin 1963]
Acta Imperii inedita. Hrsg. v. Eduard Winkelmann. Bd. 1–2. Innsbruck
1: Acta Imperii inedita seculi XIII. Urkunden und Briefe zur Geschichte des Kaiserreichs und Königreichs Sicilien in den Jahren 1198–1273. 1880 [Nachdruck Aalen 1964]
2: Acta Imperii inedita seculi XIII et XIV. Urkunden und Briefe ... in den Jahren 1200–1400. 1885 [Nachdruck Aalen 1964]

2. *Quellensammlungen zur Kirchengeschichte*

Acta sanctorum quotquot toto orbe coluntur ... [AA SS]. Hrsg. v. Jean Bolland [bis Bd. 5, danach v. den Bollandisten]. Bd. 1–68. Antwerpen [Bd. 51 ff. Brüssel, Bd. 55 Tongerlo, Bd. 63–64 Paris] 1643–1940 [noch nicht vollständig, bis 4. November reichend; letzter Band = Propylaeum für Dezember; Nachdruck Bd. 1–60. 1966–71; Bd. 1–68 auch als CD-ROM u. online verfügbar]. – 2. Aufl. Bd. 1–43 [bis 5. September]. Venedig 1734–70. – 3. Aufl. Bd. 1–60 [bis 12. Oktober]. Paris/Rom 1863–70
Wegweiser: Bibliotheca hagiographica Latina ... Bd. 1–2. Brüssel 1898–1901
Acta sanctorum Ordinis S. Benedicti ... [Acta SS OSB]. Hrsg. v. Johannes Mabillon. Bd. 1–9. Paris 1668–1701. – 2. Aufl. Venedig 1733–38
Jacques Paul **Migne**, Patrologiae cursus completus, seu bibliotheca universalis ... omnium SS. patrum, doctorum, scriptorumque ecclesiasticorum, sive Latinorum, sive Graecorum ... 3 Serien

[A] Series Graeca: in qua prodeunt patres, doctores, scriptoresque ecclesiae Graecae a S. Barnaba ad Bessarionem [Migne, PG]. Bd. 1–167. Paris 1857–76 [häufige Neudrucke]
[B] Series Graeca et orientalis [Migne, PGO]. Bd. 1–81. Paris 1856–67
[C] Series Latina: in qua prodeunt patres, doctores, scriptoresque ecclesiae Latinae a Tertulliano ad Innocentium III. [Migne, PL]. Bd. 1–221. Paris 1844–65. – Erg.-Bd. 1–(5). Paris 1958–(74). – Elf Teile:
    I. Scriptores qui in II–IV saec. floruerunt. Bd. 1–19
    II. Scriptores V saec. Bd. 20–61
    III. Scriptores VI saec. Bd. 62–79
    IV. Scriptores qui in VII saec. prima parte floruerunt. Bd. 80–86
    V. Scriptores qui in VII saec. secunda parte floruerunt. Bd. 87–88
    VI. Scriptores ecclesiastici VIII saec. Bd. 89–96
    VII. Scriptores IX saec. Bd. 97–130
    VIII. Scriptores X saec. Bd. 131–138
    IX. Scriptores XI saec. Bd. 139–151
    X. Scriptores XII saec. Bd. 151–191
    XI. Scriptores XIII saec. Bd. 192–217
    Bd. 218: Indices generales auctorum, operum et auctorum a patribus memoratorum. – Bd. 219–221: Indices speciales

Wegweiser
Repertorium fontium historiae medii aevi [siehe oben S. 23], Bd. 1, S. 420–454
Jacques Paul **Migne,** Index alphabeticus ... Paris 1862 [= Auszug aus Bd. 218 der Patrologia]. – John B. Pearson, Conspectus auctorum ... Cambridge 1882. – [Reprint beider Indices: Ridgewood, N. J. 1965]

Corpus scriptorum ecclesiasticorum latinorum [CSEL]. Hrsg. v. d. Kaiserlichen Akademie [1922ff. v. d. Akademie ...] der Wissenschaften zu Wien. Bd. 1–(88). Wien [Bd. 16–35, 37–42 Wien/Prag/Leipzig, Bd. 36, 43, 70 Wien/Leipzig] 1866–(1981)

Verzeichnis
Repertorium fontium historiae medii aevi [siehe oben S. 23], Bd. 1, S. 197–201

Corpus Christianorum [Corp. Christ.]. Zus.gestellt v. den Benediktinermönchen der Abtei S. Petri in Steenbrugge. Series latina [CCSL]. Bd. 1–. Turnhout 1953–(2003). [Geplant 250 Bde., die Bd. 1–96 des Migne (= patristische Periode ⟨1.–8. Jh.⟩) entsprechen; bisher erschienen ca. 200 Bde.]
... Continuatio mediaevalis [CCCM]. Bd. 1– . Turnhout 1966–(2002). [bis zur vorscholastischen Zeit ⟨8.–12. Jh.⟩ reichend; bisher erschienen ca. 250 Bde.]

... Series graeca [CCSG]. Bd. 1– . Turnhout 1977–(2002) [bisher erschienen ca. 70 Bde.]
... Series Apocryphorum [CCSA]. Bd. 1– . Turnhout 1983–(2001) [bisher erschienen 15 Bde.]

Hilfsmittel/Konkordanz zu CCSL und CCCM
Corpus Christianorum. Instrumenta lexicologica Latina [CCILL]. Series A. Formae. Bd. 1– . Turnhout 1982–(2002) [bisher erschienen 107 Bde.]
Corpus Christianorum. Instrumenta lexicologica Latina [CCILL]. Series B. Lemmata. Bd. 1– . Turnhout 1982–(92) [bisher erschienen 10 Bde.]

Giovanni Domenico **Mansi,** Collectionis conciliorum synopsis amplissima ... [Mansi, Synopsis]. Bd. 1–4. Venedig 1768–98
Giovanni Domenico **Mansi,** Sacrorum conciliorum nova et amplissima collectio ⟨–15. Jh.⟩ [Mansi]. Bd. 1–31. Florenz [Bd. 14ff. Venedig] 1759–98. – 2. Aufl. ⟨–1870 bzw. 1902⟩. Bd. 1–53 [ab Bd. 36 A hrsg. v. Jean Baptiste Martin u. Louis Petit]. Paris [Bd. 49 ff. Arnheim/Leipzig] 1901–27 [Nachdruck Graz 1960–62]

Papsturkunden 896–1046. Bearb. v. Harald Zimmermann. Bd. 1–3 (= Österreich. Akad. d. Wiss. Phil.-hist. Klasse, Denkschriften 174, 177, 198 = Veröff. d. Hist. Komm. 3–5). Wien 1984–89 [Bd. 1–2 ^{2}1989]

Kirchen- und Theologiegeschichte in Quellen. Ein Arbeitsbuch. Hrsg. v. Heiko A. Oberman [u. a.]. Bd. 1–5. (Neukirchen-Vluyn)
1: Alte Kirche. Ausgew. ... v. Adolf Martin Ritter 1977, ^{6}1994
2: Mittelalter. Ausgew. u. komm. v. Reinhold Mokrosch, Herbert Walz. 1980, ^{3}1989. – 5. Aufl. ... hrsg. v. Adolf Martin Ritter. 2001
3: Die Kirche im Zeitalter der Reformation. Ausgew. u. komm. v. Heiko A. Oberman. 1985, ^{4}1994
4,1: Neuzeit. 17. Jahrhundert bis 1870. Ausgew. ... v. Hans-Walter Krumwiede. 1979, ^{3}1989
4,2: Neuzeit. 1870 bis 1975. Ausgew. v. Hans-Walter Krumwiede. 1980, ^{3}1989
[Neubearbeitung:]
4: Vom Konfessionalismus zur Moderne. Hrsg. v. Martin Greschat. 1997
5: Das Zeitalter der Weltkriege und Revolutionen. Hrsg. v. Hans-Walter Krumwiede u. Martin Greschat. 1999

Bibliographie
Bibliographia Patristica. Internationale patristische Bibliographie ... hrsg. v. Knut Schäferdiek. 1 (1956) – 35 (1985–90). Berlin/New York 1959–97 [Erscheinen eingestellt]

3. Regestenwerke

a) Regesten zur Reichsgeschichte

Johann Friedrich **Böhmer**, Regesta chronologico-diplomatica regum atque imperatorum Romanorum inde a Conrado I. usque ad Heinricum VII. Die Urkunden der Römischen Könige und Kaiser von Conrad I. bis Heinrich VII. 911–1313. Frankfurt/M 1831

Johann Friedrich **Böhmer**, Regesta chronologico-diplomatica Karolorum. Die Urkunden sämmtlicher Karolinger in kurzen Auszügen ... Frankfurt/M 1833

Johann Friedrich **Böhmer**, Regesta Imperii inde ab anno 1314 usque ad annum 1347. Die Urkunden Kaiser Ludwigs des Baiern, König Friedrich des Schönen und König Johanns von Böhmen in Auszügen. Frankfurt/M 1839

[Neubearbeitung:]
Johann Friedrich **Böhmer**, Regesta imperii. [Serie 1–14]
- [I.] Die Regesten des Kaiserreiches unter den Karolingern 751–918 Bd. 1–4.
  - [1.] Die Regesten ... Neu bearb. v. Engelbert Mühlbacher. Innsbruck 1889. – 2. Aufl. neu bearb. v. Engelbert Mühlbacher, vollendet v. Johann Lechner. Innsbruck 1908 [bericht. Neudruck Hildesheim 1966]
  - 2. [iV]
  - [3.] Die Regesten ... 751–918 (926/962). Bd. 3. Die Regesten des Regnum Italiae und der burgundischen Regna. Teil 1. Die Karolinger im Regnum Italiae 840–887 (888). Bearb. v. Herbert Zielinski. Innsbruck [u.a.] 1991. Teil 2. Das Regnum Italiae in der Zeit der Thronkämpfe und Reichsteilungen 888 (850)–926. Bearb. v. Herbert Zielinski. Innsbruck [u.a.] [1998]
  - 4. Die Regesten ... 751–918 (926/962). Papstregesten 800–911. Teil 1 [iV]. – Teil 2. 844–872 [noch unvollständig, bis 858 reichend]. Bearb. v. Klaus Herbers. Köln [u.a.] 1999

- II. Die Regesten des Kaiserreiches unter den Herrschern aus dem sächsischen Hause ⟨919–1024⟩ [Abt. 2 u. 3: Sächsisches Haus: 919–1024; Abt. 5: Sächsische Zeit]. Abt. 1–5
  - [1. Heinrich I. und Otto I. ⟨919–973⟩]. Neu bearb. v. Emil von Ottenthal. Innsbruck 1893 [berichtigter Neudruck Hildesheim 1967]
  - 2. Die Regesten des Kaiserreiches unter Otto II. 955(973)–983. Neu bearb. v. Hanns Leo Mikoletzky. Innsbruck 1950

3. Die Regesten des Kaiserreiches unter Otto III. 980(983)–1002. Neu bearb. v. Mathilde Uhlirz. Graz/Köln 1956–57
4. Die Regesten des Kaiserreiches unter Heinrich II. 1002–1024. Neu bearb. v. Theodor Graff. Wien [u. a.] 1971
5. Papstregesten 911–1024. Bearb. v. Harald Zimmermann. Wien [u. a.] 1969, ²1998
6. Register ... erarbeitet v. Harald Zimmermann. Köln/Wien 1982

III. Salisches Haus: 1024–1125. Erster Teil: 1024–1056. Abt. 1–
1. Die Regesten des Kaiserreiches unter Konrad II. 1024–1039. Neu bearb. unter Mitwirkung v. Norbert von Bischoff v. Heinrich Appelt. Graz 1951
2. [Heinrich III. 1039–56: noch nicht erschienen]
Salisches Haus: 1024–1125. Zweiter Teil: 1056–1125. Abt. 3
3. Die Regesten des Kaiserreiches unter Heinrich IV. 1056 (1050)–1106. 1. Lieferung. 1056 (1050)–1065. Neubearb. v. Tilman Struve. Köln/Wien 1984

IV. (Lothar II. und) Ältere Staufer 1125–1197
1. Die Regesten des Kaiserreiches unter Lothar III. und Konrad III. Köln/Wien
   1. Lothar III. 1125 (1075)–1137. Bearb. v. Wolfgang Petke. 1994
2. Die Regesten des Kaiserreiches unter Friedrich I. 1152 (1122)–1190. Teil 1–2. Köln [u. a.]
   1. 1122–1158. Bearb. v. Ferdinand Opll. 1981
   2. 1152–1190. Neubearb. v. Ferdinand Opll. 1980–(2001) [noch unvollständig; bis 1180 reichend]
3. Die Regesten des Kaiserreichs unter Heinrich VI. 1165 (1190)–1197. Nach Johann Friedrich Böhmer neu bearb. v. Gerhard Baaken. Köln/Wien 1972. – Namenregister, Ergänzungen und Berichtigungen, Nachträge. Bearb. v. Karin u. Gerhard Baaken. Köln/Wien 1979

V. Die Regesten des Kaiserreiches unter Philipp, Otto IV., Friedrich II., Heinrich (VII.), Conrad IV., Heinrich Raspe, Wilhelm und Richard. 1198–1272. Abt. 1–6. Neu hrsg. u. erg. v. Julius Ficker [Abt. 3–5: u. Eduard Winkelmann; Abt. 6: ... bearb. v. Paul Zinsmaier]. Innsbruck [Abt. 6 Köln/Wien] 1881–1983 [bericht. Neudruck von Abt. 1–5 Hildesheim 1969]
1. [Philipp – Friedrich II.]. 1881
2. [Heinrich VII. – Richard]. 1882
3–4. Päpste und Reichssachen. 1892–94
5. Einleitung und Register. 1901
6. Nachträge und Ergänzungen. 1983

VI. Die Regesten des Kaiserreiches unter Rudolf, Adolf, Albrecht, Heinrich VII. 1273–1313. Abt. 1–(4). Innsbruck
1. [Rudolf v. Habsburg ⟨1273–1291⟩.] Neu hrsg. u. erg. v. Oswald Redlich. 1898 [bericht. Neudruck Hildesheim 1969]
2. [Adolf v. Nassau ⟨1291–1298⟩.] Neu bearb. v. Vincenz Samanek. 1933–48
3. Albrecht I. von Habsburg ⟨1298–1308⟩. [Geplant]
4. Heinrich VII. von Luxemburg ⟨1309–1313⟩. [Geplant]

VII. Regesten Ludwigs des Baiern (1314–1347). Nach Archiven u. Bibliotheken geordnet hrsg. v. Peter Acht. Heft 1–(6). Köln [u.a.] 1989–(2000)

VIII. Die Regesten des Kaiserreiches unter Kaiser Karl IV. 1346–1378. Hrsg. u. erg. v. Alfons Huber. Innsbruck 1877 [bericht. Neudruck Hildesheim 1968]. – Erg.-Heft 1 v. Alfons Huber. Innsbruck 1889

IX. Wenzel ⟨1378–1400⟩. [Geplant]

X. Regesten König Ruprechts ⟨1400–1410⟩. Von L. Graf von Oberndorff (= Regesten der Pfalzgrafen am Rhein 2). Innsbruck 1912–39 [außerhalb der Reihe erschienen]

XI. Die Urkunden Kaiser Sigmunds (1410–1437). Verzeichnet v. Wilhelm Altmann. Bd. 1–2. Innsbruck 1896–1900 [Nachdruck Hildesheim 1967]

XII. Albrecht II. 1438–1439. Bearb. v. Günther Hödl. Wien [u.a.] 1975

XIII. Regesten Kaiser Friedrichs III. (1440–1493). Nach Archiven u. Bibliotheken geordnet hrsg. v. Heinrich Koller u. Paul-Joachim Heinig. Heft 1–(17), Sonderbd. 1–(2). Wien [u.a.] 1982–(2003) [H. 1–10 nebst Sonderbd. 1 auch auf CD-ROM; Sonderbd. 1 zuerst erschienen Wien 1838–40]]

XIV. Ausgewählte Regesten des Kaiserreichs unter Maximilian I. 1493–1519. Bearb. v. Hermann Wiesflecker. – . Bd. 1. Wien [u.a.]
1. 1493–1495. Teilband 1–3. 1989–96
2. 1496–1498. Teilband 1–2. 1993
3. 1499–1501. Teilband 1–2. 1996–98
4. 1502–1504. Teilband 1. 2002

[Für die oben noch fehlenden Bände ist heranzuziehen:]
Karl Friedrich **Stumpf-Brentano,** Reichskanzler vornehmlich des X., XI. und XII. Jahrhunderts ... Bd. 1–3. Innsbruck 1865–81
[Nachdruck Aalen 1964]

Regesta historico-diplomatica Ordinis S. Mariae Theutonicorum
1198–1525. Pars I–II. Bearb. v. Erich Joachim. Hrsg. v. Walther Hubatsch. Göttingen
 I. Index Tabularii Ordinis S. Mariae Theutonicorum. Regesten zum Ordensbriefarchiv. Bd. 1–3
  1,1–2: 1198–1454. 1948
  2: 1455–1510. 1950
  3: 1511–1525. 1973
 II. Regesta Privilegiorum Ordinis S. Mariae Theutonicorum. Regesten der Pergament-Urkunden aus der Zeit des Deutschen Ordens. 1948
Register zu Pars I [ohne I. 3] und Pars II. 1965

b) *Regesten und Register zur Papstgeschichte*

Otto **Seeck,** Regesten der Kaiser und Päpste für die Jahre 311 bis 476. Vorarbeiten zu einer Prosopographie der Kaiserzeit. Stuttgart 1919 [Nachdruck Frankfurt/M 1964]
Regesta pontificum Romanorum ab condita ecclesia ad annum post Christum natum 1198. Hrsg. v. Philipp Jaffé. Berlin 1851. – 2. Aufl. Bd. 1–2. Hrsg. v. Samuel Löwenfeld, Ferdinand Kaltenbrunner u. Paul Ewald. Leipzig 1885–88 [Nachdruck Graz 1956]
Julius von **Pflugk-Harttung,** Acta pontificum Romanorum 748–1198. Bd. 1–3. Tübingen [Bd. 2–3 Stuttgart] 1881–86 [Nachdruck Graz 1958]
Regesta pontificum Romanorum inde ab a. post Christum natum 1198 ad a. 1304. Hrsg. v. August Potthast. Bd. 1–2. Berlin 1874–75 [Nachdruck Graz 1957]
Regesta pontificum Romanorum. Hrsg. v. Paul Kehr [seit 1992 besorgt v. Rudolf Hiestand]. [Abt. I–II.] Berlin
 [I.] Italia pontificia ... Bd. 1–10. Bearb. v. Paul Kehr. [Bd. 9 v. Walther Holtzmann, Bd. 10 v. Dieter Girgensohn]. 1906–75
 [II.] Germania pontificia. Bd. 1–4, 6, 7,1, 9,3, 10,1. Berlin [seit Bd. 4 Göttingen] 1911–(2003) [unvollständig; Nachdruck Bd. 1–3 Berlin 1960–61]
 [III.] Gallia pontificia. Bd. 1– . Göttingen 1998–

Hilfsmittel
Rudolf **Hiestand,** Initien- und Empfängerverzeichnis zu Italia pontificia I–X (= MGH. Hilfsmittel 6). München 1983

Registres et lettres des Papes du XIIIe siècle (= Bibliothèque des Écoles françaises d'Athènes et de Rome, 2e série). Paris [in der Serie unregelmäßig durchlaufende Bandzählung; Einteilung:]
 1,1–4: Les registres d'Innocent IV (1243–1254). Recueil des bulles ... 1884–1921

2: Les registres de Benoît XI (1303–1304). Recueil des bulles ... 1883–1905
3,1–2: Le Liber pontificalis 1886–92 [Nachdruck als 2. Aufl. 1955–57; dazu Bd. 3: Additions et corrections]
4,1–4: Les registres de Boniface VIII (1294–1303). Recueil des bulles ... 1884–1939
5,1–2: Les registres de Nicolas IV (1288–1292). Recueil des bulles ... 1886–1905
6,1–3: Le Liber censuum de l'Église romaine. 1889–1952
7: Les registres d'Honorius IV (1285–1287). 1886–88
9,1–4: Les registres de Grégoire IX (1227–1241). Recueil des bulles ... 1890–1955
11: Les registres de Clément IV (1265–1268). Recueil des bulles ... 1893–1945
12: Les registres de Grégoire X (1272–1276). Recueil des bulles ... – Les registres de Jean XXI (1276–1277). Recueil des bulles ... 1892–1960
13,1–4: Les registres d'Urbain IV (1261–1264). Recueil des bulles ... 1899–1958
14: Les registres de Nicolas III (1277–1280). Recueil des bulles ... 1898–1938
15,1–3: Les registres d'Alexandre IV (1254–1261). Recueil des bulles ... 1895–1959
16: Les registres de Martin IV (1281–1285). Recueil des bulles ... 1901–1935

Registres et lettres des Papes du XIVe siècle (= Bibliothèque des Écoles françaises d'Athènes et de Rome, 3e série). Paris [u.a.] [in der Serie unregelmäßig durchlaufende Bandzählung]
[Einteilung:]
1,1–(4): Lettres secrètes et curiales du pape Jean XXII (1316–1334) relatives à la France. 1900–(72)
1 bis Bd. 1–16: Jean XXII (1316–1334). Lettres communes. 1904–47
2: Benoît XII (1334–1342). Lettres closes, patentes et curiales se rapportant à la France. 1899–1920
2 bis Bd. 1–3: Benoît XII (1334–1342). Lettres communes. 1902–11
2ter: Lettres des papes d'Avignon. Benoît XII (1334–1342). Lettres closes et patentes intéressant les pays autres que la France. 1913–50
3,1–3: Clément VI (1342–1352). Lettres closes, patentes et curiales se rapportant à la France. 1901–61
[3 bis:] Bd. 1–3: Clément VI (1342–1352). Lettres closes, patentes et curiales intéressant les pays autres que la France. 1960–61

4:	Innocent VI (1352–1362). Lettres closes, patentes et curiales se rapportant à la France. 1909 [unvollständig]
4 [bis] Bd. 1–(4):	Innocent VI (1352–1362). Lettres secrètes et curiales. 1959–(76)
4 [ter] Bd. 1–2:	Les registres d'Urbain V (1362–1363). Recueil des bulles . . . 1926
5:	Lettres secrètes et curiales du pape Urbain V (1362–1370) se rapportant à la France. 1902–54
5 bis Bd. 1–12:	Urbain V (1362–1370). Lettres communes. Paris 1954–89
6 bis Bd. 1–3:	Grégorie XI (1370–1378). Lettres communes analysées d'après les registres dits d'Avignon et du Vatican. 1992–93
7, 1–5:	Lettres secrètes et curiales du pape Grégoire XI (1370–1378) relatives à la France. 1935–57
[7 bis:]	Lettres secrètes et curiales du pape Grégoire XI (1370–1378) intéressant les pays autres que la France. 1962–65

Repertorium Germanicum. Verzeichnis der in den päpstlichen Registern und Kameralakten vorkommenden Personen, Kirchen und Orte des Deutschen Reiches, seiner Diözesen und Territorien vom Beginn des Schismas bis zur Reformation. Hrsg. v. Deutschen [früher Kgl. Preuß.] Hist. Inst. in Rom. Bd. 1– .

1: Verzeichnis . . . Clemens' VII. von Avignon 1378–1394. Bearb. v. Emil Göller. Berlin 1916 [Nachdruck Hildesheim 1991]

2,1–3: Verzeichnis . . . Urbans VI., Bonifaz' IX., Innozenz' VII. und Gregors XII. 1378–1415. Bearb. v. Gerd Tellenbach
    1. Einleitung und Regesten. Berlin 1933–38 [Ndr. zuletzt Hildesheim 2000]
    2. Personenregister. Berlin 1938 [Ndr. zuletzt Hildesheim 2000]
    3. Ortsregister. Berlin 1961

3: Verzeichnis . . . Alexanders V., Johann's XXIII. und des Konstanzer Konzils. 1409–1417. Bearb. v. Ulrich Kuehne. Berlin 1935 [Ndr. Hildesheim 1991]

4,1–4: Martin V. 1417–1431.
    1. A-H. Bearb. v. Karl August Fink. Berlin 1941–43 [Ndr. Hildesheim 1991]
    2–3. I-Z. Bearb. v. Karl August Fink. Tübingen 1957–58 [Ndr. Hildesheim 2000]
    4. Personenregister. Bearb. v. Sabine Weiss. Tübingen 1979

5: Eugen IV. 1431–1447. [iV]

6,1–2: Nikolaus V. 1447–1455.
    1. Text. Bearb. v. Josef Friedrich Abert u. Walter Deeters. Tübingen 1985
    2. Indices. Bearb. v. Michael Reimann. Tübingen 1989

7,1–2: Calixt III. 1455–1458. Bearb. v. Ernst Pitz. Tübingen 1989
   1. Text
   2. Indices
8,1–2: Pius II. 1458–1464. Tübingen 1993
   1. Text. Bearb. v. Dieter Brosius u. Ulrich Scheschkewitz.
   2. Indices. Bearb. v. Karl Borchardt.
9,1–2: Paul II. 1464–1471. Tübingen 2000
   1. Text. Bearb. v. Hubert Höing [u. a.]
   2. Indices. Bearb. v. Hubert Höing [u. a.]

Bibliographie
DW 67/8–41

4. *Quellen zur Geschichte des 14.–16. Jahrhunderts*

Die Chroniken der deutschen Städte vom 14. bis ins 16. Jahrhundert. Hrsg. durch die Historische Kommission bei der Bayerischen Akademie der Wissenschaften. Bd. 1–37, Leipzig [u.a.] 1862–1931 [unveränd. Nachdr. als 2. Aufl. Göttingen 1961–69; Gliederung:]
   I. Die Chroniken der schwäbischen Städte. Augsburg ⟨955–1565⟩. Bd. 1–9. 1865–1929, ²1965–67
   II. Die Chroniken der baierischen Städte. Regensburg ⟨1511–1555⟩, Landshut ⟨1439–1504⟩, Mühldorf ⟨1313–1428⟩, München ⟨1397–1403⟩. Bd. 1. 1878, ²1968
   III. Die Chroniken der fränkischen Städte. Nürnberg ⟨1349–1516⟩. Bd. 1–5. 1862–74, ²1961
   IV. Die Chroniken der oberrheinischen Städte. Straßburg ⟨1362–1415⟩. Bd. 1–2. 1870–71, ²1962
   V. Die Chroniken der mittelrheinischen Städte. Mainz ⟨1332–1552⟩. Bd. 1–2. 1881–82, ²1968
   VI. Die Chroniken der niederrheinischen Städte. Cöln ⟨1273–1499⟩. Bd. 1–3. 1875–77, ²1968
   VII. Die Chroniken der westfälischen und niederrheinischen Städte. Dortmund ⟨750–1550⟩, Neuß ⟨750–1550⟩, Soest ⟨1400–1532⟩, Duisburg ⟨1474–1517⟩. Bd. 1–3. 1887–95, ²1969
   VIII. Die Chroniken der niedersächsischen Städte. Braunschweig ⟨1279–1514⟩. Bd. 1–3. 1868–1928, ²1962–69
   IX. Die Chroniken der niedersächsischen Städte. Magdeburg ⟨1467–1566⟩. Bd. 1–2. 1869–99, ²1962
   X. Die Chroniken der niedersächsischen Städte. Lübeck ⟨1101–1485⟩. Bd. 1–5. 1884–1914

XI. Die Chroniken der niedersächsischen Städte. Lüneburg ⟨1369–1533⟩. Bd. 1. 1931, ²1968

XII. Die Chroniken der niedersächsischen Städte. Bremen ⟨787–1430⟩. Bremen 1968

Deutsche Reichstagsakten. Ältere Reihe ⟨1376–1486⟩. Hrsg. durch die Historische Kommission bei der Bayerischen Akademie der Wissenschaften. Bd. 1– . [Nachdruck Bd. 1–17,1, als 2. Aufl. Göttingen 1956–57]

1–3: Deutsche Reichstagsakten unter König Wenzel. 1.–3. Abth. ⟨1376–1400⟩. Hrsg. v. Julius Weizsäcker. München 1867–77

4–6: Deutsche Reichstagsakten unter König Ruprecht. 1.–3. Abth. ⟨1400–1410⟩. Hrsg. v. Julius Weizsäcker. Gotha 1882–88

7–9: Deutsche Reichstagsakten unter Kaiser Sigmund. 1.–3. Abth. ⟨1410–1431⟩. Hrsg. v. Dietrich Kerler. München [Bd. 8 u. 9 Gotha] 1878–1887

10: Deutsche Reichstagsakten unter Kaiser Sigmund. 4. Abt. 1431–1433. Hrsg. v. Hermann Herre. Gotha 1906

11–12: Deutsche Reichstagsakten unter Kaiser Sigmund. 5.–6. Abt. ⟨1433–1437⟩. Hrsg. v. Gustav Beckmann. Gotha 1898–1901

13: Deutsche Reichstagsakten unter König Albrecht II. 1. Abt. 1438. Hrsg. v. Gustav Beckmann. Stuttgart/Gotha 1925

14: Deutsche Reichstagsakten unter König Albrecht II. 2. Abt. 1439. Hrsg. v. Helmut Weigel. Stuttgart 1935

15: Deutsche Reichstagsakten unter Kaiser Friedrich III. 1. Abt. 1440–1441. Hrsg. v. Hermann Herre. Gotha 1914

16: Deutsche Reichstagsakten unter Kaiser Friedrich III. 2. Abt. 1441–1442. 1. Hälfte hrsg. v. Hermann Herre. – 2. Hälfte bearb. v. Hermann Herre, hrsg. v. Ludwig Quidde. Stuttgart/Gotha 1928

17,1–3: Deutsche Reichstagsakten unter Kaiser Friedrich III. 3. Abt., 1. Hälfte. 1442–1444. Hrsg. v. Walter Kaemmerer. Stuttgart 1939. – 2. Hälfte, Teil 1. 1444. Hrsg. v. Walter Kaemmerer. Göttingen 1956. – 2. Hälfte, Teil 2. 1445. Hrsg. v. Walter Kaemmerer. Göttingen 1963

18: [noch nicht erschienen]

19,1: Deutsche Reichstagsakten unter Kaiser Friedrich III. 5. Abt., 1. Hälfte. 1453–1454. Hrsg. v. Helmut Weigel u. Henny Grüneisen. Göttingen 1969

22,1–2: Deutsche Reichstagsakten unter Kaiser Friedrich III. Hrsg. v. Ingeborg Most-Kolbe. 8. Abt., 1. Hälfte. 1468–1470. Göttingen 1973. – 2. Hälfte. 1471. Hrsg v. Helmut Wolff. Göttingen 1999. – 1468–1471. Verzeichnisse und Register. Bearb. v. Gabriele Annas u. Helmut Wolff. Göttingen 2001

Beiheft. Die Reformation Kaiser Sigmunds. Eine Schrift des 15. Jahrhunderts zur Kirchen- und Reichsreform. Hrsg. v. Karl Beer. Stuttgart 1933. – [Eine weitere Ausg. der Reformatio Sigismundi, hrsg. v. Heinrich Koller, auch in MGH Staatsschriften Bd. 6. Stuttgart 1964.]

Deutsche Reichstagsakten. Mittlere Reihe: Deutsche Reichstagsakten unter Maximilian I. ⟨1486–1518⟩. Hrsg. durch die Historische Kommission bei der Bayerischen Akademie der Wissenschaften. Bd. (1–12). Göttingen
1,1–2: Reichstag von Frankfurt 1486. Bearb. v. Heinz Angermeier unter Mitw. v. Reinhard Seyboth. 1989
2: [Reichstag zu Nürnberg 1487. Noch nicht erschienen.]
3,1–2: 1488–1490. [Reichstag zu Frankfurt 1489.] Bearb. v. Ernst Bock. 1972–73
4: [Noch nicht erschienen.]
5,1–2: Reichstag von Worms 1495. Bearb. v. Heinz Angermeier. Teil 1–2. Göttingen 1981
    1,1–2. Akten, Urkunden und Korrespondenzen
    2. Berichte und Instruktionen
6: Reichstage von Lindau, Worms und Freiburg 1496–1498. Bearb. v. Heinz Gollwitzer. 1979

Hanserezesse. Abt. 1–4 ⟨1256–1560⟩.
1. Abth. Die Recesse und anderen Akten der Hansetage von 1256–1430. Hrsg. durch die historische Commission bei der königlichen [bayerischen] Akademie der Wissenschaften. Bd. 1–8. Leipzig 1870–97 [Nachdruck Hildesheim 1975]
2. Abth. Hanserecesse von 1431–1476. Hrsg. v. Verein für Hansische Geschichte. Bd. 1–7. Bearb. v. Goswin Frhr. v. d. Ropp. Leipzig 1876–92 [Nachdruck Hildesheim 1975, Microfiche-Ausgabe Hildesheim 1991]
3. Abt. Hanserecesse von 1477–1530. Hrsg. v. Verein für Hansische Geschichte. Bd. 1–9. Bearb. v. Dietrich Schäfer [ab Bd. 8 v. Dietrich Schäfer u. Friedrich Techen]. Leipzig [Bd. 9 München] 1881–1913
4. Abt. Hanserezesse von 1531–1560. Hrsg. v. Hansischen Geschichtsverein. Bd. 1–2 [trotz Unvollständigkeit weitere Bde. nicht geplant]
1: ⟨1531–1535 VI⟩. Bearb. v. Gottfried Wentz. Weimar 1941
2: ⟨1535 VII–1537⟩. Bearb. v. Klaus Friedland u. Gottfried Wentz. Köln/Wien 1970

Hansisches Urkundenbuch. Hrsg. v. Verein für Hansische Geschichte. Bd. 1–7,1, 8–11 ⟨975–1500⟩.
1–3,1–2: Bearb. v. Konstantin Höhlbaum. Halle 1876–86. [Dazu:] Paul Feit, Glossar und Sachregister zu Bd. 1–3. Halle 1886
4:     Bearb. v. Karl Kunze. Halle 1896

5–6: Bearb. v. Karl Kunze. Leipzig 1899–1905
7,1: Bearb. v. Hans-Gerd von Rundstedt. Weimar 1939
8–11: Bearb. v. Walther Stein. Leipzig [Bd. 11 München] 1899–1916

Bibliographie
DW 107/139, 239/84–262 (Chroniken); DW 107/157–158, 239/324–327 (Reichstage); DW 107/367–372 (Hanse)

XIX. Quellen zur Geschichte der Neuzeit

1. *Quellensammlungen zur Geschichte des 16.–20. Jahrhunderts*

Publicationen aus den Preußischen Staatsarchiven. Veranlaßt und unterstützt durch die Archiv-Verwaltung. Bd. 1–94 [mehr nicht erschienen]. Leipzig 1878–1938 [Teilnachdruck Osnabrück 1964–69]

1, 10, 13, 18, 24, 53, 56, 76, 77: Preußen und die Katholische Kirche seit 1640 ⟨1640–1807⟩. Hrsg. v. Max Lehmann [Theil 1–7] u. Herman Granier [Theil 8, 9]. Theil 1–9. 1878–1902

2, 11, 25, 30: Rudolph Stadelmann, Preußens Könige in ihrer Thätigkeit für die Landescultur. Theil 1–4. 1878–87
 1: [Friedrich Wilhelm I.]
 2: Friedrich der Große
 3: Friedrich Wilhelm II.
 4: Friedrich Wilhelm III. (1797–1807)

4: Memoiren der Herzogin Sophie, nachmals Kurfürstin von Hannover ⟨1630–1681⟩. Hrsg. v. Adolf Köcher. – Frédéric II., Histoire de mon Temps (Redaction von 1746.) Hrsg. v. Max Posner. 1879

5, 28, 47: Briefwechsel Landgraf Philipp's des Großmüthigen von Hessen mit Bucer ⟨1529–1547, 1554–1558⟩. Hrsg. u. erl. v. Max Lenz. Theil 1–3. 1880–91

6: Paul Hassel, Geschichte der Preußischen Politik 1807 bis 1815. Erster Theil. (1807, 1808). 1881

8, 29: Preußen und Frankreich von 1795 bis 1807. Diplomatische Correspondenzen. Hrsg. v. Paul Bailleu. Theil 1–2. 1881, 1887

9, 33, 62: Die Gegenreformation in Westfalen und am Niederrhein ⟨1555–1623⟩. Actenstücke und Erläuterungen. Zusammengestellt v. Ludwig Keller. Theil 1–3. 1881–95

12, 14, 15, 23: Preußen im Bundestag 1851 bis 1859. Documente der K. Preuß. Bundestags-Gesandtschaft. Hrsg. v. Heinrich Ritter von Poschinger. Teil 1–4. Leipzig 1882–84 [Bd. 1–3 ²1882]

20, 63: Adolf Köcher, Geschichte von Hannover und Braunschweig 1648 bis 1714. Theil 1–2 ⟨1648–1674⟩. 1884, 1895

22: Heinrich de Catt, Unterhaltungen mit Friedrich dem Großen. Memoiren und Tagebücher. Hrsg. v. Reinhold Koser. 1884

26: Briefwechsel der Herzogin Sophie von Hannover mit ihrem Bruder, dem Kurfürsten Karl Ludwig von der Pfalz und des Letzteren mit seiner Schwägerin, der Pfalzgräfin Anna ⟨1652–1680⟩. Hrsg. v. Eduard Bodemann. 1885

34, 42: Joseph Hansen, Westfalen und Rheinland im 15. Jahrhundert. Bd. 1–2.
 1: Die Soester Fehde. 1888
 2: Die Münsterische Stiftsfehde. 1890

35, 39, 46: Georg Irmer, Die Verhandlungen Schwedens und seiner Verbündeten mit Wallenstein und dem Kaiser von 1631 bis 1634. Theil 1–3. 1888–91

37: Briefe der Kurfürstin Sophie von Hannover an die Raugräfinnen und Raugrafen zu Pfalz 〈1680–1712〉. Hrsg. v. Eduard Bodemann. 1888

41, 54, 55, 66, 80, 89, 91: Protokolle und Relationen des Brandenburgischen Geheimen Rates aus der Zeit des Kurfürsten Friedrich Wilhelm. Hrsg. v. Otto Meinardus. Bd. 1–7,1 〈1640 X – 1666 XII〉. 1889–1919

43, 44, 45: Urkundenbuch zur Reformationsgeschichte des Herzogthums Preußen. Hrsg. v. Paul Tschakert. Bd. 1–3. 1890

50, 58, 61: Erich Joachim, Die Politik des letzten Hochmeisters in Preußen, Albrecht von Brandenburg 〈1510–1525〉. Theil 1–3. 1892–95

64: Max Bär, Die Politik Pommerns während des Dreißigjährigen Krieges. 1896

68: Politische Correspondenz des Grafen Franz Wilhelm von Wartenberg, Bischofs von Osnabrück aus den Jahren 1621–1631. Hrsg. v. H. Forst. 1897

72: Briefwechsel Friedrichs des Großen mit Grumbkow und Maupertuis (1731–1759). Hrsg. v. Reinhold Koser. 1898

74: Preußische und österreichische Acten zur Vorgeschichte des Siebenjährigen Krieges. Hrsg. v. Gustav Berthold Volz und Georg Küntzel. 1899

75: Briefwechsel König Friedrich Wilhelm's III. und der Königin Luise mit Kaiser Alexander I. Nebst ergänzenden fürstlichen Korrespondenzen. Hrsg. v. Paul Bailleu. 1900

78, 85: Politisches Archiv des Landgrafen Philipp des Großmütigen von Hessen. Inventar der Bestände. Hrsg. v. Friedrich Küch. Bd. 1–2. 1904, 1910

[Fortsetzung des Inventars außerhalb der »Publikationen« erschienen u. d. T.: Politisches Archiv des Landgrafen Philipp des Großmütigen von Hessen. Inventar der Bestände. Hrsg. v. Walter Heinemeyer. Bd. 3–4 (= Veröffentlichungen der Historischen Kommission für Hessen und Waldeck 24,1–2). Marburg 1954, 1959]

79: Briefe der Königin Sophie Charlotte von Preußen und der Kurfürstin Sophie von Hannover an hannoversche Diplomaten 〈1668–1714〉. Hrsg. v. Richard Döhner. 1905

81, 82, 86: Briefwechsel Friedrichs des Großen mit Voltaire. Hrsg. v. Reinhold Koser u. Hans Droysen. Teil 1–3. 1908–11

83, 84: Max Bär, Westpreußen unter Friedrich dem Großen. Bd. 1–2.
  1. [Darstellung] 1909
  2. [Quellen] 1909

87: Preußens Staatsverträge aus der Regierungszeit König Friedrich Wilhelms I. Hrsg. v. Victor Loewe. 1913

88: Berichte aus der Berliner Franzosenzeit 1807–1809. Hrsg. v. Herman Granier. 1913
90: Nachträge zu dem Briefwechsel Friedrichs des Großen mit Maupertuis und Voltaire ... Hrsg. v. Hans Droysen, Fernand Caussy u. Gustav Berthold Volz. 1917
92: Preußens Staatsverträge aus der Regierungszeit König Friedrichs I. Hrsg. v. Victor Loewe. 1923
93, 94: Neue Folge. Erste Abteilung. Die Reorganisation des preußischen Staates unter Stein und Hardenberg. Teil 1–2.
   1: Allgemeine Verwaltungs- und Behördenreform. Hrsg. v. Georg Winter. Bd. 1 [mehr nicht erschienen]
      1. Vom Beginn des Kampfes gegen die Kabinettsregierung bis zum Wiedereintritt des Ministers vom Stein. 1931
   2: Das Preußische Heer vom Tilsiter Frieden bis zur Befreiung 1807–1814. Hrsg. v. Rudolf Vaupel. Bd. 1 [mehr nicht erschienen]
      1. ⟨1807 VII – 1808 XII⟩. 1938
[Fortsetzung von Bd. 93 u. 94 außerhalb der Reihe erschienen:]

Das Reformministerium Stein. Akten zur Verfassungs- und Verwaltungsgeschichte aus den Jahren 1807/08. Hrsg. v. Heinrich Scheel. Bearb. v. Doris Schmidt. Bd. 1–3 (= Dt. Akad. d. Wiss. zu Berlin. Schriften d. Inst. f. Gesch. Reihe I. Bd. 31 A–C). Berlin (Ost)
1: ⟨1807 X–1808 II⟩.1966
2: ⟨1808 III–VII⟩. 1967
3: ⟨1808 VIII–XI⟩. 1968
Von Stein zu Hardenberg. Dokumente aus dem Interimsministerium Altenstein/Dohna ⟨1808 XI–1810 VI⟩. Hrsg. v. Heinrich Scheel. Bearb. v. Doris Schmidt (= Akad. d. Wiss. d. DDR. Schriften d. Zentralinstituts f. Gesch. 54). Berlin (Ost) 1986
Preußische Finanzpolitik 1806–1810. Quellen zur Verwaltung der Ministerien Stein und Altenstein. Bearb. v. Eckart Kehr. Hrsg. v. Hanna Schissler u. Hans-Ulrich Wehler. Göttingen 1984

Ausgewählte Quellen zur deutschen Geschichte der Neuzeit. Freiherr vom Stein-Gedächtnisausgabe. In Verbindung mit vielen Fachgenossen begr. v. Rudolf Buchner u. fortgeführt v. Winfried Baumgart. Bd. 1– . Darmstadt
   1: Johannes Cochlaeus, Brevis Germaniae descripto (1512) ... hrsg. v. Karl Langosch. 1960, ^{3}1976
   2: Quellen zur Geschichte des Bauernkrieges (1524/25). Ges. u. hrsg. v. Günther Franz. 1963, ^{2}1976
3–10: Otto von Bismarck, Werke in Auswahl. Jahrhundertausgabe zum 23. September 1862. Hrsg. v. Gustav Adolf Rein [u.a.]. Bd. 1–8 [Ndr. 2001]

1–2. Das Werden des Staatsmannes 1815–1862. Teil 1. 1815–1854. – Teil 2. 1854–1862 . . . hrsg. v. Gustav Adolf Rein. 1962–63

3–4. Die Reichsgründung. Teil 1. 1862–1866. – Teil 2. 1866–1871. Hrsg. v. Eberhard Scheler. 1965–68

5–7. Reichsgestaltung und europäische Friedensbewahrung. Teil 1. 1871–1876. – Teil 2. 1877–1882. – Teil 3. 1883–1890. Hrsg. v. Alfred Milatz. 1973–81

8 a. Erinnerung und Gedanke . . . hrsg. v. Rudolf Buchner. 1975

8 b. Rückblick und Ausblick 1890–1898. Mit zahlreichen unveröffentlichten Stücken und einem Dokumentenanhang: Ergänzungen zu Bd. 1–5. Hrsg. v. Rudolf Buchner u. Georg Engel. 1983

11: Quellen zur Geschichte des deutschen Bauernstandes in der Neuzeit (1500–1950). Ges. u. hrsg. v. Günther Franz. 1963, ²1976

12: Maria Theresia, Briefe und Aktenstücke in Auswahl. Hrsg. v. Friedrich Walter. 1968, ²1982

12 a: Der Josephinismus. Ausgewählte Quellen zur Geschichte der theresianisch-josephinischen Reformen. Hrsg. v. Harm Klueting. 1995

13: Quellen zum Verfassungsorganismus des Heiligen Römischen Reiches Deutscher Nation 1495–1815. Hrsg. u. eingel. v. Hanns Hubert Hofmann. 1976

14: Quellen zur Geschichte Maximilians I. und seiner Zeit. Hrsg. v. Inge Wiesflecker-Friedhuber. 1996

15: Quellen zur Geschichte Karls V. Hrsg. v. Alfred Kohler. 1990

16: Quellen zur Reformation 1517–1555. Hrsg. v. Ruth Kastner. 1994

17: Quellen zur katholischen Reform und zur Gegenreformation im 16. und 17. Jahrhundert. Hrsg. v. Albrecht P. Luttenberger. [iV]

18: Politische Testamente und andere Quellen zum Fürstenethos der frühen Neuzeit. Hrsg. v. Heinz Duchhardt. 1987

19: Quellen zur Vorgeschichte und zu den Anfängen des Dreißigjährigen Krieges. Hrsg. v. Gottfried Lorenz. 1991

20: Quellen zur Geschichte Wallensteins. Hrsg. v. Gottfried Lorenz. 1987

21: Quellen zur Geschichte des Dreißigjährigen Krieges und des Westfälischen Friedens 1634–1650. Hrsg. v. Konrad Repgen. [iV]

22: Friedrich der Große. Hrsg. v. Otto Bardong. 1982

23: Quellen zur Geschichte des Wiener Kongresses 1814/1815. Hrsg. v. Klaus Müller. 1986

23 a: Quellen zur Ära Metternich. Hrsg. v. Elisabeth Droß. 1999

24: Quellen zur deutschen Revolution 1848–1849. Hrsg. v. Hans Fenske. 1996

25: Quellen zur deutschen Innenpolitik 1890–1914. Hrsg. v. Hans Fenske. 1991

26: Quellen zur deutschen Außenpolitik im Zeitalter des Imperialismus 1890–1911. Hrsg. v. Michael Behnen. 1977
27: Quellen zur Entstehung des Ersten Weltkrieges. Internationale Dokumente 1901–1914. Hrsg. v. Erwin Hölzle. 1978, ²1995
28: Quellen zur Geschichte der deutschen Kolonien 1884–1918. Hrsg. v. Hermann Joseph Hiery u. Arthur Knoll. [iV]
29: Deutsche Quellen zur Geschichte des Ersten Weltkrieges. Hrsg. v. Wolfdieter Bihl. 1991
30: Quellen zum Friedensschluß von Versailles. Hrsg. v. Klaus Schwabe. Unter Mitarbeit v. Tilman Stieve u. Albert Diegmann. 1997
31: Quellen zur Innenpolitik der Weimarer Republik 1919–1933. Hrsg. v. Karl-Egon Lönne. [iV]
32: Quellen zur Außenpolitik der Weimarer Republik 1919–1933. Hrsg. v. Wolfgang Elz. [iV]
33: Quellen zur deutschen Innenpolitik 1933–1939. Hrsg. v. Günter Wollstein. 2001
34: Quellen zur deutschen Außenpolitik 1933–1939. Hrsg. v. Friedrich Kießling. 2000
34a: Deutsche Quellen zur Geschichte des Zweiten Weltkrieges. Hrsg. v. Michael Salewski unter Mitwirkung v. Stefan Lippert. 1998
35: Quellen zur staatlichen Neuordnung Deutschlands 1945–1949. Hrsg. v. Hans-Dieter Kreikamp. 1994
36: Quellen zur deutschen Wirtschafts- und Sozialgeschichte im 19. Jahrhundert bis zur Reichsgründung. Hrsg. v. Walter Steitz. 1980
37: Quellen zur deutschen Wirtschafts- und Sozialgeschichte von der Reichsgründung bis zum Ersten Weltkrieg. Hrsg. v. Walter Steitz. 1985
38: Quellen zur deutschen Wirtschafts- und Sozialgeschichte vom Ersten Weltkrieg bis zum Ende der Weimarer Republik. Hrsg. v. Walter Steitz. 1993
39: Quellen zur deutschen Wirtschafts- und Sozialgeschichte in der Zeit des Nationalsozialismus. T. 1–2. Hrsg. v. Walter Steitz. 2000
41: Quellen zur Innenpolitik der Adenauer-Ära. Hrsg. v. Hans-Erich Volkmann. [im Druck]
42: Westintegration, Sicherheit und deutsche Frage. Quellen zur Außenpolitik in der Ära Adenauer 1949–1963. Hrsg. v. Klaus A. Maier u. Bruno Thoß. 1994

Quellen zum politischen Denken der Deutschen im 19. und 20. Jahrhundert. Freiherr vom Stein-Gedächtnisausgabe. In Verbindung mit vielen Fachgenossen begr. v. Rudolf Buchner u. fortgeführt v. Winfried Baumgart. Bd. 1– . Darmstadt
1: Deutschland und die Französische Revolution. Quellen zur geistigen Auseinandersetzung 1789–1806. Hrsg. v. Theo Stammen. 1988
2: Die Erhebung gegen Napoleon 1806–1814/15. Hrsg. v. Hans-Bernd Spies. 1981

3: Restauration und Frühliberalismus 1814–1830. Hrsg. v. Hartwig Brandt. 1979
4: Vormärz und Revolution 1840–1849. Hrsg. v. Hans Fenske. 1976, ³2000
5: Der Weg zur Reichsgründung. Hrsg. v. Hans Fenske. 1977
6: Im Bismarckschen Reich 1871–1890. Hrsg. v. Hans Fenske. 1978
7: Unter Wilhelm II. 1890–1918. Hrsg. v. Hans Fenske. 1982
8: Die Weimarer Republik 1918–1933. Hrsg. v. Karl-Egon Lönne. 2002
9: Die Zeit des Nationalsozialismus 1933–1945. Hrsg. v. Günter Wollstein. [iV]
10: Nachkriegsdeutschland 1945–1949. Hrsg. v. Peter Bucher. 1990

Quellen zu den Beziehungen Deutschlands zu seinen Nachbarn im 19. und 20. Jahrhundert. Freiherr vom Stein-Gedächtnisausgabe. Begr. v. Winfried Baumgart. Bd. 1– . Darmstadt
1: Quellen zu den deutsch-amerikanischen Beziehungen 1776–1917. Hrsg. v. Reiner Pommerin u. Michael Fröhlich. 1996
2: . . . 1917–1963. Hrsg. v. Reiner Pommerin u. Michael Fröhlich. 1996
2a: . . . 1964–1990. Hrsg. v. Reiner Pommerin u. Dorothee Fröhlich. 1998
3: Quellen zu den deutsch-britischen Beziehungen 1815–1914. Hrsg. v. Reiner Pommerin u. Michael Fröhlich. 1997
4: . . . 1914–1963. Hrsg. v. Reiner Pommerin u. Herbert Sirois. [iV]
5: Quellen zu den deutsch-französischen Beziehungen 1815–1919. Hrsg. v. Reiner Pommerin u. Reiner Marcowitz. 1997
6: . . . 1919–1963. Hrsg. v. Ralph Erbar. 2003
7: Quellen zu den deutsch-russischen Beziehungen 1801–1917. Hrsg. v. Horst Günther Linke. 2001
8: Quellen zu den deutsch-sowjetischen Beziehungen 1917–1945. Hrsg. v. Horst Günther Linke. 1998
9: . . . 1945–1991. Hrsg v. Horst Günther Linke. 1999
10: Quellen zu den deutsch-polnischen Beziehungen 1815–1991. Hrsg. v. Reiner Pommerin u. Manuela Uhlmann. 2001
11: Quellen zu den deutsch-italienischen Beziehungen 1861–1963. Hrsg. v. Wolfgang Altgeld. [iV]
12: Quellen zu den deutsch-tschechischen Beziehungen 1815–1991. Hrsg. v. Manfred Alexander. [iV]

Fontes rerum austriacarum. Österreichische Geschichtsquellen. Hrsg. v. der Historischen Kommission der Österreichischen [früher: Kaiserlichen] Akademie der Wissenschaften in Wien. Abt. 1–3. Wien [Nachdruck Graz 1964–; einzelne Bde. in Neuauflagen]
Abt. 1: Scriptores. Bd. 1–(13). 1855–(1990)
Abt. 2: Diplomataria et acta. Bd. 1–(91). 1849–(2000)
Abt. 3: Fontes iuris. Bd. 1–(18). 1953–(2002)

Geschichte in Quellen. Unter Beratung v. Helmut Beumann, Fritz Taeger u. Fritz Wagner hrsg. v. Wolfgang Lautemann u. Manfred Schlenke. [1–7]. München 1970–80
[Bd. 1 Altertum]
[2:] Mittelalter. Bearb. v. Wolfgang Lautemann. 1970, ^{3}1989
[3:] Renaissance – Glaubenskämpfe – Absolutismus. Bearb. v. Fritz Dickmann 1966, ^{3}1982
[4:] Amerikanische und Französische Revolution. Bearb. v. Wolfgang Lautemann. 1981
[5:] Das bürgerliche Zeitalter 1815–1914. Bearb. v. Günter Schönbrunn. 1980
[6:] Weltkriege und Revolutionen 1914–1945. Bearb. v. Günter Schönbrunn. 1961, ^{5}1995
[7:] Die Welt seit 1945. Bearb. v. Helmut Krause u. Karlheinz Reif. 1980
[Erg.-Bd.:] Europäische Geschichte. Quellen und Materialien. Hrsg. v. Hagen Schulze u. Ina Ulrike Paul. 1994

Raccolta di concordati su materie ecclesiastiche tra la Santa Sede e le autorità civili. Hrsg. v. Angelo Mercati. Bd. 1–2 ⟨1098–1954⟩. [Rom] 1954 [1. Aufl. Rom 1919]
Konkordate seit 1800. Originaltext und deutsche Übersetzung der geltenden Konkordate. Zus.gest. u. bearb. v. Lothar Schöppe (= Dokumente 35). Frankfurt/M/Berlin 1964
Neue Konkordate und konkordatäre Vereinbarungen. Abschlüsse in den Jahren 1964 bis 1969. Nachtr. zu »Konkordate seit 1800« ... Zus.gest. u. bearb. v. Lothar Schöppe (= Veröff. d. Inst. f. internat. Recht an der Univ. Kiel 65). Hamburg 1970

2. Quellen zur Geschichte des Zeitalters der Glaubensspaltung

Martin **Luther** (1483–1546)

Gesamtausgaben

1) Wittenberger Ausgabe. Hrsg. von G. Rörer [u. a.]
   a) deutsche Reihe. Bd. 1–12. 1539–59
   b) lateinische Reihe. Bd. 1–7. 1545–57
2) Jenaer Ausgabe. Hrsg. v. G. Rörer, Johannes Stoltz u. Johann Aurifaber.
   a) deutsche Reihe. Bd. 1–8. 1555–58
   b) lateinische Reihe. Bd. 1–4. 1556–58. – Eislebener Ergänzungsbände 1–2 [unvollständig]. Hrsg. von Johann Aurifaber. 1564–65
3) Altenburger Ausgabe. Hrsg. v. Christfried Sagittarius. Bd. 1–10. 1661–64. Hallischer Suppl.-Bd. hrsg. von J. Gottfried Zeidler. 1702

4) Leipziger Ausgabe. Hrsg. von Johann Jakob Greiff. Bd. 1–22. 1728–34. Register und Suppl.-Bd. hrsg. von Johann Jakob Greiff. 1740
5) Hallische Ausgabe. Hrsg. von Johann Georg Walch. Bd. 1–24. 1740–53 [2. Aufl. St. Louis, Miss. 1880–1910. – Nachdruck Groß-Oesingen 1986–87]
6) Erlanger Ausgabe. Hrsg. von Johann Konrad Irmischer und Johann Georg Plochmann.
   a) deutsche Reihe. Bd. 1–67. 1826–57. In 2. Aufl. hrsg. von Ernst Ludwig Enders. Bd. 1–20, 24–26. 1862–85
   b) lateinische Reihe. Bd. 1–38 [unvollständig]. 1829–86.
   c) Briefwechsel. Hrsg. von Ernst Ludwig Enders [u. a.]. Bd. 1–19. 1884–1932
7) Weimarer Ausgabe. Kritische Gesamtausg. Abt. 1–4. 1883–(2001) [Teilnachdruck 1. Abt. Graz 1961–72; 2.–4. Abt. Weimar 2000–2002; auch als CD-ROM u. online verfügbar]
   1. Abt.: Bd. 1–(69) [= Hauptreihe: Schriften, Predigten, Vorlesungen, Disputationen, Register] 1883–(2001)
   2. Abt.: Bd. 1–6 [= Tischreden] 1912–21
   3. Abt.: Bd. 1–12 [= Die Deutsche Bibel] 1906–61
   4. Abt.: Bd. 1–18 [= Briefwechsel] 1930–85

Studienausgaben

1) Luthers Werke für das christliche Haus. Hrsg. von Georg Buchwaldt [u. a.]. Bd. 1–10. Braunschweig 1889–1905
2) Luthers Werke in Auswahl. Hrsg. v. Otto Clemen [u. a.]. Bd. 1–8. Bonn 1912–13 [Bd. 1–4], Berlin 1930–33 [Bd. 5–8] [Bd. 1–6 ^{2}1950–55; Bd. 1–4 ^{6}1966–67; Bd. 5–8 ^{3}1962–66]
3) Ausgewählte Werke. Hrsg. v. Hans Heinrich Borcherdt u. Georg Merz. Bd. 1–8. München 1914–25. – 3. Aufl. Bd. 1–6, Erg.-Bd. 1–7. München 1948–63 [Erg.-Bd. 2 ^{5}1965. – Teilnachdruck 1961–86]
4) Luther Deutsch. Hrsg. v. Kurt Aland. Bd. 3–10, Erg.-Bd. [Luther-Lexikon]. Berlin 1948–59. – 2. Aufl. Bd. 1–10, Erg.-Bd. [Luther-Lexikon], Reg.-Bd. Göttingen 1953–81 [Bd. 3 ^{4}1983; Bd. 4 ^{4}1990; Bd. 5 ^{4}1990; Bd. 9 ^{4}1983; Erg.-Bd. ^{4}1989. – Studienausgabe Bd. 1–10, Reg.-Bd. Göttingen 1982, ^{4}1991]
5) Ausgewählte Schriften in sechs Bänden. Hrsg. v. Karin Bornkamm u. Gerhard Ebeling. Frankfurt/M [u. a.] 1995

Bibliographie

Josef **Benzing,** Lutherbibliographie. Verzeichnis der gedruckten Schriften Martin Luthers bis zu dessen Tod. Bearb. in Verbindung mit der Weimarer Ausgabe von Helmut Claus (= Bibliotheca Bibliographica Aureliana 10, 16, 19). Baden-Baden 1966. – 2. Aufl.: Josef Benzing/Helmut Claus, Lutherbibliographie ... Bd. 1–2. ... 1989–94

Kurt **Aland,** Hilfsbuch zum Lutherstudium. Bearb. in Verb. mit Ernst Otto
Reichert u. Gerhard Jordan. Berlin 1957, Witten ⁴1996
DW 276/222–276

Philipp **Melanchthon** (1497–1560)

1) Omnium operum . . . Bd. 1–4. Wittenberg 1562–77
2) Opera . . . (= Corpus Reformatorum [CR] Bd. 1–28). Hrsg. von Carl Gottlieb Bretschneider und Heinrich Ernst Bindseil. Braunschweig 1834–60 [Nachdruck New York/London/Frankfurt/M 1963]
3) Epistolae. Hrsg. von Heinrich Ernst Bindseil. Halle 1874
4) Supplementa Melanchthoniana . . . Hrsg. von der Melanchthon-Kommission . . . Abt. 1, 2, 5, 6 [unvollständig]. Leipzig 1910–1929 [Nachdruck Frankfurt/M 1968]
   Abt. 1: Dogmatische Schriften. Hrsg. v. Otto Clemen. Bd. 1. 1910
   Abt. 2: Philologische Schriften. Hrsg. v. Hanns Zwicker. Bd. 1. 1911
   Abt. 5: Schriften zur praktischen Theologie. Hrsg. von Paul Drews und Ferdinand Cohrs. Bd. 1–2. 1915, 1929
   Abt. 6: Melanchthons Briefwechsel. Hrsg. von Otto Clemen. Bd. 1 ⟨1510–1528⟩. 1926
5) Melanchthons Briefwechsel. Kritische u. kommentierte Gesamtausgabe. Im Auftrag d. Heidelberger Akademie d. Wiss. hrsg. v. Heinz Scheible. Abt. 1–5. Stuttgart-Bad Cannstatt. 1977– [auf 76 Bde. berechnet]
   1. Abt. Regesten. Bd. 1–8 ⟨1514–1560⟩. 1977–(98)
   2. Abt. Register [iV]
   3. Abt. Handschriftenkatalog [iV]
   4. Abt. Texte. Bd. 1–(3) ⟨1514–(1529)⟩. 1991–(2000)
   5. Abt. Kommentar [iV]
6) Werke in Auswahl. Hrsg. von Robert Stupperich. Bd. 1–(10). Gütersloh 1951–(75) [bisher Bd. 1–7,2; Bd. 1–5 ²1969–80]

Bibliographie

Wilhelm **Hammer,** Die Melanchthonforschung im Wandel der Jahrhunderte. Ein beschreibendes Verzeichnis. Bd. 1–4 (= Quellen und Forschungen zur Reformationsgeschichte 35, 36, 49, 65). Gütersloh 1967–96

Jean **Calvin** (1509–1564)

1) Opera omnia . . . Bd. 1–9. Amsterdam 1671
2) Opera . . . (= Corpus Reformatorum [CR] Bd. 29–87 [Bd. 87: Index]). Hrsg. von Wilhelm Baum, Eduard Cunitz und Eduard Reuß. Braun-

schweig/Berlin 1863–1900 [Nachdr. New York/London/Frankfurt 1964]
3) Opera selecta. Hrsg. von Petrus Barth, Dora Scheuner und Wilhelm Niesel. Bd. 1–5. München 1926–52 [Bd. 1 Nachdruck 1963; Bd. 2 ²1970; Bd. 3–5 ³1967–74]
4) Institutio christianae religionis [Separataausgaben]
   a) französische Übersetzung (nach der Ausgabe von 1541): Hrsg. von Jacques Pannier. Paris 1936. (Nach der Ausgabe von 1560): Hrsg. von Jean Cadier und Pierre Marcel. Genf 1955–58
   b) deutsche Übersetzung (nach der Ausgabe von 1559): Hrsg. von Otto Weber. Neukirchen ⁵1988
5) Johannes Calvins Lebenswerk in seinen Briefen. Eine Auwahl ... in deutscher Übersetzung v. Rudolf Schwarz. Bd. 1–3 ⟨1531–1564⟩. Tübingen 1909. – 2. Aufl. Neukirchen 1961–62

Bibliographien
Wilhelm **Niesel,** Calvin-Bibliographie 1901–1959. München 1961
Dionysius **Kempff,** A Bibliography of Calviniana 1959–1974 (= Studies in Medieval and Reformation Thought 15). Leiden 1975
DW 276/746–752

Huldreich [Huldrych] **Zwingli** (1484–1531)

1) Opera ... Hrsg. von Rudolf Gwalter. Bd. 1–3. Zürich 1545, ²1581
2) Werke. Hrsg. von Melchior Schuler und Johann Schultheß. Bd. 1–8, Suppl.-Bd. 1. Zürich 1828–42, 1861
3) Sämtliche Werke. Bd. 1–(14) (= Corpus Reformatorum [CR] Bd. 88–101). Hrsg. von Emil Egli[u.a.]. Berlin/Leipzig 1905–44, Zürich 1959–(91) [noch nicht vollständig; Teilnachdruck Zürich 1982]
4) Hauptschriften. Bearb. von Fritz Blanke [u.a.]. Bd. 1–11 [unvollständig]. Zürich 1940–63
5) Schriften. Im Auftrag des Zwinglivereins hrsg. v. Thomas Brunnschweiler [u.a.]. Bd. 1–4. Zürich 1995

Bibliographien
Georg **Finsler,** Zwingli-Bibliographie. Verzeichnis der gedruckten Schriften von und über Ulrich Zwingli. Zürich 1897 [Ndr. Nieuwkoop 1962]
Ulrich **Gäbler,** Huldrych Zwingli im 20. Jahrhundert. Forschungsbericht und annotierte Bibliographie 1897–1972. Zürich 1975
DW 276/656–664

Desiderius **Erasmus** (1466/69–1536)

1) Opera Omnia. Hrsg. von Beatus Rhenanus. Bd. 1–9. Basel 1540
2) Opera omnia. Hrsg. von Johannes Clericus [Jean Le Clerc]. Bd. 1–10. Leiden 1703–06 [Nachdruck Hildesheim 1961–62]
3) Opera omnia ... Hrsg. v. d. Union académique internationale u. d. l'Académie royale néerlandaise des sciences et des sciences humaines. Reihe 1–9. Amsterdam [u. a.]
   1: [Ordo librorum qui spectant ad institutionem literarum. – Carmina.] Bd. 1–(7). 1969–(95)
   2: [Adagia.] Bd. 1–2, 4–8. 1981–(99)
   3: [Epistolae.] [Evtl. geplant]
   4: [Ordo quartus moralia continens.] Bd. 1–(3). 1974–(89)
   5: [Ordo quintus pertinentium ad pietatem.] Bd. 1–(5). 1977–(94)
   6: [Neues Testament und Annotationes.] Bd. 2, 5. 2000–2001
   7: [Paraphrasen.] Bd. 6. 1997 –
   8: [Übersetzungen aus Chrysostomus, Athanasius, Origines und Basilius.] [iV]
   9: [Apologiae.] Bd. 1–(3). 1982–(96)
4) The Collected Works of Erasmus. Hrsg. v. Richard J. Schoeck. Bd. 1–. Toronto/Buffalo (1974–) [bis 1998 erschienen Bd. 1–11, 23–29, 31–34, 39–40, 42, 44, 46, 49–50, 56, 61, 63, 66, 70–71, 83, 85–86; Erg.-Bd. 1–3 (vgl. oben S. 55)]
5) Ausgewählte Schriften. Ausgabe in 8 Bänden lateinisch und deutsch. Hrsg. v. Werner Welzig. Darmstadt 1967–80 [Bd. 1, 3, 5, 7 ²1990; Sonderausgabe 1995]
6) Ausgewählte Werke. Hrsg. v. Hajo Holborn. München 1933, ²1935 [Nachdruck 1964]
7) Opuscula. A Supplement to the Opera omnia. Hrsg. v. Wallace K. Ferguson. Den Haag 1933 [Nachdruck Hildesheim/New York 1978]
8) Opus epistularum. Hrsg. v. Percy Stafford Allen [u. a.]. Bd. 1–11, Reg.-Bd. Oxford 1906–47, 1958 [Nachdruck 1992; frz. Übers.: La Correspondance d'Erasme. Traduction intégrale. Bd. 1–12. Hrsg. v. Aloïs Gerlo. Brüssel 1967–1984]
9) The Poems. Hrsg. v. Cornelis Reedijk. Leiden 1956
10) De libero arbitrio diatribe sive collatio. Hrsg. v. Johannes von Walter. Leipzig 1910, ²1935

Bibliographien

Ferdinand van der **Haeghen,** Bibliotheca Erasmiana. Bd. 1–3. Gent 1897–1911 [Nachdruck Nieuwkoop 1961]

Jean-Claude **Margolin,** Quatorze années de bibliographie érasmienne (1936–1949) (= De Pétrarque à Descartes 21). Paris 1969. – Ders., Douze années ... (1950–1961) (= De Pétrarque ... 6). Paris 1963. –

Ders., Neuf années ... (1962–1970) (= De Pétrarque ... 33). Paris [u.a.] 1977
DW 276/44–57

Corpus Catholicorum. Werke katholischer Schriftsteller im Zeitalter der Glaubensspaltung. Bd. 1–(43). Münster 1919–(92)

Acta reformationis catholicae ecclesiam Germaniae concernentia saeculi XVI. Die Reformverhandlungen des deutschen Episkopats von 1520 bis 1570. Hrsg. im Auftrag und mit Unterstützung der Gesellschaft zur Herausgabe des Corpus Catholicorum v. Georg Pfeilschifter. Bd. 1–6. Regensburg 1959–74
1: 1520 bis 1532. 1959
2: 1532 bis 1542. 1960
3: 1538 bis 1548. T. 1. 1968
4: 1538 bis 1548. T. 2. 1971
5–6: 1538 bis 1548. T. 3,1–2. 1973–74

Concilium Tridentinum. Diariorum, actorum, epistularum, tractatuum. Nova collectio. Hrsg. v. d. Görres-Gesellschaft. Bd. 1–13. Freiburg 1901–2000 [Teilnachdruck als 2. Aufl. Freiburg 1963–67]
[Gliederung: 1–3: Diarien. 4–9: Acta. 10–11: Epistulae. 12–13: Traktate]

Nuntiaturberichte aus Deutschland. Nebst ergänzenden Aktenstücken. Abteilung 1–4. Tübingen [u.a.] 1892–1983 [Nachdruck Bd. 1–12 Frankfurt 1968]

Abt. 1: 1533–1559. Hrsg. vom Deutschen [früher K. Preußischen] Historischen Institut in Rom. Bd. 1–17, Erg.-Bd. 1–2
  1: Nuntiaturen des Vergerio 1533–1536. Bearb. von Walter Friedensburg. 1892
  2: Nuntiatur des Morone 1536–1538. Bearb. von Walter Friedensburg. 1892
  3–4: Legation Aleanders 1538–1539. Hälfte 1–2. Bearb. von Walter Friedensburg. 1893
  5: Nuntiaturen Morones und Poggios. Legationen Farneses u. Cervinis 1539–1540. Bearb. v. Ludwig Cardauns. 1909
  6: Gesandtschaft Campeggios. Nuntiaturen Morones und Poggios (1540–1541). Bearb. von Ludwig Cardauns. 1910
  7: Berichte vom Regensburger und Speierer Reichstag 1541, 1542. Nuntiaturen Verallos und Poggios. Sendungen Farneses und Sfondratos 1541–1544. Bearb. von Ludwig Cardauns. 1912
  8: Nuntiatur des Verallo 1545–1546. Bearb. von Walter Friedensburg. 1898

9: Nuntiatur des Verallo 1546–1547. Bearb. von Walter Friedensburg. 1899
10: Legation des Kardinals Sfondrato 1547–1548. Bearb. von Walter Friedensburg. 1907
11: Nuntiatur des Bischofs Pietro Bertano von Fano 1548–1549. Bearb. von Walter Friedensburg. 1910
12: Nuntiaturen des Pietro Bertano und Pietro Camaiani 1550–1552. Bearb. von Georg Kupke. 1901
13: Nuntiaturen des Pietro Camaiani und Achille de Grassi. Legation des Girolamo Dandino (1552–1553). Bearb. von Heinrich Lutz. 1959
14: Nuntiatur des Girolamo Muzzarelli. Sendung des Antonio Agustin. Legation des Scipione Rebiba (1554–1556). Bearb. v. Heinrich Lutz. 1971
15: Friedenslegation des Reginald Pole zu Kaiser Karl V. und König Heinrich II. (1553–1556). Bearb. v. Heinrich Lutz. 1981
16: Nuntiatur des Girolamo Martinengo (1550–1554). Bearb. von Helmut Goetz. 1965
17: Nuntiatur Delfinos, Legation Morones, Sendung Lippomanos 1554–1559. ... Bearb. von Helmut Goetz. 1970

Erg.-Bd. 1: Legation Lorenzo Campeggios 1530–1531 und Nuntiatur Girolamo Aleandros 1531. Bearb. von Gerhard Müller. 1963
Erg.-Bd. 2: Legation Lorenzo Campeggios 1532 und Nuntiatur Girolamo Aleandros 1532. Bearb. v. Gerhard Müller. 1969

Abt. 2: 1560–1572. Hrsg. von der Historischen Commission der Kaiserlichen Akademie der Wissenschaften [Wien] Bd. 1–8. Wien
1: Die Nuntien Hosius und Delfino 1560–1561. Bearb. von Samuel Steinherz. 1897
2: Nuntius Commendone 1560 (Dezember) – 1562 (März). Bearb. von Adam Wandruszka. 1953
3: Nuntius Delfino 1562–1563. Bearb. v. Samuel Steinherz. 1903
4: Nuntius Delfino 1564–1565. Bearb. v. Samuel Steinherz. 1914
5: Nuntius Biglia 1565–1566 (Juni). Commendone als Legat auf dem Reichstag zu Augsburg 1566. Bearb. von Ignaz Philipp Dengel. 1926
6: Nuntius Biglia 1566 (Juni) –1569 (Dezember). Commendone als Legat bei Kaiser Maximilian II. 1568 (Oktober) – 1569 (Jänner). Bearb. von Ignaz Philipp Dengel. 1939

7: Nuntius Biglia 1570 (Jänner) – 1571 (April). Aus dem Nachlasse von Ignaz Philipp Dengel. Hrsg. und eingeleitet von Hans Kramer. 1952

8: Nuntius G. Delfino und Kardinallegat G. F. Commendone 1571–1572. Bearb. von Johann Rainer. 1967

Abt. 3: 1572–1585. Hrsg. durch das K. Preußische [Bd. 6–7: Deutsche] Historische Institut in Rom. Bd. 1–(8) [Nachdruck Bd. 1–5 1972]

1: Der Kampf um Köln 1576–1584. Bearb. von Joseph Hansen. 1892

2: Der Reichstag zu Regensburg 1576. Der Pacificationstag zu Köln 1579. Der Reichstag zu Augsburg 1582. Bearb. von Joseph Hansen. 1894

3: Die süddeutsche Nuntiatur des Grafen Bartholomäus von Portia. Erstes Jahr 1573/74. Bearb. v. Karl Schellhass. 1896

4: Die süddeutsche Nuntiatur des Grafen Bartholomäus von Portia. Zweites Jahr 1574/75. Bearb. von Karl Schellhass. 1903

5: Die süddeutsche Nuntiatur des Grafen Bartholomäus von Portia. Schlußjahre 1575, 1576. Bearb. von Karl Schellhass. 1909

6: Nuntiatur Giovanni Delfinos (1572–1573). Bearb. v. Helmut Goetz. 1982

7: Nuntiatur Giovanni Dolfins (1573–1574). Bearb. v. Almut Bues. 1990

8: Nuntiatur Giovanni Dolfins (1575–1576). Bearb. v. Daniela Neri. 1997

[Nicht in die Abteilungszählung eingereiht; ohne Bandzählung] 1585–1648. Hrsg. von der Görres-Gesellschaft. Paderborn 1895– [Nachdruck Paderborn 1969–]

[1]: Nuntiaturberichte aus Deutschland nebst ergänzenden Aktenstücken 1585 (1584)–1590. Erste Abteilung: Die Kölner Nuntiatur. Erste Hälfte. Bonomi in Köln, Santonio in der Schweiz, die Straßburger Wirren. Hrsg. von Stephan Ehses und Aloys Meister (= Quellen und Forschungen aus dem Gebiete der Geschichte 4). 1895

[2]: Nuntiaturberichte . . . Zweite Hälfte. Ottavio Mirto Frangipani in Köln 1587–1590. Hrsg. . . . von Stephan Ehses (= Quellen und Forschungen . . . 7). 1899

[3]: Nuntiaturberichte . . . Zweite Abteilung: Die Nuntiatur am Kaiserhofe. Erste Hälfte. Germanico Malaspina und Filippo Sega (Giovanni Andrea Caligari in Graz). Bearb. u. hrsg. von Robert Reichenberger (= Quellen u. Forschungen . . . 10). 1905

[4]: Nuntiaturberichte . . . Zweite Abteilung: Die Nuntiatur am Kaiserhofe. Zweite Hälfte. Antonio Puteo in Prag 1587–1589.

Bearb. u. hrsg. v. Josef Schweizer (= Quellen und Forschungen ... 14). 1912
[5]: Nuntiaturberichte ... 1589–92. Zweite Abteilung: Die Nuntiatur am Kaiserhofe. Dritter Band. Die Nuntien in Prag: Alfonso Visconte 1589–1591, Camillo Caetano 1591–1592. Bearb. u. hrsg. v. Josef Schweizer (= Quellen und Forschungen ... 18). 1919
[6]: Nuntiaturberichte ... Die Kölner Nuntiatur. Bd. II,2. Nuntius Ottavio Mirto Frangipani (1590 August – 1592 Juni). Im Auftrage der Görres-Gesellschaft bearb. v. Burkhard Roberg. München/Paderborn/Wien 1969
[Die unter (1) und (2) aufgeführten Nuntiaturberichte haben im Nachdruck die Bandbezeichnung I bzw. II,1.]
[7]: Nuntiaturberichte ... Die Kölner Nuntiatur. Bd. II,3. Nuntius Ottavio Mirto Frangipani (1592 Juli – 1593 Dezember) ... Bearb. v. Burkhard Roberg. München [u. a.] 1971
[8]: Nuntiaturberichte ... Die Kölner Nuntiatur. Bd. II,4. Nuntius Ottavio Mirto Frangipani (1594 Januar – 1596 August). Bearb. v. Burkhard Roberg. München [u. a.] 1983
[9]: Nuntiaturberichte ... Die Kölner Nuntiatur. Bd. III: Nuntius Coriolano Garzodoro (1596–1606). [In Vorbereitung]
[10]: Nuntiaturberichte ... Die Kölner Nuntiatur. Bd. IV,1: Nuntius Atilio Amalteo (1606 September – 1607 September) ... Bearb. v. Klaus Wittstadt. München [u. a.] 1975
[11]: Nuntiaturberichte ... Die Kölner Nuntiatur. Bd. IV,2: Nuntius Atilio Amalteo (1607 Oktober – 1610 Oktober) ... Bearb. v. Stefan Samerski. 2000
[12]: Nuntiaturberichte ... Die Kölner Nuntiatur. Bd. V,1: Nuntius Antonio Albergati (1610 Mai – 1614 Mai) ... Bearb. v. Wolfgang Reinhard. München [u. a.] 1972. – Erg.-Bd. ... bearb. v. Peter Burschel. 1997
[13]: Nuntiaturberichte ... Die Kölner Nuntiatur. Bd. VI: Nuntius Pietro Francesco Montoro (1621 Juli – 1624 Oktober). Bearb. v. Klaus Jaitner. München [u. a.] 1977
[14]: Nuntiaturberichte ... Die Kölner Nuntiatur. Bd. VII,1: Nuntius Pier Luigi Carafa (1624 Juni – 1627 August). Bearb. v. Joseph Wijnhoven. München [u. a.] 1980
[15]: Nuntiaturberichte ... Die Kölner Nuntiatur. Bd. VII,2: Nuntius Pier Luigi Carafa (1627 September–1630 Dezember). Bearb. v. Joseph Wijnhoven. München [u. a.] 1989
[16]: Nuntiaturberichte ... Die Kölner Nuntiatur. Bd. VII,3: Nuntius Pier Luigi Carafa (1631 Januar – 1632 Dezember). Bearb. v. Joseph Wijnhoven. Paderborn [u. a.] 1995
[17]: Nuntiaturberichte ... Die Kölner Nuntiatur. Bd. VII,4: Nuntius Pier Luigi Carafa (1633 Januar – 1634 November). Bearb. v. Joseph Wijnhoven. Paderborn [u. a.] 1995

Abt. 4: Siebzehntes Jahrhundert. Hrsg. v. Deutschen [früher K. Preuß.] Historischen Institut in Rom [ohne Bandzählung; Nachdruck 1973]
- [1]: Die Prager Nuntiatur des Giovanni Stefano Ferreri und die Wiener Nuntiatur des Giacomo Serra (1603–1606). Teil 1–2. Bearb. v. Arnold Oskar Meyer. 1911–13
- [2]: Nuntiaturen des Pallotto 1628–1630. Erster Band. 1628. Bearb. v. Hans Kiewning. 1895
- [3]: Nuntiaturen des Pallotto 1628–1630. Zweiter Band. 1629. Bearb. v. Hans Kiewning. 1897
- [4]: Nuntiaturen Pallottos [Fortsetzung] und Roccis 1630ff. Bearb. v. Georg Lutz [in Vorbereitung]
- [5]: Nuntiaturen Roccis [Forts.] und Bagliones 1634–1635. Bearb. v. Rotraud Becker [in Vorbereitung]

Ergänzungen

A. Nuntiatureditionen der Görresgesellschaft, die außerhalb der Reihe »Nuntiaturberichte aus Deutschland« erschienen sind
- [1]: Nuntiaturberichte Giovanni Morones vom deutschen Königshofe 1539, 1540. Bearb. von Franz Dittrich (= Quellen und Forschungen aus dem Gebiete der Geschichte 1,1). Paderborn 1892
- [2]: Die Nuntiatur-Korrespondenz Kaspar Groppers nebst verwandten Aktenstücken (1573–1576). Ges. u. hrsg. v. W. E. Schwarz (= Quellen und Forschungen ... 5). Paderborn 1898

B. Epistulae et acta nuntiorum apostolicorum apud imperatorem 1592–1628 curis Instituti historici Bohemoslovenici Romae et Pragae. Bd. 3, 4. Prag [mehr nicht erschienen]
- 3: Epistulae et acta Johannis Stephani Ferrerii 1604–1607. Pars I, Sectio I. Hrsg. von Zdeněk Kristen. 1944
- 4: Epistulae et acta Antonii Caetani 1607–1611. Pars I–III,1–2. Hrsg. von Milena Linhartová. 1932–46

C. Giovanni **Incisa della Rocchetta**/Vlastimil **Kybal,** La Nunziatura di Fabio Chigi (1640–1651) Bd. 1,1–2 (= Miscellanea della R. deputazione Romana di storia patria). Rom 1943–46

D. La nunziatura di Praga di Cesare Speciano (1592–1598) nelle carte inedite vaticane e ambrosiane. Bearb. v. Natale Mosconi. Bd. 1–(= Studi e documenti di storia religiosi). Cremona 1966–

E. Nuntiaturberichte. Sonderreihe Grazer Nuntiatur. Bd. [1]–(2)(= Publikationen d. Österr. Kulturinstituts in Rom ... Abt. 2. Quellen. Reihe 2. Sonderreihe Grazer Nuntiatur). Wien
- [1:] Nuntiatur des Germanico Malaspina. Sendung des Antonio Possevino 1580–1582. Bearb. v. Johann Rainer. 1973
- 2: Nuntiatur des Germanico Malaspina und des Giovanni Andrea Caligari 1582–1587. Unter Mitw. v. Sabine Weiss bearb. v. Johann Rainer. 1981

3. *Quellen zur Reichsgeschichte des 16.–18. Jahrhunderts*

Karl **Zeumer,** Quellensammlung zur Geschichte der deutschen Reichsverfassung in Mittelalter und Neuzeit (= Quellensammlungen zum Staats-, Verwaltungs- und Völkerrecht 2). Tübingen ⁴1926 [Nachdruck Aalen 1987]
Quellen zum Verfassungsorganismus des Heiligen Römischen Reiches Deutscher Nation 1495–1815. Hrsg. u. eingel. v. Hanns Hubert Hofmann (= Ausgew. Quellen z. dt. Gesch. d. Neuzeit 13). Darmstadt 1976

Reichsabschiede

Johann Joachim **Müller,** Des Heil. Römischen Reiches Teutscher Nation Reichs-Tagstheatrum, wie selbiges unter Keyser Friedrichs V. allerhöchsten Regierung von anno 1440 bis 1493 gestanden . . . Jena 1713
Johann Joachim **Müller,** Des Heil. Römischen Reichs Teutscher Nation Reichs-Tags-Theatrum, wie selbiges unter Keyser Maximilians I. allerhöchsten Regierung gestanden . . . ⟨1486–1500⟩. Jena 1718–1719
Johann Joachim **Müller,** Des Heil. Römischen Reichs Teutscher Nation Reichs-Tags-Staat . . . ⟨1500–1508⟩. Jena 1709
Neue und vollständigere Sammlung der Reichs-Abschiede, Welche von den Zeiten Kayser Conrads des II. bis jetzo, auf den Teutschen Reichs-Tägen abgefasset worden . . . Hrsg. von Johann Jakob Schmauss u. Heinrich Christian von Senckenberg. Bd. 1–4. Frankfurt 1747 [Nachdruck Osnabrück 1967]
  1: ⟨990–1494⟩. – 2: ⟨1495–1551⟩. – 3: ⟨1552–1654⟩. – 4: ⟨1663–1746⟩
Johann Joseph **Pachner von Eggenstorff,** Vollständige Sammlung aller von Anfang des noch fürwährenden Teutschen Reichs-Tags de Anno 1663 biß anhero ⟨–1740⟩ abgefaßten Reichs-Schlüsse (= Historia Scientiarum. Fachgebiet Geschichte u. Politik). Teil 1–5 [Bd. 5 Repertorium]. Nachdruck Hildesheim [u a.] 1996 [Erstausg. Amsterdam 1740]

Johann Christian **Lünig,** Das Teutsche Reichs-Archiv [TRA]. Bd. 1–23, Reg.-Bd. 1. Leipzig 1713–22
  1– 4: Pars generalis [= Corpus iuris publici des Reichs]
  5–14: Pars specialis [= Allianzen, Verträge etc. der Reichsstände und Reichsglieder]
  15–21: Spicilegium ecclesiasticum [= Urkunden, Statuten etc. der geistlichen Reichsstände]
  22–23: Spicilegium seculare [= Vereinigungen, Verträge etc. der reichsunmittelbaren Grafen und Herren]
  24: Hauptregister [mit Orientierungshilfe und Zitieranweisungen auf S. 3–6]

Friedrich **Hortleder,** Der Römischen Keyser und Königlichen Maiestete
... Handlungen und Außschreiben ... Von den Ursachen des Teutschen Kriegs Kaiser Carls des Fünfften, wider die Schmalkaldische Bundts-Oberste ... ⟨1546–47⟩ Teil 1–2. Frankfurt/M 1617. – 2. Aufl. ⟨1546–58⟩ Gotha 1645–46
1: [= 1. Aufl. Bd. 1–2] 1645
2: [= 1. Aufl. Teil von Bd. 3 mit Zusätzen] 1646
Christoph **Lehenmann,** De pace religionis acta publica, das ist Reichshandlungen, Schrifften und Protocollen über die Constitution des Religions-Friedens. Frankfurt/M 1631, ²1702

Michael Caspar **Londorp,** Der Römischen Kayserlichen Majestät und des Heiligen Römischen Reichs Geist- und Weltlicher Reichsstände ... acta publica und Schrifftliche Handlungen ... ⟨1617–1741⟩ [Wechselnde Titel; insgesamt 5 Auflagen-Reihen]
1. Auflage Frankfurt/M 1621 ff.
2. Auflage Frankfurt/M 1627 ff.
3. Auflage Frankfurt/M 1640 ff.
4. Auflage. Bd. 1–18. Frankfurt/M 1668–1721
5. Auflage Tübingen 1739–1741
Londorpius suppletus et continuatus ... ⟨1546–1641⟩ Bd. 1–4. Hrsg. von Martin Meyern. Frankfurt/M 1665–67. – 2. Auflage Frankfurt/M/Leipzig 1739–44

Johann Gottfried von **Meiern,** Acta pacis Westphalicae publica oder Westphälische Friedens-Handlungen und Geschichte ... Bd. 1–6. Hannover
1: ⟨1643–1645 X⟩ 1734
2: ⟨1645 X–1646 III⟩ 1734
3: ⟨1646 IV–1646 XII⟩ 1735
4: ⟨1647 I–1647 XII⟩ 1735
5: ⟨1647 XII–1648 VI⟩ 1735
6: ⟨1648 VI–1649⟩ 1736
[Nachdruck Osnabrück 1969]
Negociations secrètes touchant la paix de Munster et d'Osnabrug ... ⟨1642–1648⟩ Bd. 1–4. Den Haag 1724–26
Johann Gottfried von **Meiern,** Acta Pacis Executionis Publica oder Nürnbergische Friedens-Executions-Handlungen und Geschichte ... Bd. 1–2. Hannover [u.a.] 1736–37 [Nachdr. Osnabrück 1969]
Universal-Register über die Sechs Theile der Westphälischen Friedens-Handlungen und Geschichte, inngleichen über die Zween Theile der Nürnbergischen Friedens-Executions-Handlungen und Geschichte. Hrsg. von Johann Ludolf Walther. Göttingen 1740 [Nachdruck Osnabrück 1969]
Johann Gottfried von **Meiern,** Acta comitialia Ratisbonensia publica oder Regensburgische Reichstagshandlungen und Geschichte. Bd. 1–2. Leipzig/Göttingen 1738–40

Theatrum Europaeum, Oder Ausführliche ... Beschreibung aller ... Geschichten, so sich ... in d. Welt ... zugetragen haben ... Bd. 1–21 ⟨1617–1718⟩. Frankfurt/M 1643–1738

Anton **Faber** [= Christian Leonhard Leucht], Europäische Staats-Cantzley. Bd. 1–115, Reg.-Bd. 1–9 ⟨1697–1759⟩. Frankfurt/Leipzig 1697–1760

Anton **Faber** [= Christian Leonhard Leucht], Neue europäische Staatscanzley. Bd. 1–55 [ab Bd. 31 u. d. T.: Fortgesetzte neue etc.] Ulm/Frankfurt/M/Leipzig 1761–82

Johann August **Reuß,** Teutsche Staatskanzley. Bd. 1–39. Ulm 1783 bis 1800

Franz Dominicus **Häberlin,** Umständliche Teutsche Reichshistorie. Bd. 1–12. Halle 1767–73

Franz Dominicus **Häberlin,** Neueste teutsche Reichs-Geschichte, vom Anfange des Schmalkaldischen Krieges bis auf unsere Zeiten ... Bd. 1–18 [ab Bd. 21 fortgesetzt von Renatus Karl Freiherr von Senkenberg]. Halle 1774–1804

Deutsche Reichstagsakten. Jüngere Reihe. Hrsg. durch die Historische Kommission bei der Bayerischen [früher: Königlichen] Akademie der Wissenschaften. [Bd. 1–4, 7 Ndr. als 2. Aufl. Göttingen 1962–63]

1: Deutsche Reichstagsakten unter Kaiser Karl V. ⟨1519 I–VII⟩. Bearb. v. August Kluckhohn. Gotha 1893 [= 1962]

2: Deutsche Reichstagsakten unter Kaiser Karl V. [Der Reichstag zu Worms 1521.] Bearb. v. Adolf Wrede. Gotha 1896 [= 1962]

3: Deutsche Reichstagsakten unter Kaiser Karl V. [Reichstag zu Nürnberg 1522–23.] Bearb. v. Adolf Wrede. Gotha 1901 [= 1963]

4: Deutsche Reichstagsakten unter Kaiser Karl V. [Reichstag zu Nürnberg 1524.] Bearb. v. Adolf Wrede. Gotha 1905 [= 1963]

5–6: [noch nicht erschienen]

7,1–2: Deutsche Reichstagsakten unter Kaiser Karl V. Bearb. v. Johannes Kühn. Stuttgart 1935 [= 1963]

1: [Reichstag zu Regensburg 1527. 2. Reichstag zu Speyer 1529]

2: Beilagen. Aktenstücke ... ⟨1527 I–1529 IV⟩

8,1: [Die protestierenden Reichsstände und Reichsstädte zwischen den Reichstagen zu Speyer und Augsburg 1530]. Bearb. v. Wolfgang Steglich. Göttingen 1970

8,2: [Die schwäbischen Bundestage zwischen den Reichstagen zu Speyer 1529 und Augsburg 1530. Die Bereitstellung der Reichshilfe zum Türkenkrieg und zur Rettung Wiens 1529.] Bearb. v. Wolfgang Steglich. Göttingen 1971

10,1–3: Der Reichstag in Regensburg und die Verhandlungen über einen Friedstand mit den Protestanten in Schweinfurt und Nürnberg 1532. Bearb. v. Rosemarie Aulinger. Bd. 1–3. Göttingen 1992

11: [noch nicht erschienen]
12,1–2: Der Reichstag zu Speyer 1542. Bearb. v. Silvia Schweinzer-Burian [für 2003 angekündigt]
13: [noch nicht erschienen]
14: [noch nicht erschienen]
15,1–4: Der Speyerer Reichstag von 1544. Bearb. v. Erwein Eltz. Teil 1–4. Göttingen 2001
16,1–2: Der Reichstag zu Worms 1545. Bearb. v. Rosemarie Aulinger. Bd. 1–2. 2003

Deutsche Reichstagsakten. [Vierte Reihe.] Reichsversammlungen 1556–1662. Hrsg. durch die Historische Kommission bei der Bayerischen Akademie der Wissenschaften. [Ohne Bandzählung.] Göttingen [ab 2002 München]
Der Reichstag zu Augsburg 1566. Bearb. v. Maximilian Lanzinner. Teilbd. 1–2. 2002
Der Kurfürstentag zu Frankfurt 1558 und der Reichstag zu Augsburg 1559. Teilbd. 1–3. Bearb. v. Josef Leeb. 1999
Der Reichstag zu Speyer 1570. Protokolle und Verhandlungsakten. Bearb. v. Maximilian Lanzinner. 1988
Der Reichsdeputationstag zu Worms 1586. Bearb. v. Thomas Fröschl. 1994

[**Moritz von Sachsen:**] Politische Korrespondenz des Herzogs und Kurfürsten ⟨1521–1553 IV⟩. Hrsg. v. d. Hist. Komm. d. Sächsischen Akad. d. Wiss. zu Leipzig. Bd. 1–
1: Bis zum Ende des Jahres 1543. Hrsg. v. Erich Brandenburg. Leipzig 1900 [Nachdruck Berlin (Ost) 1982]
2: Bis zum Ende des Jahres 1546. Hrsg. v. Erich Brandenburg. Leipzig 1903 [Nachdruck Berlin (Ost) 1983]
3: ⟨1547 I 1–1548 V 25⟩. Bearb. v. Johannes Herrmann u. Günther Wartenberg. Berlin (Ost) 1978
4: ⟨1548 V 26–1551 I 8⟩. Bearb. v. Johannes Herrmann u. Günther Wartenberg. Berlin 1992
5: ⟨1551 I 9–1552 V I⟩. Bearb. v. Johannes Herrmann [u. a.]. 1998

Die Wittelsbachischen Korrespondenzen

Ältere pfälzische Korrespondenzen. Hrsg. durch die Historische Commission bei der Königl. Academie der Wissenschaften. [Bd. 1–6.] 1867–1903
[1–3:] Briefe Friedrich des Frommen Kurfürsten von der Pfalz mit verwandten Schriftstücken. Gesammelt u. bearb. v. August Kluckhohn. Bd. 1–2. Braunschweig
1: ⟨1559–1566⟩. 1867

2,1: ⟨1567–1572⟩. 1870
2,2: ⟨1572–1576⟩. 1872
[4–6:] Briefe des Pfalzgrafen Johann Casimir mit verwandten Schriftstücken. Gesammelt u. bearb. v. Friedrich von Bezold. Bd. 1–3. München 1882–1903
1: ⟨1576–1582⟩. 1882
2: ⟨1582–1586⟩. 1884
3: ⟨1587–1592⟩. 1903

Briefe und Akten zur Geschichte des 16. Jahrhunderts mit besonderer Rücksicht auf Bayerns Fürstenhaus. Hrsg. durch die Historische Kommission bei der Königlichen Akademie der Wissenschaften. Bd. 1–6. 1873–1913
1–4: Beiträge zur Reichsgeschichte ⟨1546–1555⟩. Bearb. v. August von Druffel [Bd. 4 ergänzt v. Karl Brandi]. München 1873–1896
5: Beiträge zur Geschichte Herzog Albrechts V. und des Landsberger Bundes 1556–1598. Bearb. v. Walter Goetz. München 1898
6: Beiträge zur Geschichte Herzog Albrechts V. und der sog. Adelsverschwörung von 1563. Bearb. v. Walter Goetz u. Leonhard Theobald. Leipzig 1913

Briefe und Akten zur Geschichte des Dreißigjährigen Krieges in den Zeiten des vorwaltenden Einflusses der Wittelsbacher. Hrsg. durch die Historische Commission bei der Königl. Academie der Wissenschaften. Bd. 1–12. München 1870–1978
1: Die Gründung der Union 1598–1608. Bearb. v. Moriz Ritter. 1870
2: Die Union und Heinrich IV. 1607–1609. Bearb. v. Moriz Ritter. 1874
3: Der Jülicher Erbfolgekrieg ⟨1609 XII–1610 VII⟩. Bearb. v. Moriz Ritter. 1877
4, 5: Die Politik Bayerns 1591–1607. I. und II. Hälfte. Bearb. von Felix Stieve. 1878, 1883
6: Vom Reichstag 1608 bis zur Gründung der Liga. Bearb. v. Felix Stieve. 1895
7: Von der Abreise Erzherzog Leopolds nach Jülich bis zu den Werbungen Herzog Maximilians von Bayern im März 1610. Von Felix Stieve. Bearb. v. Karl Mayr. 1905
8: Von den Rüstungen Herzog Maximilians von Bayern bis zum Aufbruch der Passauer ⟨1610 III–XII⟩. Von Felix Stieve. Bearb. v. Karl Mayr. 1908
9: Vom Einfall des Passauer Kriegsvolks bis zum Nürnberger Kurfürstentag ⟨1611 I–X⟩. Bearb. v. Anton Chroust. 1903
10: Der Ausgang der Regierung Rudolfs II. und die Anfänge des Kaisers Matthias. ⟨1611 X–1612 XII⟩. Bearb. v. Anton Chroust. 1906.

11: Der Reichstag von 1613. Bearb. v. Anton Chroust. 1909
12: Hugo Altmann, Die Reichspolitik Maximilians I. von Bayern 1613–1618. München/Wien 1978

Briefe und Akten zur Geschichte des Dreißigjährigen Krieges. Neue Folge. Die Politik Maximilians I. von Bayern und seiner Verbündeten. 1618–1651. Hrsg. v. der Historischen Kommission bei der Bayerischen Akademie der Wissenschaften. Teil 1–2.
Teil 1 Bd. 1–2
1: ⟨1618 I–1620 XII⟩. Auf Grund des Nachlasses von Karl Mayr-Deisinger bearb. u. ergänzt v. Georg Franz. München/Wien 1966
2: ⟨1621 I–1622 XII⟩. Bearb. v. Arno Duch. München/Wien 1970
Teil 2 Bd. 1–
  1: ⟨1623–1624⟩. Bearb. v. Walter Goetz. Leipzig 1907
  2: ⟨1625⟩. Bearb. v. Walter Goetz. Leipzig 1918
  3: ⟨1626–1627⟩. Bearb. v. Walter Goetz. Leipzig 1942
  4: ⟨1628–1629 VI⟩. Bearb. v. Walter Goetz. München 1948
  5: ⟨1629 VII–1630 XII⟩. Bearb. v. Dieter Albrecht. München/Wien 1964
  6: [noch nicht erschienen]
  7: [noch nicht erschienen]
  8: ⟨1633 I–1634 V⟩. Bearb. v. Kathrin Bierther. München/Wien 1982
  9: ⟨1634 VI–1635 V⟩. Bearb. v. Kathrin Bierther. München/Wien 1986
10: Der Prager Frieden von 1635. Teil 1–4. Bearb. v. Kathrin Bierther. 1998

Acta Pacis Westphalicae [APW]. Im Auftrage der Vereinigung zur Erforschung der Neueren Geschichte hrsg. v. Max Braubach u. Konrad Repgen [1978 ff.: hrsg. v. der Rheinisch-Westfäl. Akad. d. Wiss. ... durch Konrad Repgen]. Münster 1962–
[Einteilung und Planung:
Serie I: Instruktionen. Bd. 1–3
        1: Frankreich – Schweden – Kaiser. Bearb. v. Fritz Dickmann [u. a.]. 1962
        2: Papst – Spanien – Venedig (geplant)
        3: Bedeutende Reichsstände (geplant)

Serie II: Korrespondenzen. Abt. A–F
        Abt. A: Die kaiserlichen Korrespondenzen. Bd. 1– (geplant 8 Bde.)
        1: 1643–1644. Bearb. v. Wilhelm Engels unter Mithilfe v. E(lfriede) Merla. 1969
        2: 1644–1645. Bearb. v. Wilhelm Engels ... 1976
        3: 1645–1646. Bearb. v. Karsten Ruppert. 1985
        4: 1646. Bearb. v. Hubert Salm u. Brigitte Wübbeke-Pflüger unter Benutzung d. Vorarbeiten v. Wilhelm Engels [u. a.]. 2001

5: 1646–1647. Bearb. v. Antje Oschmann 1993
6: 1647. (im Druck)
7, 8: 1647–1649. (iV)
Abt. B: Die französischen Korrespondenzen (geplant 7 Bde.)
1: 1644. Bearb. v. Ursula Irsigler unter Benutzung d. Vorarbeiten v. Kriemhild Goronzy. 1979
2: 1645. Bearb. v. Franz Bosbach unter Benutzung d. Vorarbeiten v. Kriemhild Goronzy u. unter Mitw. v. Rita Bohlen. 1986
3, 1–2: 1645–1646. Bearb. v. Elke Jarnut u. Rita Bohlen. 1999
4: 1646. Bearb. v. Clivia Kelch-Rade u. Anuschka Tischer. 1999
5,1–2: 1646–1647. Bearb. v. Guido Braun unter Benutzung d. Vorarbeiten v. Kriemhild Goronzy [u.a.]. 2002
6–7: 1647–1649. (geplant)
Abt. C: Die schwedischen Korrespondenzen. Bd. 1–4
1: 1643–1645. Bearb. v. Ernst Manfred Wermter. 1965
2: 1645–1646. Bearb. v. Wilhelm Kohl. 1971
3: 1646–1647. Bearb. v. Gottfried Lorenz. 1975
4, 1–2:1647–1649. Bearb. von Wilhelm Kohl unter Mitarbeit von Paul Nachtsheim. 1994
Abt. D: Papst und Venedig
1, 2: 1643–1649. (iV)

Serie III: Protokolle, Verhandlungsakten, Diarien, Varia. Abt. A–D
Abt. A: Protokolle. Bd. 1–
1,1–2: Die Beratungen der Kurfürstlichen Kurie.
   1. 1645–1647. Bearb. v. Winfried Becker. 1975
   2. 1648–1649. (iV)
2: Fürstenrat Münster 1645–1649. (geplant)
3,1–6: Fürstenrat Osnabrück 1645–1648.
   1. 1645. Bearbeitet v. Maria-Elisabeth Brunert. 1998
   2. 1645–1646. Bearb. v. Maria-Elisabeth Brunert. 1998
   3. 1646. Bearb. v. Marie-Elisabeth Brunert u. Klaus Rosen. 2001
   4.–6. 1646–1648. (iV)
4, 1–3: Die Beratungen der katholischen Stände.
   1. 1645–1647. Bearb. v. Fritz Wolff unter Mitwirkung v. Hildburg Schmidt-von Essen. 1970
   2. 1647. (iV)
   3.–6. 1647–1648. (iV)
5: Die Beratungen der evangelischen Stände
   1–3. 1646–1648. (iV)
6: Die Beratungen der Städtekurie Osnabrück 1645–1649. Bearb. v. Günter Buchstab. 1981

Abt. B: Verhandlungsakten (geplant 4 Bde.)
1,1: Die Friedensverträge mit Frankreich und Schweden. Bd. 1. Urkunden. Bearb. v. Antje Oschmann. 1998
2: Verhandlungsakten zu den Verträgen mit Frankreich und Schweden (iV)
  2.1. Vorakten der Verhandlungsparteien (bis 1645 XI)
  2.2. Gesamtforderungen und -entwürfe (1645 VI 11– 1648 IX 16)
  2.3. Präambeln, Friede, Amnestie, Restitution
  2.4. Restitution (Sonderregelungen)
  2.5. Religionsrecht
  2.6. Handelsrecht, Reichs- und Territorialrecht, Schweiz
  2.7. Frankreich
  2.8. Oberitalien
  2.9. Schweden (einschl. Mil.-Satisf.) und Kurbrandenburg
  2.10. Mecklenburg, BS-Lüneburg, Mgf Christian Wilhelm
  2.11. Hessen-Kassel
  2.12. Friedensexekution, -garantie, Schlußbestimmungen
3: Der spanisch-niederländische Friede (geplant)
4: Die französisch-spanischen Verhandlungen (geplant)
Abt. C: Diarien (geplant 6 Bde.)
1, 1–2: Diarium Chigi (1639–1651). 1. Teil: Text. Bearb. v. Konrad Repgen. 1984. – 2. Teil: Kommentar u. Register. Bearb. v. Konrad Repgen. (iV)
2, 1–3: Diarium Volmar ⟨1643–1649⟩. T. 1–2. Bearb. v. Joachim Foerster u. Roswitha Philippe. 1984. T. 3. Register. Bearb. v. Joachim Foerster u. Antje Oschmann. 1993
3, 1–2: Diarium Wartenberg 1644–1648. Bearb. v. Joachim Foerster. 1987–88
4: Diarium Lamberg 1645–1649. Bearb. v. Herta Hageneder. 1986
5: Diarium Goebel (geplant)
6: Sächsisch-Altenburgisches Diarium: 1645–1648 (iV)
Abt. D: Varia. Bd. 1–
1: Stadtmünsterische Akten und Vermischtes. Bearb. v. Helmut Lahrkamp. 1964]

Urkunden und Actenstücke zur Geschichte des Kurfürsten Friedrich Wilhelm von Brandenburg. Hrsg. v. der Preußischen Kommission bei der Preußischen Akademie der Wissenschaften. Bd. 1–23. Berlin/Leipzig 1864–1930
[3 Abteilungen ohne Abteilungszählung, jedoch mit jeweils durchgehender Bandzählung:

Politische Verhandlungen,
Auswärtige Acten,
Ständische Verhandlungen.]
1, 4, 6–9, 11–13, 17–19, 21, 22: Politische Verhandlungen ⟨1640–1688⟩ Bd. 1–14 [1–5 hrsg. v. Bernhard Erdmannsdörffer; 6 hrsg. v. Theodor Hirsch; 7, 8, 11–13 hrsg. v. Ferdinand Hirsch; 9, 10 hrsg. v. Reinhold Brode; 14 hrsg. v. Max Hein]. 1864–1926
2, 3,1–2, 14,1–2, 20,1–2, 23,1–2: Auswärtige Acten. Bd. 1–5. 1865 bis 1930
   1: (Frankreich) ⟨1640–1667⟩. Hrsg. v. B. Ed. Simson. 1865
   2: (Niederlande). Hrsg. v. Heinrich Peter. 1866
   3,1–2: (Österreich). Hrsg. v. Alfred Francis Pribram. 1890, 1891
   4,1–2: (Frankreich) 1667–1688. Hrsg. v. Ferdinand Fehling. 1911
   5,1–2: (Schweden). Hrsg. v. Max Hein. 1929, 1930
5, 10, 15, 16,1–2: Ständische Verhandlungen. Bd. 1–3. 1869–99
   1: (Cleve-Mark). Hrsg. v. August v. Haeften. 1869
   2: (Mark Brandenburg). Hrsg. v. Siegfried Isaacsohn. 1880
   3,1: (Preußen). Hrsg. v. Kurt Breysig. 1894
   3,2: (Preußen). Erster Theil. Hrsg. v. Kurst Breysig. 1899
   3,2: (Preußen). Zweiter Theil. Hrsg. v. Martin Spahn. 1899

Urkunden und Aktenstücke zur Geschichte der inneren Politik des Kurfürsten Friedrich Wilhelm von Brandenburg. Bd. 1–2.
1,1: Kurt Breysig, Geschichte der brandenburgischen Finanzen in der Zeit von 1640 bis 1697. Darstellung und Akten. Die Centralstellen der Kammerverwaltung. Die Amtskammer, das Kassenwesen und die Domänen der Kurmark. Leipzig 1895
1,2: Friedrich Wolters, Geschichte der brandenburgischen Finanzen in der Zeit von 1640–1697. Darstellung und Akten. Die Zentralverwaltung des Heeres und der Steuern. München/Leipzig 1915
2:   Otto Hötzsch, Stände und Verwaltung von Cleve und Mark in der Zeit von 1666–1697. Leipzig 1908

4. Quellen zur Geschichte des 17. Jahrhunderts

Hugo **Grotius** [Huigh de Groot] (1583–1645)

1) a) Opera omnia theologica. Bd. 1–3. Amsterdam 1679 [Nachdruck Stuttgart 1972]
   b) Opera theologica. Hrsg. v. Grotius Institute of the Royal Netherlands Academy of Arts and Sciences. Bd. 1–. Assen 1990–

2) Briefwisseling van Hugo Grotius. Hrsg. v. Philip Christiaan Molhuysen [u. a.]. Bd. 1–16, Erg.-Bd. (= Rijks geschiedkundige Publicatiën ... Grote Ser.) 's-Gravenhage [u. a.] 1928–2001
3) a) H. Grotii De jure belli ac pacis libri tres ... Paris 1625. Amsterdam ²1631
   b) Hugonis Grotii De jure belli ac pacis libri tres ... Hrsg. v. Philip Christiaan Molhuysen. Leiden 1919
   c) Hugo Grotius, De jure belli ac pacis libri 3 [dt.] ... Hrsg. v. Walter Schätzel (= Klassiker des Völkerrechts 1). Tübingen 1950
4) a) Mare liberum ... Leiden 1609
   b) Von der Freiheit des Meeres. Übersetzt ... v. Richard Boschan (= Philosophische Bibliothek. Neue Ausgabe 97). Leipzig 1919

Bibliographien
Jacob **Ter Meulen**/Pieter Johan Jurriaan **Diermanse,** Bibliographie des écrits de Hugo Grotius. Den Haag 1950
Jacob **Ter Meulen**/Pieter Johan Jurriaan **Diermanse,** Bibliographie des écrits sur Hugo Grotius imprimés au XVIIe siècle. Den Haag 1961

Gottfried Wilhelm **Leibniz** (1646–1716)

1) Opera omnia ... Bd. 1–6. Genf 1768 [Nachdruck Hildesheim 1989]
2) Leibnizens gesammelte Werke. Aus den Handschriften der königlichen Bibliothek zu Hannover ... Folge 1–3 [unvollständig] 1843–63
   Folge 1 Bd. 1–4 [Geschichte]. Hrsg. v. Georg Heinrich Pertz. Hannover 1843–47 [Nachdruck Hildesheim 1966]
   Folge 2 Bd. 1 [Philosophie]. Hrsg. v. Carl Ludwig Grotefend. Hannover 1846
   Folge 3 Bd. 1–7 [Mathematische Schriften]. Hrsg. v. Carl Immanuel Gerhardt. Berlin [Bd. 1], Halle 1849–63 [Nachdruck Hildesheim 1962]
3) Oeuvres de Leibniz ... Hrsg. v. Alexandre Foucher de Careil. Bd. 1–7. Paris 1859–75 [Nachdruck Hildesheim 1969]
4) Die Werke von Leibniz ... Hrsg. v. Onno Klopp. Reihe 1 Bd. 1–11. Hannover 1864–84 [unvollständig; Nachdruck der Bde. 7–9, 11 Hildesheim 1970–73]
   Reihe 1: Historisch-politische und staatswissenschaftliche Schriften
5) Sämtliche Schriften und Briefe. Hrsg. v. der Preußischen Akademie der Wissenschaften [u. a.]. Reihe 1– [noch nicht vollständig]. 1923–
   Reihe 1. Allgemeiner politischer und historischer Briefwechsel. Bd. 1–(18), Erg.-Bd. 1 ⟨1668–1700⟩. Darmstadt [Bd. 3 Leipzig; Bd. 4 Berlin/Leipzig; Bd. 5 ff. Berlin] 1923–(2002) [Ndr. einzelner Bde.]
   Reihe 2. Philosophischer Briefwechsel. Bd. 1–2,1 ⟨1663–1685⟩. Darmstadt 1926 [Nachdruck Berlin 1987]

Reihe 3. Mathematischer, naturwissenschaftlicher und technischer Briefwechsel. Bd. 1–(4) ⟨1672–1690⟩. Berlin 1976–(95) [Bd. 1 ²1988]

Reihe 4. Politische Schriften. Bd. 1–(4) ⟨1667–1692⟩. Darmstadt [Bd. 2ff. Berlin] 1931–(2001) [Bd. 1 ²1983, Bd. 2 ²1984]

Reihe 5: Historische, philologische und sprachwissenschaftliche Schriften. [iV]

Reihe 6. Philosophische Schriften. Bd. 1–4, 6 ⟨1663–1690⟩. Darmstadt [Bd. 2, 3 u. 6 Berlin] 1930–(99) [Bd. 1 Berlin ³1990, Bd. 2 ²1990]

Reihe 7. Mathematische, naturwissenschaftliche und technische Schriften. Bd. 1–(2) ⟨1672–1676⟩. Berlin 1990–(96)

Bibliographien
Émile **Ravier**, Bibliographie des oeuvres de Leibniz. Paris 1937 [Nachdruck Hildesheim 1966]

Leibniz-Bibliographie. Die Literatur über Leibniz bis 1980. Begr. v. Kurt Müller. Hrsg. v. Albert Heinekamp (= Veröff. d. Leibniz-Archivs 10). Frankfurt/M ²1984 [1. Aufl. 1967] ... Bd. 2: Die Literatur über Leibniz 1981–1990. Hrsg. v. Albert Heinekamp unter Mitarb. v. Marlen Mertens (= Veröff. d. Leibniz-Archivs 12). Frankfurt/M 1995

5. *Staatsrechtsliteratur des 18. Jahrhunderts*

Johann Jakob **Schmauss,** Corpus juris publici S. R. imperii academicum, Enthaltend des Heil. Röm. Reichs Grund-Gesetze ... Leipzig 1722 [zuletzt hrsg. v. R. v. Hommel 1794; Nachdruck Hildesheim 1973]

Johann Jakob **Moser,** Teutsches Staatsrecht. Bd. 1–50, Reg.-Bd. 1, Erg.-Bd. 1–2. Nürnberg [u. a.] 1737–54 [Nachdruck Osnabrück 1968]

Johann Jakob **Moser,** Neues Teutsches Staatsrecht. Bd. 1–20 [jeder Band mit anderem Haupttitel], Reg.-Bd. 1, Erg.-Bd. 1–3. Frankfurt/M/Leipzig 1766–82 [Nachdruck Osnabrück 1967–68]

Johann Stephan **Pütter,** Litteratur des Teutschen Staatsrechts [ab Bd. 4: Neue Litteratur etc.] Bd. 1–4. Göttingen/Erlangen 1776–91 [Nachdruck Frankfurt/M 1965]

Johann Stephan **Pütter,** Historische Entwickelung der heutigen Staatsverfassung des Teutschen Reiches. Bd. 1–3. Göttingen 1786–87, ²1798 bis 99

Bibliographien
DW 39/886–891, 1996–2004
Althusius-Bibliographie. Bibliographie zur politischen Ideengeschichte und Staatslehre, zum Staatsrecht und zur Verfassungsgeschichte des 16. bis 18. Jahrhunderts. Hrsg. v. Hans Ulrich Scupin u. Ulrich Scheuner. Bearb. v. Dieter Wyduckel. Bd. 1–2. Berlin 1973

6. *Quellen zur Geschichte des 18. Jahrhunderts*

Friedrich der Große (1712–1786)

1) Oeuvres de Frédéric le Grand. Hrsg. v. J. D. E. Preuß. Bd. 1–30. Berlin 1846–57
    1–7: Oeuvres historiques. 1846–47
    [darin u. a.: Mémoires pour servir à l'histoire de la Maison de Brandebourg (Bd. 1); Histoire de mon temps (Bd. 2–3); Histoire de la guerre de sept ans (Bd. 4–5)]
    8–9: Oeuvres philosophiques. 1848
    [darin u. a.: Considérations sur l'état présent du corps politique de l'Europe (Bd. 8); L'Antimachiavel, ou Examen du Prince de Machiavel, et Réfutation du Prince de Machiavel (Bd. 8)]
    10–15: Oeuvres poétiques. 1849–50
    16–27: Correspondance ⟨1717 VII 27 – 1786 I 23⟩. 1850–56
    [Table générale des matières und table alphabétique für die 12 Korrespondenz-Bände in Bd. 27]
    28–30: Oeuvres militaires. 1856
    [ohne Bandzählung]: Table chronologique générale des ouvrages de Frédéric le Grand et catalogue raisonné des écrits qui lui sont attribués. 1857

2) Die Werke Friedrichs des Großen. In deutscher Übersetzung. Bd. 1–10. Hrsg. von Gustav Berthold Volz. Berlin 1912–14

3) Politische Correspondenz Friedrichs des Großen. Hrsg. von der Preußischen Akademie der Wissenschaften. Bd. 1–46. Berlin 1879–1939 [Bd. 35 Weimar 1912]
    1–10: ⟨1740–1754⟩. Bearb. v. Reinhold Koser. 1879–83
    11–18: ⟨1755–1759⟩. Bearb. v. Albert Naudé. 1883–91
    19: ⟨1760⟩. Bearb. v. Albert Naudé u. Kurt Treusch v. Buttlar. 1892
    20–22: ⟨1760–1763 III⟩. Bearb. von Kurt Treusch von Buttlar und Otto Herrmann. 1893–95
    23–24: ⟨1763 IV–1765 XII⟩. Bearb. v. Kurt Treusch von Buttlar und Gustav Berthold Volz. 1896–97
    25–46: ⟨1766–1782⟩. Bearb. von Gustav Berthold Volz. 1899–1939

[Erg.-Bd. o. Bd.zählung:]
Die politischen Testamente Friedrichs des Großen. Rev. v. Gustav Berthold Volz. Berlin 1920
[Übersetzung:]
Die politischen Testamente. Übers. v. Friedrich v. Oppeln-Bronikowski. Mit einer Einführung v. Gustav Berthold Volz (= Klassiker der Politik 5). Berlin 1922. – 2. Aufl. München 1936

Preußische Staatsschriften aus der Regierungszeit Friedrichs II. Im Auftrage der Königlichen Akademie der Wissenschaften zu Berlin hrsg. v. J[ohann] G[ustav] Droysen u. M[ax] Duncker [Bd. 3 hrsg. v. H[einrich] v. Sybel u. G[ustav] Schmoller]. Bd. 1–3. Berlin
1: (1740–1745). Bearb. v. Reinhold Koser. 1877
2: (1746–1756). Bearb. v. Reinhold Koser. 1885
3: Der Beginn des Siebenjährigen Kriegs. Bearb. v. Otto Krauske. 1892

Bibliographie
Bibliographie Friedrich der Große 1786–1986. Das Schrifttum des deutschen Sprachraums und der Übersetzungen aus Fremdsprachen. Bearb. v. Herzeleide u. Eckart Henning. Berlin/New York 1988

Acta Borussica. Denkmäler der Preußischen Staatsverwaltung im 18. Jahrhundert. Hrsg. von der Preußischen [früher Königlichen] Akademie der Wissenschaften. Berlin [außer (A) 16,1–2] 1892–1982 [Nachdruck der 1892–1936 erschienenen 38 Bde., neu hrsg. im Auftrag der Hist. Komm. zu Berlin von Wilhelm Treue. Frankfurt/M 1987–88]
[2 Abteilungen ohne Abteilungszählung:

    (A) Behördenorganisation und allgemeine Staatsverwaltung.
    (B) Die einzelnen Gebiete der Verwaltung. (Davon folgende Unterabteilungen:)
       (a) Münzwesen
       (b) Wollindustrie
       (c) Seidenindustrie
       (d) Getreidehandelspolitik
       (e) Handels-, Zoll- und Akzisepolitik
         (Mehr nicht erschienen.)]

[A] Die Behördenorganisation und die allgemeine Staatsverwaltung Preußens im 18. Jahrhundert. Bd. 1–16,1–2. 1894–1982
  1: ⟨1701–1714 VI⟩. Bearb. v. Gustav Schmoller u. O. Krauske. 1894
  2: ⟨1714 VII–1717 XII⟩. Bearb. v. Gustav Schmoller, O. Krauske u. Victor Loewe. 1898

3: ⟨1718 I–1723 I⟩. Bearb. v. Gustav Schmoller, O. Krauske u. Victor Loewe. 1901
4,1–2: Bearb. v. Gustav Schmoller u. W. Stolze
1. ⟨1723 I–1725 XII⟩. 1908
2. ⟨1726 I–1729 XII⟩. 1908
5,1–2: Bearb. v. Gustav Schmoller u. W. Stolze
1. ⟨1730 I–1735 XII⟩. 1910
2. ⟨1736 I–1740 V⟩. 1912
6,1–2: 1. Einleitende Darstellung der Behördenorganisation und allgemeinen Verwaltung in Preußen beim Regierungsantritt Friedrichs II. von Otto Hintze. 1901
2. ⟨1740 V–1745 XII⟩. Bearb. v. Gustav Schmoller u. Otto Hintze. 1901
7: ⟨1746 I–1748 V⟩. Bearb. v. Gustav Schmoller u. Otto Hintze. 1904
8: ⟨1748 V–1750 VIII⟩. Bearb. v. Gustav Schmoller und Otto Hintze. 1906
9: ⟨1750 VIII–1763 XII⟩. Bearb. v. Gustav Schmoller u. Otto Hintze. 1907
10: ⟨1754 I–1756 VIII⟩. Bearb. v. Gustav Schmoller u. Otto Hintze. 1910
11,1: ⟨1756 VIII–1757 XII⟩. Bearb. v. Martin Haß u. Wolfgang Peters. 1922
11,2: ⟨1757 XII–1758 XII⟩. Bearb. v. Martin Haß, Wolfgang Peters, Ernst Posner. 1925
12: ⟨1759 I–1763 II⟩. Bearb. v. Martin Haß, Wolfgang Peters u. Ernst Posner. 1926
13–15: ⟨1763 II–1772 IX⟩. Bearb. v. Ernst Posner. 1932–36
16,1–2: 1. ⟨1772 IX–1777 XII⟩. Bearb. v. Ernst Posner, Stephan Skalweit, Peter Baumgart, Gerd Heinrich (= Einzelveröff. d. Hist. Komm. zu Berlin b. Friedr.-Meinecke-Inst. d. Freien Univ. Berlin 5. Quellenwerke 5). Hamburg/Berlin 1970
2. ⟨1778 I–1786 VIII⟩. Bearb. v. Peter Baumgart u. Gerd Heinrich (= Einzelveröffentlichungen ... 5. Quellenwerke 5). [Mit Reg. zu Bd. 16,1–2 u. verschied. Übersichten.] Hamburg/Berlin 1982
Erg.-Bd.: Die Briefe König Friedrich Wilhelms I. an den Fürsten Leopold zu Anhalt-Dessau. 1704–1740. Bearb. v. O. Krauske. 1905

[B] Die einzelnen Gebiete der Verwaltung
[a] Das Preußische Münzwesen im 18. Jahrhundert. Münzgeschichtlicher Teil. Bd. 1–4. 1904–1913
1: Die Münzverwaltung der Könige Friedrich I. und Friedrich Wilhelm I. 1701–1740. Darstellung v. Friedrich Frhr. von Schrötter. Akten bearb. v. Gustav Schmoller u. Friedrich Frhr. von Schrötter. 1904

2: Die Begründung des preußischen Münzsystems durch Friedrich d. Gr. und Grauman. 1740–1755. Darstellung v. Friedrich Frhr. von Schrötter. Akten bearb. v. Gustav Schmoller u. Friedrich Frhr. von Schrötter. 1908

3: Das Geld des siebenjährigen Krieges und die Münzreform nach dem Frieden 1755–1765. Darstellung von Friedrich Frhr. von Schrötter. Akten bearb. von Gustav Schmoller und Friedrich Frhr. von Schrötter. 1910

4: Die letzten vierzig Jahre. 1765–1806. Darstellung von Friedrich Frhr. von Schrötter. Akten bearb. v. Gustav Schmoller u. Friedrich Frhr. von Schrötter. 1913

[Fortsetzung für das 19. Jahrhundert:]
Das Preußische Münzwesen 1806 bis 1873. Im Auftrage der Preußischen Akademie der Wissenschaften bearb. v. Friedrich Frhr. von Schrötter. Münzgeschichtl. Teil. Bd. 1–2. – 1: [Darstellg. ⟨1807–1857⟩]. 1926. 2: [Darstellg. ⟨1829–1868⟩]. 1926

[b] Wollindustrie. [Bd. 1]
  [1:] Die Wollindustrie in Preußen unter Friedrich Wilhelm I. Darstellung mit Aktenbeilagen v. Carl Hinrichs. 1933

[c] Die Preußische Seidenindustrie im 18. Jahrhundert und ihre Begründung durch Friedrich den Großen. Bd. 1–3.
  1: ⟨1686–1768⟩. Bearb. v. Gustav Schmoller u. Otto Hintze. 1892
  2: ⟨1769–1806⟩. Bearb. v. Gustav Schmoller u. Otto Hintze. 1892
  3: [Darstellung v. Otto Hintze.] 1892

[d] Getreidehandelspolitik. Bd. 1–4
  1: Die Getreidehandelspolitik der europäischen Staaten vom 13. bis 18. Jahrhundert. Als Einleitung in die preußische Getreidehandelspolitik. Darstellung v. W. Naudé. 1896
  2: Die Getreidehandelspolitik und Kriegsmagazinverwaltung Brandenburg-Preußens bis 1740. Darstellung und statistische Beilagen v. W. Naudé. Acten bearb. von Gustav Schmoller u. W. Naudé ⟨1714–1740⟩. 1901
  3: Die Getreidehandelspolitik und Kriegsmagazinverwaltung Preußens 1740–1756. Darstellung und Getreidepreisstatistik v. W. Naudé u. A. Skalweit. Acten bearb. v. Gustav Schmoller, W. Naudé u. A. Skalweit. 1910
  4: Die Getreidehandelspolitik und Kriegsmagazinverwaltung Preußens 1756–1806. Darstellung mit Aktenbeilagen und Preisstatistik v. August Skalweit. 1931

[e] Handels-, Zoll- und Akzisepolitik. Bd. 1–3
  1: Die Handels-, Zoll- und Akzisepolitik Brandenburg-Preußens bis 1713. Darstellung v. Hugo Rachel. 1911
  2,1–2: Die Handels-, Zoll- und Akzisepolitik Preußens 1713–1740

1: Darstellung v. Hugo Rachel. 1922
2: Aktenstücke und Beilagen. Bearb. v. Hugo Rachel. 1922
3,1–2: Die Handels-, Zoll- und Akzisepolitik Preußens 1740–1786. I. und II. Hälfte. Bearb. v. Hugo Rachel. 1928

7. Quellen zur Geschichte des 19. Jahrhunderts

Freiherr vom **Stein** (1757–1831)

1) Briefwechsel. Denkschriften und Aufzeichnungen [Alte Ausgabe]. Im Auftrag der Reichsregierung, der Preußischen Staatsregierung und des Deutschen und Preußischen Städtetages bearb. v. Erich Botzenhart. Bd. 1–7. Berlin 1931–37
2) Briefe und amtliche Schriften. Bearb. v. Erich Botzenhart. Neu hrsg. von Walther Hubatsch. Bd. 1–10. Stuttgart [u. a.] 1957–1974
   1: Studienzeit. Eintritt in den preußischen Staatsdienst. Stein in Westfalen ⟨1773 X–1804 XI⟩. Neu bearb. von Erich Botzenhart. 1957
   2,1: Minister im Generaldirektorium. Konflikt und Entlassung. Stein in Nassau – Die Nassauer Denkschrift. Wiederberufung ⟨1804 XII bis 1807 IX⟩. Neu bearb. v. Peter G. Thielen. 1959
   2,2: Das Reformministerium ⟨1807 X–1808 XII⟩. Neu bearb. von Peter G. Thielen. 1960
   3: In Brünn und Prag. Die Krise des Jahres 1811. In Moskau und Petersburg. Die große Wendung ⟨1808 XII–1812 XII⟩. Neu bearb. v. Walther Hubatsch. 1961
   4: Preußens Erhebung. Stein als Chef der Zentralverwaltung. Napoleons Sturz ⟨1813 I–1814 VI⟩. Neu bearb. von Walther Hubatsch. 1963
   5: Der Wiener Kongreß. Rücktritt in das Privatleben. Stein und die ständischen Bestrebungen des westfälischen Adels ⟨1814 VI bis 1818 XII⟩. Neu bearb. von Manfred Botzenhart. 1964
   6: Stein in Westfalen. Monumenta Germaniae Historica. Verfassungsfragen ⟨1819 I–1826 V⟩. Neu bearb. v. Alfred Hartlieb von Wallthor. 1965
   7: Stein als Marschall des 1.–3. Westfälischen Provinziallandtags. Revision der Städteordnung. Revolution in Frankreich und Belgien ⟨1826 V–1831 VI⟩. Neu bearb. v. Alfred Hartlieb v. Wallthor. 1969
   8: Ergänzungen und Nachträge. I. Nachträge zu den Briefen Steins 1766–1831. II. Kartographische Dokumentation. Bearb. v. Walther Hubatsch. 1970

9: Historische und politische Schriften ⟨1816–1827⟩. Bearb. v. Walther Hubatsch. 1972
10: Register mit Nachlese, Zusätzen und Berichtigungen. Neu bearb. v. Werner John u. Gertrud Hedler-Stieper. 1974

Acten des Wiener Congresses in den Jahren 1814 und 1815. Hrsg. v. Johann Ludwig Klüber. Bd. 1–8, Suppl.-Bd. mit Register. Erlangen 1815–18, 1835 [Nachdruck Osnabrück 1966]; dazu:
Johann Ludwig **Klüber,** Uebersicht der diplomatischen Verhandlungen des Wiener Congresses überhaupt, und insonderheit über wichtige Angelegenheiten des teutschen Bundes. Abtheilung 1–3 [in 1 Bd.]. Frankfurt/M 1816 [Nachdruck Osnabrück 1966]

Deutsche Geschichtsquellen des 19. [ab Bd. 37: **und des 20.**] **Jahrhunderts.** Hrsg. v. der Historischen Kommission bei der Bayerischen Akademie der Wissenschaften. Bd. 1–
[Nachdruck Bd. 1–36 Osnabrück 1966–67]

1, 36:   Rheinische Briefe und Akten zur Geschichte der politischen Bewegung 1830–1850. Ges. u. hrsg. v. Joseph Hansen. Bd. 1–(3). – 1: ⟨1830–1845⟩. Essen 1919. – 2,1: ⟨1846 I–1848 IV⟩. Bonn 1942. – 3: 1849–1850. Düsseldorf 1998. – 4: Register [angekündigt]
[Bd. 2,2 außerhalb der Reihe erschienen: Rheinische Briefe ... Bd. 2,2 ⟨1848 IV–XII⟩. Unter Benutzung der Vorarbeiten von Joseph Hansen bearb. v. Heinz Boberach (= Publikationen d. Gesellschaft f. Rheinische Geschichtskunde 36). Köln/Bonn 1976]

2:    Die Tagebücher des Freiherrn Reinhard v. Dalwigk zu Lichtenfels aus den Jahren 1860–71. Hrsg. v. Wilhelm Schüßler. Stuttgart/Berlin 1920

3:    Denkwürdigkeiten aus dem Dienstleben des Hessen-Darmstädtischen Staatsministers Freiherrn du Thil 1803–1848. Hrsg. v. Heinrich Ulmann. Stuttgart/Berlin 1921

4–8, 17:   Ferdinand Lassalle, Nachgelassene Briefe und Schriften. Hrsg. v. Gustav Mayer. Bd. 1–6. Stuttgart/Berlin 1921–25
1: Briefe von und an Lassalle bis 1848. 1921
2: Lassalles Briefwechsel von der Revolution von 1848 bis zum Beginn seiner Arbeiteragitation ⟨1848–1862⟩. 1923
3: Der Briefwechsel zwischen Lassalle und Marx. Nebst Briefen von Friedrich Engels und Jenny Marx an Lassalle und von Karl Marx an Gräfin Sophie von Hatzfeld ⟨1848 bis 1864⟩. 1922
4: Der Briefwechsel mit Gräfin Sophie von Hatzfeld ⟨1848 bis 1864⟩. 1924

5: Lassalles Briefwechsel aus den Jahren seiner Arbeiteragitation 1862–1864. 1925
6: Die Schriften des Nachlasses und der Briefwechsel mit Karl Rodbertus. 1925
9, 10, 13: Denkwürdigkeiten des General-Feldmarschalls Alfred Grafen v. Waldersee. Bearb. u. hrsg. v. Heinrich Otto Meisner. Bd. 1–3. Stuttgart/Berlin
1: 1832–1888. 1922
2: 1888–1900. 1922
3: 1900–1904. 1923
11: Josef von Radowitz, Nachgelassene Briefe und Aufzeichnungen zur Geschichte der Jahre 1848–1853. Hrsg. v. Walter Möring. Stuttgart/Berlin 1922
12: Max Duncker, Politischer Briefwechsel aus seinem Nachlaß. Hrsg. v. Johannes Schultze. Stuttgart/Berlin 1923
14: Aktenstücke und Aufzeichnungen zur Geschichte der Frankfurter Nationalversammlung aus dem Nachlaß von Johann Gustav Droysen. Hrsg. v. Rudolf Hübner. Stuttgart/Berlin/Leipzig 1924
15, 16: Aufzeichnungen und Erinnerungen aus dem Leben des Botschafters Joseph Maria von Radowitz. Hrsg. v. Hajo Holborn. Bd. 1–2. Stuttgart/Berlin 1925
1: 1839–1877.
2: 1878–1890.
18, 24: Deutscher Liberalismus im Zeitalter Bismarcks. Eine politische Briefsammlung. Hrsg. v. Paul Wentzcke u. Julius Heyderhoff. Bd. 1–2 ⟨1859–1890⟩. Bonn 1925–26
19–21: Hermann Oncken, Die Rheinpolitik Kaiser Napoleons III. von 1863 bis 1870 und der Ursprung des Krieges von 1870/71. Nach den Staatsakten von Österreich, Preußen und den süddeutschen Mittelstaaten. Bd. 1–3. Stuttgart/Berlin 1926
1: ⟨1863–1866 VII⟩
2: ⟨1866 VII–1868 VII⟩
3: ⟨1868 VII–1870 VIII⟩
22, 23: Großherzog Friedrich I. von Baden und die deutsche Politik von 1854–1871. Briefwechsel, Denkschriften, Tagebücher. Hrsg. von der Badischen Historischen Kommission. Bearb. v. Hermann Oncken. Bd. 1–2. Stuttgart/Berlin 1927
25, 26: Johann Gustav Droysen, Briefwechsel. Hrsg. v. Rudolf Hübner. Bd. 1–2. Stuttgart/Berlin/Leipzig 1929
1: 1829–1851
2: 1851–1884
27: Ausgewählter Briefwechsel Rudolf Hayms. Hrsg. v. Hans Rosenberg. Stuttgart/Berlin/Leipzig 1930

28: Fürst Chlodwig zu Hohenlohe-Schillingsfürst. Denkwürdigkeiten der Reichskanzlerzeit. Hrsg. v. Karl Alexander von Müller. Stuttgart/Berlin/Leipzig 1931

29–33: Quellen zur deutschen Politik Österreichs 1859–1866. Unter Mitwirkung von Oskar Schmid hrsg. v. Heinrich Ritter von Srbik. Bd. 1–5. Oldenburg i. O./Berlin 1934–38
1: ⟨1859 VII–1861 XI⟩ 1934
2: ⟨1861 XI–1863 I⟩ 1935
3: ⟨1863 I–1864 III⟩ 1936
4: ⟨1864 III–1865 VIII⟩ 1937
5,1: ⟨1865 VIII–1866 V⟩ 1938
5,2: ⟨1866 V–VIII⟩ 1938

34: Otto Graf zu Stolberg-Wernigerode, Robert Heinrich von der Goltz. Botschafter in Paris 1863–1869. Oldenburg i. O. 1941, ²1942

35: Im Ring der Gegner Bismarcks. Denkschriften und politischer Briefwechsel Franz v. Roggenbachs mit Kaiserin Augusta und Albrecht v. Stosch 1865–1896. Bearb. u. hrsg. v. Julius Heyderhoff. Leipzig 1943

37–39: Politischer Briefwechsel des Herzogs und Großherzogs Carl August von Weimar. Hrsg. v. Willy Andreas. Bearb. v. Hans Tümmler. Bd. 1–3. Stuttgart
1: Von den Anfängen der Regierung bis zum Ende des Fürstenbundes 1778–1790. 1954
2: Vom Beginn der Revolutionskriege bis in die Rheinbundzeit 1791–1807. 1958
3: Von der Rheinbundzeit bis zum Ende der Regierung 1808–1828. Bearb. u. hrsg. v. Hans Tümmler. Göttingen 1973

40: Geheimes Kriegstagebuch 1870–1871 von Paul Bronsart von Schellendorff, Chef der Operations-Abteilung im Großen Generalstab. Unter Mitwirkung von Theodor Michaux hrsg. v. Peter Rassow. Bonn 1954

41: Wilhelm Groener, Lebenserinnerungen. Jugend, Generalstab, Weltkrieg. Hrsg. v. Friedrich Frhr. Hiller von Gaertringen. Mit einem Vorwort v. Peter Rassow. Göttingen 1957

42: Lebenserinnerungen des Königs Johann von Sachsen. Eigene Aufzeichnungen des Königs über die Jahre 1801 bis 1854. Hrsg. v. Hellmut Kretzschmar. Göttingen 1958

43: Das Tagebuch der Baronin Spitzemberg geb. Freiin v. Varnbüler. Aufzeichnungen aus der Hofgesellschaft des Hohenzollernreiches. Ausgew. u. hrsg. v. Rudolf Vierhaus. Göttingen 1960, ⁵1989

44: Staatssekretär Graf Herbert von Bismarck. Aus seiner politischen Privatkorrespondenz. Hrsg. u. eingel. v. Walter Bußmann unter Mitwirkung v. Klaus-Peter Hoepke. Göttingen 1964

45: Carl von Clausewitz. Schriften, Aufsätze, Studien, Briefe. Dokumente aus dem Clausewitz-, Scharnhorst- und Gneisenau-Nachlaß sowie aus öffentlichen und privaten Sammlungen. Hrsg. v. Werner Hahlweg mit einem Vorwort von Karl Dietrich Erdmann. Bd. 1. Göttingen 1966

46,1–2: Von der Revolution zum Norddeutschen Bund. Politik und Ideengut der preußischen Hochkonservativen 1848–1866. Aus dem Nachlaß von Ernst Ludwig von Gerlach. Teil 1–2. Hrsg. u. eingel. v. Hellmut Diwald. 1970

47: Von Brest-Litovsk zur deutschen Novemberrevolution. Aus den Tagebüchern, Briefen und Aufzeichnungen von Alfons Paquet, Wilhelm Groener und Albert Hopman März bis November 1918. Hrsg. v. Winfried Baumgart. Mit einem Vorwort v. Hans Herzfeld. Göttingen 1971

48: Kurt Riezler. Tagebücher, Aufsätze, Dokumente. Eingel. u. hrsg. v. Karl Dietrich Erdmann. Göttingen 1972

49: Carl von Clausewitz. Schriften, Aufsätze, Studien, Briefe. Dokumente aus dem Clausewitz-, Scharnhorst- und Gneisenau-Nachlaß sowie aus öffentlichen und privaten Sammlungen. Hrsg. v. Werner Hahlweg. Bd. 2. Mit einem Geleitwort v. Walter Bußmann. Göttingen 1990

50,1–2: Briefwechsel Hertling-Lerchenfeld 1912–1917. Dienstliche Privatkorrespondenz zwischen dem bayerischen Ministerpräsidenten Georg Graf von Hertling und dem bayerischen Gesandten in Berlin Hugo Graf von und zu Lerchenfeld. Teil 1–2. Hrsg. u. eingel. v. Ernst Deuerlein. Boppard/Rh. 1973

51,1–2: Botschafter Paul Graf von Hatzfeldt. Nachgelassene Papiere. Teil 1–2. Hrsg. u. eingel. v. Gerhard Ebel in Verb. m. Michael Behnen. Boppard a. Rh. 1976

52,1–3: Philipp Eulenburgs politische Korrespondenz. Hrsg. v. John C. G. Röhl. Boppard a. Rh.
1. Von der Reichsgründung bis zum Neuen Kurs 1866–1891. 1976
2. Im Brennpunkt der Regierungskrise 1892–1895. 1979
3. Krisen, Krieg und Katastrophen 1895–1921. 1983

53,1–2: Karl Friedrich von Savigny 1814–1875. Briefe, Akten, Aufzeichnungen aus dem Nachlaß eines preußischen Diplomaten der Reichsgründungszeit. Ausgew. u. hrsg. v. Willy Real. Boppard a. Rh. 1981

54,1–2: Theodor Wolff, Tagebücher 1914–1919. Der Erste Weltkrieg und die Entstehung der Weimarer Republik in Tagebüchern, Leitartikeln und Briefen des Chefredakteurs am »Berliner Tageblatt« und Mitbegründers der »Deutschen Demokratischen Partei«. Eingel. u. hrsg. v. Bernd Sösemann. Boppard a. Rh. 1984

55: Heinrich Ritter von Srbik. Die wissenschaftliche Korrespondenz 1912–1945. Hrsg. v. Jürgen Kämmerer. Boppard a. Rh. 1988
56: „Fahrtberichte" aus der Zeit des deutsch-sowjetischen Krieges 1941. Protokolle des Begleitoffiziers des Kommandierenden Generals LIII. Armeekorps. Eingel. u. hrsg. v. Walther Lammers. Boppard a. Rh. 1988
57: Die deutsche Wirtschaftspolitk in den besetzten sowjetischen Gebieten 1941–1943. Der Abschlußbericht des Wirtschaftsstabes Ost und Aufzeichnungen eines Angehörigen des Wirtschaftskommandos Kiew. Hrsg. u. eingel. v. Rolf-Dieter Müller. Boppard a. Rh. 1991
58: Siegfried A. Kaehler. Briefe 1900–1963. Hrsg. v. Walter Bußmann u. Günther Grünthal unter Mitw. v. Joachim Stemmler. Boppard a. Rh. 1993
59: Karl August von Hardenberg 1750–1822. Tagebücher und autobiographische Aufzeichnungen. Hrsg. u. eingel. v. Thomas Stamm-Kuhlmann. München 2000
60: Paul von Hintze, Marineoffizier, Diplomat, Staatssekretär. Dokumente einer Karriere zwischen Militär und Politik, 1903–1918. Eingel. u. hrsg. v. Johannes Hürter. München 1998
61: Anton Wilhelm Nordhoff, Die Geschichte der Zerstörung Moskaus im Jahre 1812. Hrsg. v. Claus Scharf. München 2000
62: Eugen Fischer-Baling 1881–1964. Manuskripte, Artikel, Briefe und Tagebücher. Hrsg. u. eingel. v. Ralf Forsbach. München 2001

Quellen zur Geschichte des Deutschen Bundes. Für die Historische Kommission bei der Bayerischen Akademie d. Wissenschaften hrsg. v. Lothar Gall. Ab. I–III. München 1996–
Abt. I. Quellen zur Entstehung und Frühgeschichte des Deutschen Bundes 1813–1830. Bd. 1–
1,1–2: Die Entstehung des Deutschen Bundes 1813–1815. Bearb. v. Eckhardt Treichel. 2000
Abt. II. Quellen zur Geschichte des Deutschen Bundes 1830–1848. Bd. 1–
1: Reformpläne und Repressionspolitik 1830–1834. Bearb. v. Ralf Zerback. 2003
Abt. III. Quellen zur Geschichte des Deutschen Bundes 1850–1866. Bd. 1–
1: Die Dresdener Konferenz und die Wiederherstellung des Deutschen Bundes 1850/51. Bearb. v. Jürgen Müller. 1996
2: Der Deutsche Bund zwischen Reaktion und Reform 1851–1858. Bearb. v. Jürgen Müller. 1998

Akten zur Geschichte des Krimkriegs [AGKK]. Serie I–IV. Hrsg. v. Winfried Baumgart. München 1979–
  I. Österreichische Akten zur Geschichte des Krimkriegs. Bd. 1–3
   1. ⟨1852 XII 27–1854 III 25⟩. Bearb. v. Ana María Schop Soler. 1980
   2. ⟨1854 III 30–1855 IX 9⟩. Bearb. v. Werner Zürrer. 1980
   3. ⟨1855 IX 10–1856 V 24⟩. Bearb. v. Winfried Baumgart. 1979
  II. Preußische Akten zur Geschichte des Krimkriegs. Bd. 1–2
   1. ⟨1853 I 25–1854 VIII 8⟩. Bearb. v. Winfried Baumgart u. Ana María Schop Soler. 1991
   2. ⟨1854 VIII 9–1856 IV 15⟩. Bearb. v. Winfried Baumgart, Wolfgang Elz u. Werner Zürrer. 1990
  III. Englische Akten zur Geschichte des Krimkriegs. Bd. 1–4
   1. ⟨1852 XI 20–1853 XII 10⟩. Bearb. v. Winfried Baumgart [iV]
   2. ⟨1853 XII 11–1854 XII 1⟩. Bearb. v. Winfried Baumgart [iV]
   3. ⟨1854 XII 3–1855 IX 9⟩. Bearb. v. Winfried Baumgart unter Mitw. v. Martin Senner. 1994
   4. ⟨1855 IX 10–1856 VII 23⟩. Bearb. v. Winfried Baumgart unter Mitw. v. Wolfgang Elz. 1988
  IV. Französische Akten zur Geschichte des Krimkriegs. Bd. 1–3
   1. ⟨1852 XII 18–1853 III 27⟩. Bearb. v. Winfried Baumgart. 2003
   2. ⟨1853 III 28–1855 III 2⟩. Bearb. v. Martin Senner. 1999
   3. ⟨1855 III 3–1856 V 29⟩. Bearb. v. Martin Senner. 2001.

Die auswärtige Politik Preußens 1858–1871 [APP]. Diplomatische Aktenstücke. Abt. I–III [= Bd. 1–12]. Hrsg. von der Historischen Reichskommission unter Leitung von Erich Brandenburg, Otto Hoetzsch und Hermann Oncken [1935–36 unter kommissar. Leitung von Willy Hoppe; danach hrsg. vom Reichsinstitut für Geschichte des neuen Deutschlands unter Leitung von Arnold Oskar Meyer]. Oldenburg i. O. [später Oldenburg i. O./Berlin]
  Abt. I [= Bd. 1–2]: Vom Beginn der Neuen Ära bis zur Berufung Bismarcks
  Abt. II [= Bd. 3–7]: Vom Amtsantritt Bismarcks bis zum Prager Frieden
  Abt. III [= Bd. 8–12]: Die auswärtige Politik Preußens und des Norddeutschen Bundes vom Prager Frieden bis zur Begründung des Reiches und zum Friedensschluß mit Frankreich
   1: ⟨1858 XI–1859 XII⟩ Bearb. v. Christian Friese. 1933
   2,1: ⟨1860 I–XII⟩ Bearb. v. Christian Friese. 1938
   2,2: ⟨1860 XII–1862 X⟩ Bearb. v. Christian Friese. 1945
   3: ⟨1862 X–1863 IX⟩ Bearb. v. Rudolf Ibbeken. 1932
   4: ⟨1863 X–1864 IV⟩ Bearb. v. Rudolf Ibbeken. 1933
   5: ⟨1864 IV–1865 IV⟩ Bearb. v. Rudolf Ibbeken. 1935
   6: ⟨1865 IV–1866 III⟩ Bearb. v. Rudolf Ibbeken. 1939
   7: [nicht erschienen]

8: ⟨1866 VIII–1867 V⟩ Bearb. v. Herbert Michaelis. 1934
9: ⟨1867 V–1868 IV⟩ Bearb. v. Herbert Michaelis. 1936
10: ⟨1868 IV–1869 IV⟩ Bearb. v. Herbert Michaelis. 1939
11: [nicht erschienen]
12: [nicht erschienen]

Quellen zur deutschen Politik Österreichs 1859–1866. Unter Mitwirkung von Oskar Schmid hrsg. v. Heinrich Ritter von Srbik (= Deutsche Geschichtsquellen des 19. Jahrhunderts. Hrsg. durch die Historische Kommission bei der Bayerischen Akademie der Wissenschaften. Bd. 29 bis 33). Oldenburg i. O./Berlin 1934–38 [Nachdruck Osnabrück 1967]
1: ⟨1859 VII–1861 XI⟩ 1934
2: ⟨1861 XI–1863 I⟩ 1935
3: ⟨1863 I–1864 III⟩ 1936
4: ⟨1864 III–1865 VIII⟩ 1937
5,1: ⟨1865 VIII–1866 V⟩ 1938
5,2: ⟨1866 V–VIII⟩ 1938

Otto Fürst von **Bismarck** (1815–1898)

1) Die gesammelten Werke. Bd. 1–15. Berlin 1924–35 [= Friedrichsruher Ausgabe; Nachdruck Nendeln/Lie. 1972]
   [Gliederung: Bd. 1–6 c. Politische Schriften
                Bd. 7–9. Gespräche
                Bd. 10–13. Reden
                Bd. 14,1–2. Briefe
                Bd. 15. Erinnerung und Gedanke]
1: ⟨1848 VIII–1854 XII 31⟩. Bearb. v. Herman von Petersdorff. 1924
2: ⟨1855 I 1–1859 III 1⟩. Bearb. v. Herman von Petersdorff. 1924
3: ⟨1859 III 29–1862 IX 12⟩. Bearb. v. Herman von Petersdorff. 1925
4: ⟨1862 X 23–1864 XI 1⟩. Bearb. v. Friedrich Thimme. 1927
5: ⟨1864 XI 9–1866 VI 16⟩. Bearb. v. Friedrich Thimme. 1928
6: ⟨1866 VI 16–1867 VII 9⟩. Bearb. v. Friedrich Thimme. 1929
6 a: ⟨1867 VII 21–1869 II 22⟩. Bearb. v. Friedrich Thimme. 1930
6 b: ⟨1869 II 26–1871 III 2⟩. Bearb. v. Friedrich Thimme. 1931
6 c: ⟨1871 III 29–1890 III 18⟩. Bearb. v. Werner Frauendienst. 1935
7: ⟨1845–1871⟩. Hrsg. u. bearb. v. Willy Andreas. 1924
8: ⟨1871 V 13–1890 III 29⟩. Hrsg. u. bearb. v. Willy Andreas. 1926
9: ⟨1890 III 31–1898 V 7⟩. Hrsg. u. bearb. v. Willy Andreas. 1926
10: ⟨1847 V 17–1869 I 9⟩. Bearb. v. Wilhelm Schüßler. 1928
11: ⟨1869 I 28–1878 IX 17⟩. Bearb. v. Wilhelm Schüßler. 1929
12: ⟨1878 X 9–1885 II 16⟩. Bearb. v. Wilhelm Schüßler. 1929
13: ⟨1885 III 2–1897 V 10⟩. Bearb. v. Wilhelm Schüßler. 1930

14,1: ⟨1822 IV 27–1862 IV 19⟩. Hrsg. v. Wolfgang Windelband u. Werner Frauendienst. 1933
14,2: ⟨1862 V 13–1898 VII 10⟩. Hrsg. v. Wolfgang Windelband u. Werner Frauendienst. 1933
15: Erinnerung und Gedanke. Kritische Neuausgabe auf Grund des gesamten schriftlichen Nachlasses. Hrsg. v. Gerhard Ritter u. Rudolf Stadelmann. 1932
2) Die politischen Reden des Fürsten Bismarck. Historisch-kritische Gesamtausgabe besorgt v. Horst Kohl. Bd. 1–14 ⟨1847–1897⟩ [nebst Register]. Stuttgart 1892–1905 [Nachdruck Aalen 1969–70]
3) Werke in Auswahl. Bd. 1–8 [vgl. oben S. 179]

Bibliographie
Bismarck-Bibliographie. Quellen und Literatur zur Geschichte Bismarcks und seiner Zeit. Hrsg. v. Karl Erich Born. Bearb. v. Willy Hertel unter Mitarbeit v. Hansjoachim Henning. Köln/Berlin 1966
DW 358/688–816; 359/316–464.

Acta Borussica. Neue Folge. 1. Reihe. Die Protokolle [als Regesten] des Preußischen Staatsministeriums 1817–1934/38. Hrsg. v. d. Berlin-Brandenburgischen Akad. d. Wissenschaften unter der Leitung von Jürgen Kocka u. Wolfgang Neugebauer. Bd. 1– . Hildesheim [u. a.] 1999–
1: ⟨1817 III 19–1829 XII 30⟩. Bearb. v. Christina Rathgeber. 2000
2: [noch nicht erschienen]
3: ⟨1840 VI 9–1848 III 14⟩. Bearb. v. Bärbel Holtz. 2000
4: [noch nicht erschienen]
5: ⟨1858 XI 10–1866 XII 28⟩. Bearb. v. Rainer Paetau. 2001
6: [noch nicht erschienen]
7: ⟨1879 I 8–1890 III 19⟩. Bearb. v. Hartwin Spenkuch. 1999
8: [noch nicht erschienen]
9: ⟨1900 X 23–1909 VII 13⟩. Bearb. v. Reinhold Zilch. 2001
10: ⟨1909 VII 14–1918 XI 11⟩. Bearb. v. Reinhold Zilch. 1999
11,1–2: ⟨1918 XI 14–1925 III 31⟩. Bearb. v. Gerhard Schulze. 2002

Quellensammlung zur Geschichte der deutschen Sozialpolitik 1867 bis 1914. Begr. v. Peter Rassow. Im Auftrag der Historischen Kommission d. Wissenschaften u. d. Literatur [Mainz] hrsg. v. Karl Erich Born, Hansjoachim Henning u. Florian Tennstedt. Abt. I–IV. Darmstadt [bis 1982 Wiesbaden; bis 1995 Stuttgart (u. a.)]
Einführungsband. Bearb. v. Karl Erich Born [u. a.]. 1966
Abt. I. Von der Reichsgründungszeit bis zur kaiserlichen Sozialbotschaft (1867–1881). Bd. 1–(7). 1994–(2000)
Abt. II. Von der kaiserlichen Sozialbotschaft bis zu den Februarerlassen Wilhelms II. (1881–1890). [bisher Bd. 2 u. 3 1995–(98)]

Abt. III. Ausbau und Differenzierung der Sozialpolitik seit Beginn des Neuen Kurses (1890–1904) [noch nichts erschienen]
Abt. IV. Die Sozialpolitik in den letzten Friedensjahren des Kaiserreichs (1905 bis 1914). Bd. 1–(4). 1982–(2003)

Die Ministerratsprotokolle Österreichs und der Österreichisch-Ungarischen Monarchie 1848–1918. Serie 1–2

Serie 1. Die Protokolle des österreichischen Ministerrates 1848–1867. Hrsg. v. Österreichischen Komitee für die Veröffentlichung der Ministerratsprotokolle. Red. Helmut Rumpler. Abt. I–VI. Wien 1970– [Bisher erschienen:]
Helmut Rumpler, Einleitungsband. Ministerrat und Ministerratsprotokolle 1848–1867. Behördengeschichtliche und aktenkundliche Analyse. 1970

Abt. I. Die Ministerien des Revolutionsjahres 1848.
1: ⟨1848 III 20–XI 21⟩. Bearb. v. Thomas Kletečka. 1996

Abt. III. Das Ministerium Buol-Schauenstein
1: ⟨1852 IV 14–1853 III 13⟩. Bearb. v. Waltraud Heindl. 1975
2: ⟨1853 III 15–1853 X 9⟩. Bearb. v. Waltraud Heindl. 1979
3: ⟨1853 X 11–1854 XII 19⟩. Bearb. v. Waltraud Heindl. 1984
4: ⟨1854 XII 23–1856 IV 12⟩. Bearb. v. Waltraud Heindl. 1987
5: ⟨1856 IV 26–1857 II 5⟩. Bearb. v. Waltraud Heindl. 1993

Abt. V. Die Ministerien Erzherzog Rainer und Mensdorff
1: ⟨1861 II 7–IV 30⟩. Bearb. v. Horst Brettner-Messler. 1977
2: ⟨1861 V 1–XI 2⟩. Bearb. v. Stefan Malfèr. 1981
3: ⟨1861 XI 5–1862 V 6⟩. Bearb. v. Stefan Malfèr. 1985
4: ⟨1862 V 8–X 31⟩. Bearb. v. Horst Brettner-Messler u. Klaus Koch. 1986
5: ⟨1862 XI 3–1863 IV 30⟩. Bearb. v. Stefan Malfèr. 1989
6: ⟨1863 V 4–X 12⟩. Bearb. v. Thomas Kletečka u. Klaus Koch. 1989
7: ⟨1863 X 15–1864 V 23⟩. Bearb. v. Thomas Kletečka u. Klaus Koch. 1992
8: ⟨1864 V 25–XI 26⟩. Bearb. v. Stefan Malfèr. 1994
9: ⟨1864 XII 9–1865 VII 11⟩. Bearb. v. Stefan Malfèr. 1998

Abt. VI. Das Ministerium Belcredi
1: ⟨1865 VII 29–1866 III 26⟩. Bearb. v. Horst Brettner-Messler. 1971
2: ⟨1866 IV 8–1867 II 6⟩. Bearb. v. Horst Brettner-Messler. 1973

Serie 2. Die Protokolle des gemeinsamen Ministerrates der Österreichisch-Ungarischen Monarchie 1867–1918. Hrsg. v. Ungarischen Komitee für die Veröffentlichung der Ministerratsprotokolle unter Mitarbeit des Österr. Komitees ... (Bd. 1–7.) Budapest
1,1: Die Protokolle ... 1867–1870. Bearb. v. Éva Somogyi. 1999
2–3: [iV]
4: Die Protokolle ... 1883–1895. Bearb. v. István Diószegi. 1993
5: Die Protokolle ... 1896–1907. Bearb. v. Éva Somogyi. Unter Mitarbeit v. Inge Sieghart. 1991
6: ⟨1908–1914⟩. [iV]
7: Die Protokolle ... (1914–1918). Eingel u. zus.gestellt v. Miklós Komjáthy (= Publikationen des Ungarischen Staatsarchivs II. Quellenpublikationen 10). Budapest 1966 [außerhalb der Reihe erschienen]

8. *Quellen zur Vorgeschichte des Ersten Weltkriegs*

Die Große Politik [GP] der Europäischen Kabinette 1871–1914. Sammlung der Diplomatischen Akten des Auswärtigen Amtes. Im Auftrage des Auswärtigen Amtes hrsg. v. Johannes Lepsius, Albrecht Mendelssohn-Bartholdy, Friedrich Thimme. [Nebentitel: Die Diplomatischen Akten des Auswärtigen Amtes 1871–1914.] Bd. 1–40 [nebst Kommentar]. Reihe 1–5. Berlin 1922–27, [2] 1924–27

Reihe 1 Bd. 1–6: Die Bismarckzeit ⟨1871–1890⟩
Reihe 2 Bd. 7–12: Der neue Kurs ⟨1890–1899⟩
Reihe 3 Bd. 13–18: Die Politik der freien Hand ⟨1897–1904⟩
Reihe 4 Bd. 19–25: Die Isolierung der Mittelmächte ⟨1904–08⟩
Reihe 5 Abt. 1 Bd. 26–29: Weltpolitische Komplikationen ⟨1908–1911⟩
Reihe 5 Abt. 2 Bd. 30–33: Weltpolitische Komplikationen ⟨1911–1914⟩
Reihe 5 Abt. 3 Bd. 34–39: Europa vor der Katastrophe ⟨1912–1914⟩

1:	Der Frankfurter Friede und seine Nachwirkungen 1871–1877. 1922
2:	Der Berliner Kongreß. 1922
3:	Das Bismarck'sche Bündnissystem ⟨1879–1885⟩. 1922
4:	Die Dreibundmächte und England ⟨1879–1889⟩. 1922
5:	Neue Verwickelungen im Osten ⟨1885–1887⟩. 1922
6:	Kriegsgefahr in Ost und West. Ausklang der Bismarckzeit ⟨1887–1890⟩. 1922
7, 8:	Die Anfänge des Neuen Kurses. I. II. 1923 1. Der Russische Draht ⟨1890–1894⟩ 2. Die Stellung Englands zwischen den Mächten ⟨1890–1895⟩
9:	Der nahe und der ferne Osten ⟨1890–1895⟩. 1923
10:	Das türkische Problem 1895. 1923
11:	Die Krügerdepesche und das europäische Bündnissystem 1896. 1923
12,1–2:	Alte und neue Balkanhändel 1896–1899. 1923
13:	Die Europäischen Mächte untereinander 1897–1899. 1924
14,1–2:	Weltpolitische Rivalitäten ⟨1890–1899⟩. 1924
15:	Rings um die Erste Haager Friedenskonferenz ⟨1898–1900⟩. 1924
16:	Die Chinawirren und die Mächte 1900–1902. 1924
17:	Die Wendung im Deutsch-Englischen Verhältnis ⟨1901–1904⟩. 1924
18,1–2:	Zweibund und Dreibund 1900–1904. 1924
19,1–2:	Der Russisch-Japanische Krieg. 1925
20,1–2:	Entente cordiale und Erste Marokkokrise 1904–1905. 1925
21,1–2:	Die Konferenz von Algeciras und ihre Auswirkung ⟨1906–1907⟩. 1925
22:	Die Österreichisch-Russische Entente und der Balkan 1904–1907. 1925
23,1–2:	Die Zweite Haager Friedenskonferenz. Nordsee- und Ostsee-Abkommen. ⟨1905–1908⟩. 1925
24:	Deutschland und die Westmächte 1907–1908. 1925
25,1–2:	Die Englisch-Russische Entente und der Osten ⟨1905–1908⟩. 1925
26,1–2:	Die Bosnische Krise 1908–1909. 1925
27,1–2:	Zwischen den Balkankrisen 1909–1911. 1925
28:	England und die Deutsche Flotte 1908–1911. 1925
29:	Die Zweite Marokkokrise 1911. 1925
30,1–2:	Der Italienisch-Türkische Krieg 1911–1912. 1926
31:	Das Scheitern der Haldane-Mission und ihre Rückwirkung auf die Tripelentente 1911–1912. 1926
32:	Die Mächte und Ostasien 1909–1914. 1926
33:	Der Erste Balkankrieg 1912. 1926
34,1–2:	Die Londoner Botschafterreunion und der Zweite Balkankrieg 1912–1913. 1926

35:     Der Dritte Balkankrieg 1913. 1926
36,1–2: Die Liquidierung der Balkankriege 1913–1914. 1926
37,1–2: Entspannungen unter den Mächten 1912–1913. 1926
38:     Neue Gefahrenzonen im Orient 1913–1914. 1926
39:     Das Nahen des Weltkrieges 1912–1914. 1926
40:     Namenregister zu Bd. XXVI bis XXXIX. 1927

[Kommentar zu Die Große Politik . . .:]
Bernhard **Schwertfeger,** Die Diplomatischen Akten des Auswärtigen Amtes 1871–1914. Ein Wegweiser durch das große Aktenwerk der Deutschen Regierung. Teil 1–5 [= Bd. 1–8]. Berlin 1923–27
1:      Die Bismarck-Epoche 1871–1890 [= Wegweiser z. Bd. 1–6]. 1923
2:      Der neue Kurs 1890–1899 [= Wegweiser zu Bd. 7–12]. 1924
3:      Die Politik der Freien Hand 1899–1904 [= Wegweiser zu Bd. 13–18]. 1925
4,1–2: [= Bd. 4 u. 5 des Gesamtkommentars]: Die Isolierung der Mittelmächte 1904–1908.
        1. [= Wegweiser zu Bd. 19–21]. 1925
        2. [= Wegweiser zu Bd. 22–25]. 1926
5,1–2: [= Bd. 6 u. 7 des Gesamtkommentars]: Weltpolitische Komplikationen 1908–1914. Abt. 1–2.
        1. [= Wegweiser zu Bd. 26–29]. 1926
        2. [= Wegweiser zu Bd. 30–33]. 1927
5,3:   [= Bd. 8 des Gesamtkommentars]: Europa vor der Katastrophe 1912–1914. Abt. 3 [= Wegweiser zu Bd. 34–39]. 1927

Die auswärtige Politik des Deutschen Reiches 1871–1914. [Gekürzte Ausgabe der »Großen Politik«. Nebentitel: Das Amtliche Deutsche Aktenmaterial zur Auswärtigen Politik 1871–1914]. Unter Leitung von Albrecht Mendelssohn-Bartholdy u. Friedrich Thimme hrsg. v. Institut für auswärtige Politik in Hamburg. Bd. 1–4. Berlin 1928
[Als Erg.-Bde. unter Beibehaltung des Nebentitels u. Fortsetzung der Bandzählung:]
[5:] Bernhard Schwertfeger, Der Weltkrieg der Dokumente. Zehn Jahre Kriegsschuldforschung und ihr Ergebnis. Berlin 1929
[6:] Dokumentarium zur Vorgeschichte des Weltkrieges 1871–1914. Hrsg. v. Bernhard Schwertfeger. Berlin 1929

Zeitkalender der diplomatischen Akten des Auswärtigen Amtes 1871–1914. Synchronistische Zusammenstellung der Dokumente der Großen Aktenpublikation des Auswärtigen Amtes nach ihren Absendungsdaten. Von Bernhard Schwertfeger. Berlin 1928

Österreich-Ungarns Außenpolitik von der Bosnischen Krise 1908 bis zum Kriegsausbruch 1914. Diplomatische Aktenstücke des österrei-

chisch-ungarischen Ministeriums des Äußern. Ausgewählt von Ludwig Bittner, Alfred Francis Pribram, Heinrich Srbik und Hans Uebersberger. Bearb. von Ludwig Bittner und Hans Uebersberger. Bd. 1–9 (= Veröffentlichungen der Kommission für neuere Geschichte Österreichs 19–27). Wien/Leipzig 1930
1: ⟨1908 III 13–1909 II 26⟩
2: ⟨1909 II 27–1910 VIII 31⟩
3: ⟨1910 IX 5–1912 II 18⟩
4: ⟨1912 II 19–1912 XI 30⟩
5: ⟨1912 XII 1–1913 III 31⟩
6: ⟨1913 IV 1–1913 VII 31⟩
7: ⟨1913 VIII 1–1914 IV 30⟩
8: ⟨1914 V I–1914 VIII 1⟩
9: Personenregister

Die deutschen Dokumente zum Kriegsausbruch. Vollständige Sammlung der von Karls Kautsky zusammengestellten amtlichen Aktenstücke mit einigen Ergänzungen. Im Auftrage des Auswärtigen Amtes nach gemeinsamer Durchsicht mit Karl Kautsky hrsg. v. Max Montgelas u. Walter Schücking. Bd. 1–4. Charlottenburg 1919. – Neue . . . [3.] Ausgabe. Berlin 1927

Quellen zur Entstehung des Ersten Weltkrieges. Internationale Dokumente 1901–1914. Hrsg. v. Erwin Hölzle (=Ausgewählte Quellen zur Geschichte der Neuzeit . . . 27). Darmstadt 1978, ²1995

Julikrise und Kriegsausbruch 1914. Bearb. u. eingel. v. Imanuel Geiss. Bd. 1–2. Hannover
1: ⟨1914 VI 28–VII 25⟩. 1963, ²1976
2: ⟨1914 VII 26–VIII 4⟩. 1964

9. Quellensammlungen zur Geschichte des 20. Jahrhunderts

Dokumente der deutschen Politik und Geschichte von 1848 bis zur Gegenwart. Ein Quellenwerk für die politische Bildung und staatsbürgerliche Erziehung. Hrsg. v. Johannes Hohlfeld. Bd. 1–8. Erg.-Bd. 1 [ab Bd. 4 bearb. v. Klaus Hohlfeld]. Berlin/München [1951–56]
1: Die Reichsgründung und das Zeitalter Bismarcks 1848–1890. [1951]
2: Das Zeitalter Wilhelms II. 1890–1918. [1951]
3: Die Weimarer Republik 1919–1933. [1951]
4: Die Zeit der nationalsozialistischen Diktatur 1933–1945. Aufbau und Entwicklung 1933–1938. [1953]

5: Die Zeit der nationalsozialistischen Diktatur 1933–1945. Deutschland im zweiten Weltkrieg 1939–1945. [1953]
6: Deutschland nach dem Zusammenbruch 1945... [1952]
7,8: Das Ringen um Deutschlands Wiederaufstieg. 1–2. [1955]
 1. 1951–1952
 2. 1953–1954
[o. Bd.zählung:]
Hrsg. v. Johannes u. Klaus Hohlfeld. Kommentar. Erläuterungen und Erklärungen zu Bd. I bis VI...Bearb. v. Herbert Michaelis. [1956]

Ursachen und Folgen. Vom deutschen Zusammenbruch 1918 und 1945 bis zur staatlichen Neuordnung Deutschlands in der Gegenwart. Eine Urkunden- und Dokumentensammlung zur Zeitgeschichte. Hrsg. u. bearb. v. Herbert Michaelis und Ernst Schraepler unter Mitwirkung von Günter Scheel. Bd. 1–26 nebst Reg.-Bd. Berlin [1958–80]
 1: Die Wende des ersten Weltkrieges und der Beginn der innerpolitischen Wandlung 1916/1917. [1958]
 2: Der militärische Zusammenbruch u. d. Ende des Kaiserreiches. [1958]
 3: Der Weg in die Weimarer Republik. [1958]
 4: Die Weimarer Republik. Vertragserfüllung und innere Bedrohung 1919/1922. [1960]
 5: Die Weimarer Republik. Das kritische Jahr 1923. [1960]
 6: Die Weimarer Republik. Die Wende der Nachkriegspolitik 1924–1928. Rapallo – Dawesplan – Genf. [1961]
 7: Die Weimarer Republik. Vom Kellogg-Pakt zur Weltwirtschaftskrise 1928–30. Die innerpolitische Entwicklung. [1962]
 8: Die Weimarer Republik. Das Ende des parlamentarischen Systems. Brüning – Papen – Schleicher. 1930–1933. [1963?]
 9: Das Dritte Reich. Die Zertrümmerung des Parteienstaates und die Grundlegung der Diktatur. [1964]
 10: Das Dritte Reich. Die Errichtung des Führerstaates. Die Abwendung von dem System der kollektiven Sicherheit. [1965]
 11: Das Dritte Reich. Innere Gleichschaltung. Der Staat und die Kirchen. Antikominternpakt. Achse Rom – Berlin. Der Weg ins Großdeutsche Reich. [1966?]
 12: Das Dritte Reich. Das sudetendeutsche Problem. Das Abkommen von München und die Haltung der Großmächte. [1967]
 13: Das Dritte Reich. Auf dem Weg zum Zweiten Weltkrieg. Von der Besetzung Prags bis zum Angriff auf Polen. [1968?]
 14: ... Der Angriff auf Polen. Die Ereignisse im Winter 1939–1940. [1969]
 15: ... Die Kriegführung gegen die Westmächte 1940. Das Norwegenunternehmen. Der Frankreichfeldzug. Der Luftkrieg gegen England. [1970]

16: ... Versuche einer festländischen Koalitionsbildung gegen England. Der Dreimächtepakt. Die Vorgänge in Südosteuropa und auf dem Balkan. Der Kriegsschauplatz in Nordafrika. [1971]
17: ... Vom europäischen zum globalen Krieg. Der Angriff auf die Sowjetunion. Der Kriegsausbruch zwischen Japan und den USA. [1972]
18: ... Die Wende des Krieges. Stalingrad – Nordafrika. Die deutsche Besatzungspolitik. Wirtschaft und Rüstung. I. [1973]
19: ... Auf dem Weg in die Niederlage. Wirtschaft und Rüstung. II. Die Radikalisierung der inneren Kriegsführung. Rückzug im Osten. [1973]
20: ... Der Sturm auf die Festung Europa. I. Der Krieg zur See. Der Luftkrieg. Der Sturz Mussolinis und der Zusammenbruch Italiens. Die Erschütterung des Hitlerschen Bündnissystems. Alliierte Friedenspläne. Die Konferenz von Teheran. [1974]
21: ... Der Sturm auf die Festung Europa. II. Emigration und Widerstand. Die Invasion der Anglo-Amerikaner. Der 20. Juli 1944. Der Zusammenbruch der Mittelfront im Osten. Das polnische Problem. Der totale Kriegseinsatz. [1975]
22: ... Der Angriff auf die deutschen Grenzen. Der Abfall der Bundesgenossen. Die Ardennen-Offensive. Die Konferenz von Jalta. Der Einbruch der Gegner in das Reich. [1975]
23: ... Der militärische Zusammenbruch und das Ende des Dritten Reiches. Der Selbstmord Hitlers. Das Kabinett Dönitz. Die Kapitulation. Die Anfänge der Besatzungspolitik. Die Potsdamer Konferenz. Die Niederlage Japans. [1976]
24: Deutschland unter dem Besatzungsregime. Die Viermächteverwaltung – Schuld und Sühne: Die Kriegsverbrecherprozesse – Die Vertreibung aus den Ostgebieten. [1977]
25: Der Zerfall der alliierten Koalition. Die Errichtung der Bizone – Diskussionen über die Frage der deutschen Einheit – Französische Saarpolitik – Die Stabilisierung des SED-Regimes in der sowjetischen Besatzungszone – Der Fehlschlag der Vier-Mächte-Verwaltung. [1977]
26: Die staatliche Neugestaltung Deutschlands. Die Berliner Blockade – Die Errichtung der Bundesrepublik Deutschland – Das Grundgesetz der Bundesrepublik Deutschland – Die Gründung der Deutschen Demokratischen Republik. [1978]
Biographisches Register. Teil 1. A–K. Teil 2. L–Z. [1979–80]

Dokumente der deutschen Politik. Hrsg. v. Paul Meier-Benneckenstein [Bd. 7 u. 8 v. Franz Alfred Six]. Bd. 1–9,1. ⟨1933–1941⟩. Berlin 1935–44 [einzelne Bde. in Neuaufl.]

Gerd **Rühle,** Das Dritte Reich. Dokumentarische Darstellung des Aufbaues der Nation mit Unterstützung des Deutschen Reichsarchivs.

[Bd. 1–6 ⟨1933–1938⟩; Erg.-Bd. ⟨1918–1933⟩.] Berlin [1933–39]
[Fortsetzung:]
Gerd **Rühle,** Das Großdeutsche Reich (früher: Das Dritte Reich). Dokumentarische Darstellung des Aufbaus der Nation. [Erg.-Bd.:] Die österreichischen Kampfjahre. 1918–1938. Berlin [1940]
Weltgeschichte der Gegenwart in Dokumenten. Hrsg. v. Michael Freund [Bd. 1 u. 2; und] Werner Frauendienst [Bd. 3–5]. Bd. 1–5. 1936–44
  [1:] 1934/35. Teil 1. Internationale Politik. Bearb. v. Michael Freund. Essen 1936, ³1944
  [2:] 1934/35. Teil 2. Staatsform und Wirtschaft der Nationen. Bearb. v. Michael Freund. Berlin/Essen/Leipzig 1937, ³1944
  3: 1935/36. Internationale Politik. Hrsg. v. Werner Frauendienst. Berlin/Essen/Leipzig 1937, ³1944
  4: 1936/37. Internationale Politik. Hrsg. v. Werner Frauendienst. Essen 1938, ⁴1944
  5: 1937/38. Internationale Politik. Hrsg. v. Werner Frauendienst. Essen 1940, ³1944
[Für 1938–1939 fortgesetzt unter dem Titel:]
Weltgeschichte der Gegenwart. Geschichte des Zweiten Weltkrieges in Dokumenten. Hrsg. v. Michael Freund. Freiburg/München 1953–56
  1: Geschichte des Zweiten Weltkrieges in Dokumenten. Der Weg zum Kriege 1938–1939. 1953
  2: Geschichte . . . An der Schwelle des Krieges 1939. 1955, ²1958
  3: Geschichte . . . Der Ausbruch des Krieges 1939. 1956, ²1958

10. Quellen und amtliche Darstellungen zur Geschichte des Ersten Weltkriegs

Das Werk des Untersuchungsausschusses [WUA] der Verfassunggebenden Deutschen Nationalversammlung und des Deutschen Reichstags 1919–1930. Verhandlungen, Gutachten, Urkunden. Im Auftrage des Reichstages unter Mitwirkung v. Eugen Fischer, Berthold Widmann, Walter Bloch hrsg. v. Walter Schücking, Johannes Bell, Georg Gradnauer, Rudolf Breitscheid, Albrecht Philipp. Reihe 1–4. Berlin

Reihe 1. Die Vorgeschichte des Weltkrieges. Im Auftrage des Ersten Untersuchungsausschusses unter Mitwirkung v. Eugen Fischer hrsg. v. Georg Gradnauer u. Rudolf Breitscheid [Bd. 10, 11 hrsg. v. Clara Bohm-Schuch]. Bd. 5, 10, 11 [mehr nicht erschienen]
  [1:] Stenographische Berichte über die öffentlichen Verhandlungen des Untersuchungsausschusses. 15. Ausschuß. [Hrsg. v.] Die deutsche Nationalversammlung im Jahre 1919. 1919

[Beilagen 1–2:] Beilagen zu den Stenographischen Berichten über die öffentlichen Verhandlungen des Untersuchungsausschusses. 1. Unterausschuß. Beilage: Zur Vorgeschichte des Weltkrieges [Heft 1]. Schriftliche Auskünfte deutscher Staatsmänner. [Hrsg. v.] Die Deutsche Nationalversammlung im Jahre 1919/20. 1920. – Beilagen ... 1. Unterausschuß. Zur Vorgeschichte des Weltkrieges. Heft 2: Militärische Rüstungen und Mobilmachungen. [Hrsg. v. der Deutschen Nationalversammlung.] 1921

5,1–2: Deutschland auf den Haager Friedenskonferenzen. 1929
1. Entschließung und Verhandlungsbericht.
2. Gutachten der Sachverständigen Wehberg, Graf Montgelas, Zorn, Kriege, Thimme.

10: Gutachten des Sachverständigen Dr. Roderich Gooß – Das österreichisch-serbische Problem bis zur Kriegserklärung Österreich-Ungarns an Serbien, 28. Juli 1914 – und des Sachverständigen Hermann Wendel – Die Habsburger und die Südslawenfrage. 1930

11: Gutachten des Sachverständigen Hermann Lutz – Die europäische Politik in der Julikrise 1914. 1930
[Nachträglich außerhalb der Reihe erschienen: Hermann Kantorowicz, Gutachten zur Kriegsschuldfrage. Aus dem Nachlaß hrsg. u. eingel. v. Imanuel Geiss. Frankfurt 1967]

Reihe 2. Friedensmöglichkeiten während des Weltkrieges.
[Davon nur erschienen:]
[Sonderband:] Beilagen zu den Stenographischen Berichten über die öffentlichen Verhandlungen des Untersuchungsausschusses. Bericht des zweiten Unterausschusses des Untersuchungsausschusses über die Friedensaktion Wilsons 1916/17. [Hrsg. v.] Die Deutsche Nationalversammlung im Jahre 1919/20. 1920
[Außerhalb der Reihe erschienen:]
[1:] Die Verhandlungen des 2. Unterausschusses des Parlamentarischen Untersuchungsausschusses über die päpstliche Friedensaktion von 1917. Aufzeichnungen und Vernehmungsprotokolle. Bearb. u. hrsg. v. Wolfgang Steglich. Wiesbaden 1974
Quellen zur Geschichte des Parlamentarismus und der politischen Parteien. Erste Reihe. Bd. 8: Der Friede von Brest-Litowsk. Ein unveröffentlichter Band aus dem Werk des Untersuchungsausschusses der Deutschen Verfassunggebenden

Nationalversammlung und des Deutschen Reichstages. Bearb. v. Werner Hahlweg. Düsseldorf 1971 [dort S. 707–714 Nachweis der unveröffentlichten Bände dieser Reihe]

Reihe 3. Das Völkerrecht im Weltkrieg. Im Auftrage des Dritten Untersuchungsausschusses unter Mitwirkung v. Eugen Fischer u. Berthold Widmann hrsg. v. Johannes Bell. Bd. 1–4. 1927
- 1: Einleitung. Tafeln. Die Einführung der Haager Landkriegsordnung beim deutschen Heer. Die Zerstörungen in Nordfrankreich anläßlich der Rückzüge des deutschen Heeres in den Jahren 1917 und 1918. Die Verschleppung von Bewohnern Elsaß-Lothringens nach Frankreich. Die Zwangsüberführung belgischer Arbeiter nach Deutschland.
- 2: Die Verletzung der Neutralität Griechenlands. Der belgische Volkskrieg. Verletzungen des Genfer Abkommens. Verletzungen des X. Haager Abkommens.
- 3,1–2: Verletzungen des Kriegsgefangenenrechts
- 4: Der Gaskrieg. Der Luftkrieg. Der Unterseebootkrieg. Der Wirtschaftskrieg

Reihe 4. Die Ursachen des deutschen Zusammenbruchs im Jahre 1918. Vierte Reihe im Werk des Untersuchungsausschusses. Unter Mitwirkung v. Eugen Fischer, Walter Bloch im Auftrage des Vierten Unterausschusses hrsg. v. Albrecht Philipp. Bd. 1–12. 1925–29

[1. Abteilung. Der militärische Zusammenbruch. Bd. 1–3]
- 1: Entschließungen des 4. Unterausschusses und Verhandlungsbericht. 1925
- 2: Gutachten des Sachverständigen Oberst a. D. Bernhard Schwertfeger. 1925
- 3: Gutachten der Sachverständigen General d. Inf. a. D. von Kuhl u. Geheimrat Prof. Dr. H. Delbrück. 1925

[2. Abteilung. Der innere Zusammenbruch. Bd. 4–12]
- 4: Entschließung und Verhandlungsbericht: Die allgemeinen Ursachen und Hergänge des inneren Zusammenbruchs. 1. Teil. 1928
- 5: Verhandlungsbericht: Die allgemeinen Ursachen und Hergänge des inneren Zusammenbruchs. 2. Teil. 1928
- 6: Gutachten der Sachverständigen von Kuhl, Schwertfeger, Delbrück, Katzenstein, Herz, Volkmann zur »Dolchstoß«-Frage. 1928
- 7,1: Entschließung und Verhandlungsbericht: »Der Deutsche Reichstag im Weltkrieg«. 1928
- 7,2: Verhandlungsbericht: »Der Deutsche Reichstag im Weltkrieg«. 1928

8: Gutachten des Sachverständigen Prof. D. Dr. Dr. [Joh. Viktor] Bredt, M. d. R. Der Deutsche Reichstag im Weltkrieg. 1926
9,1: Entschließung und Verhandlungsbericht: Marine und Zusammenbruch. 1928
9,2: Verhandlungsbericht: Marine und Zusammenbruch. 1928
10,1: Gutachten der Sachverständigen Alboldt, Stumpf, v. Trotha zu den Marinevorgängen 1917 und 1918. 1928
10,2: Tagebuch des Matrosen Richard Stumpf. 1928
11,1: Gutachten des Sachverständigen Dr. Hobohm: Soziale Heeresmißstände als Teilursache des deutschen Zusammenbruchs von 1918. 1929
11,2: Gutachten des Sachverständigen Volkmann: Soziale Heeresmißstände als Mitursache des deutschen Zusammenbruchs von 1918. 1929
12,1: Gutachten des Sachverständigen Volkmann: Die Annexionsfragen des Weltkrieges. 1929
[12,2 nicht mehr erschienen; sollte Hobohms Annexionsgutachten (gegen die Alldeutschen) bringen.]
[Schema der Reihe:
1. Militärischer Zusammenbruch: = 1–3
2. Innerer Zusammenbruch = 4–12
   4–6: Allgemeine Ursachen und Hergänge
   7–8: Reichstag
   9–10: Marine
   11: Soziale Heeresmißstände
   12: Annexionsfragen]

L'Allemagne et les problèmes de la paix pendant la première guerre mondiale. Documents extraits des archives de l'Office allemand des Affaires étrangères. Hrsg. v. André Scherer u. Jacques Grunewald. Bd. 1–4 (= Publications de la Faculté des Lettres et Sciences Humaines de Paris. Série »Textes et Documents«, 3, 14, 26, 27). Paris 1962–78
1: Des origines à la déclaration de la guerre sous-marine à outrance ⟨1914 VIII–1917 I 31⟩. 1962
2: De la guerre sous-marine à outrance à la révolution soviétique ⟨1917 I 2 – XI 7⟩. 1966
3: De la révolution soviétique à la paix de Brest-Litovsk ⟨1917 XI 9 – 1918 III 3⟩. 1976
4: De la paix de Brest-Litovsk à la demande d'armistice ⟨1918 III 4 – 1918 X 4⟩. 1978
[Vgl. auch unten besonders S. 249–250]

Der Weltkrieg 1914 bis 1918. Bearb. im Reichsarchiv [Bd. 10: Im Auftrage des Reichskriegsministeriums bearb. u. hrsg. v. d. Forschungsanstalt f. Kriegs- und Heeresgeschichte. – Bd. 11: Im Auftrage des Reichskriegsministeriums bearb. u. hrsg. v. d. Kriegsgeschichtlichen Forschungsanstalt des Heeres. – Bd. 12–14 nebst Beilagen zum 14. Bd.: Im Auftrage des Oberkommandos des Heeres bearb. v. d. Kriegsgeschichtlichen Forschungsanstalt des Heeres]. Die militärischen Operationen zu Lande. Bd. 1–14. Berlin 1925–44

1: Die Grenzschlachten im Westen. 1925
2: Die Befreiung Ostpreußens. 1925
3: Der Marne-Feldzug. Von der Sambre zur Marne. 1926
4: Der Marne-Feldzug. Die Schlacht. 1926
5: Der Herbst-Feldzug 1914. Im Westen bis zum Stellungskrieg. Im Osten bis zum Rückzug. 1929
6: Der Herbst-Feldzug 1914. Der Abschluß der Operationen im Westen und Osten. 1929
7: Die Operationen des Jahres 1915. Die Ereignisse im Winter und Frühjahr. 1931
8: Die Operationen des Jahres 1915. Die Ereignisse im Westen im Frühjahr und Sommer, im Osten vom Frühjahr bis zum Jahresschluß. 1932
9: Die Operationen des Jahres 1915. Die Ereignisse im Westen und auf dem Balkan vom Sommer bis zum Jahresschluß. 1933
10: Die Operationen des Jahres 1916 bis zum Wechsel in der Obersten Heeresleitung. 1936
11: Die Kriegführung im Herbst und im Winter 1916/17. Vom Wechsel in der Obersten Heeresleitung bis zum Entschluß zum Rückzug in die Siegfried-Stellung. 1938
12: Die Kriegführung im Frühjahr 1917. 1939
13: Die Kriegführung im Sommer und Herbst 1917. Die Ereignisse außerhalb der Westfront bis November 1918. 1944 [Neudr. m. Einleitung v. Bundesarchiv. Koblenz 1956. – Karten nur im Schwarz-Weiß-Druck]
14: Die Kriegführung an der Westfront im Jahre 1918. 1944 [Neudr. m. Einleitung v. Bundesarchiv. Koblenz 1956. – Karten nur im Schwarz-Weiß-Druck]
Beilagen zum 14. Bde. 1944 [Neudr. v. Bundesarchiv. Koblenz 1956. – Karten nur im Schwarz-Weiß-Druck]
[Nebenbände]
Das deutsche Feldeisenbahnwesen. Bd. 1: Die Eisenbahnen zu Kriegsbeginn. 1928 [mehr nicht erschienen]
Kriegsrüstung und Kriegswirtschaft. Bd. 1: Die militärische, wirtschaftliche und finanzielle Rüstung Deutschlands von der Reichsgründung bis zum Ausbruch des Weltkrieges. 1930
Anlagen zum 1. Bd. 1930 [mehr nicht erschienen]

Der Krieg zur See 1914–1918. [Abt. I–VII.] Hrsg. v. Marine-Archiv [I 6., IV 3., V 2. Hrsg. v. d. Kriegswissenschaftl. Abt. (zugleich Forschungsanstalt) der Marine. – I 7., II 3. Hrsg. in Verb. mit dem Bundesarchiv/Militärarchiv v. Arbeitskreis für Wehrforschung. – III 5. Hrsg. in Verb. mit dem Bundesarchiv/Militärarchiv v. Arbeitskreis für Wehrforschung durch Walther Hubatsch]. Verantwortlicher Leiter der Bearbeitung: E. v. Mantey [I 6., III 3., IV 3., V 2., VI: Kurt Aßmann]

[I] Der Krieg in der Nordsee. Bd. 1–7. Bearb. v. O. Groos [Bd. 6 u. 7 v. Walter Gladisch]
  1: Von Kriegsbeginn bis Anfang September 1914. Berlin 1920
  2: Von Anfang September bis November 1914. Berlin 1922
  3: Von Ende November 1914 bis Anfang Februar 1915. Berlin 1923
  4: Von Anfang Februar bis Ende Dezember 1915. Berlin 1924
  5: Von Januar bis Juni 1916. Textbd. u. Kartenbd. Berlin 1925
  6: Von Juni 1916 bis Frühjahr 1917. Berlin 1937
  7: Vom Sommer 1917 bis zum Kriegsende 1918. Frankfurt/M 1965

[II] Der Krieg in der Ostsee. Bd. 1–3
  1: Von Kriegsbeginn bis Mitte März 1915. Bearb. v. Rudolph Firle. Berlin 1921
  2: Das Kriegsjahr 1915. Bearb. v. Heinrich Rollmann. Berlin 1929
  3: Von Anfang 1916 bis zum Kriegsende. Bearb. v. Ernst Frhr. v. Gagern. Frankfurt/M 1964

[III] Der Handelskrieg mit U-Booten. Bd. 1–5. Bearb. v. Arno Spindler
  1: Vorgeschichte. Berlin 1932
  2: Februar bis September 1915. Berlin 1933
  3: Oktober 1915 bis Januar 1917. Berlin 1934
  4: Februar bis Dezember 1917. Berlin 1941 [Neudr. mit Vorwort v. E. Wildhagen. Frankfurt/M 1964]
  5: Januar bis November 1918. Frankfurt/M 1966

[IV] Der Kreuzerkrieg in den ausländischen Gewässern. Bd. 1–3. Bearb. v. Erich Raeder [Bd. 3 v. E. v. Mantey]
  1: Das Kreuzergeschwader. Berlin 1922, ^{2}1927
  2: Die Tätigkeit der Kleinen Kreuzer »Emden«. »Königsberg« und »Karlsruhe«. Mit einem Anhang: Die Kriegsfahrt des Kleinen Kreuzers »Geier«. Berlin 1923
  3: Die deutschen Hilfskreuzer. Berlin 1937

[V] Der Krieg in den türkischen Gewässern. Bd. 1–2. Bearb. v. Hermann Lorey
  1: Die Mittelmeer-Division. Berlin 1928
  2: Der Kampf um die Meerengen. Berlin 1938

[VI] Die Kämpfe der Kaiserlichen Marine in den Deutschen Kolonien. Erster Teil: Tsingtau. Zweiter Teil: Deutsch-Ostafrika. Berlin 1935
[VII] Die Überwasserstreitkräfte und ihre Technik. Bearb. v. Paul Köppen. Berlin 1930

Bibliographie
DW 394/1–1084

11. Quellen zur Geschichte der Zwischenkriegszeit

Akten zur deutschen auswärtigen Politik 1918–1945 [ADAP]. Serie A–E. 1950–95
Serie A: ⟨1918–1925 XI 30⟩
Serie B: ⟨1925 XII 1 – 1933 I 29⟩
Serie C: ⟨1933 I 30 – 1937 XI 14⟩
Serie D: ⟨1937 IX 1 – 1941 XII 11⟩
Serie E: ⟨1941 XII 12 – 1945 V 8⟩

Serie A. Bd. 1–14. Göttingen
 1: ⟨1918 XI 9 – 1919 V 5⟩. 1982
 2: ⟨1919 V 7 – XII 31⟩. 1984
 3: ⟨1920 I 1 – IX 30⟩. 1985
 4: ⟨1920 X 1 – 1921 IV 30⟩. 1986
 5: ⟨1921 V 1 – 1922 II 28⟩. 1987
 6: ⟨1922 III 1 – XII 31⟩. 1988
 7: ⟨1923 I 1 – V 31⟩. 1989
 8: ⟨1923 VI 1 – XI 15⟩. 1990
 9: ⟨1923 XI 16 – 1924 IV 6⟩. 1991
10: ⟨1924 IV 7 – VIII 4⟩. 1992
11: ⟨1924 VIII 5 – XII 31⟩. 1993
12: ⟨1925 I 1 – IV 25⟩. 1994
13: ⟨1925 IV 27 – VIII 13⟩. 1995
14: ⟨1925 VIII 14 – XI 30⟩. 1995

Serie B. Bd. 1–21. Göttingen
 1,1: Deutschlands Beziehungen zu Frankreich, Großbritannien, Belgien sowie deutsche Entwaffnung, Reparationen, Völkerbund und internationale Abrüstung ⟨1925 XII 1 – 1926 VII 31⟩. 1966
 1,2: [Dass.] ⟨1926 VIII–XII⟩. 1968

2,1: Deutschlands Beziehungen zur Sowjet-Union, zu Polen, Danzig und den baltischen Staaten ⟨1925 XII 3 – 1926 VI 5⟩. 1967
2,2: [Dass.] ⟨1926 VI 8 – XII 31⟩. 1967
3: Deutschlands Beziehungen zu Süd- und Südosteuropa, Skandinavien, den Niederlanden und zu den außereuropäischen Staaten ⟨1925 XII 2 – 1926 XII 29⟩. 1968
4: ⟨1927 I 1 – III 16⟩. 1970
5: ⟨1927 III 17 – VI 30⟩. 1972
6: ⟨1927 VII 1 – IX 30⟩. 1974
7: ⟨1927 X 1 – XII 31⟩. 1974
8: ⟨1928 I 1 – IV 30⟩. 1976
9: ⟨1928 V 1 – VIII 30⟩. 1976
10: ⟨1928 IX 1 – XII 31⟩. 1977
11: ⟨1929 I 1 – V 31⟩. 1978
12: ⟨1929 VI 1 – IX 2⟩. 1978
13: ⟨1929 IX 3 – XII 31⟩. 1979
14: ⟨1930 I 1 – IV 30⟩. 1980
15: ⟨1930 V 1 – IX 30⟩. 1980
16: ⟨1930 X 1 – 1931 II 28⟩. 1981
17: ⟨1931 III 1 – VI 30⟩. 1982
18: ⟨1931 VII 1 – X 15⟩. 1982
19: ⟨1931 X 16 – 1932 II 29⟩. 1983
20: ⟨1932 III 1 – VIII 15⟩. 1983
21: ⟨1932 VIII 16 – 1933 I 29⟩. 1983

Serie C. Das Dritte Reich: Die ersten Jahre. Bd. 1–6. Göttingen
1,1: ⟨1933 I 30 – V 15⟩. 1971
1,2: ⟨1933 V 16 – X 14⟩. 1971
2,1: ⟨1933 X 14 – 1934 I 31⟩. 1973
2,2: ⟨1934 II 1 – VI 13⟩. 1973
3,1: ⟨1934 VI 14 – X 31⟩. 1973
3,2: ⟨1934 XI 1 – 1935 III 30⟩. 1973
4,1: ⟨1935 IV 1 – IX 13⟩. 1975
4,2: ⟨1935 IX 16 – 1936 III 4⟩. 1975
5,1: ⟨1936 III 5 – V 25⟩. 1977
5,2: ⟨1936 V 26 – X 31⟩. 1977
6,1: ⟨1936 XI 1 – 1937 III 15⟩. 1981
6,2: ⟨1937 III 16 – XI 14⟩. 1981
[Auch in englischer Übersetzung erschienen:]
Series C. Documents on German Foreign Policy [DGFP] 1918–1945.
Series C. The Third Reich. First Phase. Bd. 1–6. London 1957–1983 [zugleich Washington]

Serie D. Bd. 1–13
1: Von Neurath zu Ribbentrop ⟨1937 IX – 1938 IX⟩. Baden-Baden 1950

2: Deutschland und die Tschechoslowakei (1937–1938). Baden-Baden 1950
3: Deutschland und der spanische Bürgerkrieg (1936–1939). Baden-Baden 1951
4: Die Nachwirkungen von München ⟨1938 X – 1939 III⟩. Baden-Baden 1951
5: Polen, Südosteuropa, Lateinamerika, Klein- und Mittelstaaten ⟨1937 VI – 1939 III⟩. Baden-Baden 1953
6: Die letzten Monate vor Kriegsausbruch ⟨1939 III – VIII⟩. Baden-Baden 1956
7: Die letzten Wochen vor Kriegsausbruch ⟨1939 VIII 9 – IX 3⟩. Baden-Baden 1956
8: Die Kriegsjahre. Bd. 1–6
  1. ⟨1939 IX 4 – 1940 III 18⟩ Baden-Baden/Frankfurt/M 1961
9: Die Kriegsjahre.
  2. ⟨1940 III 18 – VI 22⟩. Frankfurt/M 1962
10: Die Kriegsjahre.
  3. ⟨1940 VI 23 – VIII 31⟩. Frankfurt/M 1963
11: Die Kriegsjahre.
  4,1. ⟨1940 IX 1 – XI 13⟩. Bonn 1964
  4,2. ⟨1940 XI 13 – 1941 I 31⟩. Bonn 1964
12: Die Kriegsjahre.
  5,1. ⟨1941 II 1 – IV 5⟩. Göttingen 1969
  5,2. ⟨1941 IV 6 – VI 22⟩. Göttingen 1969
13: Die Kriegsjahre.
  6,1. ⟨1941 VI 23 – IX 14⟩. Göttingen 1970
  6,2. ⟨1941 IX 15 – XII 11⟩. Göttingen 1970

[Erg.-Bd.:] Personenverzeichnis für die Bände I–VII (Juli 1936–September 1939). 1991
[Auch in englischer Übersetzung erschienen:]
Series D. Documents on German Foreign Policy [DGFP] 1918–1945 ... Series D (1937–1945). Bd. 1–13. London [zugleich Washington] 1949–64

Serie E. Bd. 1–8. Göttingen
1: ⟨1941 XII 12 – 1942 II 28⟩. 1969
2: ⟨1942 III 1 – VI 15⟩. 1972
3: ⟨1942 VI 16 – IX 30⟩. 1974
4: ⟨1942 X 1 – XII 31⟩. 1975
5: ⟨1943 I 1 – IV 30⟩. 1978
6: ⟨1943 V 1 – IX 30⟩. 1979
7: ⟨1943 X 1 – 1944 IV 30⟩. 1979
8: ⟨1944 V 1 – 1945 V 8⟩. 1979
[Erg.-Bd.:] Ergänzungsband zu den Serien A–E. Gesamtpersonenverzeichnis, Portraitphotos und Daten zur Dienstverwendung, Anhänge. 1995

Bibliographie
German Foreign Policy 1918–1945. A Guide to Research and Research Materials. Zus.gest. u. hrsg. v. Christoph M. Kimmich (= Guides to European Diplomatic History. Research a. Research Materials). Wilmington, Del. 1981, ²1991

Quellen zur Geschichte der Rätebewegung in Deutschland 1918/19. Hrsg. vom Internationaal Instituut voor Sociale Geschiedenis Amsterdam und von der Kommission für Geschichte des Parlamentarismus und der politischen Parteien Bonn. Bd. 1–
1: Der Zentralrat der deutschen sozialistischen Republik ⟨1918 XII 12 – 1919 IV 8⟩. Vom ersten zum zweiten Rätekongreß. Bearb. v. Eberhard Kolb unter Mitwirkung von Reinhard Rürup. Leiden 1968
2: Regionale und lokale Räteorganisation in Württemberg. Bearb. v. Eberhard Kolb u. Klaus Schönhoven. Düsseldorf 1976
3: Arbeiter-, Soldaten- und Volksräte in Baden 1918/19. Bearb. v. Peter Brandt u. Reinhard Rürup. Düsseldorf 1980

Akten der Reichskanzlei [AdR]. Weimarer Republik. Hrsg. für die Historische Kommission bei der Bayerischen Akademie der Wissenschaften v. Karl Dietrich Erdmann, für das Bundesarchiv v. Hans Booms. [Ohne Band- oder Abteilungszählung: Bd. 1–22. Boppard 1968–90
Das Kabinett Scheidemann ⟨1919 II 13 – VI 20⟩. Bearb. v. Hagen Schulze. 1971
Das Kabinett Bauer ⟨1919 VI 21 – 1920 III 27⟩. Bearb. v. Anton Golecki. 1980
Das Kabinett Müller I ⟨1920 III 27 – VI 21⟩. Bearb. v. Martin Vogt. 1971
Das Kabinett Fehrenbach ⟨1920 VI 25 – 1921 V 4⟩. Bearb. v. Peter Wulf. 1972
Die Kabinette Wirth I und II ⟨1921 V 10 – X 26; 1921 X 26 – 1922 XI 22⟩. Bearb. v. Ingrid Schulze-Bidlingmaier. Bd. 1–2. 1973
Das Kabinett Cuno ⟨1922 XI 22 – 1923 VIII 12⟩. Bearb. v. Karl-Heinz Harbeck. 1968
Die Kabinette Stresemann I und II ⟨1923 VIII 13 – X 6; 1923 X 6 – XI 30⟩. Bearb. v. Karl Dietrich Erdmann u. Martin Vogt. Bd. 1–2. 1978
Die Kabinette Marx I und II ⟨1923 XI 30 – 1924 VI 3; 1924 VI 3 – 1925 I 15⟩. Bearb. v. Günter Abramowski. Bd. 1–2. 1973
Die Kabinette Luther I und II ⟨1925 I 15 – 1926 I 20; 1926 I 20 – V 17⟩. Bearb. v. Karl-Heinz Minuth. Bd. 1–2. 1977
Die Kabinette Marx III und IV ⟨1926 V 17 – 1927 I 29; 1927 I 29 – 1928 VI 29⟩. Bearb. v. Günter Abramowski. Bd. 1–2. 1988
Das Kabinett Müller II ⟨1928 VI 28 – 1930 III 27⟩. Bearb. v. Martin Vogt. Bd. 1–2. 1970

Die Kabinette Brüning I und II ⟨1930 III 30 – 1931 X 10; 1931 X 10 – 1932 V 30⟩. Bearb. v. Tilman Koops. Bd. 1–2. 1982–90

Das Kabinett von Papen ⟨1932 VI 1 – XII 3⟩. Bearb. v. Karl-Heinz Minuth. Bd. 1–2. 1989

Das Kabinett von Schleicher ⟨1932 XII 3 – 1933 I 30⟩. Bearb. v. Anton Golecki. 1986

Akten der Reichskanzlei [AdR]. Regierung Hitler 1933–1945 [Bd. 1 ... – 1938]. Hrsg. f. d. Hist. Komm. bei d. Bayer. Akad. d. Wiss. v. Hans Günter Hockerts [Bd. 1 v. Konrad Repgen], f. d. Bundesarchiv von Hartmut Weber [Bd. 1 v. Hans Booms; Bd. 2 v. Friedrich P. Kahlenberg]. Bd. 1–

1,1–2: ⟨1933 I 30–1934 VIII 27⟩. Bearb. v. Karl-Heinz Minuth. Boppard a.Rh. 1983
2,1–2: ⟨1934 VIII–1935 XII⟩. Bearb. v. Friedrich Hartmannsgruber. München 1999
3: ⟨1936⟩. Bearb. v. Friedrich Hartmannsgruber. 2002

Protokolle des Ministerrates der Ersten Republik 1918–1938. Hrsg. v. Rudolf Neck u. Adam Wandruszka [1986 ff. v. Isabella Ackerl u. Rudolf Neck]. Abt. I–IX. Wien

Abt. I.   Kabinett Renner I–III ⟨1918 X 30 – 1920 VII 7⟩. [Geplant 3 Bde.]
Abt. II.   Kabinett Mayr I und II, Schober I, Breisky und Schober II ⟨1920 VII 7 – 1922 V 31⟩. [Geplant 3 Bde.]
Abt. III.   Kabinett Seipel I und II/III ⟨1922 V 31 – 1924 XI 20⟩. [Geplant 4 Bde.]
Abt. IV.   Kabinett Ramek I und II ⟨1924 XI 20 – 1926 X 20⟩. Bd. 1–(2). 1991–(98) [Geplant 3 Bde.]
Abt. V.   Kabinett Seipel IV ⟨1926 X 20 – 1929 V 4⟩. Bearb. v. Eszter Dorner-Brader. Bd. 1–2. 1983–86
Abt. VI.   Kabinett Streeruwitz, Schober III und Vaugoin ⟨1929 V 4 – 1930 XII 4⟩. Bearb. v. Eszter Dorner-Brader. Bd. 1– . 1988– [Geplant 3 Bde.]
Abt. VII.   Kabinett Ender, Buresch I und II ⟨1930 XII 4 – 1932 V 20⟩. [Geplant 3 Bde.]
Abt. VIII. Kabinett Dollfuß I und II ⟨1932 V 20 – 1934 VII 25⟩. Bearb. v. Gertrude Enderle-Burcel. Bd. 1–7. 1980–86
Abt. IX.   Kabinett Schuschnigg I–IV ⟨1934 VII 25 – 1938 III 11⟩. Bearb. v. Gertrude Enderle-Burcel. Bd. 1–(5). 1988–(2000) [Geplant 8 Bde.]

[Adolf] **Hitler,** Reden, Schriften, Anordnungen. Februar 1925 bis Januar 1933. Hrsg. v. Institut für Zeitgeschichte. Bd. 1– [geplant ca. 10 Bde.]. München [u. a.] 1992–

1: Die Wiedergründung der NSDAP ⟨1925 II – 1926 VI⟩. Hrsg. u. kommentiert v. Clemens Vollnhals. 1992
2,1–2: Vom Weimarer Parteitag bis zur Reichstagswahl. Teil 1–2 ⟨1926 VII – 1928 V⟩. Hrsg. u. kommentiert v. Bärbel Dusik. 1992
2 A: Außenpolitische Standortbestimmung nach der Reichstagswahl ⟨1928 VI–VII⟩. Hrsg. u. kommentiert v. Gerhard L. Weinberg [u. a.]. 1995 [überarb. Fassung von ›Hitlers zweites Buch‹. Stuttgart 1961].
3,1–3: Zwischen den Reichstagswahlen. Teil 1–3 ⟨1928 VII–1930 IX⟩. Hrsg. u. kommentiert v. Bärbel Dusik [Teil 1], Klaus A. Lankheit [Teil 2], Christian Hartmann [Teil 3]. 1994–95
4,1–3: Von der Reichstagswahl bis zur Reichspräsidentenwahl. Teil 1–3 ⟨1930 X–1932 III⟩. Hrsg. u. kommentiert v. Constantin Goschler [Teil 1], Christian Hartmann [Teile 2–3]. 1994–97
5,1–2: Von der Reichspräsidentenwahl bis zur Machtergreifung ⟨1932 IV–1933 I⟩. Hrsg. u. kommentiert v. Klaus A. Lankheit [Teil 1], Christian Hartmann u. Klaus A. Lankheit [Teil 2]. 1996–98
Erg.-Bd.: Der Hitler-Prozeß 1924. Wortlaut der Hauptverhandlung vor dem Volksgericht München I. Teil 1–4. Hrsg. u. kommentiert v. Lothar Gruchmann [u. a.]. 1997–99
Reg.-Bd. [für 2003 angekündigt]

Max **Domarus**, Hitler. Reden und Proklamationen 1932–1945. Kommentiert v. einem deutschen Zeitgenossen. Bd. 1–2. Würzburg 1962–63 [Neuausg. in 4 Bden. Leonberg 1988]

Joseph **Goebbels**, Die Tagebücher. Teil 1–2. Im Auftrag des Instituts für Zeitgeschichte . . . hrsg. v. Elke Fröhlich. München [u. a.]
Teil 1. Aufzeichnungen 1923–1941. [bisher erschienen Bd. 3–9 1998–2001]
Teil 2. Diktate 1941–1945. Bd. 1–15. 1993–96

Bibliographie
DW 395/1–920 [Weimar]; DW 397/1–498 [Nat. soz. 1933–39]; Michael Ruck, Bibliographie zum Nationalsozialismus. Köln 1995, ³2000

12. Quellen und Darstellungen zur Geschichte der Kirche 1933–45

Veröffentlichungen der Kommission für Zeitgeschichte bei der Katholischen Akademie in Bayern. In Verbindung mit Hans Günter Hockerts, Rudolf Morsey, Norbert Trippen hrsg. v. Ulrich von Hehl. Reihe A. Quellen. Bd. 1–(48). Mainz [seit 1994 Paderborn (u. a.)] 1965–(2002)

Actes et documents du Saint Siège relatifs à la seconde guerre mondiale. Hrsg. v. Pierre Blet, Angelo Martini, Robert A. Graham, Burkhart Schneider. Bd. 1–11. Vatikanstadt 1965–81.

1: Le Saint Siège et la guerre en Europe. Mars 1939 – août 1940. 1965
2: Lettres de Pie XII aux évêques allemands. 1939–1944. 1966
3,1–2: Le Saint Siège et la situation religieuse en Pologne et dans les Pays Baltes. 1939–1945. – Première partie: 1939–1941. – Deuxième partie: 1942–1945. 1967
4: Le Saint Siège et la guerre en Europe. Juin 1940 – juin 1941. 1967
5: Le Saint Siège et la guerre mondiale. Juillet 1941 – octobre 1942. 1969
6: Le Saint Siège et les victimes de la guerre. Mars 1939 – décembre 1940. 1972
7: Le Saint Siège et la guerre mondiale. Novembre 1942 – décembre 1943. 1973
8: Le Saint Siège et les victimes de la guerre. Janvier 1941 – décembre 1942. 1974
9: Le Saint Siège et les victimes de la guerre. Janvier – décembre 1943. 1975
10: Le Saint Siège ... Janvier 1944 – juillet 1945. 1980
11: Le Saint Siège et la guerre mondiale. Janvier 1944 – mai 1945. 1981.

Arbeiten zur Geschichte des Kirchenkampfes. Begr. v. Kurt Dietrich Schmidt. Hrsg. ... v. Heinz Brunotte und Ernst Wolf. Bd. 1–29, 30 [Reg.-Bd.], Erg.-Bd. 1–15 [Bd 1: Bibliographie]. Göttingen 1958–90

Bibliographie
DW 397/171–216 u. 318–324

13. Quellen zur Geschichte des Zweiten Weltkriegs

Kriegstagebuch des Oberkommandos der Wehrmacht (Wehrmachtführungsstab) 1940–1945. Geführt von Helmut Greiner und Percy Ernst Schramm. Im Auftrag des Arbeitskreises für Wehrforschung hrsg. v. Percy Ernst Schramm. Bd. 1–4, Nachtrag. Frankfurt/M 1961–79 [Studienausg. München 1982 u. Augsburg 2002]

1: ⟨1940 VIII 1 – 1941 XII 31⟩. Zusammengestellt u. erläutert v. Hans-Adolf Jacobsen. 1965
2,1–2: Zusammengestellt u. erläutert v. Andreas Hillgruber

1. ⟨1942 I 1 – IX 30⟩. 1963
2. ⟨1942 X 1 – XII 31⟩. 1963
3,1–2: Zusammengestellt u. erläutert v. Walther Hubatsch
1. ⟨1943 I 1 – VI 30⟩. 1963
2. ⟨1943 VII 1 – XII 31⟩. 1963
4,1–2: Eingeleitet u. erläutert v. Percy Ernst Schramm
1. ⟨1944 I 1 – XII 31⟩. 1961
2. ⟨1945 I 1 – V 25⟩. 1961
Nachtrag zu ... Bd. 4,1: Der Krieg in Finnland, Norwegen und Dänemark ⟨1944 I 1 – III 31⟩. Zus.gest. u. erl. v. Andreas Hillgruber. 1969 Nachtrag zu ... Bd. 4,1: B. Der Krieg in Italien und im Heimatkriegsgebiet ⟨1944 I 1 – III 31⟩. Zus.gest. u. erl. v. Donald S. Detwiler. 1979

Kriegstagebuch der Seekriegsleitung 1939–1945. Teil A. Bd. 1–68, Beiheft [vorläuf. Verzeichnisse, Karten]. Im Auftrag des Militärgeschichtlichen Forschungsamtes in Verb. mit dem Bundesarchiv-Militärarchiv und der Marine-Offizier-Vereinigung hrsg. v. Werner Rahn u. Gerhard Schreiber, unter Mitwirkung v. Hansjoseph Maierhöfer. Faks.-Edition Herford [u.a.] [seit Bd. 51 Berlin (u.a.)] 1988–97

Franz **Halder,** Kriegstagebuch. Tägliche Aufzeichnungen des Chefs des Generalstabes des Heeres 1939–1942. Hrsg. v. Arbeitskreis für Wehrforschung Stuttgart. Bd. 1–3. Stuttgart 1962–64
1: Vom Polenfeldzug bis zum Ende der Westoffensive ⟨1939 VIII 14 – 1940 VI 30⟩. Bearb. v. Hans-Adolf Jacobsen in Verbindung mit Alfred Philippi. 1962
2: Von der geplanten Landung in England bis zum Beginn des Ostfeldzuges ⟨1940 VII 1 – 1941 VI 21⟩. Bearb. v. Hans-Adolf Jacobsen. 1963
3: Der Rußlandfeldzug bis zum Marsch auf Stalingrad ⟨1941 VI 22 – 1942 IX 24⟩. Bearb. v. Hans-Adolf Jacobsen. 1964

Hitlers Weisungen für die Kriegführung 1939–1945. Dokumente des Oberkommandos der Wehrmacht. Hrsg. v. Walther Hubatsch. Frankfurt/M 1962. – 2. Aufl. Koblenz 1983
»Führer-Erlasse« 1939–1945. Edition sämtlicher überlieferter, nicht im Reichsgesetzblatt abgedruckter, von Hitler während des Zweiten Weltkrieges schriftlich erteilter Direktiven ...
Zus.gest. u. eingel. v. Martin Moll. Stuttgart 1997
Adolf **Hitler,** Monologe im Führerhauptquartier 1941–1944. Die Aufzeichnungen Heinrich Heims. Hrsg. v. Werner Jochmann. Hamburg 1980 [Taschenbuchausg. Bindlach 1988. – Authentischer als die von Henry Picker zuerst 1951, dann in mehreren Neuauflagen, zuletzt 1977 hrsg. »Tischgespräche« Hitlers.]

Hitlers Lagebesprechungen. Die Protokollfragmente seiner militärischen Konferenzen 1942–45. Hrsg. v. Helmut Heiber (= Quellen und Darstellungen zur Zeitgeschichte 10). Stuttgart 1962
[Als Taschenbuch: dtv-Dokumente 120/21. München 1963]

Documents on the History of European Integration ⟨1939–1950⟩. Hrsg. v. Walter Lipgens u. Wilfried Loth. Bd. 1–4 (= European University Institute. Series B., History. Bd. 1,1–4). Berlin/New York 1985–91

Bibliographien
DW 397/499–899 [Zw. Weltkrieg]; 397/243–375, 759–766 [Widerstand]
Leona Rasmussen **Phillips,** Adolf Hitler and the Third Reich. An annotated bibliography (= Gordon Press Bibliographies for Librarian series). New York 1977
Walter **Held,** Verbände und Truppen der deutschen Wehrmacht und Waffen-SS im Zweiten Weltkrieg. Eine Bibliographie der deutschsprachigen Nachkriegsliteratur ⟨1945–1991⟩. Hrsg. mit Unterstützung des Arbeitskreises f. Wehrforschung. Bd. 1–4. Osnabrück 1978–95
Karl **Kujath,** Bibliographie zur europäischen Integration. Mit Anmerkungen... Bonn 1977

14. Quellen zur Geschichte der Nachkriegszeit

Nürnberger Prozesse

[Übersicht über die wichtigsten Prozesse:

Fall	Prozeß-Name	Tag des Urteils	Ankläger
–	Internationales Militärtribunal	⟨1946 X 1⟩	Engl., Frankr., UdSSR, USA
1	»Ärzteprozeß«	⟨1947 VIII 20⟩	USA
2	»Milch-Prozeß«	⟨1947 IV 17⟩	USA
3	»Juristenprozeß«	⟨1947 XII 4⟩	USA
4	»Konzentrationslagerprozeß«	⟨1947 XI 3⟩	USA
5	»Flick-Prozeß«	⟨1947 XII 22⟩	USA
6	»I. G.-Farben-Prozeß«	⟨1948 VII 30⟩	USA
7	»Geiselprozeß«	⟨1948 II 19⟩	USA
8	»Rasse- und Siedlungs-Hauptamt-Prozeß«	⟨1948 III 10⟩	USA
9	»Einsatzgruppen-Prozeß«	⟨1948 IV 10⟩	USA

10	»Krupp-Prozeß«	⟨1948 VII 31⟩	USA
11	»Wilhelmstraßen-Prozeß«	⟨1949 IV 11⟩	USA
12	»OKW-Prozeß«	⟨1948 X 27/28⟩	USA]

[»Blaue Reihe«:]
Der Prozeß gegen die Hauptkriegsverbrecher vor dem Internationalen Militärgerichtshof [IMG] Nürnberg 14. November 1945 – 1. Oktober 1946. Bd. 1–42. Nürnberg 1947–49 [Nachdruck d. Bde. 1–23. München/Zürich 1984; auch als Microfiche-Edition u. als CD-ROM]
    1:     Einführungsband [Vorprozeßdokumente, Urteil des Gerichtshofes]. 1947
    2–22: Sitzungsprotokolle. 1947–48
    23–24: Sach-Index, Personen-Index, Dokumenten-Index. Errata-Liste. 1949
    25–42: Urkunden und anderes Beweismaterial. 1947–49
[Englische Ausgabe:]
Trial of the Major War Criminals before the International Military Tribunal [IMT], Nuremberg 14 November 1945 – 1 October 1946. Bd. 1–42. Nürnberg 1947–49
[Französische Ausgabe:]
Procès des grands criminels de guerre devant le Tribunal Militaire International. Nuremberg 14 novembre 1945 – 1er octobre 1946. Bd. 1–42. Nürnberg 1947–49

[»Rote Reihe«:]
Nazi Conspiracy and Aggression ... Hrsg. v. Office of United States Chief of Counsel for Prosecution of Axis Criminality. Bd. 1–9, Suppl.-Bd. A u. B. Washington 1946–48

[»Grüne Reihe«:]
Trials of War Criminals before the Nuernberg Military Tribunals under Control Council Law No. 10 ⟨1946 X – 1949 IV⟩ [NMT]. Bd. 1–15. Washington 1950–53
    1:     [Fall 1: »The Medical Case«. USA gegen Karl Brandt u.a.] [1950]
    2:     [Fall 1: »The Medical Case«. USA gegen Karl Brandt u.a. – Fall 2: »The Milch Case«. USA gegen Erhard Milch.] [1950]
    3:     [Fall 3: »The Justice Case«. USA gegen Josef Altstoetter u.a.] 1951
    4:     [Fall 9: »The Einsatzgruppen Case«. USA gegen Otto Ohlendorff u.a. – Fall 8: »The RuSHA Case«. USA gegen Ulrich Greifelt u.a.] [1950]

5: [Fall 8: »The RuSHA Case«. USA gegen Ulrich Greifelt u.a. – Fall 4: »The Pohl Case«. USA gegen Oswald Pohl u.a.] 1950
6: [Fall 5: »The Flick Case«. USA gegen Friedrich Flick u.a.] 1952
7: [Fall 6: »The I. G. Farben Case«. USA gg. C. Krauch u.a.] 1953
8: [Dsgl.] 1952
9: [Fall 10: »The Krupp Case«. USA gegen Alfried Felix Alwyn Krupp von Bohlen und Halbach u.a.] 1950
10: [Fall 12: »The High Command Case«. USA gegen Wilhelm Leeb u.a.] 1951
11: [Fall 12: »The High Command Case«. USA gegen Wilhelm Leeb u.a. – Fall 7: »The Hostage Case«. USA gegen Wilhelm List u.a.] 1950
12–14: [Fall 11: »The Ministries Case«. USA gegen Ernst von Weizsäcker u.a.] [Bd. 12 o. J., Bd. 13, 14 1952]
15: [Procedure, Practice and Administration] [1953]

[Übersicht über die NMT-Reihe:

a) nach Fall-Nummern

Fall	Angeklagter	Prozeß-Name	Bd. der NMT
1	Karl Brandt u.a.	Medical Case	1 u. 2
2	Erhard Milch	Milch Case	2
3	Josef Altstoetter u.a.	Justice Case	3
4	Oswald Pohl u.a.	Pohl Case	5
5	Friedrich Flick u.a.	Flick Case	6
6	Carl Krauch u.a.	I. G. Farben Case	7 u. 8
7	Wilhelm List u.a.	Hostage Case	11
8	Ulrich Greifelt u.a.	RuSHA Case	4 u. 5
9	Otto Ohlendorff u.a.	Einsatzgruppen Case	4
10	Alfried Krupp u.a.	Krupp Case	9
11	Ernst v. Weizsäcker u.a.	Ministries Case	12–14
12	Wilhelm v. Leeb u.a.	High Command Case	10 u. 11
		Procedure	15

b) nach Sachgruppen

		Ärzte	
1	Karl Brandt u.a.	Medical Case	1 u. 2
		Recht	
3	Josef Altstoetter u.a.	Justice Case	3
		Procedure	15
		Rassenpolitik	
9	Otto Ohlendorff u.a.	Einsatzgruppen Case	4
8	Ulrich Greifelt u.a.	RuSHA Case	4 u. 5
4	Oswald Pohl u.a.	Pohl Case	5

		Wirtschaft	
5	Friedrich Flick u. a.	Flick Case	6
6	Carl Krauch u. a.	I. G. Farben Case	7 u. 8
10	Alfried Krupp u. a.	Krupp Case	9
		Wehrmacht	
2	Erhard Milch	Milch Case	2
7	Wilhelm List u. a.	Hostage Case	11
12	Wilhelm v. Leeb u. a.	High Command Case	10 u. 11
	Politik und Regierung	
11	Ernst v. Weizsäcker u. a.	Ministries Case	12–14]

[Deutsche Ausgabe über den Fall 11:]
Das Urteil im Wilhelmstraßen-Prozeß. Der amtliche Wortlaut der Entscheidung im Fall Nr. 11 des Nürnberger Militärtribunals gegen von Weizsäcker und andere ... Von Robert M. W. Kempner u. Carl Haensel. Hrsg. unter Mitwirkung v. C. H. Tuerck. Schwäbisch Gmünd 1950

Indices zu den zwölf Nürnberger US-Militärgerichtsprozessen. Hrsg. v. Institut für Völkerrecht an der Universität Göttingen. Bd. 1–4. [Göttingen] 1950–56 [hektographiert]

1: Sachindex zu den Urteilen. 1950
2: Sachindex zum Verfahren gegen Ernst v. Weizsäcker u. a. (Fall XI, sogenannter »Wilhelmstraßen-Prozeß«). Bearb. v. Hans-Günther Seraphim. 1952
3A: Sachindex zum Verfahren gegen Wilhelm v. Leeb u. a. (Fall XII, sogenannter »OKW-Prozeß«). Bearb. v. Hans-Günther Seraphim. 1953
3B, C: Personenindex [3C Dokumentenindex] zum Verfahren gegen Wilhelm v. Leeb... Bearb. v. Hans-G. Seraphim. 1953
4A: Personenindex zum Verfahren gegen Friedrich Flick u. a. (Fall V.) Bearb. v. Hans-Günther Seraphim. 1956
4B: Sachindex zum Verfahren gegen Friedrich Flick u. a. ... Bearb. v. Hans-Günther Seraphim. 1956

Law Reports of Trials of War Criminals. Selected and prepared by the United Nations War Crimes Commission. Bd. 1–15. London 1947–49

Justiz und NS-Verbrechen. Sammlung deutscher Strafurteile wegen nationalsozialistischer Tötungsverbrechen 1945–1966. Red. Fritz Bauer, Karl Dietrich Bracher [u. a.]. Bd. 1–22, Reg.-Bd. Amsterdam 1968–98
[Fortsetzung:]
Justiz und NS-Verbrechen ... 1945–1999 ... Bd. 23–(26) [ab Bd. 23 weitere 26 Bde. geplant]. München 1998– (2001)

Bibliographie
DW 397/863–872; Viktoria Pollmann, NS-Justiz, Nürnberger Prozesse, NSG-Verfahren. Auswahl-Bibliographie. Frankfurt/M 2000

Dokumentation der Vertreibung der Deutschen aus Ost-Mitteleuropa. In Verbindung mit Adolf Diestelkamp, Rudolf Laun, Peter Rassow u. Hans Rothfels bearb. v. Theodor Schieder. Hrsg. v. Bundesministerium für Vertriebene, Flüchtlinge und Kriegsgeschädigte. Bd. 1–5. [o.O.] 1954–61 [Nachdruck als Taschenbuchausg. München 1984]

Dokumentation der Vertreibung der Deutschen aus Ost-Mitteleuropa ... Beiheft 1–3. [o.O.] 1955–60

Dokumente deutscher Kriegsschäden. Evakuierte. Kriegssachgeschädigte. Währungsgeschädigte. Die geschichtliche und rechtliche Entwicklung. Hrsg. vom Bundesminister für Vertriebene, Flüchtlinge und Kriegsgeschädigte. Bd. 1–5. Bonn 1958–71

Dokumente deutscher Kriegsschäden ... Beiheft 1–2. Bonn 1960, 1962

Bibliographie
DW397/859 a–862

Dokumente zur Deutschlandpolitik. Hrsg. v. Bundesministerium für Gesamtdeutsche Fragen Bonn/Berlin [1971 ff. für Innerdeutsche Beziehungen, 1996 ff. des Innern]. Reihe I–V. Berlin [seit 1996 München] 1961–

  I. Reihe ⟨1939 IX – 1945 V 8⟩. Bearb. v. Rainer A. Blasius[u.a.]. Bd. 1–(4). 1984–(91)

  II. Reihe ⟨1945 V 9 – 1955 V 4⟩. Bearb. v. Gisela Biewer [u.a.]. Bd. 1–(3). 1992–(98)

  III. Reihe ⟨1955 V 5 – 1958 XI 9⟩. Bearb. v. Ernst Deuerlein[u.a.]. Bd. 1–4 [in 9 Teilbänden]. 1961–69

  IV. Reihe ⟨1958 XI 10 – 1966 XI 30⟩. Bearb. v. Ernst Deuerlein [u.a.]. Bd. 1–12. 1971–81

  V. Reihe ⟨1966 ff.⟩. Bearb. v. Gisela Oberländer. Bd. 1–(2). 1984–(87)

  VI. Reihe ⟨1969 X 21–1982 IX 30⟩. Bd. 1– . Bearb. v. Daniel Hofmann [u.a.] 2002–

[außerhalb der Reihenzählung:]
Deutsche Einheit. Sonderedition aus den Akten des Bundeskanzleramtes 1989/90. Bearb. v. Hanns Jürgen Küsters u. Daniel Hofmann. München 1998

Akten zur Vorgeschichte der Bundesrepublik Deutschland 1945–1949. Hrsg. v. Bundesarchiv u. Institut für Zeitgeschichte. Bd. 1–5. Bearb. v. Walter Vogel [u.a.]. München/Wien 1976–81 [auch als Kassettenausgabe 1989]

Die Kabinettsprotokolle der Bundesregierung ⟨1949–(1959)⟩. Hrsg. für das Bundesarchiv v. Hartmut Weber [Bd. 1–6 v. Hans Booms;

Bd. 7–9 v. Friedrich P. Kahlenberg]. Bd. 1–(12). München [Bd. 1–7 Boppard] 1982–(2002)

Akten zur Auswärtigen Politik der Bundesrepublik Deutschland. [AAPD]. Hrsg. im Auftrag des Auswärtigen Amts v. Institut für Zeitgeschichte. Hauptherausgeber: Hans-Peter Schwarz. Wissenschaftliche Leiterin: Ilse Dorothee Pautsch [bis 2001 Leitung: Rainer A. Blasius]. [Abt. I ⟨1949–(1953)⟩. – Abt. II ⟨1963–(1972)⟩. Ohne Bandzählung.] München 1989–(2003)

Konrad **Adenauer** (1876–1967)
1) Erinnerungen. [Bd. 1–4.] Stuttgart
   [1:] 1945–1953. 1965
   [2:] 1953–1955. 1966
   [3:] 1955–1959. 1967
   [4:] 1959–1963. Fragmente. 1968
2) Reden 1917–1967. Eine Auswahl. Hrsg. v. Hans-Peter Schwarz. Stuttgart 1975
3) Rhöndorfer Ausgabe. Stiftung Bundeskanzler-Adenauer-Haus. Hrsg. v. Rudolf Morsey u. Hans-Peter Schwarz
   a) Briefe. Bearb. v. Hans Peter Mensing. [Bd. 1–(7).] Paderborn [u. a.] [bis 1998 Berlin]
   [1:] 1945–1947. [1983]
   [2:] 1947–1949. [1984]
   [3:] 1949–1951. [1985]
   [4:] 1951–1953. [1987]
   [5:] 1953–1955. [1995]
   [6:] 1955–1957. [1998]
   [7:] 1957–1959. 2000
   [Sonderbd.:] Heuss – Adenauer. Unserem Vaterlande zugute. Briefwechsel 1948–1965. [1989]
   [Sonderbd.:] Adenauer im Dritten Reich. Bearb. v. Hans Peter Mensing. 1991
   [Sonderbd.:] Adenauer - Heuss. Unter vier Augen. Gespräche aus den Gründerjahren 1949–1959. Bearb. v. Hans Peter Mensing. [1997]
   b) Teegespräche. Bearb. v. Hanns Jürgen Küsters [Bd. 4 v. Hans Peter Mensing]. [Bd. 1–3.] [Berlin]
   [1:] 1950–1954. [1984]
   [2:] 1955–1958. [1986]
   [3:] 1959–1961. [1988]
   [4:] 1961–1963. [1992]

Willy **Brandt,** Berliner Ausgabe. Hrsg. v. Helga Grebing [u. a.]. Im Auftrag der Bundeskanzler-Willy-Brandt-Stiftung. Bd. 1– [bisher erschienen Bd. 1–2, 4–5, 7]. Bonn 2000–(2002)

Bibliographie
Bibliographie zur Deutschlandpolitik 1941–1974. Bearb. v. Marie-Luise Goldbach [u.a.]. Hrsg. v. Bundesministerium f. Innerdeutsche Beziehungen (= Dokumente zur Deutschlandpolitik. Beihefte 1). Frankfurt/M 1975
Bibliographie zur Deutschlandpolitik 1975–1982. Bearb. v. Karsten Schröder. Hrsg. v. Bundesministerium f. Innerdeutsche Beziehungen (= Dokumente zur Deutschlandpolitik. Beihefte 6). Frankfurt/M 1983
Dietrich **Thränhardt,** Bibliographie Bundesrepublik Deutschland (= Arbeitsbücher zur modernen Geschichte 9). Göttingen 1980

15. *Quellensammlungen zur Verfassungsgeschichte*

Karl **Zeumer,** Quellensammlung zur Geschichte der deutschen Reichsverfassung in Mittelalter und Neuzeit (= Quellensammlungen zum Staats-, Verwaltungs- und Völkerrecht 2). Tübingen ²1913
Quellen zur deutschen Verfassungs-, Wirtschafts- und Sozialgeschichte bis 1250. Hrsg. v. Lorenz Weinrich (= Ausgewählte Quellen z. dt. Gesch. d. Mittelalters 32). Darmstadt 1977
Quellen zur Verfassungsgeschichte des Römisch-Deutschen Reiches im Spätmittelalter (1250–1500). Hrsg. v. Lorenz Weinrich (= Ausgewählte Quellen z. dt. Gesch. d. Mittelalters 33). Darmstadt 1983
Quellen zum Verfassungsorganismus des Heiligen Römischen Reiches Deutscher Nation 1495–1815. Hrsg. u. eingel. v. Hanns Hubert Hofmann (= Ausgewählte Quellen z. dt. Gesch. d. Neuzeit 13). Darmstadt 1976
Kaiser und Reich. Klassische Texte zur Verfassungsgeschichte des Heiligen Römischen Reiches Deutscher Nation vom Beginn des 12. Jahrhunderts bis zum Jahre 1806. Hrsg. v. Arno Buschmann (= dtv 4384). München 1984
Reich und Länder. Texte zur deutschen Verfassungsgeschichte im 19. und 20. Jahrhundert. Hrsg. v. Hans Boldt unter Mitw. v. Franz Werner Mausberg (= dtv 4443). München 1987
Dokumente zur deutschen Verfassungsgeschichte. Hrsg. v. Ernst Rudolf Huber. Bd. 1–5. Stuttgart [u.a.] ³1978–97 [1. Aufl. u. d. T.: Quellen zum Staatsrecht der Neuzeit. Hrsg. v. Ernst Rudolf Huber. Bd. 1–2. Tübingen 1949–51. – 2. Aufl. Bd. 1–3. Stuttgart 1961–66]
1: Deutsche Verfassungsdokumente 1803–1850. 1978
2: Deutsche Verfassungsdokumente 1851–1900. 1986
3: Deutsche Verfassungsdokumente 1900–1918. 1990
4: Deutsche Verfassungsdokumente 1918–1933. 1992
5: Reg.-Bd. Bearb. v. Gerhard Granier. 1997

Günther **Franz,** Staatsverfassungen. Eine Sammlung wichtiger Verfassungen der Vergangenheit und der Gegenwart in Urtext und Übersetzung. München 1950, ³1975

Bibliographie
DW 39/2297, 2316–19, 2364–66

16. *Quellen zur Geschichte der Parteien und des Parlamentarismus*

Deutsche Parteiprogramme 〈1809–1957〉. Hrsg. v. Wilhelm Mommsen (= Deutsches Handbuch der Politik 1). München ²1964 [Nachdruck 1977]
Wolfgang **Treue,** Deutsche Parteiprogramme seit 1861 (= Quellensammlung zur Kulturgeschichte 3). Göttingen/Zürich/Berlin/Frankfurt/M 1954, ⁴1968
Österreichische Parteiprogramme. 1898–1966. Hrsg. v. Klaus Berchtold. München 1967
Stenographischer Bericht über die Verhandlungen der deutschen constituirenden Nationalversammlung zu Frankfurt am Main. Hrsg. v. . . . Franz Wigard. Bd. 1–9. Leipzig 1848–49 [Nachdruck München 1979–80]

Bibliographie
Ausgewählte Bibliographie zur Geschichte der politischen Parteien in Deutschland. Zusammengestellt v. Hans-Gerd Schumann. In: Ludwig Bergsträsser, Geschichte der politischen Parteien in Deutschland (= Deutsches Handbuch d. Politik 2). München/Wien ¹¹1965, S. 267–335 [Vgl. auch DW 39/3861–3935.]
Stenographische Berichte über die Verhandlungen des deutschen Reichstages 1 (1867) – 460 (1942). Berlin 1867–1942

[Übersicht: (Die Bandzählung für die Berichte der ersten Jahrzehnte, die nachträglich rückgreifend vorgenommen wurde, erfolgte nach dem Exemplar der Bibliothek des Bundestages. Die Bandzählung anderer Exemplare ist häufig unterschiedlich.)]

1) Stenographische Berichte über die Verhandlungen des Reichstages des Norddeutschen Bundes 〈1867–1870〉. Bd. 1–5
   1–2:   〈1867 II 24 – IV 17〉
   3–4:   I. Legislatur-Periode Session 1867

5–6:	I. Legislatur-Periode Session 1868
7–9:	I. Legislatur-Periode Session 1869
10–13:	I. Legislatur-Periode Session 1870
14–15:	Verhandlungen des ... Reichstages des Norddeutschen Bundes ... 1. u. 2. außerordentliche Session 1870

[Sonderbände:]

2 a:	Gesammt-Uebersicht über die Verhandlungen des ... Reichstags des Norddeutschen Bundes sowie alphabetisches Sachregister. Verfassung des Norddeutschen Bundes. 1867
4 a:	Gesammt-Uebersicht über die Geschäftsthätigkeit des Reichstags des Norddeutschen Bundes. I. Legislatur-Periode ... 1867

2) Stenographische Berichte über die Verhandlungen des ... Deutschen Zoll-Parlaments ⟨1868–1870⟩. Bd. 16–18

16:	⟨1868 IV 27 – V 23⟩
17:	⟨1869 VI 3 – 22⟩
18:	⟨1870 IV 21 – V 7⟩

3) Stenographische Berichte über die Verhandlungen des Deutschen Reichstages ⟨1871–1918⟩. Bd. 19–325 [Microfiche-Ausgabe Hildesheim 1985–87]

19–21:	1. Legislaturperiode 1. Session 1871
22–23:	1. Legislaturperiode 2. Session 1871
24–26:	1. Legislaturperiode 3. Session 1872
27–30:	1. Legislaturperiode 4. Session 1873
30 a:	General-Register ⟨1867–1872⟩
31–33:	2. Legislaturperiode 1. Session 1874
34–37:	2. Legislaturperiode 2. Session 1875
38–40:	2. Legislaturperiode 3. Session 1876
41–43:	2. Legislaturperiode 4. Session 1876
44–46:	3. Legislaturperiode 1. Session 1877
47–50:	3. Legislaturperiode 2. Session 1878
51–52:	4. Legislaturperiode 1. Session 1878
52 a–57:	4. Legislaturperiode 2. Session 1879
58–61:	4. Legislaturperiode 3. Session 1880
62–65:	4. Legislaturperiode 4. Session 1881
66–67:	5. Legislaturperiode 1. Session 1881/82
68–73:	5. Legislaturperiode 2. Session 1882/83
73 a:	Uebersicht der Geschäftsthätigkeit des Deutschen Reichstags in den Sessionen der 5. Legislatur-Periode
74:	5. Legislaturperiode 3. Session 1883
75–78:	5. Legislaturperiode 4. Session 1884
78 a:	Uebersicht der Geschäftsthätigkeit des Deutschen Reichstags in der 4. Session der 5. Legislatur-Periode
79–85:	6. Legislaturperiode 1. Session 1884/85

85 a:	Uebersicht der Geschäftsthätigkeit des Deutschen Reichstags in der 1. Session der 6. Legislatur-Periode
86–91:	6. Legislaturperiode 2. Session 1885/86
92:	6. Legislaturperiode 3. Session 1886
92 a:	Uebersicht der Geschäftsthätigkeit des Deutschen Reichstags in den Sessionen 2 und 3 der 6. Legislatur-Periode
93–94:	6. Legislaturperiode 4. Session 1886/87
94 a:	Uebersicht der Geschäftsthätigkeit des Deutschen Reichstags in der 4. Session der 6. Legislatur-Periode und der 1. Session der 7. Legislatur-Periode
95–98:	7. Legislaturperiode 1. Session 1887
99:	Reichshaushalts-Etat für 1887/88
100:	Übersicht der Reichsausgaben und Einnahmen für 1887/88 und allgemeine Rechnungen für 1887/88
101–104:	7. Legislaturperiode 2. Session 1887/88
104 a:	7. Legislaturperiode 3. Session 1888/89
104 b:	Uebersicht der Geschäftsthätigkeit des Deutschen Reichstags in der 2. und 3. Session der 7. Legislatur-Periode
105–110:	7. Legislaturperiode 4. Session 1888/89
110 a:	Uebersicht der Geschäftsthätigkeit des Deutschen Reichstags in der 4. Session der 7. Legislatur-Periode
111–113:	7. Legislaturperiode 5. Session 1890
113 a:	Uebersicht... in der 5. Session der 7. Legislatur-Periode
114–126:	8. Legislaturperiode 1. Session 1890/92
126 a:	Uebersicht der Geschäftsthätigkeit des Deutschen Reichstags in der 1. Session der 8. Legislatur-Periode
127–131:	8. Legislaturperiode 2. Session 1892/93
131 a:	Uebersicht der Geschäftsthätigkeit des Deutschen Reichstags in der 2. Session der 8. Legislatur-Periode
132:	9. Legislaturperiode 1. Session 1893
133–137:	9. Legislaturperiode 2. Session 1893/94
138–142:	9. Legislaturperiode 3. Session 1894/95
142 a:	*Generalregister*...⟨1867–1895⟩
143–158:	9. Legislaturperiode 4. Session 1895/97
[150:]	... Gesamtregister ⟨1895–97⟩ [in Bd. 150]
159–164:	9. Legislaturperiode 5. Session 1897/98
[161:]	... Gesamtregister ⟨1897–98⟩ [in Bd. 161]
165–178:	10. Legislaturperiode 1. Session 1898/1900
[171:]	... Gesamtregister ⟨1898–1900⟩ [in Bd. 171]
179–196:	10. Legislaturperiode 2. Session 1900/03
[188:]	... Gesamtregister ⟨1900–1903⟩ [in Bd. 188]
197–213:	11. Legislaturperiode 1. Session 1903/05
204:	... Gesamtregister ⟨1903–1905⟩ [in Bd. 204]
214–226:	11. Legislaturperiode 2. Session 1905/06
[218:]	... Sach- und Sprechregister ⟨1905–1906⟩ [in Bd. 218]
227–257:	12. Legislaturperiode 1. Session 1907/09

248 Quellen zur Geschichte der Neuzeit

238:	Sach- und Sprechregister ⟨1907–1909⟩
258–282:	12. Legislaturperiode 2. Session 1909/11
269:	Sach- und Sprechregister ⟨1909–1911⟩
283–305:	13. Legislaturperiode 1. Session 1912/14
296:	Sachregister ⟨1912–1914⟩
297:	Sprechregister ⟨1912–1914⟩
306–325:	13. Legislaturperiode 2. Session 1914/18
314:	... Sachregister ⟨1914–1918⟩
314 a:	Sprechregister ⟨1914–1918⟩

4) Verhandlungen der verfassunggebenden Deutschen Nationalversammlung. Stenographische Berichte. Bd. 326–343

326–343:	Session 1919/20
343:	Register

5) Verhandlungen des Deutschen Reichstags ⟨1920–1942⟩. Bd. 344–460 [Microfiche-Ausgabe Hildesheim 1988–90]

344–380:	I. Wahlperiode 1920/24
362:	Sach- und Sprechregister ⟨1920–1924⟩
381–383:	2. Wahlperiode 1924
381:	... Sach- und Sprechregister ⟨1924⟩
384–422:	3. Wahlperiode 1924/28
396:	Sach- und Sprechregister ⟨1924–1928⟩
423–443:	4. Wahlperiode 1928/30
429:	Sach- und Sprechregister ⟨1928–1930⟩
444–453:	5. Wahlperiode 1930/32
447:	Sach- und Sprechregister ⟨1930–1932⟩
454:	6. Wahlperiode 1932 [darin auch Sach- und Sprechregister ⟨1932⟩]
455–456:	7. Wahlperiode 1932 [darin auch Sach- und Sprechregister ⟨1932–1933⟩]
457:	8. [= I.] Wahlperiode 1933 ⟨1933 III 21 – V 17⟩ [mit Register ⟨1933⟩]
458:	9. [= 2.] Wahlperiode 1933/36 ⟨1933 XII 12 – 1936 III 7⟩
459:	3. Wahlperiode 1936 ⟨1937 I 30 – 1938 III 18⟩
460:	4. Wahlperiode 1938 ⟨1939 I 30 – 1942 IV 26⟩

Sammlung sämtlicher Drucksachen des Reichstages des Norddeutschen Bundes [1871 ff. Deutschen Reichstages; 1907 ff. Drucksachen des Reichstages] ⟨1867–1914⟩. Berlin 1871–1914
[Keine Bandzählung, sondern Zählung nach Legislaturperiode und Session.]

Protokolle über die Verhandlungen des Bundesrats des Deutschen Reichs [1867–1870 ... des Bundesrathes des Norddeutschen Bundes] ⟨1867–1919⟩ [= 165 Bde., ohne Bd.zählung]. Berlin 1867–1919

Drucksachen zu den Verhandlungen des Bundesrats des Deutschen Reichs [1867–1870 des Norddeutschen Bundes] ⟨1867–1918⟩. [Berlin 1867–1918]
[Dazu:]
Sachregister zu den Protokollen und Drucksachen des Bundesraths für die Jahre 1867 bis 1890. Bearb. im Reichsamt des Innern. Berlin 1891. – . . . für die Jahre 1891 bis 1900 . . . Berlin 1902
Niederschriften über die Verhandlungen des Reichsrats [ab 1922: . . . Vollsitzungen des Reichsrats; darin auch Drucksachen] ⟨1920–1933⟩. Berlin 1920–1933

Bibliographie
Staatsbibliothek Preußischer Kulturbesitz, Die deutschen Parlamentsschriften von [!] Beginn des 19. Jahrhunderts bis 1945. (Red.: Ursula Knoll, Cornelia Döhring.) Berlin 1986, S. 18–44
Deutsche Parlamentshandbücher. Bibliographie und Standortnachweis. Bearb. v. Martin Schumacher (= Bibliographien zur Gesch. d. Parlamentarismus u. der politischen Parteien 8). Düsseldorf 1986

Quellen zur Geschichte des Parlamentarismus und der politischen Parteien. Reihe 1–4. Düsseldorf 1959–

Erste Reihe. Von der konstitutionellen Monarchie zur parlamentarischen Republik. Im Auftrage der Kommission für Geschichte des Parlamentarismus und der politischen Parteien hrsg. v. Rudolf Morsey u. Gerhard A. Ritter. Bd. 1–10.

1,1–2: Der Interfraktionelle Ausschuß 1917/18. Bearb. v. Erich Matthias unter Mitwirkung v. Rudolf Morsey. 1959
    1. ⟨1917 VII 6 – XII 20⟩
    2. ⟨1918 I 1 – X⟩

2: Die Regierung des Prinzen Max von Baden. Bearb. v. Erich Matthias und Rudolf Morsey. 1962

3,1–2: Die Reichstagsfraktion der deutschen Sozialdemokratie 1898 bis 1918. Bearb. v. Erich Matthias u. Eberhard Pikart. [In Verbindung mit dem Internationaal Instituut voor Sociale Geschiedenis Amsterdam] 1966
    1. ⟨1898–1914⟩   2. ⟨1914–1918⟩

4: Das Kriegstagebuch des Reichstagsabgeordneten Eduard David 1914 bis 1918. In Verbindung mit Erich Matthias bearb. v. Susanne Miller. 1966

5: Von Bassermann zu Stresemann. Die Sitzungen des nationalliberalen Zentralvorstandes 1912–1917. Bearb. v. Klaus-Peter Reiß. 1967

6,1–2: Die Regierung der Volksbeauftragten. 1918/19. Eingel. v. Erich Matthias. Bearb. v. Susanne Miller unter Mitwirkung v. Heinrich Potthoff. 1969
7: Friedrich v. Berg als Chef des Geheimen Zivilkabinetts 1918. Erinnerungen aus seinem Nachlaß. Bearb. von Heinrich Potthoff. 1971
8: Der Friede von Brest-Litowsk. Ein unveröffentlichter Band aus dem Werk des Untersuchungsausschusses der Deutschen Verfassunggebenden Nationalversammlung und des Deutschen Reichstages. Bearb. v. Werner Hahlweg. 1971
9,1–4: Der Hauptausschuß des Deutschen Reichstags 1915–1918. Eingeleitet v. Reinhard Schiffers. Bearb. v. Reinhard Schiffers u. Manfred Koch in Verb. m. Hans Boldt.
1. 1.–45. Sitzung 1915. 1981
2. 46.–117. Sitzung 1916. 1981
3. 118.–190. Sitzung 1917. 1981
4. 191.–275. Sitzung 1918. 1983
10: Die Regierung Eisner 1918/19. Ministerratsprotokolle und Dokumente. Eingel. u. bearb. v. Franz J. Bauer unter Verwendung der Vorarbeiten v. Dieter Albrecht. 1987

Zweite Reihe. Militär und Politik. Im Auftrage der Kommission für Parlamentarismus und der politischen Parteien und des Militärgeschichtlichen Forschungsamtes hrsg. v. Erich Matthias und Hans Meier-Welcker. Bd. 1–4.
1,1–2: Militär und Innenpolitik im Weltkrieg 1914–1918. Teil 1–2. Bearb. v. Wilhelm Deist. 1970
2: Zwischen Revolution und Kapp-Putsch. Militär und Innenpolitik 1918–1920. Bearb. v. Heinz Hürten. 1977
3: Die Anfänge der Ära Seeckt. Militär- und Innenpolitik 1920–1922. Bearb. v. Heinz Hürten. 1979
4: Das Krisenjahr 1923. Militär und Innenpolitik 1922–1924. Bearb. v. Heinz Hürten. 1980

Dritte Reihe. Die Weimarer Republik. Im Auftrage der Kommission für Parlamentarismus und der politischen Parteien hrsg. v. Karl Dietrich Bracher u. Rudolf Morsey. Bd. 1– .
1: Erinnerungen und Dokumente von Joh. Victor Bredt 1914 bis 1933. Bearb. v. Martin Schumacher. 1970
2: Parlamentspraxis in der Weimarer Republik. Die Tagungsberichte der Vereinigung der deutschen Parlamentsdirektoren 1925–1933. Bearb. v. Martin Schumacher. Düsseldorf 1974
3: Staat und NSDAP 1930–1932. Quellen zur Ära Brüning. Eingel. v. Gerhard Schulz. Bearb. v. Ilse Maurer u. Udo Wengst. 1977

4,1–2:	Politik und Wirtschaft in der Krise 1930–1932. Quellen zur Ära Brüning ... Bearb. v. Ilse Maurer u. Udo Wengst.T. 1–2. 1980
5:	Linksliberalismus in der Weimarer Republik. Die Führungsgremien der Deutschen Demokratischen Partei und der Deutschen Staatspartei 1918–1933 ... Bearb. v. Konstanze Wegner ... 1980
6:	Die Generallinie. Rundschreiben des Zentralkomitees der KPD an die Bezirke 1929–1933 ... Bearb. v. Hermann Weber ... 1981
7:	Die SPD-Fraktion in der Nationalversammlung 1919–1920. Bearb. v. Heinrich Potthoff u. Hermann Weber. 1986
8:	Die Zentrumsfraktion in der verfassunggebenden Preußischen Landesversammlung 1919–1921. Sitzungsprotokolle. Bearb. v. August Hermann Leugers-Scherzberg u. Wilfried Loth. 1994
9,1–2:	Nationalliberalismus in der Weimarer Republik. Die Führungsgremien der Deutschen Volkspartei 1918–1933. Bearb. v. Eberhard Kolb u. Ludwig Richter. 1999
10:	Kuno Graf von Westarp, Konservative Politik im Übergang vom Kaiserreich zur Weimarer Republik. Bearb. v. Friedrich Freiherr Hiller von Gaertringen. 2001

Vierte Reihe. Deutschland seit 1945. Im Auftrage der Kommission für Geschichte des Parlamentarismus und der politischen Parteien hrsg. v. Karl Dietrich Bracher, Rudolf Morsey u. Hans-Peter Schwarz. Bd. 1– .

1:	Montanmitbestimmung. Das Gesetz über die Mitbestimmung der Arbeitnehmer in den Aufsichtsräten und Vorständen, Unternehmen des Bergbaus und der Eisen und Stahl erzeugenden Industrie vom 21. Mai 1951. Bearb. v. Gabriele Müller-List. 1984
2:	Grundlegung der Verfassungsgerichtsbarkeit. Das Gesetz über das Bundesverfassungsgericht vom 12. März 1951. Bearb. v. Reinhard Schiffers. 1984
3:	Auftakt zur Ära Adenauer. Koalitionsverhandlungen und Regierungsbildung 1949. Bearb. v. Udo Wengst. 1985
4:	Die Ruhrfrage 1945/46 und die Entstehung des Landes Nordrhein-Westfalen. Britische, französische und amerikanische Akten. Eingel. u. bearb. v. Rolf Steininger. 1988
5:	Nordrhein-Westfalen. Deutsche Quellen zur Entstehungsgeschichte des Landes 1945/46. Eingel. u. bearb. v. Wolfgang Hölscher. 1988
6:	Neubeginn bei Eisen und Stahl im Ruhrgebiet. Die Beziehungen zwischen Arbeitgebern und Arbeitnehmern in der nordrheinwestfälischen Eisen- und Stahlindustrie 1945–1948. Bearb. v. Gabriele Müller-List. 1990

7,1: FDP-Bundesvorstand. Die Liberalen unter dem Vorsitz von Theodor Heuss und Franz Blücher. Sitzungsprotokolle 1949–1954. Bearb. v. Udo Wengst. 1990
7,2: ... von Thomas Dehler und Reinhold Maier. Sitzungsprotokolle 1954–1960. Bearb. v. Udo Wengst. 1991
7,3: ... von Erich Mende. Sitzungsprotokolle 1960–1967. Bearb. v. Reinhard Schiffers. 1993
8,1: Die SPD-Fraktion im Deutschen Bundestag. Sitzungsprotokolle 1949–1957. Bearb. v. Petra Weber. Teil 1–2. 1993
8,2: ... 1957–1961. Bearb. v. Wolfgang Hölscher 1993
8,3: ... 1961–1966. Bearb. v. Heinrich Potthoff. Teil 1–2. 1993
9,1: Zonenbeirat. Zonal Advisory Council 1946–1948. Protokolle und Anlagen. Bearb. v. Gabriele Stüber. Teil 1–2. 1993–94
10: Politischer Liberalismus in der britischen Besatzungszone. Führungsorgane und Politik der FDP. Bearb. v. Hans F. W. Gringmuth. 1995
11,1: Die CDU/CSU-Fraktion im Deutschen Bundestag. Sitzungsprotokolle 1949–1953. Bearb. v. Helge Heidemeyer. 1998
11,2: ... Sitzungsprotokolle 1953–1957. Bearb. v. Helge Heidemeyer [für 2003 angekündigt]
12: Der Gesamtdeutsche Ausschuß. Sitzungsprotokolle des Ausschusses für gesamtdeutsche Fragen des Bundestages 1949–1953. Bearb. v. Andreas Biefang. 1998
13,1: Der Auswärtige Ausschuß des Deutschen Bundestages. Sitzungsprotokolle 1949–1953. Bearb. v. Wolfgang Hölscher. 1998
13,2: ... Sitzungsprotokolle 1953–1957. Bearb. v. Wolfgang Hölscher. 2002

Der Parlamentarische Rat 1948–1949. Akten und Protokolle. Hrsg. v. Deutschen Bundestag u. v. Bundesarchiv. Bd. 1– . Boppard/Rh. [ab Bd. 9 München]
1: Vorgeschichte. Bearb. v. Johannes Volker Wagner. 1975
2: Der Verfassungskonvent auf Herrenchiemsee. Bearb. v. Peter Bucher. 1981
3: Ausschuß für Zuständigkeitsabgrenzung. Bearb. v. Wolfram Werner. 1986
4: Ausschuß für das Besatzungsstatut. Bearb. v. Wolfram Werner. 1989
5: Ausschuß für Grundsatzfragen. Bearb. v. Eberhard Pikart u. Wolfram Werner. Bd. 1–2. 1993
6: Ausschuß für Wahlrechtsfragen. Bearb. v. Harald Rosenbach. 1994
7: Entwürfe zum Grundgesetz. Bearb. v. Michael Hollmann. 1995
8: Die Beziehungen des Parlamentarischen Rates zu den Militärregierungen. Bearb. v. Michael F. Feldkamp. 1995
9: Plenum. Bearb. v. Wolfram Werner. 1996

10: Ältestenrat, Geschäftsordnungsausschuß und Überleitungsausschuß. Bearb. v. Michael F. Feldkamp. 1997
11: Interfraktionelle Besprechungen. Bearb. v. Michael F. Feldkamp. [1997]
12: Ausschuß für Finanzfragen. Bearb. v. Michael F. Feldkamp u. Inez Müller. 1999
13,1–2: Ausschuß für Organisation des Bundes/Ausschuß für Verfassungsgerichtshof u. Rechtspflege. Bearb. v. Edgar Büttner u. Michael Wettengel. 2002

Die CDU/CSU im Parlamentarischen Rat. Sitzungsprotokolle der Unionsfraktion. Eingeleitet u. bearb. v. Rainer Salzmann (= Forschungen u. Quellen z. Zeitgeschichte 2). Stuttgart 1981

Dokumente zur parteipolitischen Entwicklung in Deutschland seit 1945. Bearb. u. hrsg. v. Ossip K. Flechtheim [Bd. 1–4; danach (u. a.)] Bd. 1–9. Berlin 1962–71

Bibliographien
DW 39/3568–3639
Hans-Peter **Ullmann**, Bibliographie zur Geschichte der deutschen Parteien und Interessenverbände (= Arbeitsbücher z. mod. Geschichte 6). Göttingen 1978

17. Quellen zur Geschichte des Marxismus

Karl **Marx** (1818–1883) und Friedrich **Engels** (1820–1895)

1) Historisch-kritische Gesamtausgabe [MEGA^1]. Werke, Schriften, Briefe. [Nebentitel: Marx/Engels, Gesamtausgabe.] Im Auftrag des Marx-Engels-Instituts hrsg. v. David Borisovič Rjazanov [3. Abt.] u. Vladimir Viktorovič Adorackij [1. Abt.]. Abt. 1 und 3 [mehr nicht erschienen]. 1927–[1935] [Nachdruck Glashütten/Taunus 1970]
[Geplante Gliederung:
    1. Abt.: Sämtliche Werke und Schriften mit Ausnahme des ›Kapital‹
    2. Abt.: Das ›Kapital‹ mit Vorarbeiten
    3. Abt.: Briefwechsel
    4. Abt.: Generalregister]

  1. Abt. Bd. 1–7 [unvollständig]
    1,1–2: Karl Marx, Werke und Schriften bis Anfang 1844 nebst Briefen und Dokumenten
      1. Frankfurt 1927
      2. Berlin 1929

2: Friedrich Engels, Werke und Schriften bis Anfang 1844 nebst Briefen und Dokumenten. Berlin 1930
3: Karl Marx/Friedrich Engels, Die heilige Familie und Schriften von Marx von Anfang 1844 bis Anfang 1845. Berlin 1932
4: Friedrich Engels, Die Lage der arbeitenden Klasse in England und andere Schriften von August 1844 bis Juni 1846. Berlin 1932
5: Karl Marx/Friedrich Engels, Die deutsche Ideologie. Kritik der neuesten deutschen Philosophie in ihren Repräsentanten, Feuerbach, B. Bauer und Stirner, und des deutschen Sozialismus in seinen verschiedenen Propheten 1845–1846. Berlin 1932
6: Karl Marx/Friedrich Engels, Werke und Schriften von Mai 1846 bis März 1848. Berlin 1932
7: Karl Marx/Friedrich Engels, Werke und Schriften von März bis Dezember 1848. Moskau/Leningrad [1935]

3. Abt. Briefwechsel Bd. 1–4 [unvollständig]
1: Der Briefwechsel zwischen Marx und Engels 1844–1853. Berlin 1929
2: Der Briefwechsel zwischen Marx und Engels 1854–1860. Berlin 1930
3: Der Briefwechsel zwischen Marx und Engels 1861–1867. Berlin 1930
4: Der Briefwechsel zwischen Marx und Engels 1868–1883. Berlin 1931

[Von der 1. russischen Ausgabe erschienen Bd. 1–4, 13, 17, 18, 19, 25–29. Moskau 1935–1946.]

2) Werke [MEW]. Hrsg. v. Institut für Marxismus-Leninismus beim ZK der SED. Bd. 1–43 [nebst Erg.-Bdn.]. Berlin 1956–90. [Die deutsche Ausgabe fußt auf der vom Institut für Marxismus-Leninismus beim ZK der KPdSU besorgten 2. russischen Ausgabe, die seit 1955 erscheint.]
1: ⟨1839–1844⟩. 1956, [15]1988
2: ⟨1844 IX – 1846 II⟩. [Friedrich Engels/Karl Marx, Die heilige Familie ... Friedrich Engels, Die Lage der arbeitenden Klasse in England. U. a.] 1957, [12]1990
3: ⟨1845–1846⟩. 1958, [9]1990
4: ⟨1846 V – 1848 III⟩. [Karl Marx/Friedrich Engels, Manifest der Kommunistischen Partei. U. a.] 1959, [11]1990
5: ⟨1848 III – XI⟩. 1959, [9]1991
6: ⟨1848 XI – 1849 VII⟩. 1959, [8]1991
7: ⟨1849 VIII – 1851 VI⟩. [Friedrich Engels, Der deutsche Bauernkrieg. U. a.] 1960, [9]1990
8: ⟨1851 VIII – 1853 III⟩. [Friedrich Engels, Revolution und Konterrevolution in Deutschland. – Karl Marx, Der achtzehnte Brumaire des Louis Bonaparte. U. a.] 1960, [8]1988
9: ⟨1853 III – XII⟩. 1960, [5]1985

10: ⟨1854 I – 1855 I⟩. 1961, ⁷1991
11: ⟨1855 I – 1856 IV⟩. 1961, ⁷1984
12: ⟨1856 IV – 1859 I⟩. 1961, ⁷1984
13: ⟨1859 I – 1860 II⟩. 1961, ¹¹1990
14: ⟨1857 VII – 1860 XI⟩. 1961, ⁷1987
15: ⟨1860 I – 1864 IX⟩. 1961, ⁷1985
16: ⟨1864 IX – 1870 VII⟩. [Friedrich Engels, Betrachtungen über den Krieg in Deutschland. U. a.] 1962, ⁸1989
17: ⟨1870 VII – 1872 II⟩. [Friedrich Engels, Über den Krieg. U. a.] 1962, ⁹1991
18: ⟨1872 III – 1875 III⟩. 1962, ⁸1989
19: ⟨1875 III – 1883 V⟩. 1962, ⁹1987
20: ⟨1873–1883⟩. [Friedrich Engels, Anti-Dühring. – Dialektik der Natur.] 1962, ¹⁰1990
21: ⟨1883 V – 1889 XII⟩. [Friedrich Engels, Der Ursprung der Familie, des Privateigentums und des Staats. U. a.] 1962, ⁸1984
22: ⟨1890 I – 1895 VIII⟩. 1963, ⁶1983
23: ⟨1867 und später⟩. [Karl Marx, Das Kapital, Kritik der politischen Ökonomie. Buch I. Der Produktionsprozeß des Kapitals.] 1962, ¹⁸1993
24: [Karl Marx, Das Kapital . . . Buch 2. Der Zirkulationsprozeß des Kapitals.] 1963, ¹¹1986
25: [Karl Marx, Das Kapital . . . Buch 3. Der Gesamtprozeß der kapitalistischen Produktion.] 1964, ¹⁴1988
26,1: [Karl Marx, Theorien über den Mehrwert. 4. Bd. des Kapitals. Teil 1.] 1965, ⁷1994
26,2: [Karl Marx, Theorien über den Mehrwert. 4. Bd. des Kapitals. Teil 2.] 1967, ⁶1994
26,3: [Karl Marx, Theorien über den Mehrwert. 4. Bd. des Kapitals. Teil 3.] 1968, ⁶1993
27: [Briefe ⟨1842 I – 1851 XII⟩.] 1963, ⁶1984
28: [Briefe ⟨1852 I – 1855 XII⟩.] 1963, ⁵1987
29: [Briefe ⟨1856 I – 1859 XII⟩.] 1963, ⁶1987
30: [Briefe ⟨1860 I – 1864 IX⟩.] 1964, ⁴1982
31: [Briefe ⟨1864 X – 1867 XII⟩.] 1965, ⁴1986
32: [Briefe ⟨1868 I – 1870 VII⟩.] 1965, ⁴1985
33: [Briefe ⟨1870 VII – 1874 XII⟩.] 1966, ⁴1984
34: [Briefe ⟨1875 I – 1880 XII⟩.] 1966, ⁵1991
35: [Briefe ⟨1881 I – 1883 III⟩.] 1967, ⁴1985
36: [Briefe ⟨1883 IV – 1887 XII⟩.] 1967, ⁴1987
37: [Briefe ⟨1888 I – 1890 XII⟩.] 1967, ⁴1986
38: [Briefe ⟨1891 I – 1892 XII⟩.] 1968, ⁴1988
39: [Briefe ⟨1893 I – 1895 VII⟩.] 1968, ⁴1988
40: [Karl Marx, Schriften, Briefe, Manuskripte bis 1844.] 1985, ²1990 [vorher als Erg.-Bd., Teil 1 in die Werksausgabe aufgenommen: 1. Aufl. 1968]

41: [noch nicht erschienen]
42: [Karl Marx, Ökonomische Manuskripte 1857/1858.] 1983
43: [Karl Marx, Ökonomisches Manuskript 1861–1863. Teil 1.] 1990
Erg.-Bd. [Friedrich Engels, Schriften, Manuskripte, Briefe bis 1844.] 1967, ⁴1982
Erg.-Bd. [Karl Marx/Friedrich Engels, Werke. Sachregister (Band 1–39).] 1989
Erg.-Bd. Marx/Engels-Verzeichnis. Bd. 1–2.
  1. Werke. Schriften. Artikel. 1968
  2. Werke. Briefe. Postkarten. Telegramme. 1971, ²1979

3) Gesamtausgabe [MEGA²]. Hrsg. v. d. Internationalen Marx-Engels-Stiftung [bis 1990 v. Institut für Marxismus-Leninismus beim Zentralkomitee der Kommunistischen Partei der Sowjetunion u. v. Institut für Marxismus-Leninismus beim Zentralkomitee der Sozialistischen Einheitspartei Deutschlands]. Abt. I–IV [geplant 130 Bände; je Bd. 1 Halbbd. Text u. 1 Halbbd. Apparat]. Berlin 1975–

1. Abt.: Werke. Artikel. Entwürfe. Bd.1–

  1: Karl Marx, Werke. Artikel. Literarische Versuche bis März 1843. 1975
  2: Karl Marx, Werke. Artikel. Entwürfe März 1843 bis August 1844. 1982
  3: Friedrich Engels, Werke. Artikel. Entwürfe bis August 1844. 1985
  10: Karl Marx/Friedrich Engels, Werke. Artikel. Entwürfe Juli 1849 bis Juni 1851. 1977
  11: Karl Marx/Friedrich Engels, Werke. Artikel. Entwürfe Juli 1851 bis Dezember 1852. 1985
  12: Karl Marx/Friedrich Engels, Werke. Artikel. Entwürfe Januar bis Dezember 1853. 1984
  13: Karl Marx/Friedrich Engels, Werke. Artikel. Entwürfe Januar bis Dezember 1854. 1985
  14: Werke, Artikel, Entwürfe. Januar bis Dezember 1855. 2001
  18: Karl Marx/Friedrich Engels, Werke. Artikel. Entwürfe Oktober 1859 bis Dezember 1860. 1984
  20: Karl Marx/Friedrich Engels, Werke. Artikel. Entwürfe September 1864 bis September 1867. 1992
  22: Karl Marx/Friedrich Engels, Werke. Artikel. Entwürfe März bis November 1871. 1978
  24: Karl Marx/Friedrich Engels, Werke. Artikel. Entwürfe Mai 1875 bis Mai 1883. 1984
  25: Karl Marx/Friedrich Engels, Werke. Artikel. Entwürfe Mai 1875 bis Mai 1883. 1985
  26: Friedrich Engels, Dialektik der Natur (1873–1882). 1985

27: Friedrich Engels, Herrn Eugen Dührings Umwälzung der Wissenschaft (Anti-Dühring) [u. a.]. 1988
29: Friedrich Engels, Der Ursprung der Familie, des Privateigentums und des Staats. 1990
31: Friedrich Engels, Werke, Artikel, Entwürfe. Oktober 1886 bis Februar 1891. 2002

2. Abt.: ›Das Kapital‹ und Vorarbeiten. Bd. 1–

1,1–2: Karl Marx, Ökonomische Manuskripte 1857–1858. 1976–81
2:     Karl Marx, Ökonomische Manuskripte und Schriften 1858–1861. 1980
3,1–6: Karl Marx, Zur Kritik der politischen Ökonomie (Manuskripte 1861–1863). 1976–82
4,1–2: Karl Marx, Ökonomische Manuskripte 1863–1867. 1988–92
5:     Karl Marx, Das Kapital. Kritik der politischen Ökonomie. Erster Band. Hamburg 1867. 1983
6:     Karl Marx, Das Kapital. Kritik der politischen Ökonomie. Erster Band. Hamburg 1872. 1987
7:     Karl Marx, Le Capital. Paris 1872–1875. 1989
8:     Karl Marx, Das Kapital. Kritik der politischen Ökonomie. Erster Band. Hamburg 1883. 1989
9:     Karl Marx, Capital. A critical analysis of capitalist production. London 1887. 1990
10:    Karl Marx, Das Kapital. Kritik der politischen Ökonomie. Erster Band. Hamburg 1890. 1991

3. Abt.: Briefwechsel. Bd. 1–

1: Karl Marx/Friedrich Engels, Briefwechsel bis April 1846. 1975
2: Karl Marx/Friedrich Engels, Briefwechsel Mai 1846 bis Dezember 1848. 1979
3: Karl Marx/Friedrich Engels, Briefwechsel Januar 1849 bis Dezember 1850. 1981
4: Karl Marx/Friedrich Engels, Briefwechsel Januar bis Dezember 1851. 1984
5: Karl Marx/Friedrich Engels, Briefwechsel Januar bis August 1852. 1987
6: Karl Marx/Friedrich Engels, Briefwechsel September 1852 bis August 1853. 1987
7: Karl Marx/Friedrich Engels, Briefwechsel September 1853 bis März 1856. 1989
8: Karl Marx/Friedrich Engels, Briefwechsel April 1856 bis Dezember 1857. 1990

9: Karl Marx/Friedrich Engels, Briefwechsel Januar 1859 bis August 1859. [für 2003 angekündigt]
10: Karl Marx/Friedrich Engels, Briefwechsel September 1859 bis Mai 1860. 2000
11: [iV]
12: [iV]
13: Karl Marx/Friedrich Engels, Briefwechsel Oktober 1864 bis Dezember 1865. 2002

4. Abt.: Exzerpte. Notizen. Marginalien. Bd. 1–

1: Karl Marx/Friedrich Engels, Exzerpte und Notizen bis 1842. 1976
2: Karl Marx/Friedrich Engels, Exzerpte und Notizen 1843 bis Januar 1845. 1981
4: Karl Marx/Friedrich Engels, Exzerpte und Notizen Juli bis August 1845. 1988
6: Karl Marx, Exzerpte und Notizen September 1846 bis Dezember 1847. 1983
7: Karl Marx/Friedrich Engels, Exzerpte und Notizen September 1849 bis Februar 1851. 1983
8: Karl Marx, Exzerpte und Notizen März bis Juni 1851. 1986
9: Karl Marx, Exzerpte und Notizen Juli bis September 1851. 1991

4) Studienausgabe in 4 Bänden. Hrsg. v. Iring Fetscher. Bd. 1–4
(= Fischer Bücherei 764–767) [Umschlagtitel: Marx-Engels, Studienausgabe]. Frankfurt 1966 [häufige Neuauflagen]
1: Philosophie
2: Politische Ökonomie
3: Geschichte und Politik
4: Geschichte und Politik

5) Karl-Marx-Studienausgabe. Hrsg. unter Mitarbeit v. Peter Furth, Benedikt Kautsky u. Peter Ludz v. Hans-Joachim Lieber.
Bd. 1–7. Stuttgart 1960–88
1–2: Frühe Schriften. Hrsg. v. Hans-Joachim Lieber u. Peter Furth. 1962–71 [Bd. 1 ^{5}1989, Bd. 2 ^{3}1990]
3,1–2: Politische Schriften. Hrsg. v. Hans-Joachim Lieber. 1960, ^{4}1978
4–6: Ökonomische Schriften [Das Kapital; kleinere ök. Schriften]. Hrsg. v. Hans-Joachim Lieber u. Benedikt Kautsky. 1962–64 [Bd. 4 ^{4}1990, Bd. 5 ^{4}1975, Bd. 6 ^{3}1975]
[7:] Marx-Lexikon [Register u. Lexikon]. Hrsg. v. Hans-Joachim Lieber. 1988

Wegweiser/Lexika

Willi **Herferth**, Sachregister zu den Werken Karl Marx, Friedrich Engels. Subject index to the works of Karl Marx, Friedrich Engels. Hrsg. u. eingel. v. Jörg Sandkühler. Köln 1983
Marx-Engels-Begriffslexikon. Hrsg. v. Konrad Lotter [u.a.] (= Beck'-sche schwarze Reihe 273). München 1984
A Dictionary of Marxist Thought. Hrsg. v. Tom Bottomore. Oxford 1983

Bibliographien
Franz **Neubauer**, Marx-Engels-Bibliographie. Boppard 1979
Cecil L. **Eubanks**, Karl Marx and Friedrich Engels. An analytical bibliography (= Garland reference library of social science 23). New York 1977
Bert **Andréas**, Karl Marx, Friedrich Engels. Das Ende der klassischen deutschen Philosophie. Bibliographie (= Schriften aus dem Karl-Marx-Haus Trier 28). Trier 1983

Archivalische Forschungen zur Geschichte der deutschen Arbeiterbewegung. Veröffentlicht vom Institut für Geschichte der Deutschen Akademie der Wissenschaften zu Berlin. Abteilung »Dokumente und Materialien zur Geschichte der deutschen Arbeiterbewegung«. Leitung: Leo Stern. Bd. 1–4, 6, 7. (Ost)Berlin

1: 3. Arbeitstagung der Forschungsgemeinschaft »Dokumente und Materialien zur Geschichte der deutschen Arbeiterbewegung« am 7. und 8. Dezember 1953 in Halle (Saale). 1954

2,1–2: Die Auswirkungen der ersten russischen Revolution von 1905 bis 1907 auf Deutschland. Hrsg. v. Leo Stern. Quellenmaterial v. Walter Nissen [u.a. Teil I–II]. 1955, 1956

2,3–7: Die russische Revolution von 1905–1907 im Spiegel der deutschen Presse. Hrsg. v. Leo Stern. Quellenmaterial zusammengestellt u. bearb. v. . . . [einem] Assistentenkollektiv [Teil III bis VII]. 1961

3,1–2: Der Kampf der deutschen Sozialdemokratie in der Zeit des Sozialistengesetzes 1878–1890. Die Tätigkeit der Reichs-Commission. Hrsg. v. Leo Stern. Quellenmaterial bearb. v. Herbert Buck [Teil I–II]. 1956

4,1–4: Die Auswirkungen der Großen Sozialistischen Oktoberrevolution auf Deutschland. Hrsg. v. Leo Stern. Quellenmaterial bearb. v. Gerhard Schrader u. Hellmuth Weber [Teil I–IV]. 1959
    1. [Darstellung]
    2. [Quellenmaterial <1917 II – 1918 I>]
    3. [Quellenmaterial <1918 I – IX>]
    4. [Quellenmaterial <1918 IX – XI>. Register]

6,1–5: Die Presse der Arbeiterklasse und der sozialen Bewegungen, von den dreißiger Jahren des 19. Jahrhunderts bis zum Jahre 1967. Bibliographie und Standortverzeichnis der Presse der deutschen, österreichischen und der schweizerischen Arbeiter-, Gewerkschafts- und Berufsorganisationen (einschließlich der Protokolle und Tätigkeitsberichte). Bd. 1–5. Gesammelt ... v. Alfred Eberlein. 1968–70 [auch Frankfurt/M – Bd. 5 Register. – Neubearb. s. S. 261]

7,1–2: Arbeiterklasse siegt über Kapp und Lüttwitz. Quellen ausgewählt u. bearb. v. Erwin Könnemann [u. a.]. 1971 [auch Glashütten/Taunus 1971]

Dokumente und Materialien zur Geschichte der deutschen Arbeiterbewegung. Hrsg. v. Institut für Marxismus-Leninismus beim Zentralkomitee der Sozialistischen Einheitspartei Deutschlands. [Reihe 1–3.] (Ost)Berlin

[Reihe 1 <–1914>] Bd.
    3: <1871 III – 1898 IV>.1975
    4: <1898 III – 1914 VII>.1967

Reihe 2 <1914–1945> Bd. 1–
    1: <1914 VII – 1917 X>. 1958, ²1958
    2: <1917 XI – 1918 XII>. 1957
    3: <1919 I – V>. 1958
    7,1: <1919 II – 1921 XII>. 1966
    7,2: <1922 I – 1923 XII>. 1966
    8: 1924–1929. 1975

Reihe 3 <1945– > Bd. 1–
    1: <1945 V – 1946 IV>. 1959

Dokumente der Weltrevolution. Im Auftrag des Komitees Dokumente der Weltrevolution, Zürich. Red.: Frits Kool. Bd. 1–6. Olten/Freiburg i. Br.

1: Die frühen Sozialisten. Hrsg. v. Frits Kool u. Werner Krause. Eingel. v. Peter Stadler. 1967
2: Arbeiterdemokratie oder Parteidiktatur. Hrsg. v. Frits Kool u. Erwin Oberländer. Eingel. v. Oskar Anweiler. 1967
3: Die Linke gegen die Parteiherrschaft. Hrsg. u. eingel. v. Frits Kool. 1970
4: Der Anarchismus. Hrsg. u. eingel. v. Erwin Oberländer. 1972
5: Die Technik der Macht. Hrsg. v. Helmut Dahm u. Frits Kool. Eingel. v. Nikolaus Lobkowicz. 1974
6: Religiöser Sozialismus. Hrsg. u. eingel. v. Arnold Pfeiffer. 1976

Bibliographien
DW 35/1371–1418 [Arbeiterbewegung]
DW 35/1264–1370 a [Sozialismus]

Dieter **Dowe**, Bibliographie zur Geschichte der deutschen Arbeiterbewegung, sozialistischen und kommunistischen Bewegung von den Anfängen bis 1863 unter Berücksichtigung der politischen, wirtschaftlichen und sozialen Rahmenbedingungen. Berichtszeitraum 1945–1975 (= Archiv f. Sozialgeschichte. Beiheft 5). Bonn ³1981 [1. Aufl. 1976]

Hans-Josef **Steinberg**, Die deutsche sozialistische Arbeiterbewegung bis 1914. Eine bibliographische Einführung. Frankfurt/M/New York 1979

Klaus **Tenfelde**/Gerhard A. **Ritter** (Hrsg.), Bibliographie zur Geschichte der deutschen Arbeiterschaft und Arbeiterbewegung 1863 bis 1914. Berichtszeitraum 1945–1975. Mit einer forschungsgeschichtlichen Einleitung (= Archiv f. Sozialgeschichte. Beiheft 8). Bonn 1981

Kurt **Klotzbach**, Bibliographie zur Geschichte der deutschen Arbeiterbewegung 1914–1945. Sozialdemokratie, Freie Gewerkschaften, Christlich-Soziale Bewegungen, Kommunistische Bewegung und linke Splittergruppen. Mit einer forschungsgeschichtlichen Einleitung (= Archiv f. Sozialgeschichte. Beiheft 2). Bonn-Bad Godesberg 1974, ³1981

Bibliographie zur Geschichte der deutschen Arbeiterbewegung. Hrsg. v. d. Bibliothek der sozialen Demokratie/Bibliothek der Friedrich-Ebert-Stiftung. 1 (1976) – 22 (1997). Bonn 1976 – (98)

Internationale Bibliographie zur deutschsprachigen Presse der Arbeiter- und sozialen Bewegungen von 1830–1982. Hrsg. v. d. Universitätsbibliothek Bochum u. Alfred Eberlein. Bearb. v. Ursula Eberlein. Bd. 1–8. München 1996

Hilfsmittel

Dieter **Dowe**, Führer zu den Archiven, Bibliotheken und Forschungseinrichtungen zur Geschichte der europäischen Arbeiterbewegung (= Archiv f. Sozialgeschichte. Beiheft 11). Bonn 1984

Verfasser- und Sachtitel-Register

Erfaßt sind Verfasser, Herausgeber, Bearbeiter (nicht *Mit*arbeiter), Institutionen als Herausgeber, Sachtitel. Die alphabetische Ordnung der Titel und Institutionen erfolgte sowohl nach den Preußischen Instruktionen von 1909 als auch nach der mechanischen Wortfolge. ä, ö, ü, ae, oe und ue werden im Alphabet wie a, o, u behandelt.

AA SS 164
ABA 54
Abel, S. 76
Abelshauser, W. 144
Abert, J. F. 172
ABF 53
ABI 54
Abkürzungen, Gebräuchliche 99
Abramowski, G. 233
Abreise Erzherzog Leopolds, Von der 197
Abriß der Militärgesch., Kurzer 115
Abstracts, Dissertation – International 20
Abstracts, Historical 23
Abteilung, Kriegswiss. – d. Marine 228
Abulafia, D. 70
Academy, Medieval – of America 152
Achilles, W. 119
Acht, P. 169
Ackerl, I. 234
Acta Borussica 205
Acta Borussica N. F. 216
Acta Imperii inedita 164
Acta Pacis Westphalicae 198
Acta sanctorum 164
Acta sanctorum OSB 164
Acta SS OSB 164
Acten, Auswärtige 201
Acten, Preußische u. österr. – z. Vorgesch. d. Siebenj. Krieges 178
Acten des Wiener Congresses 209
Actes et documents du Saint Siège 236
Acton, Lord J. 70
Adalbert von Stade 163
Adams, J. T. 50
Adams, W. P. 65, 66, 67
ADAP 230
ADB 53
Adels-Lexicon, Neues allg. dt. 97
Adelslexikon 97
Adelung, J. C. 52
Adenauer, K. 243
Adorackij, V. V. 253
AdR 233, 234
Âge, Le moyen 152

AGKK 214
Agrargeschichte, Dt. 119
Agulhon, M.
  (1848) 83
  (Histoire de France) 82
AHR 150
Ahrendts, J. 25
Akademie der Wiss., Bayer. 46
Akademie der Wiss., Berlin-Brandenburgische
  (Acta Borussica, N. F.) 216
  (Jahresber. f. dt. Gesch.) 29
Akademie der Wiss., Berlin 29
Akademie der Wiss. d. DDR 145
Akademie der Wiss., Deutsche
  (Mittellatein. Wörterb.) 46
  (Dt. Rechtswörterb.) 48
Akademie der Wiss., Heidelberger 48
Akademie der Wiss., Österr.
  (CSEL) 165
  (Österr. biogr. Lexikon) 53
Akademie der Wiss., Preußische
  (Acta Borussica) 205
  (Dt. Rechtswörterb.) 48
  (Friedrich d. Gr.) 204
  (Leibniz) 202
Akademie der Wiss., Rheinisch-Westf. 44
Akademija nauk, Rossijskaja 152
Akademija nauk SSSR
  (Istorija SSSR/Ist. Zapiski/Novaja i novejšaja istorija) 151
Akten zur dt. auswärtigen Politik 230
Akten, Die Diplomatischen – d. AA 220
Akten z. Gesch. d. Krimkriegs 214
Akten d. Reichskanzlei 233
Akten, Stadtmünsterische 200
Akten z. Vorgesch. d. Bundesrepublik Deutschland 242
Aktenmaterial, Das Amtliche Dt. 220
Aland, K.
  (Hilfsbuch z. Lutherstudium) 185
  (Lietzmann, Zeitrechnung) 92
  (Luther) 184
Albers, W. 47

Verfasser- und Sachtitel-Register

Albrecht, D. 198
Aldcroft, D. H. 118
Alemann, U.v. 125
Alembert, J. B. d' 42
Alexander I. 178
Alexander, M. 182
Alexandre IV 171
Allemagne et les problèmes de la paix, L' 227
Allen, P. S. 187
Allgemeine deutsche Biographie 53
Allgemeine deutsche Real-Encyclopädie 41
Allgemeine Encyclopädie d. Wiss. u. Künste 41
Allgemeine Geschichtsforschende Gesellschaft d. Schweiz 148
Allgemeines Gelehrten-Lexicon 52
Allischewski, H. 15
Allmand, C. 70
Allmeyer-Beck, J. C. 79
Almanach de Gotha 96
Alonso, B. Sánchez 35
Altaner, B. 128
Ältere pfälzische Korrespondenzen 196
Altes Germanien 161
Ältestenrat 253
Altgeld, W. 182
Althoff, G. 144
Altholz, J. L. 32
Althusius-Bibliographie 204
Altmann, H. 198
Altmann, W. 169
Altschul, M. 32
Alvarez, M. Fernández 86
Ambrosius, G. 117
American Biographical Archive 54
American Biographical Index 54
American Doctoral Dissertations 20
American Historical Association
  (AHR) 150
  (Catalogue of Files) 107
  (Guides to German Records) 107
American Historical Association's Guide to Hist. Literature 24
American Historical Review, The 150
American National Biography 54
Amerikanische u. Französ. Revolution 183
Amt, Auswärtiges 137
Amtliche Deutsche Aktenmaterial, Das – z. Auswärtigen Politik 220
Anarchismus 260
Anderson, M. 71
André, L. 156

Andréas, B. 259
Andreas, W.
  (Bismarck) 215
  (Grhzg. Carl August) 211
  (Neue Propyläen-Weltgesch.) 64
Andree, R. 89
Andrés, M. 86
Andresen, C. 44
Anfänge der Ära Seeckt, Die 250
Ángel García, J. 86
Angermann, E.
  (dtv-Weltgesch.) 67
  (Gesch. Nordamerikas) 81
Angermeier, H. 175
Anna, Pfalzgräfin 177
Annales 150
Annas, G. 174
Année Politique, L' - 140
Annotated Bibliography of the Holy Roman Empire, An 26
Annuaire Européen 140
Annual Bibliography of British and Irish History 32
Annual Bulletin of Historical Literature 32
Annual Register, The 140
Ansprenger, F. 68
APP 214
Appelt, H. 168
Appuhn, H. 102
APW 198
Arbeiten z. Gesch. d. Kirchenkampfes 236
Arbeiterdemokratie oder Parteidiktatur 260
Arbeiterklasse siegt über Kapp 260
Arbeiter-, Soldaten- u. Volksräte 233
Arbeitsbuch Geschichte 72
Arbeitsgemeinschaft außeruniversitärer hist. Forschungseinrichtungen
  (Hist. Bibliographie) 29
  (Jb. d. hist. Forschung) 146
Arbeitskreis für Wehrforschung
  (Halder-Kriegstageb.) 236
  (Krieg zur See) 229
  (WWR) 148
Arbusow, L. 129
Archiv, Deutsches 143
Archiv, Deutsches Biographisches 53
Archiv f. Diplomatik 142
Archiv d. Gegenwart 140
Archiv d. Gesellschaft f. ältere dt. Geschichtskunde 142
Archiv, Internationales biogr. 52
Archiv, Italienisches Biograph. 55

Archiv, Krasnyj 151
Archiv f. Kulturgeschichte 142
Archiv, Neues 147
Archiv, Politisches 107
Archiv, Politisches – Philipps d. Großmüthigen 178
Archiv f. Reformationsgesch. 142
Archiv, Russ. Biograph. 55
Archiv f. Sozialgesch. 142
Archiv f. Urkundenforschung 142
Archivalische Forschungen z. Gesch. d. dt. Arbeiterbewegung 259
Archivalische Zeitschrift 142
Archivalischen Quellen, Die 105
Archivar, Der 142
Archive 108
Archive u. Archivare 108
Archive, American Biographical 54
Archive, British Biographical 54
Archives biographiques franç. 53
Archives Nationales, Les 107
Archives of Russia 108
Archivio storico italiano 150
Archivmitteilungen 143
Archivum historiae pontificiae 150
Archivy Rossii 108
Arco y Garay, R. del 85
Aretin, K. O. Frhr. v. 147
ARG 142
Armand, M. 36
Arnaud, E. 97
Arnim, M. 52
Arnold von Lübeck 163
Arnold, R. 145
Arroquia, J. de Mata Carriazo 86
Artelt, R. G. 38
Artola Gallego, M. 87
Ashton-Gwatkin, F. T. 141
Assman, J. 148
Aßmann, K. 229
Association, American Historical
 (AHR) 150
 (Catalogue of Files) 107
 (Guides to German Records) 107
Association, Historical
 (Annual Bulletin) 32
 (History) 151
Atlas, The Cambridge Modern History 70
Atlas historique de la France 90
Atlas z. Weltgesch., Westermanns 90
Aubin, H.
 (Handb. d. dt. Wirtsch.gesch.) 118
 (Raum Westfalen) 121
Auer, L. 72
Auerbach, H. 27

AUF 142
Aufriß d. hist. Wissenschaften 12
Auftakt z. Ära Adenauer 251
Augusta, Kaiserin 211
Augustijn, C. 142
Augustinus-Lexikon 45
Aulinger, R. 195, 196
Aurifaber, J. 183
Ausgang d. Regierung Rudolfs II., Der 197
Ausgewählte Bibliographie z. Gesch. d. pol. Parteien 245
Ausgewählte Quellen z. dt. Gesch. d. Mittelalters 161
Ausgewählte Quellen z. dt. Gesch. d. Neuzeit 179
Ausschuß, Der Auswärtige 252
Ausschuß, Der Interfraktionelle 249
Ausschuß f. Finanzfragen 253
Ausschuß f. Grundsatzfragen 252
Ausschuß f. Organisation d. Bundes 253
Ausschuß f. Wahlrechtsfragen 252
Außenpolitik, Österreich-Ungarns 220
Auswärtiger Ausschuß des Dt. Bundestages 252
Auswärtige Acten 201
Auswärtige Politik d. Dt. Reiches, Die 220
Auswärtige Politik Preußens, Die 214
Auswärtiges Amt 137
Auswirkungen d. ersten russ. Revolution, Die 259
Auswirkungen d. Großen Sozialist. Oktoberrevolution, Die 259
Aymans, W. 111
Azéma, J.-P. 84

Baaken, G. 168
Baaken, K. 168
Baar, L. 146
Bach, A. 143
Bachem, J. 47
Bachman, M.-L. 37
Bächtold-Stäubli, H. 43
Badische Historische Kommission 210
Badziag, A. 91
Bailleu, P.
 (Briefw. Friedr. Wilh. III.) 178
 (Preußen u. Frankreich) 177
Baillie, L. (BBA/ABI) 54
Bak, J. M. 155
Baker, D. 26
Balard, M. 34
Balfour, M. 141
Baltl, H. 114
Balzani, U. 157

Verfasser- und Sachtitel-Register 265

Bank, D. 54
Bär, M. 178
Bardong, O. 180
Barkin, K. D. 150
Bartels, H. 113
Barth, P. 186
Barthélemy, D. 83
Bartlett, R. 80
Barudio, G. 66
Baruque, J. Valdeón 86
Bassermann, Von – zu Stresemann 249
Bauer, A.
  (Heinrich v. Lettland) 162
  (Widukind) 163
Bauer, Fritz 241
Bauer, F. J. 250
Bauer, H. 129
Bauer, W. 11
Baum, W. 185
Baumgart, P. 206
Baumgart, W.
  (AGKK) 214
  (Paquet, Groener, Hopman) 212
  (Quellenkunde) 156
  (Stein-Gedächtnisausg.) 179, 181
Baumont, M. 63
Bausch, H. 126
Bautz, F. W. 57
Bautz, T. 57
Baxter, J. H. 46
Bayer, E. 49
Bayerische Akademie d. Wiss. 46
Bayerischer Schulbuch-Verlag 90
Bayerische Staatsbibliothek 153
BBA 54
BBI 54
Beatus Rhenanus 187
BECh 150
Becher, U. 145
Beck, F. 105
Becker, J. 122
Becker, J. J. 83
Becker, R. 192
Becker, W.
  (APW) 199
  (Quellenkunde) 156
Beckerath, E. v. 47
Beckert, R. 149
Beckmann, G. 174
Beer, K. 174
Begründung, Die – d. preuß. Münzsystems 207
Behnen, M.
  (Lex. d. dt. Gesch.) 49
  (Quellen … 1890-1911) 181

Behördenorganisation, Die 206
Behrends, O. 114
Beilagen zu den Stenogr. Berichten ü. d. öffentl. Verhandl. d. Untersuchungsausschusses 225
Beiträge z. Gesch. d. Arbeiterbewegung 143
Beiträge z. Gesch. Hzg. Albrechts V. 197
Beiträge z. Reichsgesch. 197
Belder, J. de 38
Bell, B. L. 19
Bell, J. 224, 226
Beloff, M. 81
Below, G. v. 68
Bély, L. 50
Benaerts, P. 62
Bender, H. S. 45
Benedict, F. 90
Benedikt XI. 171
Benedikt XII. 171
Benediktinermönche d. Abtei S. Petri 165
Benians, E. A. 70
Bennassar, B. 87
Benoît XI 171
Benoît XII 171
Bentley, M. 132
Benz, W.
  (Fischer Weltgesch.) 67
  (ZfG) 149
Benzing, J. 184
Beratungen d. kath. Stände, Die 199
Beratungen d. Kurfürstl. Kurie, Die 199
Beratungen d. Städtekurie, Die 199
Berber, F. 115
Bercé, Y.-M. 83
Berchem, E. Frhr. v. 102
Bérenger, J. 79
Berg, F. v. 250
Berg, W. 113
Berg-Schlosser, D. 125
Bergeron, L.
  (L'épisode napol.) 83
  (Fischer Weltgesch.) 66
Berghahn, V. 73
Bergmann, K. 12
Bericht, Stenographischer – ü. d. Verhandl. d. dt. constit. Nationalversammlung 245
Berichte aus d. Berliner Franzosenzeit 179
Berichte, Stenographische – ü. d. öff. Verhandl. d. Untersuchungsausschusses 224
Berichte, Stenographische – ü. d. Verhandl. d. Reichstages 245
Berichte der WKB 27

Berlin-Brandenburg. Akademie d. Wiss. 29, 216
Berliner Monatshefte 143
Bernard, G. W. 151
Bernard, P. 83
Bernath, M.
 (Biogr. Lex.) 55
 (Hist. Bücherkunde) 39
Bernecker, W.
 (Europa) 69
 (Gesch. Spaniens) 69, 87
Bernhardi, W. 76
Bernold (Mönch) 162
Berstein, S. 84
Bertaud, J.-P. 84
Bertaux, P. 67
Berthold (Mönch) 162
Besprechungen, Interfraktionelle 253
Bestandskatalog d. Bibliothek d. Südost-Instituts 39
Bestermann, T. 15
Betz, H. D. 45
Bevölkerungsgeschichte 117
Bevölkerungs-Ploetz 89
Beyhaut, G. 66
Beyme, K. v. 125
Beziehungen d. Parlamentar. Rats. ..., Die 252
Bezold, F. v. 197
Bianco, L. 67
Biaudet, H. 138
Bibliografi, Dansk historisk 37
Bibliografi, Svensk historisk 36
Bibliografia historii Polski 40
Bibliografia historii Polskiej 40
Bibliografia istorică a României 39
Bibliografia storica nazionale 34
Bibliografia české historie 40
Bibliografie dějin Československa za rok 40
Bibliografie dějin Ceských 40
Bibliografie van de geschiedenis van België 38
Bibliografie der geschiedenis van Nederland 37
Bibliografija russkoj bibliografii po istorii SSSR 35
Bibliographia anastatica 15
Bibliographia Patristica 166
Bibliographic Guide to Spanish Diplomatic History, A 35
Bibliographie z. alteurop. Religionsgesch. 25
Bibliographie annuelle de l'histoire de France 34
Bibliographie annuelle des travaux hist. 34
Bibliographie, Ausgewählte – z. Gesch. d. pol. Parteien 245
Bibliographie, Deutsche 16, 20
Bibliographie z. dt. hist. Städteforschung 124
Bibliographie d. dt. Hochschulschriften z. Rechtsgesch. 116
Bibliographie d. dt. Zeitschriftenliteratur 22
Bibliographie Friedrich d. Gr. 205
Bibliographie z. Deutschlandpolitik 30, 244
Bibliographie, Familiengeschichtl. 97
Bibliographie d. fremdsprach. Zeitschriftenliteratur 22
Bibliographie générale des travaux historiques 33, 34
Bibliographie z. Gesch. ... d. böhm. Länder 40
Bibliographie z. Gesch. d. dt. Arbeiterbewegung 261
Bibliographie z. Gesch. d. dt. Kartographie 91
Bibliographie z. Heraldik 102
Bibliographie, Heraldische 102
Bibliographie d'histoire de l'art 130
Bibliographie de l'hist. de Belgique 38
Bibliographie d'hist. luxemb. 38
Bibliographie de l'histoire médiévale en France 34
Bibliographie de l'hist. suisse 38
Bibliographie, Historische 29
Bibliographie, Internationale d. Bibl. 15
Bibliographie internationale de l'Humanisme 150
Bibliographie, Internationale – z. dt.sprach. Presse d. Arbeiterbewegung 261
Bibliographie Nationale Française [BNF] 18
Bibliographie ins neuhochdeutsche übers. mittelalt. Quellen 25
Bibliographie, Österr. hist. 38
Bibliographie z. Politik 125
Bibliographie z. dt. Presse, Intern. 261
Bibliographie de la Réforme 26
Bibliographie der Reprints, Internationale 15
Bibliographie de la Révolution franç. 34
Bibliographie der Rezensionen, Internationale 22
Bibliographie d. Schweizergesch. 38
Bibliographie z. Sphragistik 101

Bibliographie z. Studium d. Gesch. d.
 Vereinigten Staaten 33
Bibliographie d. Täufertums 30
Bibliographie »Widerstand« 28
Bibliographie z. Zeitgesch. 27
Bibliographie z. Zeitgesch. u. z. Zweiten
 Weltkrieg 27
Bibliographie d. Zeitschriften d. dt.
 Sprachgebiets 126
Bibliographie d. Zeitschriftenlit., Internationale 22
Bibliographie von Zeitungen ... zur ...
 Entwicklung d. SBZ/DDR, Systematische 30
Bibliographien d. Weltkriegsbücherei 26
Bibliographische Vierteljahrshefte d.
 Weltkriegsbücherei 26
Bibliographisches Handbuch d. Nationalitätenfrage Südosteuropas 39
Bibliographisches Institut
 (Meyers Taschenlex. Gesch.) 49
 (Meyers gr. Personenlex.) 52
Bibliography, A Bimonthly – of Photomechanical Reprints 15
Bibliography of British History 32
Bibliography of English History 32
Bibliography, Foreign Affairs 28
Bibliography of Historical Sciences, International 24
Bibliography of Historical Works 31
Bibliography of Historical Writings 31
Bibliography of the Holy Roman Empire,
 An Annotated 26
Bibliography, International – of Directories a. Guides to Archival Repositories
 109
Bibliography, International Medieval 25
Bibliography of Modern History, A 26
Bibliography of the Reform, The 26
Bibliography of the Social Sciences, International 125
Bibliography of Soviet ... Studies, European 36
Bibliography of Works in English on
 Early Russian History, A 35
Bibliography, The British National 17
Bibliotheca hagiographica 24
Bibliotheca rerum Germanicarum 164
Bibliothek, Dt. 16, 20
Bibliothek d. Friedrich-Ebert-Stiftung 261
Bibliothek d. Instituts f. Zeitgesch. 27
Bibliothek d. sozialen Demokratie 261
Bibliothek d. Südost-Instituts 39
Bibliothek f. Zeitgesch., System. Katalog
 27

Bibliothèque de l'Ecole des Chartes 150
Bibliothèque d'Humanisme et Renaissance 150
Bibliothèque Nationale 18
Bibliothèque nationale suisse 38
Biefang, A. 252
Bienert, W. 149
Bierther, K. 198
Biethenholz, P. G. 57
Biewer, G. 242
Bihl, W. 181
Bihlmeyer, K. 110
Bilboul, R. R. 21
Bilinkoff, J. 142
Bimonthly Bibliography, A – of Photomechanical Reprints 15
Bindseil, H. E. 185
Bio-Bibliographisches Verzeichnis v.
 Universitätsdrucken 20
Biographical Dictionary of the History of
 Technology 131
Biographical Dictionaries a. Related
 Works 58
Biographie, Allgemeine dt. 53
Biographie générale, Nouvelle 52
Biographie, Neue Dt. 53
Biographie universelle 52
Biographisch-Bibliographisches Kirchenlexikon 57
Biographisches Handbuch d.
 dt.sprachigen Emigration 58
Biographisches Lexikon z. Gesch. d.
 böhm. Länder 53
Biographisches Lexikon z. Gesch. Südosteuropas 55
Biographisches Lexikon z. Weltgesch. 56
Biographisches Wörterbuch z. dt. Gesch.
 56
Birke, A. 74
Bischöfe d. dt.sprachigen Länder, Die 138
Bischöfe d. Hl. Röm. Reiches 138
Bischoff, B. 97
Bismarck, H. v. 211
Bismarck, O. v.
 (Gesammelte Werke) 215
 (Werke in Auswahl) 179
Bismarck-Bibliographie 216
Bismarckschen Reich, Im 182
Bittner, L.
 (Inventare) 105
 (Österr.-Ungarns Außenpol.) 221
 (Repertorium d. dipl. Vertreter) 139
 (Verzeichnis d. österr. Staatsverträge)
 137
Black, J. B. 80

Blaich, F. 113
Blaise, A. 47
Blanke, F. 186
Blaschke, K.
  (Dt. Verwaltungsgesch.) 113
  (Gesch. Sachsens) 123
Blasius, R. A. 242
BLC 17
Blätter f. dt. Landesgeschichte 143
Bleiberg, G. 51
Bleicken, J. 65
Blessing-Hein, B. 145
Blet, P. 236
Blickle, P. 69
Bloch, M. 150
Bluche, F. 50
Bluntschli, J. C. 47
BM 17
BN 18
BNB 17
BNF 18
Bo, D. 45
Boberach, H.
  (Bundesarchiv) 106
  (Rheinische Briefe) 209
Bock, E. 175
Böckenförde, E.-W.
  (Mod. dt. Verfassungsgesch.) 113
  (Der Staat) 148
Bodea, C. 39
Bodemann, E. 177, 178
Bohemia 143
Boeckh, K. 146
Boehm, E. H. 28, 153
Boehm, L. 145
Bohm-Schuch, C. 224
Böhmer, J. F.
  (Fontes rerum German.; Acta Imperii selecta) 164
  (Regesta Imperii) 167
Bohrn, H. 37
Boelcke, W. A. 116
Boldt, H.
  (Dt. Verfassungsgesch.) 112
  (Reich u. Länder) 244
Bolland, J. 164
Bollandisten
  (Acta sanctorum) 164
  (Bibliotheca hagiographica) 24
Bol'šaja Sovetskaja ènciklopedija 43
Bonfadelli, H. 126
Boniface VIII 171
Bonifatius 161
Böning, H. 126
Bonjour, E. 133

Bonnell, H. E. 75
Bonser, W. 32
Boockmann, H.
  (Athenaion-Bilderatlas) 73
  (Dt. Gesch. im Osten Europas) 123
  (Einführung) 13
  (Stauferzeit) 74
Booms, H.
  (Akten d. Reichskanzlei) 233
  (Bundesarchiv u. seine Bestände) 106
  (Kabinettsprotokolle) 242
Boor, H. de 128
Borawski, G. 113
Bor'ba klassov 153
Borchardt, Karl 173
Borchardt, Knut
  (Europ. Wirtschaftsgesch.) 117
  (Stolper, Dt. Wirtschaft) 119
Borcherdt, H. H. 184
Borck, H.-G. 143
Borgert, H.-L. 116
Borgolte, M. 69
Born, K. E. 216
Bornc, D. 84
Bornkamm, K. 184
Borodziej, W. 149
Borowsky, P. 12
Bos, T. S. H. 38
Bosbach, F. 199
Boschan, R. 202
Boshof, E. 12
Bosl, K.
  (Biogr. Wörterbuch) 56
  (Handb. d. Gesch. d. böhm. Länder) 122
Bottomore, T. 259
Botzenhart, E. 208
Botzenhart, M.
  (Dt. Verfassungsgesch.) 112
  (Deutschland um 1800) 73
  (Stein) 208
Bouloiseau, M. 83
Bourgeois, E. 156
Bournazel, E. 60
Bourin-Derruau, M. 83
Boutruche, R. 60
Boyce, G. C. 25
Boyer, J. W. 151
Bracher, K. D.
  (Bibl. z. Politik) 125
  (Gesch. d. Bundesrep.) 77
  (Justiz u. NS-Verbrechen) 241
  (Propyläen Gesch. Europas) 69
  (Quellen z. Gesch. d. Parlamentarismus) 250
  (VfZG) 148

Verfasser- und Sachtitel-Register 269

Brackmann, A.
  (Handb. d. ma. u. neueren Gesch.) 68
  (Jahresberichte) 29
  (Papsturkunden) 98, 101
Bradley, S. 53
Brandenburg, E.
  (APP) 214
  (Moritz von Sachsen) 196
Brandenburgische Geschichte 123
Brandi, K.
  (Archiv f. Urk.forschung) 142
  (Gesch. d. Gesch.wiss.) 132
  (Die Schrift) 97
Brandis, T. 106
Brandt, A. v. 11
Brandt, H. 182
Brandt, O.
  (Gesch. Schleswig-Holsteins) 121
  (Handb. d. dt. Gesch.) 73
Brandt, P. 233
Brandt, W. 243
Branig, H.
  (Gesch. Pommerns) 123
  (Übersicht über d. Bestände) 106
Brater, H.-S. 106
Brater, K. 47
Braubach, M. 198
Braudel, F. 120
Braun, G. 199
Braun, H.-J. 130
Bredt, J. V.
  (Erinnerungen) 250
  (Gutachten f. Untersuchungsausschuß) 227
Breitscheid, R. 224
Brenneke, A. 104
Brentjes, B. 130
Bresslau, H.
  (Gesch. d. MGH) 161
  (Handb. d. Urkundenlehre) 99
  (Jahrbücher d. Dt. Reiches) 76
Brest-Litowsk, Von – z. dt. Novemberrevolution 212
Bretschneider, C. G. 185
Brettner-Messler, H. 217, 218
Breysig, K. 201
Breysig, T. 75
Briefe u. Akten z. Gesch. d. Dreißigjähr. Krieges 197
Briefe u. Akten z. Gesch. d. 16. Jh.s 197
Briefe u. Akten, Rheinische 209
Brinckmeier, E. 46
Bring, S. E. 36
Brinkmann, R. 143
British Biographical Archive 54

British Biographical Index, The 54
British Library General Catalogue, The 17
British Museum General Catalogue 17
British National Bibliography [BNB], The 17
Brockhaus-Efron 43
Brockhaus Enzyklopädie 41
Brockhaus-Redaktion 65
Brode, R. 201
Brok-Ten Broek, J. 38
Bromley, J. S. 70
Bronsart v. Schellendorff, P. 211
Brooke, C. 71
Brooke-Little, J. P. 101
Brosius, D. 173
Broszat, M. 67
Brown, J. S. 28
Brown, L. B. 32
Brox, N. 111
Bruckmüller, E. 120
Bruckner, A. 98
Bruford, W. H. 127
Brunert, M.-E. 199
Brunhölzl, F. 128
Brunner, H. 112
Brunner, K.
  (Einführung) 11
  (Mittelalter. Repetitorium) 72
  (Österr. Gesch.) 78
Brunner, O. 49
Brunotte, H.
  (Arbeiten z. Gesch. d. Kirchenkampfes) 236
  (Evangel. Kirchenlexikon) 45
Brunnschweiler, T. 186
Brusatti, A. 79
Bruun, H. 37
Bucer, M. 177
Buch, Das historisch-politische 144
Buch, G. 56
Buchberger, M. 44
Bucher, P.
  (Nachkriegsdeutschland) 182
  (Verfassungskonvent) 252
Bücherei, Dt. 16, 20
Bücherkunde, Hist. – Südosteuropas 39
Bücherschau der WKB 27
Bücherverzeichnis, Dt. 16
Bücherverzeichnis z. Kirchengeschichte 116
Buchheim, C. 117
Buchheim, K. 127
Buchholz, E. W. 89
Buchholz, P. 25
Buchholz, W. 123

Büchler, J. L. 142
Buchner, R.
 (Quellen z. dt. Gesch. d. MA) 161, 162
 (Stein-Gedächtnisausgabe) 179, 180
 (Wattenbach/Rechtsquellen) 155
Buchstab, G. 199
Buchwaldt, G. 184
Buck, H. de 37
Buck, Herbert 259
Bulletin of Historical Literature, Annual 32
Bulletin of Reprints 15
Bullock, A. 71
Bundesarchiv
 (Akten z. Vorgesch. d. Bundesrep.) 242
 (Der Parlamentarische Rat) 252
Bundesarchiv u. seine Bestände, Das 106
Bundesministerium f. Innerdt. Beziehungen
 (Bibl. z. Deutschlandpol.) 30, 244
Bundesministerium f. Vertriebene 242
Bundestag, Dt. 252
Burchardt, M. 14
Burckhardt, J. 11
Bürgerliche Zeitalter, Das 183
Burgers, J. W. J. 46
Burgo, J. del 35
Burgos, M. Espadas 87
Burke, E. 140
Burke, P. 70
Burschel, P.
 (Gesch./Tutorium) 12
 (Nuntiaturberichte) 191
Bury, J. B. 70
Bury, J. P. T. 70
Bues, A. 190
Busa, R. 45
Busch, F. 73
Buschmann, A. 244
Büssem, E. 72
Bußmann, W.
 (H. v. Bismarck) 211
 (Handb. d. europ. Gesch.) 69
 (Das Zeitalter Bismarcks) 73
 (S.A.Kaehler, Briefe) 213
Bustamante, C. Pérez 86
Butler, J. R. M. 70
Büttner, E. 253
Buyken, T. 116
Byzantinische Zeitschrift 143

Cadier, J. 186
CAG 45
Cahen, C. 66
Cahiers de civilisation médiévale 24, 150

Calmette, J.
 (Clio) 59
 (Hist. du moyen âge) 63
Calvin, J. 185
Cambridge Economic History, The 117
Cambridge Historical Journal, The 151
Cambridge Medieval History, The 70
Cambridge Modern History, The 70
Cambridge Modern History Atlas, The 70
Cambridge Social History of Britain, The 120
Campenhausen, A. v. 45
Campistol, J. Reglà 86
Cancik, H. 43
Candeloro, G. 85
Caenegem, R. C. van 13
Canellas López, A. 86
Cange, C. du F. Du 46
Cannon, J. 50
Capie, F. 151
Cappelli, A. 99
Cárcel Ortí, M. 100
Cardauns, L. 188
Carl August von Weimar, Grhzg. 211
Carlé, M.d. Carmen 85
Carmen Carlé, M.d. 85
Carnes, M. C. 54
Caron, F. 82
Caron, P.
 (Bibliographie) 33
 (Répertoire bibl.) 34
Carr, R.
 (Historia de España) 87
 (Spain 1808-1939) 71
Carriazo Arroquia, J. de Mata 86
Carsten, F. L. 70
Cartarius, U. 28
Case, L. M. 108
Caspar, G.-A. 116
Catalog of Files and Microfilms, A 107
Catalogue of Files and Microfilms, A 107
Catalogue des thèses 21
Caetanus, A. 192
Catt, H. de 177
Catterall, P. 32
Caussy, F. 179
Cavaignac, E. 59
Cavallo, G. 98
CCCM 165
CCILL 166
CCSA 166
CCSG 166
CCSL 166
CDU/CSU-Fraktion im Dt. Bundestag 252

CDU/CSU im Parlamentarischen Rat, Die 253
Central European History 150, 151
Centre National Scientifique 25
Centro de Estudios Históricos Internacionales 35
Chartae latinae antiquiores 98
Chaunu, P. 60
Chesneaux, J. 61
Chevalier, F. 61
Chevalier, U. 25
Chigi, F. 200
Chirat, H. 47
Christie, I. R.
  (Bibl. of History) 32
  (New History of England) 81
Chronik Ottos von St. Blasien 162
Chroniken d. dt. Städte 173
Chroust, A. 197
CIC 111, 114
Cipolla, C. M. 117
Clain-Stefanelli, E. E. 103, 104
Clark, G. 80
Clark, G. N. 70
Claus, H. 184
Clausewitz, C. v. 212
Clavis medievalis 49
Clavis patrum latinorum 25
Clemen, O.
  (Luther; Melanchthon) 184, 185
Clément IV 171
Clément VI 171
Clerc, J. Le 187
Clericus, J. 187
»Clio« 59
»Clio, Nouvelle« 60
Cochlaeus, J. 179
Codex Iuris Canonici 111
Codices latini antiquiores 98
Cohen, G. 63
Cohrs, F. 185
Collingwood, R. G. 80
Collinson, P. 81
Comité français des Sciences Historiques 34
Commager, H. S. 81
Commission, Historische – d. Kais. Akad. d. Wiss. 189
Commission, Historische – bei d. Kgl. Akad. d. Wiss.
  (ADB) 53
  (Hanserezesse) 175
Commission internationale d'histoire ecclésiastique comparée 26
Commission, United Nations War Crimes 241

Committee for Social Science Information, International 125
Companion to Historiography 132
Comparative Studies in Society and History 151
Comprehensive Dissertation Index 20
Concilium Tridentinum 188
Conference on British Studies 32
Connelly, O. 50
Conrad, H. 112
Conrad, J. 47
Conrads, N. 123
Consolidated Treaty Series, The 134
Contamine, P. 60
Contemporaries of Erasmus 57
Conversationslexikon 41
Conversations-Lexikon, Neues 47
Conze, W.
  (Dt. Gesch. im Osten Europas) 123
  (Geschichtl. Grundbegriffe) 49
  (Ploetz Dt. Gesch.) 72
Cooper, J. P. 70
Coquery-Vidrovitch, C. 61
Corp. Christ. 165
Corps Universel Diplomatique 134
Corpus Augustianum Gissense 45
Corpus Catholicorum 188
Corpus Christianorum 165
Corpus Iuris Canonici 111
Corpus Iuris Civilis 114
Corpus Reformatorum 185, 186
Corpus scriptorum eccl. lat. 165
Correspondenz-Blatt 143
Cortada, J. W. 35
Coville, A. 63
Cox, H.L. 147
CR 185, 186
Crăciun, I. 39
Crafts, N. 151
Craig, G. A. 71
Crawley, C. W. 70
Creaton, H. J. 31
Crous, E. 45
Crouzet, M.
  (Hist. gén. des civilisations) 64
  (Peuples et civilisations) 63
Crowther, P. A. 35
CSEL 165
CSSH 151
CTS 134
Cuadernos bibliograficos de la guerra en España 35
Cunitz, E. 185
Cursus completus, Patrologiae 164
Czempiel, E. O. 125

Czok, K. 123
Czybulka, G. 90

DA 143
DAB 54
Dahlmann-Waitz 28
Dahm, G. 115
Dahm, H. 260
Dalarun, J. 152
Dalwigk zu Lichtenfels, R. v. 209
D'Angiolini, P. 106
Dannenberg, H. 103
Dansk historisk bibliografi 37
Danske Historiske Forening 37
Darby, H. C. 70
Daumas, M. 130
David, E. 249
Davies, G.
  (Early Stuarts) 80
  (Stuart Period, Bibl.) 32
Day, A. 15
Day, L. 131
DBA 53
DBE 53
DBV 16
Deakin, F. W. 71
Deeters, W. 172
Deferrari, R. J. 45
Degener, H. A. L. 55
Dekkers, E. 25
Delbrück, E. 140
Delbrück, H.
  (Gutachten WUA) 226
  (Preuß. Jahrbücher) 147
Delbrück, J. 115
Delgado, J. L. García 87
Delorme, J. 60
Delumeau, J. 61
Demandt, K. E. 122
De Marchi, G. 138
Demurger, A. 83
Denecke, L. 106
Dengel, P. 189
Denzler, G. 44
Déprez, E. 63
Deputazione di Storia Patria per la Toscana 150
Derry, T. K. 130
Dethan, G. 152
Dettweiler, H. 15
Detwiler, D. S. 237
Deuerlein, E.
  (Von 1945 bis 1955) 73
  (Briefw. Hertling-Lerchenfeld) 212
  (Dok. z. Deutschlandpolitik) 242

Deutsche Agrargeschichte 119
Deutsche Akademie d. Wiss.
  (Mittellat. Wörterbuch) 46
  (Dt. Rechtswörterbuch) 48
Deutsche Bibliographie 16, 20
Deutsche Bibliothek 16, 20
Deutsche Biographische Enzyklopädie 53
Deutsche Bücherei 16, 20
Deutsche Einheit, Sonderedition 242
Deutsche Feldeisenbahnwesen, Das 228
Deutsche Führerlexikon, Das 58
Deutsche Geschichte (Leuschner) 77
Deutsche Geschichte (Rassow) 72
Deutsche Geschichte im Osten Europas 123
Deutsche Geschichte seit dem Ersten Weltkrieg 77
Deutsche Geschichtsquellen 209
Deutsche Geschichtswiss. im Zweiten Weltkrieg, Die 30
Deutsche Gesellschaft 56
Deutsche Gesellschaft f. Osteuropakunde 147
Deutsche Literatur d. MA, Die 129
Deutsche Nationalbibliographie 16
Deutsche Nationalversammlung 224, 225
Deutsche Parlamentshandbücher 249
Deutsche Parteiprogramme 245
Deutsche Presse 126
Deutsche Quellen z. Gesch. d. 1. Weltkriegs 181
Deutsche Reichstagsakten
  (Ältere Reihe) 174
  (Mittlere Reihe) 175
  (Jüngere Reihe) 195
Deutsche Verwaltungsgeschichte 113
Deutsche Vierteljahrsschrift f. Literaturwiss. 143
Deutsche Wirtschaftsgesch. 119
Deutsche Wirtschaftspolitik 1941-1943, Die 213
Deutsche Zeitschrift f. Gesch.wiss. 145
Deutschen und ihre Nation, Die 74
Deutschen Dokumente z. Kriegsausbruch, Die 221
Deutsches Archiv 143
Deutsches Biographisches Archiv 53
Deutscher Bundestag 252
Deutscher Geschichtskalender 140
Deutscher Liberalismus im Zeitalter Bismarcks 210
Deutsches Bücherverzeichnis 16
Deutsches Geschlechterbuch 96
Deutsches Historisches Institut in Paris 144

Deutsches Historisches Institut in Rom
  (Nuntiaturberichte) 188, 190
  (QFIAB) 147
  (Repertorium Germanicum) 172
Deutsches Rechtswörterbuch 48
Deutsches Staatswörterbuch 47
Deutschland u. d. Französische Revolution 181
Deutschland auf d. Haager Friedenskonferenzen 225
Deutschlands Geschichtsquellen im MA 154
Deutschsprach. Literatur d. Mittelalters 129
De-Vit, V. 46
De Waele, M. 38
Dexter, B. 28
DGFP 231
DHGE 44
Dhondt, J. 66
Díaz y Díaz, M. C. 85
Diccionario de historia de España 51
Dickens, A. G. 81
Dickmann, F.
  (APW) 198
  (Gesch. in Quellen) 183
Dictionaries, Biographical – a. Related Works 58
Dictionaries, Historical – of French History 50
Dictionaries in Print, World 15
Dictionary of American Biography 54
Dictionary of American History 50
Dictionary of British History 50
Dictionary of British History, A 50
Dictionary of British History, A New 50
Dictionary of the History of Technology, Biographical 131
Dictionary, International Biographical – of Central Eur. Emigrés 58
Dictionary of Marxist Thought, A 259
Dictionary of the Middle Ages 49
Dictionary of National Biography 54
Dictionary, Oxford – of Byzantium 49
Dictionary, Oxford Latin 46
Dictionnaire de l'Ancien Régime 50
Dictionnaire d'archéologie chrétienne 44
Dictionnaire de biographie française 54
Dictionnaire biographique du mouvement ouvrier français 57
Dictionnaire Encyclopédique Larousse, Grand 42
Dictionnaire du Grand Siècle 50
Dictionnaire d'histoire de Belgique 51
Dictionnaire d'histoire et de géographie ecclésiastique 44
Dictionnaire Napoléon 50
Dictionnaire des parlementaires français 57
Dictionnaire de théologie catholique 44
Diculescu, V. 39
Diderot, D. 42
Diefenbach, L. 46
Diehl, C. 63
Diehl, E. 98
Diermanse, P. J. J. 202
Dietrich, R. 22
Digel, W. 49
Dinzelbacher, P. 49
Diószegi, I. 218
Diplomatischen Akten des AA, Die 220
Dippold, P. 39
Directory, Historical Periodicals 28, 153
Dirlmeier, U. 65
Dissertation Abstracts International 20
Dissertations, American Doctoral 20
Ditfurth, C.v. 12
Dittmer, K. 64
Dittrich, F. 192
Diwald, H.
  (E. L. v. Gerlach) 212
  (Propyläen Gesch. Europas) 69
Dizionario biografico degli italiani 55
Dizionario Enciclopedico Utet, Grande 42
Dizionario storico politico italiano 51
DNB 54
Documents on German Foreign Policy 231
Documents on the History of European Integration 238
Doehard, R. 60
Döhner, R. 178
Döhring, C. 249
Dokumentarium z. Vorgesch. d. Weltkrieges 220
Dokumentation d. Vertreibung 242
Dokumente dt. Kriegsschäden 242
Dokumente d. dt. Politik 223
Dokumente d. dt. Politik u. Gesch. 221
Dokumente z. dt. Verfassungsgesch. 244
Dokumente zur Deutschlandpolitik 242
Dokumente z. Kriegsausbruch, Die deutschen 221
Dokumente u. Materialien z. Gesch. d. dt. Arbeiterbewegung 260
Dokumente z. parteipolit. Entwicklung 253
Dokumente d. Weltrevolution 260
Dölger, F. J. 44

Domay, F. 19
Domínguez Ortiz, A. 86
Dopsch, H. 78
Dorner-Brader, E. 234
Dotzauer, W.
   (Quellenkunde) 154, 156
   (Rheinld.-Pfalz) 122
Dovifat, E. 126
Dowe, D. 261
Doyle, F. R. 137
Drechsler, H. 48
Drews, P. 185
Dreyfus, F.-G. 61
Droege, G. 122
Droß, E. 180
Droste Geschichts-Kalendarium 77
Droulers, F. 104
Droysen, H. 179
Droysen, J. G.
   (Briefwechsel) 210
   (Frankf. Nationalversammlung) 210
   (Handatlas) 89
   (Historik) 11
   (Preuß. Staatsschriften) 205
Droz, J. 60
Drucksachen zu den Verhandlungen des Bundesrats 249
Druffel, A. v. 197
dtv-Atlas zur Weltgeschichte 90
dtv-Weltgeschichte d. 20. Jh.s 67
Dubief, H. 84
Duby, G.
   (Histoire de France) 82
   (Peuples et civilisations) 62
Du Cange, C. Du F. 46
Duch, A. 198
Duchesne, L. 138
Duchhardt, H.
   (Dt. Verfassungsgesch.) 112
   (Oldenbourg Grundriß) 65
   (Polit. Testamente) 180
Dülfer, K. 99
Dülffer, J.
   (Deutsche Marinegesch.) 116
   (Europa ... 1945-1991) 65
Dülmen, R. van
   (Entstehung d. frühneuzeitl. Eur.) 66
   (Fischer Lex. Geschichte) 49
Dümge, C. G. 142
Dümmler, E.
   (Bibliotheca rerum Germ.) 164
   (Deutschlands Gesch.quellen) 154
   (Jahrbücher d. dt. Gesch.) 76
DuMont, J. 134
Dumoulin, H. 64

Dunbabin, J. 151
Duncker, M.
   (Briefwechsel) 210
   (Preuß. Staatsschriften) 205
Dupeux, G. 120
Duroselle, J.-B.
   (Introduction) 13
   (Nouv. Clio) 61
Dusik, B. 235
Duval, P.-M. 157
Düwell, K. 12
DVjs 143
Dwyer, B. 54
Dwyer, H. 54

Ebel, G. 212
Ebeling, G. 184
Eberlein, A. 260, 261
Eberlein, U. 261
Echard, W. E. 50
Eckardt, H. W. 105
Eckhardt, A. 121
Eckhardt, K. A. 112
Economic History of Britain, The 120
Economic History Review, The 151
Edelheit, A. J. 30
Edelheit, H. 30
Eenoo, R. van 38
Eggert, O. 123
Egli, E. 186
EHR 151
Ehrismann, G. 128
Ehses, S. 190
Eibach, J. 12, 133
Eike von Repgow 163
Einfall, Vom – des Passauer Kriegsvolks 197
Einführung in d. Publizistikwiss. 126
Einführung in d. Zeitgesch. 13
Ekkehard (Ekkehart, St. Gallen) 162
Ekkehard (Mönch) 162
EKL 45
Elfstrand, P. 37
Ellis, R. 57
Elster, L. 47
Elton, G. R.
   (Modern Historians) 33
   (Reform a. Reformation) 81
   (The Reformation) 70
Eltz, E. 196
Elvert, J. 144
Elz, W.
   (AGKK) 214
   (Quellenkunde) 156
   (Stein-Gedächtnisausgabe) 181

Verfasser- und Sachtitel-Register

Elze, R. 59
Embree, A. T. 66
Enciclopedia Espasa 42
Enciclopaedia Europea, L' 43
Enciclopedia Italiana 42
Enciclopedia universal ilustrada 42
Enciklopedičeskij slovar' 43
Enciklopedija, Bol'šaja Sovetskaja 43
Enciklopedija, Sovetskaja istoričeskaja 50
Encyclopaedia Britannica 42
Encyclopaedia, Great Soviet 43
Encyclopaedia universalis 42
Encyclopedia Americana, The 42
Encyclopedia, International – of the Social Sciences 48
Encyclopedia of the Reformation, The Oxford 50
Encyclopedia of Russian ... History, A Modern 50
Encyclopedia of the Social Sciences 48
Encyclopédie ou Dictionnaire raisonné 42
Encyclopédie, La Grande 42
Enderle-Burcel, G. 234
Enders, E. L. 184
Engel, F.-W. 136
Engel, G. 180
Engel, J.
  (Großer Hist. Weltatlas) 90
  (Handb. d. europ. Gesch.) 69
Engels, F.
  (Briefe an Lassalle) 209
  (Werke) 253
Engels, O. 138
Engels, W. 198
Englische Akten z. Gesch. d. Krimkriegs 214
English Historical Review 151
Enser, A. G. S. 28
Ensign, M. S. 28
Ensor, R. C. K. 80
Entralgo, P. Lain 87
Enzyklopädie, Dt. Biogr. 53
Epistulae et acta nuntiorum 192
Epstein, M. 140
Erasmus, D. 187
Erasmus, Contemporaries of 57
Erbar, R. 182
Erbfolgekrieg, Der Jülicher 197
Erben, W. 100
Erdmann, K. D.
  (Akten d. Reichskanzlei) 233
  (Riezler) 212
Erdmannsdörffer, B. 201
Erhebung gegen Napoleon, Die 181
Erler, A. 48

Ermatinger, E. 127
Ernst, F. 149
Ersch, J. S. 41
Eschenburg, T. 78
Espadas Burgos, M. 87
»Espasa« 42
Estrada, F. López 86
Eubanks, C. L. 259
Eubel, K. 138
Eulenburg, P. 212
Euler, H. 136
Europäische Geschichte 183
Europäische Stammtafeln 93
Europäische Wehrkunde 148
Europäische Wirtschaftsgesch. 117
Europäischer Geschichtskalender 140
European Bibliography of Soviet ... Studies 36
European Yearbook 140
Evangelisches Kirchenlexikon 45
Evangelisches Staatslexikon 47
Ewald, P. 170
Ewald, W. 100

Faber, A. 195
Faber, K.-G.
  (Restauration u. Revolution) 73
  (Theorie d. Gesch.wiss.) 11
Fabian, B. 53
Facius, F. 106
Facultas Historiae Eccl. in Pontificia Univ. Gregorianae 150
Fahlbusch, E. 45
»Fahrtberichte« aus d. Zeit d. dt.-sowj. Krieges 213
Familiengeschichtliche Bibliographie 97
Farrés, O. Gil 85
Favier, J.
  (Archives Nationales) 107
  (Hist. de France) 82
  (RH) 152
Favre, L. 46
Fawtier, R.
  (L'Europe occ.) 63
  (Les sources de l'hist.) 156
FBPG 143
FDP-Bundesvorstand 252
Febvre, L. 150
Fedele, P. 42
Fédération internationale des Sociétés ... pour l'étude de la Renaissance 150
Fehling, F. 201
Fehrenbach, E. 65
Feine, H. E. 111
Feit, P. 175

276 Verfasser- und Sachtitel-Register

Feldeisenbahnwesen, Das dt. 228
Feldkamp, M. F. 253
Feldmann, R. 24
Feller, R. 133
Felten, F. J. 145
Fenske, H.
  (Dt. Verfassungsgesch.) 113
  (Gesch. d. polit. Ideen) 124
  (Mod. Verfassungsstaat) 111
  (Quellen z. dt. Innenpol.) 180
  (Quellen z. polit. Denken) 181
Ferguson, W. K. 187
Fernández, L. Suárez 86
Fernández Alvarez, M. 86
Fernández y Fernández de Retana, L. 86
Fernández García, A. 87
Fetscher, I.
  (Handb. d. polit. Ideen) 124
  (Marx-Studienausgabe) 258
Feuchtwanger, E. J. 81
Ficker, J. 168
Fieldhouse, D. K. 67
Fierro, A. 34
Filip, V. V. 101
Finanzpolitik, Preußische 179
Fink, K. A.
  (Repertorium Germ.) 172
  (Das Vatikanische Archiv) 106
Finsler, G. 186
Finzsch, N. 81
Firle, R. 229
Fisch, J. 69
Fischer Lexikon, Das -. Sonderband Gesch. in Gestalten 56
Fischer Lexikon. Geschichte, Das - 49
Fischer Weltgeschichte 66
Fischer, B. 45
Fischer, H. 92
Fischer, W.
  (Gesch. d. Weltwirtschaft) 118
  (Grundlagen d. Hist. Statistik) 117
  (Handb. d. europ. Wirtschaftsgesch.) 117
Fischer-Baling, E. 213
Flechtheim, O. K. 253
Fleckenstein, J. 77
Flemming, W. 127
Fletcher, R. A. 56
Fliche, A.
  (Hist. de l'église) 110
  (Hist. du moyen âge) 63
Floud, R. 120
Floyd, D. E. 116
Flüchter, W. 25
FMST 144

Focillon, H. 63
FOEG 144
Fohlen, C. 61
Fol, J. J. 61
Folz, R. 61
Fontana Economic History of Europe, The 117
Fontes, J. Torres 86
Fontes rerum austriacarum 182
Fontes rerum Germanicarum 164
Forcellini, E. 46
Ford, F. L. 71
Foreign Affairs Bibliography 28
Forening, Danske Historiske 37
Forsbach, R. 213
Forschungen, Archivalische – z. Gesch. d. dt. Arbeiterbewegung 259
Forschungen z. brandenburg. u. preußischen Gesch. 143
Forschungen z. Ersten Weltkrieg, Neue
Forschungen z. osteurop. Gesch. 144
Forschungsamt, Militärgeschichtliches
  (Handb. z. dt. Militärgesch.) 115
  (MGM) 146
Forschungsanstalt f. Kriegs- u. Heeresgeschichte 228
Forschungsanstalt d. Marine 229
Forschungsgemeinschaft 20. Juli e. V. 28
Forst, H. 178
Foerster, H. 98
Foerster, J. 200
Fossier, R. 60
Foster, J. 108
Foucher de Careil, A. 202
Fouquet, G. 65
Fouracre, P. 70
Francia 144
Franke, H.
  (Fischer Weltgesch.) 66
  (Saeculum Weltgesch.) 64
Franke, W. 64
Franklin, A. 129
Frankreich – Schweden – Kaiser 198
Franz Wilhelm v. Wartenberg, Graf 178
Franz, E. G. 105
Franz, Georg 198
Franz, Günther
  (Biographisches Wörterbuch) 56
  (Bücherkunde) 24
  (Dt. Agrargesch.) 119
  (Hist. Kartographie) 91
  (Quellen z. Gesch. d. Bauernkriegs) 179
  (Quellen z. Gesch. d. dt. Bauernstandes) 163, 180

(Sachwörterbuch) 49
(Staatsverfassungen) 245
Französische Akten z. Gesch. d. Krimkriegs 214
Französischen Korrespondenzen, Die 199
Frauendienst, W.
  (Bismarck) 216
  (Handb. d. dt. Gesch.) 73
  (Weltgesch. d. Gegenwart) 224
Frenz, T. 100
Freund, M. 224
Frewer, L. B. 31
Freyer, H. 68
Freytag von Loringhoven, F. Baron 92
Fricke, D. 48
Fried, J.
  (Dt. Archiv) 143
  (OGG) 65
  (Propyl. Gesch. Deutschl.) 75
Fried, P. 121
Friedberg, E. 111
Friede von Brest-Litowsk, Der 225, 250
Friedensburg, W. 188
Friedensmöglichkeiten während des Weltkrieges 225
Friedland, K. 175
Friedrich I. von Baden, Grhzg. 210
Friedrich II. 164
Friedrich der Fromme, Kurfürst 196
Friedrich d. Gr.
  (Briefw. m. Grumbkow u. Maupertuis) 178
  (Briefw. m. Voltaire) 178, 179
  (Hist. de mon temps) 177
  (Stein-Gedächtnisausg.) 180
  (Unterhaltungen m. Catt) 177
  (Werke) 204
Friedrich Wilhelm I. 206
Friedrich Wilhelm III. 178
Friedrich-Ebert-Stiftung 142
Friese, C. 214
Fritsch, T. v. 96
Fritz, W. D. 162
Fröhlich, D. 182
Fröhlich, E. 235
Fröhlich, M. 182
Fröschl, T. 196
Frühen Sozialisten, Die 260
Frühmittelalterliche Studien 144
Frutolf von Bamberg 162
Fryde, E. B. 139
Fuchs, K. 49
Fugier, A. 63
»Führer-Erlasse« 237
Führerlexikon, Das dt. 58

Führertum, Soldatisches 116
Fuhrmann, H. 77
Fullard, H. 70
Funk, F. X. 110
Funke, M. 125
Furet, F.
  (Fischer Weltgesch.) 66
  (Histoire de France) 82
Furrer, N. 103
Fürstenberg, M. v. 116
Fürstenrat Osnabrück 199
Furth, P. 258
Fueter, E. 132

Gaar, A. 25
Gablentz, O. H. v. d. 125
Gäbler, U. 186
Gadoury, V. 104
Gagern, E. Frhr. v. 229
Gall, F. 102
Gall, L.
  (HZ) 145, 213
  (Oldenbourg Grundriß) 65, 213
  (Quellen z. Gesch. d. Dt. Bundes) 213
Gallego, M. Artola 87
Gallia Pontificia 170
Galling, K. 45
Gams, P. B. 138
Gandilhon, R. 34
Ganshof, F. L.
  (Hist. du moyen âge) 63
  (Hist. des relations internat.) 63
Ganz, P. 11
Garay, R. del Arco y 85
García, A. Fernandez 87
García de la Concha, V. 86
García de Cortázar, J. Ángel 86
García Delgado, J. L. 87
Garraty, J. A. 54
Garrisson, J. 83
»Garzanti« 43
Gash, N. 81
Gasparri, P. 111
Gast, A. 38
Gatz, E.
  (Bischöfe. Ein biogr. Lex.) 138
  (Röm. Quartalsschrift) 148
Gaus, H. 38
Gauvard, C. 152
Gebhardt, B. 72
Gebräuchliche Abkürzungen 99
Gee, A. 32
Gegenreformation in Westfalen 177
Geiss, I.
  (Gesch. griffbereit) 59

(Julikrise) 221
(Kantorowicz, Gutachten) 225
Geld des siebenj. Krieges, Das 207
Gelehrten-Kalender, Kürschners dt. 56
Gelehrten-Lexikon, Allgemeines 52
Genealogisches Handbuch d. Adels 95
Genealogisches Handbuch bürgerl. Familien 96
Genealogisches Taschenbuch 94
General History of Europe, A 71
Generaldirektion (d. österr. Staatsarchivs)
  (Inventare) 105
  (Mitteilungen) 147
Generaldirektion d. Staatl. Archive Bayerns 142
Generallinie, Die 251
Genet, L. 60
Génicot, L.
  (Le XIIIe siècle) 60
  (Typologie des sources) 155
Georges, H. 46
Georges, K. E. 46
Gerbod, P. 61
Gerhardt, C. I. 202
Gérin, P. 38
Gerlach, E. L. v. 212
Gerlich, A. 121
Gerlo, A. 187
German Foreign Policy 233
Germanen in der Völkerwanderung, Die 161
Germania pontificia 170
Germanien, Altes 161
Gesamtdeutscher Ausschuß, Sitzungsprotokolle 252
Gesamtverzeichnis d. dt.sprachigen Schrifttums 16
Gesamtverzeichnis dt.sprachiger Hochschulschriften 20
Gesamtverzeichnis d. im Hofkalender ... behandelten Geschlechter 95
Geschichte, Brandenburgische 123
Geschichte d. Bundesrepublik Deutschland 77
Geschichte des Christentums, Die 111
Geschichte, Deutsche (Leuschner) 77
Geschichte, Deutsche (Rassow) 72
Geschichte, Deutsche – seit dem Ersten Weltkrieg 77
Geschichte, Deutsche – im Osten Europas 123
Geschichte d. deutschen Länder 121
Geschichte d. deutschen Presse 126
Geschichte, Europäische 183
Geschichte u. Geschichtsschreibung 133

Geschichte u. Gesellschaft 144
Geschichte. Ein Grundkurs 12
Geschichte d. kathol. Kirche 110
Geschichte d. Landes Oldenburg 121
Geschichte, Neue Deutsche 74
Geschichte d. Neuzeit 68
Geschichte, Niedersächs. 121
Geschichte Niedersachsens 121
Geschichte Nordamerikas 81
Geschichte, Österreichische 78
Geschichte, Ploetz Deutsche 72
Geschichte in Quellen 183
Geschichte, Rheinische 122
Geschichte Sachsens 123
Geschichte Schlesiens 123
Geschichte Schleswig-Holsteins 121
Geschichte d. Schweiz 79
Geschichte d. Textüberlieferung 128
Geschichte Thüringens 123
Geschichte d. Weltwirtschaft im 20. Jh. 118
Geschichte, Westfälische 121
Geschichte in Wiss. u. Unterricht 144
Geschichtliche Grundbegriffe 49
Geschichtliche Landeskunde d. Saarlandes 122
Geschichtsblätter, Hansische 144
Geschichtsdiskurs 133
Geschichts-Kalendarium, Droste 77
Geschichtskalender, Deutscher 140
Geschichtskalender, Europäischer 140
Geschichtsquellen, Deutsche 209
Geschichtsquellen, Deutschlands – im MA 154
Geschichtsverein, Hansischer
  (Hanserezesse) 175
  (Hansische Gesch.blätter) 144
Geschichtswissenschaft im Zweiten Weltkrieg, Die dt. 30
Geschlechterbuch, Dt. 96
Gesellschaft, Allgemeine Geschichtsforschende – d. Schweiz 148
Gesellschaft, Deutsche 56
Gesellschaft, Deutsche – f. Osteuropakunde 147
Gesellschaft f. Wirtschafts- u. Sozialwissenschaften 149
Gesellschaft und Staat 48
Getreidehandelspolitik 207
Geuss, H. 29
Gibbs, N. 54
Gil Farrés, O. 85
Ginzel, F. K. 91
Girgensohn, D. 170
Gitermann, V. 87

Verfasser- und Sachtitel-Register

Gladisch, W. 229
Glénisson, J. 24
Glossar, Mittellatein. 46
Glossarium, Novum – mediae lat. 46
Gnirss, C. 15
Goebbels, J. 235
Göbl, R. 103
Godechot, J. 61
Godet, M. 53
Goff, J. Le 66
Goehrke, C. 67
Goldbach, M.-L. 30, 244
Golecki, A. 233, 234
Göller, E. 172
Gollwitzer, H. 175
Goltz, R. H. v. der 211
Gombrich, E. H. 129
Gómez Molleda, D. 35
González Ollé, F. 35
Gooch, G. P. 132
Goodwin, A. 70
Gooß, R. 225
Gordon, B. M. 50
Görlitz, A. 48
Görres-Gesellschaft
  (Concilium Tridentinum) 188
  (Nuntiaturberichte) 190
  (Staatslexikon) 47
Goertz, H.-J. 12
Gorzny, W.
  (DBA) 53
  (GV) 16
  (GVH) 20
Goschler, C. 235
Gothaischer Hofkalender 94
Goetz, H. 189, 190
Goetz, H.-W.
  (Altes Germanien) 161
  (Geschichtsschreibung) 132
  (Proseminar Gesch.) 13
Goetz, W.
  (Briefe u. Akten) 197, 198
  (Propyläen-Weltgesch.) 64
Goubert, P. 120
Goez, W. 84
GP 218
Gradnauer, G. 224
Graf, W. 132
Graff, T. 168
Graham, R. A. 236
Graml, H.
  (dtv-Weltgeschichte) 67
  (Fischer Weltgeschichte) 67
Grand Dictionnaire Encyclopédique Larousse 42

Grand Larousse Encyclopédique 42
Grand Larousse Universel 42
Grande Dizionario Enciclopedico Utet 42
Grande Encyclopédie, La 42
Granier, G.
  (Das Bundesarchiv) 106
  (Dok. z. dt. Verfass.-gesch.) 244
Granier, H. 177, 179
Gransden, A. 32
Graesse, J. G. T. 90
Grau, B. 144
Gräubig, K. 11
Graves, E. B. 32
Grawert, R. 148
Great Soviet Encyclopaedia 43
Gregg, P. 120
Grégoire IX, X 171
Grégoire XI 172
Gregor von Tours 161
Greiff, J. J. 184
Greiner, H. 236
Greschat, M. 166
Grew, R. 151
Grierson, P. 103, 104
Griffin, G. G. 33
Grimsted, P. K. 108
Gringmuth, H. F. W. 252
Gritzner, E. 101
Gröber, G. 127
Groh, D. 75
Groener, W. 211
Groos, O. 229
Groot, H. de 201
Grosch, W. 12
Gross, C. 32
Gross, L.
  (Privaturkunden) 98
  (Repertorium d. dipl. Vertreter) 139
Große Brockhaus, Der 41
Große Herder, Der 41
Große Politik, Die – d. Europ. Kabinette 218
Großer Historischer Weltatlas 90
Großes vollständ. Universal-Lexikon 41
Grotefend, C. L. 202
Grotefend, H. 91
Grotius Institute 201
Grotius, H. 201
Grousset, R. 63
Gruber, G. 41
Gruchmann, L.
  (dtv-Weltgeschichte) 67
  (Der Hitler-Prozeß) 235
Grumbkow, F. W. 178
Grun, P. A. 99

Grund, U. 14
Grundbegriffe, Geschichtliche 49
Grundlagen d. Hist. Statistik v. Deutschld. 117
Grundlegung d. Verfassungsgerichtsbarkeit 251
Grundmann, H.
  (Gebhardt-Handbuch) 72
  (Geschichtsschreibung im MA) 132
  (MGH-Gedenkschrift) 161
Grundmann, S. 47
Grundriß z. dt. Verwaltungsgeschichte 113
Grundriß d. Geschichte, Oldenbourg 65
Gründung der Union, Die 197
Grunebaum, G. E. v. 66
Grüneisen, H. 174
Grunewald, J. 227
Grünthal, G. 213
Guida generale archivi 106
Guide to American Foreign Relations 33
Guide to American History, Harvard 33
Guide, A Bibliographic – to Spanish Dipl. History 35
Guide to Microforms in Print 16
Guide to the Contents of the PRO 107
Guide to the Diplomatic Archives, The New 108
Guide to Historical Literature, The American Historical Ass. 24
Guide to Reprints 16
Guide to the Study of US History 33
Guides to German Records 107
Guinard, P. 63
Gundermann, I. 113
Guenée, B. 60
Gunkel, H. 45
Günther, H. 97
Günther, O. 52
Guth, D. J. 32
Güth, R. 116
Guyotjeannin, O. 100
GV 16
GVH 20
Gwalter, R. 186
Gwatkin, H. M. 70
GWU 144
Gysseling, M. 91

Haan, H. 80
Haarmann, H. 97
Habel, E. 46
Habel, W. 55
Haberkern, E. 49
Häberlin, F. D. 195
Habsburgermonarchie, Die 79

Haefele, H. F. 162
Haeften, A. v. 201
Hagelweide, G. 126
Hageneder, H. 200
Hägermann, D. 130
Haeghen, F. van der 187
Hahlweg, W.
  (Clausewitz) 212
  (Friede v. Brest-Litowsk) 226, 250
Hahn, H. 75
Halder, F. 237
Hall, J. W. 66
Halphen, L. 61
Hambly, G. 66
Hammer, W. 185
Hammond, T. T. 36
Handbook of British Chronology 139
Handbuch d. Adels, Genealogisches 95
Handbuch d. baden-württ. Gesch. 122
Handbuch d. bayerischen Gesch. 122
Handbuch, Biographisches – d. dt.sprachigen Emigration 58
Handbuch bürgerlicher Familien, Genealogisches 96
Handbuch d. dt. Geschichte 73
Handbuch z. dt. Militärgeschichte 115
Handbuch d. dt. Wirtschafts- u. Sozialgeschichte 118
Handbuch d. europ. Geschichte 68
Handbuch d. europ. Wirtschafts- u. Sozialgeschichte 117
Handbuch d. Genealogie 92
Handbuch d. Geschichte d. böhm. Länder 122
Handbuch der Geschichte Europas 69
Handbuch d. Geschichte, Meyers 56
Handbuch d. Gesch. Ost- u. Westpreußens 123
Handbuch d. Geschichte Rußlands 88
Handbuch d. Geschichtsdidaktik 12
Handbuch f. d. Geschichtslehrer 68
Handbuch d. hist. Stätten Deutschlands 121
Handbuch d. Kirchengeschichte 110
Handbuch d. Kulturgeschichte 127
Handbuch d. mittelalterlichen und neueren Geschichte 68
Handbuch d. Nationalitätenfrage, Bibliographisches 39
Handbuch d. Noten, Pakte u. Verträge 136
Handbuch d. polit. Ideen, Pipers 124
Handbuch d. Publizistik 126
Handbuch religionswiss. Grundbegr. 111
Handbuch d. Schweizer Geschichte 79
Handbuch d. Verträge 136

Handbuch d. Weltgeschichte 64
Handels-, Zoll- u. Akzisepolitik 207
Handlexikon, Kirchliches 44
Handlexikon z. Politikwissenschaft 48
Handschriften d. Reformationszeit 98
Handwörterbuch d. dt. Aberglaubens 43
Handwörterbuch d. dt. Rechtsgesch. 48
Handwörterbuch, Politisches 48
Handwörterbuch d. Sozialwissenschaften 47
Handwörterbuch d. Staatswissenschaften 47
Handwörterbuch d. Wirtschaftswissenschaften 47
Hanham, H. J. 32
Hanisch, E. 79
Hanke, L. 33
Hannes, J. 38
Haensel, C. 241
Hansen, J.
   (Nuntiaturberichte) 190
   (Rhein. Briefe) 209
   (Westfalen u. Rheinland) 177
Hanserezesse 175
Hansische Geschichtsblätter 144
Hansischer Geschichtsverein
   (Hanserezesse) 175
   (Hansische Gesch.blätter) 144
Hansisches Urkundenbuch 175
Hanslik, R. 45
Harbeck, K.-H. 233
Hardach, G. 118
Hardenberg, K.A.v. 213
Harding, L. 65
Hardy, G. 60
Haering, H. 28
Hartlieb v. Wallthor, A. 208
Hartmann, C. 235
Hartmann, P. C.
   (Bayerns Weg) 122
   (Frz. Verfass.gesch.) 114
Hartmannsgruber, F. 234
Hartung, F. 29
Harvard Guide to American History 33
Hasquin, H. 51
Haß, M. 206
Hassel, P. 177
Hassinger, H. 89
Hatcher, J. 151
Hättich, M. 125
Hatzfeldt, P. Graf v. 212
Hatzfeldt, S. Gräfin v. 209
Hauck, A.
   (Kirchengesch. Deutschlands) 110
   (Realencyclopädie) 44

Haumann, H. 87
Haupt, H. 161
Hauptausschuß d. Dt. Reichstags 250
Hauptstaatsarchiv, Nordrhein-Westfäl. 142
Hauptwerke der Geschichtsschreibung 133
Hausen, K. 130
Hauser, H.
   (Peuples et civilisations) 62
   (Sources de l'hist. de France) 156
Häuser, K. 119
Hausherr, H. 118
Haus-, Hof- u. Staatsarchiv 105
Haverkamp, A.
   (Aufbruch u. Gestaltung) 72
   (Zwölftes Jahrhundert) 74
Havighurst, A. F. 32
Havlice, P. P. 28
Hay, D. 71
Haym, R.
   (Briefwechsel) 210
   (Preuß. Jahrbücher) 147
HdSW 47
HdWW 47
Hearder, H. 71
Hebig, D. 143
Hecht, J. J. 32
Heckel, M. 77
Hedler-Stieper, G. 209
Heer, Das Preußische 179
Heers, J. 60
Hefner, O. T. v. 102
Hege, C. 45
Hehl, U. v. 235
Heiber, H.
   (dtv-Weltgeschichte) 67
   (Hitlers Lagebesprechungen) 238
Heideking, J. 81
Heidelberger Akademie d. Wiss. 48
Heidemeyer, H. 252
Heiligen-Leben z. ostdt.-slav. Gesch. 163
Heim, H. 237
Heimann, H.-D. 13
Heimpel, H. 29
Hein, D. 145
Hein, M. 201
Heindl, W. 217
Heine, A. 154
Heinemeyer, W.
   (Archiv f. Diplomatik) 142
   (Landgraf Philipp) 178
   (Das Werden Hessens) 122
Heinen, A. 14
Heinig, P.-J. 169

Heinrich v. Lettland 163
Heinrich, G. 206
Heinzelmann, M. 144
Heit, A. 25
Helbig, H. 163
Held, W. 238
Hellmann, M. 88
Helmold von Bosau 163
Hemmerle, J. 149
Hendrichs, F. 130
Henning, E.
  (Die archivalischen Quellen) 105
  (Bibliographie Friedrich d. Gr.) 205
  (Bibliographie z. Heraldik) 102
  (Bibliographie z. Sphragistik) 101
  (Handbuch d. Genealogie) 92
Henning, F.-W.
  (Dt. Agrargesch.) 119
  (Handbuch d. Wirtschafts- u. Sozialgesch.) 119
  (Wirtschafts- u. Sozialgesch. Deutschlands) 119
Henning, Hansj. 216
Henning, Herzeleide 205
Hentschel, V. 72
Heraldische Bibliographie 102
Herbers, K. 167
Herder, Der Große 41
Herferth, W. 259
Hergemöller, B.-U. 163
Hermann, C. H. 115
»Herold«
  (Genealog. Handbuch) 96
  (Wappenfibel) 101
Heroldsausschuß 101
Herre, F. 27
Herre, H. 174
Herre, P. 48
Herrmann, H.-W. 122
Herrmann, J. 196
Herrmann, O. 204
Hertel, W. 216
Hertling, G. Graf v. 212
Herzfeld, H.
  (Biogr. Lexikon) 56
  (dtv-Weltgeschichte) 67
Herzog, J. J. 44
Herzog, R. 47
Heß, W. 33
Hessel, A. 77
Heuss-Adenauer-Briefe 243
Heuß, A. 64
Heussi, K. 110
Heyde, J. E. 14
Heyderhoff, J. 210

Heyse, M. 38
Hicks, M. A. 57
Hierarchia catholica 138
Hiery, J. 181
Hiestand, R. 170
Hildebrand, K.
  (Das Dritte Reich) 65
  (Von Erhard z. Großen Koalition) 78
Hildebrandt, A. M. 101
Hildermeier, M.
  (Gesch. d. Sowjetunion) 88
  (OGG) 66
Hilgemann, W. 90
Hiller von Gaertringen, F. Frhr.
  (Groener) 211
  (Westarp) 251
Hillerbrand, H. J.
  (Bibliographie des Täufertums) 30
  (Oxford Encyclopedia of the Reformation) 50
Hillgruber, A.
  (Kriegstagebuch d. OKW) 236
  (Oldenbourg Grundriß) 65
Hinrichs, C.
  (Acta Borussica) 207
  (Meinecke, Historismus) 132
Hinschius, P. 111
Hinsley, F. H. 70
Hintze, O. 206, 207
Hintze, P. v. 213
Hirdman, Y. 37
Hirsch, E. 110
Hirsch, F. 201
Hirsch, S. 76
Hirsch, T. 201
Hirst, D. 81
Hispania 151
Histoire du christianisme 111
Histoire économique et sociale de la France 120
Histoire de l'église 110
Histoire de France 82
Histoire de la France contemporaine, Nouvelle 83
Histoire de la France médiévale, Nouvelle 82
Histoire de la France moderne, Nouvelle 83
Histoire générale des civilisations 64
Histoire générale des techniques 130
Histoire du monde 59
Histoire du moyen âge 63
Histoire des relations internationales 63
Historia diplomatica Friderici secundi 164
Historia de España 85

Historia Mundi 64
Historia Welforum 162
Historical Abstracts 23
Historical Association
 (Annual Bulletin) 32
 (History) 151
Historical Dictionaries of French History 50
Historical Journal, The 151
Historical Periodicals Directory 28, 153
Historisch-biographisches Lexikon d. Schweiz 53
Historische Bibliographie 29
Historische Bücherkunde Südosteuropas 39
Historische Commission d. Kais. Akad. d. Wiss. 189
Historische Commission bei d. Kgl. Akad. d. Wiss.
 (ADB) 53
 (Hanserezesse) 175
Historische Kommission bei d. Bayer. Akad. d. Wiss.
 (ADB, NDB) 53
 (Briefe u. Akten) 197, 198
 (Chroniken d. dt. Städte) 173
 (Dt. Geschichtsquellen) 209
 (Dt. RTA. Ältere Reihe) 174
 (Dt. RTA. Mittlere Reihe) 175
 (Dt. RTA. Jüngere Reihe) 195
 (Hanserezesse) 175
 (Jahrbücher d. dt. Gesch.) 75
 (Pfälz. Korrespondenzen) 196
 (Quellen z. dt. Politik Österr.) 215
Historische Kommission d. Österr. Akad. d. Wiss. 182
Historische Kommission d. Sächs. Akad. d. Wiss.
 (Gesch. Sachsens) 123
 (Moritz von Sachsen) 196
Historische Mitteilungen 144
Historische Reichskommission 214
Historische Vierteljahrsschrift 145
Historische W. P. Encyclopedie 51
Historische Zeitschrift 145
Historisches Jahrbuch 145
Historisches Lexikon d. Schweiz 50
Historisches Lexikon der Sowjetunion 51
Historisch-politische Buch, Das 144
History 151
History, The Cambridge Economic 117
History, The Cambridge Medieval 70
History, The Cambridge Modern 70
History, The Cambridge Social – of Britain 120

History, Central European 150
History of England, The New 81
History of England, The New Oxford 80
History of England, The Oxford 80
History of Europe, A General 71
History of France 82
History of Modern Europe, The Oxford 71
History, The New Cambridge Medieval 70
History, The New Cambridge Modern 70
History, Russian – since 1917 36
History of Technology, A 130
History Theses 21
Hitchins, K. 71
Hitler, A.
 (Lagebesprechungen) 238
 (Monologe) 237
 (Reden) 234
Hitler-Prozeß 235
HJb 145
HMRG 144
Hobe, S. 115
Hobohm, M. 227
Hochschulschriften z. Gesch. u. Kultur d. Mittelalters 25
Hochschulschriftenverzeichnis 20
Hockerts, H. G.
 (Akten d. Reichskanzlei) 234
 (Quellenkunde Weimarer Rep.) 156
 (Veröff. d. Komm. f. Zeitgesch.) 235
Hodes, F. 52
Hödl, G.
 (Österr. hist. Bibliographie) 38
 (Regesten Albrechts II.) 169
Hoefer, F. 52
Höfer, J. 44
Hofer, W.
 (Die Diktatur Hitlers) 73
 (Meinecke, Staatsräson) 124
Hoffmann, H. 105
Hoffmann, W. G. 119
Hof-Kalender, Gothaischer 94
Hofmann, D. 242
Hofmann, H. H.
 (Biograph. Wörterbuch) 56
 (Quellen z. Verfassungsorganismus) 180, 193, 244
Hohenleutner, H. 154
Hohenlohe-Schillingsfürst, Fürst C. zu 211
Höhlbaum, K. 175
Höhler, G. 72
Hohlfeld, J. 221
Hohlfeld, K. 221, 222

Höing, H. 173
Holborn, H.
  (Erasmus, Werke) 187
  (Radowitz, Briefe) 210
Holder-Egger, O. 160
Hollmann, M.
  (Entwürfe z. Grundgesetz) 252
  (Kabinettsprotokolle) 243
  (Quellenkunde) 156
Hölscher, W.
  (Der Auswärt. Ausschuß) 252
  (Nordrhein-Westf.) 251
  (SPD-Fraktion) 252
Holtz, B. 216
Holtz-Bacha, C.
  (Publizistik) 147
  (Publizistik-Bibliographie) 126
Holtzmann, R.
  (Gebhardt) 72
  (Deutschlands Gesch.quellen) 155
Holtzmann, W.
  (Die dt. Gesch.wiss.) 30
  (Regesta pontificum) 170
Hölzle, E. 181, 221
Hommel, R. v. 203
Honorius IV 171
Hoops, J. 43
Hopf, J. 135
Hopman, A. 212
Hoppe, W. 214
Hoppen, K. T. 80
Hoppit, J. 80
Hoppstädter, K. 122
Horecky, P. L. 35
Horn, J. M. 21
Hortleder, F. 194
Hösch, E.
  (JbbfGOE) 146
  (Gesch. Rußlands) 87
Hoetzsch, O.
  (APP) 214
  (Urkunden u. Aktenstücke) 201
Houtte, J. A. van 117
Howe, G.F. 24
HPB 144
HRG 48
Hristodol, G. 39
Hubatsch, W.
  (Hitlers Weisungen) 237
  (Krieg zur See) 229
  (Kriegstagebuch d. OKW) 237
  (Regesta historico-diplomatica) 170
  (Stein) 208, 209
  (Verwaltungsgeschichte) 113
  (Der Weltkrieg) 73

Huber, A.
  (Fontes rerum Germ.) 164
  (Regesten d. Kaiserreichs) 169
Huber, E. R.
  (Dt. Verfassungsgesch.) 113
  (Dokumente z. dt. Verfassungsgesch.) 244
Hübner, R.
  (Droysen, Briefwechsel) 210
  (Droysen, Frankf. Nat.versammlung) 210
  (Droysen, Historik) 11
Hucker, B. U. 121
Hueck, W.v.
  (Adelslexikon) 97
  (Genealog. Handbuch d. Adels) 95
Huf, F. 154
Hufnagel, G. 148
Hug, W. 122
Huillard-Bréholles, J.-L.-A. 164
Humanisme et Renaissance 150
Hunger, H. 128
Hürten, H. 250
Hurter, J. 213
Hutton, P. H. 50
HZ 145

Ibars, D. Mateu 99
Ibars, J. Mateu 99
IBB 15
Ibbeken, R. 214
IBF 54
IBI 55
IBR 22
IBZ 22
Iggers, G. G. 133
IJBF 21
IMB 25
IMG 239
Imhof, A. E. 117
Im Hof, U. 79
IMT 239
Incipit Index 47
Incisa della Rocchetta, G. 192
Index, American Biographical 54
Index biographique franç. 54
Index, British Biographical 54
Index, Comprehensive Dissertation 20
Index to the Correspondence of the Foreign Office 108
Index dt.sprachiger Zeitschriften 23
Index, Intern. Biographischer 55
Index to Multilateral Treaties 137
Index, Russian Biograph. 55
Index to Theses (Great Britain) 21

Index to Theses, Retrospective 21
Index Thomisticus 45
Indice Biografico Italiano 55
Indice historico español 35
Indices zu den 12 Nürnberger US-Militärgerichtsprozessen 241
Informationen, Sozialwiss. 148
Innes, J. 152
Innocent IV 170
Innocent VI 172
In Principio 47
Inscriptiones Latinae 98
Institut f. auswärt. Politik 220
Institut, Bibliographisches
  (Meyers gr. Pers.lexikon) 52
  (Meyers Taschenlexikon Gesch.) 49
Institut, Dt. Hist. – in Paris 144
Institut, Dt. Hist. – in Rom
  (Nuntiaturberichte) 188, 190, 192
  (QFIAB) 147
  (Repertorium Germ.) 172
Institut f. Geschichte 259
Institut istorii SSSR 151
Institut, Kgl. Preußisches Hist. – in Rom
  (Nuntiaturberichte) 188, 190, 192
  (QFIAB) 147
  (Repertorium Germ.) 172
Institut f. Marxismus-Leninismus
  (Dokumente u. Materialien) 260
  (MEW/MEGA) 254, 256
Institut, Militärgeschichtliches – d. DDR 146
Institut f. österr. Gesch.forschung 146
Institut de Recherche et d'Histoire des Textes 25
Institut rossijskoj istorii 152
Institut f. Völkerrecht 241
Institut vseobščej istorii 152
Institut f. Zeitgeschichte
  (Akten z. Vorgesch. d. Bundesrep.) 242
  (Bibliothek des -) 27
  (Biogr. Handb. d. dt.sprach. Emigration) 58
  (Hitler-Reden) 235
Institute, Royal – of International Affairs 141
Institutum historicum Bohemoslovenicum 192
Instituut voor Sociale Geschiedenis, Internationaal 233
Interfraktionelle Ausschuß, Der 249
Interfraktionelle Besprechungen 253
Internationaal Instituut voor Sociale Geschiedenis 233
International Bibliography of Directories and Guides to Archival Repositories 109
International Bibliography of Historical Sciences 24
International Bibliography of the Social Sciences 125
International Biographical Dictionary of Central European Emigrés 58
International Committee for Social Science Information 125
International Encyclopedia of the Social Sciences 48
International Medieval Bibliography 25
International Military Tribunal 239
Internationale Bibliographie d. Bibl. 15
Internationale Bibliographie d. Reprints 15
Internationale Bibliographie d. Rezensionen 22
Internationale Bibliographie d. Zeitschriftenliteratur 22
Internationale Bibliographie z. dt.sprachigen Presse 261
Internationale Jahresbibliographie d. Festschriften 21
Internationale Politik, Die 140
Internationale Schulbuchforschung 145
Internationaler Biographischer Index 55
Internationaler Militärgerichtshof 239
Internationales biographisches Archiv 52
Internationales Jahrbuch f. Geschichts- u. Geographie-Unterricht 145
Internationales Schulbuchinstitut 145
Internet-Handbuch Geschichte 12
Inventaire des thèses 21
Inventare österr. Archive 105
Irblich, E. 105
Irgang, W. 123
Irmer, G. 178
Irmischer, J. K. 184
Irsigler, U. 199
Isaacsohn, S. 201
Isenburg, W. K. Prinz v.
  (Hist. Genealogie) 92
  (Stammtafeln) 92
Istoričeskie zapiski 151
Istoričeskij žurnal 151
Istorija istoričeskoj nauki v SSSR 35
Istorija, Novaja i novejšaja 152
Istorija, Otečestvennaja 152
Istorija SSSR 151
Istorija SSSR. Annotirovannyj perečen' 36
Istorik Marksist 153
Italia pontificia 170
Italische Quellen ü. ... Friedrich I. 162

Jacob, E. F. 80
Jacob, K. 154
Jacobs, P. M.
 (History Theses) 21
 (Writings on British Hist.) 31
Jacobsen, H.-A.
 (Bibl. z. Politik) 125
 (Halder, Kriegstagebuch) 237
 (Kriegstagebuch OKW) 236
Jaffé, P.
 (Bibliotheca rerum Germ.) 164
 (Regesta pontificum) 170
Jäger, H. 89
Jäger, W. 78
Jäger-Sunstenau, H. 102
Jahn, H. 146
Jahrbuch f. Gesch. 145
Jahrbuch f. Gesch. Mittel- u. Ostdeutschlands 145
Jahrbuch d. hist. Forschung 146
Jahrbuch, Historisches 145
Jahrbuch, Internationales – f. Geschichts- u. Geographie-Unterricht 145
Jahrbuch, Schmollers 148
Jahrbuch f. Wirtschaftsgeschichte 146
Jahrbücher d. dt. Geschichte 75
Jahrbücher f. Gesch. Osteuropas 146
Jahrbücher, Preußische 147
Jahre, Die letzten vierzig 207
Jahresberichte f. dt. Geschichte 29
Jahresberichte d. Geschichtswiss. 24
Jahresbibliographie d. Bibliothek f. Zeitgesch. 27
Jahresbibliographie d. Festschriften, Internationale 21
Jahresverzeichnis d. dt. Hochschulschriften 20
Jaitner, K. 191
Jakobs, H. 65
Jankuhn, H.
 (Athenaion-Bilderatlas) 73
 (Reallex. d. germ. Altertumskunde) 43
Jansen, M. 154
Jardin, A. 83
Jarren, O. 126
JBfGOE 146
Jean XXI 171
Jean XXII 171
Jeannin, P. 61
Jedin, H.
 (Handb. d. Kirchengesch.) 110
 (Saeculum Weltgesch.) 64
Jenks, S. 12
Jeserich, K. G. A. 113
Jilek, H. 40

Joachim, E.
 (Albrecht v. Brandenburg) 178
 (Regesta Ordinis S. M. Theut.) 170
Jöcher, C. G. 52
Jochmann, W. 237
Jochums, G. 102
Johann v. Sachsen, König 211
Johann Casimir, Pfalzgraf 197
Johannes XXI. 63, 171
Johannes XXII. 171
John, W. 209
Johnson, C. 46
Jolly, J. 57, 59
Jonášová-Hájková, S. 40
Jones, A. H. M. 71
Jones, F. C. 141
Jones, J. R. 81
Jones, M. 70
Jordan, E. 63
Josephinismus, Der 180
Journal, The Cambridge Historical 151
Journal of Central European Affairs 151
Journal of Contemporary History, The 151
Journal of Economic History, The 151
Journal, The Historical 151
Journal of Modern History, The 151
Jover Zamora, J. 85
Jülicher Erbfolgekrieg, Der 197
Julikrise u. Kriegsausbruch 221
Junghans, H. 146
Juretschke, H. 87
Just, L. 73
Justiz u. NS-Verbrechen 241

Kabinettsprotokolle d. Bundesregierung 242
Kaehler, S.A. 213
Kahlenberg, F. P.
 (Akten d. Reichskanzlei) 234
 (Dt. Archive) 105
Kahnt, H. 103
Kaiser u. Reich 244
Kaiser, W. 130
Kaiserliche Akademie d. Wiss. 165
Kaiserlichen Korrespondenzen, Die 198
Kaiserurkunden in Abbildungen 98
Kalender, Gothaischer 94
Kallfelz, H. 163
Kaltenbrunner, F. 170
Kämmerer, J.
 (JbbfGOE) 146
 (Srbik) 213
Kaemmerer, W. 174

Verfasser- und Sachtitel-Register

Kampf, Der – d. dt. Sozialdemokratie 259
Kantorowicz, H. 225
Kantzenbach, F. W. 149
Karayannopulos, J. 155
Karge, W. 123
Karl Ludwig v. d. Pfalz 177
Karpovich, M. 88
Karttunen, L. 138
Kashdan, A. P. 49
Kasper, W. 44
Kastner, R. 180
Katalog, Systematischer d. Bibliothek f. Zeitgesch. 27
Kaufmann, E. 48
Kautsky, B. 258
Kautsky, K. 221
Keeler, M. F. 32
Keesings Archiv d. Gegenwart 140
Kehr, E. 179
Kehr, P. 170
Keir, D. L. 114
Kelch-Rade, C. 199
Kellaway, W. 31
Kellenbenz, H.
  (Dt. Wirtschaftsgesch.) 119
  (Eur. Wirtschaftsgesch.) 117
Keller, H.
  (FMST) 144
  (Propyläen Gesch.) 75
Keller, L. 177
Kempff, D. 186
Kempner, R. M. W. 241
Kende, O. 68
Kent, G. O. 107
Kenyon, J. P. 50
Kerler, D. 174
Kern, F. 64
Kernchen, D. 15
Kernig, C. D. 48
Kessel, E. 132
Kessen, A. 37
Kielmansegg, P. 74
Kiewning, H. 192
Kimmich, C. M. 233
Kimminich, O. 115
Kinder, H. 90
Kindermann, G.-K. 67
Kindermann, H. 127
Kindleberger, C. P. 118
Kinell, S. K. 28
Kirche in ihrer Geschichte, Die 110
Kircheiß, W. 89
Kirchen- u. Theologiegesch. in Quellen 166
Kirchengeschichte, Ökumenische 110

Kirchenlexikon, Evangelisches 45
Kirchliches Handlexikon 44
Kirchner, J. 126
Kirk, G. 141
Kirn, P. 11
Kirsten, E. 89
Kittel, E. 100
Klahr, D. 110
Klein, T. 113
Kleine Pauly, Der 43
Kletečka, T. 217
Klewitz, H.-W. 99
Kliemann, H. 14
Kloft, H. 12
Kloosterhuis, J. 106
Klopp, O. 202
Klose, O. 121
Klotz, H. 129
Klotzbach, K. 261
Klüber, J. L. 209
Kluckhohn, A.
  (Briefe Friedr. d. Frommen) 196
  (RTA) 195
Kluckhohn, P. 143
Klueting, H.
  (Geschichte Westfalens) 121
  (Josephinismus) 180
Kluxen, K.
  (Engl. Verfassungsgesch.) 114
  (Gesch. Englands) 80
Kneschke, E. H. 97
Knoell, J. H. 149
Knoll, A. 181
Knoll, U. 249
Knorr, B. 103
Knütel, R. 149
Köbler, G.
  (Bibliogr. d. dt. Hochschulschriften) 116
  (Histor. Lex. d. dt. Länder) 124
  (Lex. d. europ. Rechtsgesch.) 114
Koch, K. 217
Koch, L. 45
Koch, M. 250
Koch, W. 142
Köcher, A. 177
Kocka, J.
  (Acta Borussica) 216
  (D. lange 19. Jh.) 72
Kohl, H. 216
Kohl, W.
  (APW) 199
  (Westfäl. Gesch.) 121
Kohler, A. 180
Köhler, O. 64

Kolb, E.
  (Nationalliberalismus) 251
  (Old. Grundriß) 65
  (Quellen z. Rätebewegung) 233
Koller, H. 169
Köllmann, W.
  (Bevölkerungsgesch.) 117
  (Bevölkerungs-Ploetz) 89
Kölner Königschronik 163
Kölzer, T. 142
Komitee, Österr. – f. d. Veröff. d. Ministerratsprotokolle 217
Komitee, Ungar. – f. d. Veröff. d. Ministerratsprotokolle 218
Komjáthy, M. 218
Kommission, Badische Historische 210
Kommission f. d. Gesch. d. österr.-ungarischen Monarchie 79
Kommission, Historische – bei der Bayer. Akad. d. Wiss.
  (ADB, NDB) 53
  (Briefe u. Akten) 197, 198
  (Chroniken d. dt. Städte) 173
  (Dt. Geschichtsquellen) 209
  (Dt. RTA. Ältere Reihe) 174
  (Dt. RTA. Mittlere Reihe) 175
  (Dt. RTA. Jüngere Reihe) 195
  (Hanserezesse) 175
  (Jahrbücher d. dt. Gesch.) 75
  (Pfälz. Korrespondenzen) 196
  (Quellen z. dt. Pol. Österreichs) 215
Kommission, Historische – d. Kais. Akad. d. Wiss. 189
Kommission, Historische – d. Österr. Akad. d. Wiss. 182
Kommission, Historische – bei d. Sächs. Akad. d. Wiss.
  (Gesch. Sachsens) 123
  (Moritz von Sachsen) 196
Kommission, Preußische – bei d. Preuß. Akad. d. Wiss. 200
Kommission f. Zeitgeschichte, Veröffentlichungen 235
Kompaß d. Geschichtswiss. 12, 133
Konetzke, R. 66
Konferenzen u. Verträge 136
König, W. 130
Königlich Preußisches Hist. Inst. in Rom
  (Nuntiaturberichte) 188, 190, 192
  (Repertorium Germ.) 172
Koenigsberger, G. 71
Konkordate seit 1800 183
Konkordate, Neue 183
Könnemann, E. 260
Kool, F. 260

Koops, T. 234
Köpke, R. 76
Köppen, P. 230
Koppitz, H.-J. 15
Korn, H.-E. 99
Koerner, B. 96
Korrespondenzblatt 143
Korrespondenzen, Ältere pfälzische 196
Korrespondenzen, Die französischen 199
Korrespondenzen, Die kaiserlichen 198
Korrespondenzen, Die schwedischen 199
Kosch, W. 57
Koselleck, R.
  (Fischer Weltgesch.) 66
  (Geschichtl. Grundbegriffe) 49
Koser, R.
  (Briefw. Friedr. d. Gr. m. Grumbkow/Voltaire) 178
  (Correspondenz Friedr. d. Gr.) 204
  (Unterhaltungen Friedr. d. Gr. m. Catt) 177
Kossmann, E. H. 71
Koszyk, K. 126
Kottje, R. 110
Kötzschke, R. 123
Kozlov, P. 108
Krallert-Sattler, G. 39
Kramer, H.
  (Handb. d. Kulturgesch.) 127
  (Nuntiaturberichte) 190
Krämer, W. 14
Krasnyj archiv 151
Kraus, A. 122
Krause, H. 183
Krause, W. 260
Krauske, O. 205, 205, 206
Kreikamp, H.-D. 181
Kreiser, K. 66
Kreslins, J. A. 28
Kretzschmar, H.
  (Johann v. Sachsen) 211
  (Sächs. Gesch.) 123
Kretschmer, I. 89
Krieg zur See, Der 229
Kriegsarchiv [Wien] 105
Kriegsgeschichtliche Forschungsanstalt d. Heeres 228
Kriegsrüstung u. Kriegswirtschaft 228
Kriegsschuldfrage 143
Kriegstagebuch d. OKW 236
Kriegstagebuch d. Seekriegsleitung 237
Kriegswissenschaftl. Abt. d. Marine 229
Krisenjahr 1923, Das 250
Kristen, Z. 192
Krogmann, W. 127

Verfasser- und Sachtitel-Register

Kroha, T. 103
Kroeschell, K. 112
Krüger, P. 114
Krumbacher, K. 143
Krumwiede, H.-W. 166
Küch, F. 178
Kuhl, H. v. 226
Kuehl, W. F. 20
Kühn, J. 195
Kuhn, K. 43
Kuehne, U. 172
Kujath, K. 238
Kumpf, J. H. 116
Kunisch, J.
  (FBPG) 144
  (ZHF) 149
Kunst, H. 47
Küntzel, G. 178
Kunz, A. 117
Kunze, H. 14
Kunze, K. 175
Kupke, G. 189
Kürschners dt. Gelehrten-Kalender 56
Kurzer Abriß d. Militärgesch. 115
Kusternig, A. 161
Küsters, H. J.
  (Adenauer) 242
  (Dt. Einheit) 243
Kuttin, B. 38
Küttler, W. 133
Kybal, V. 192

Laak, U. van 27
Labrousse, E. 120
Ladendorf, O. 49
Lademacher, H. 69
Ladero Quesada, M. Á. 85
Ladurie, E. Le Roy 82
Lafaurie, J. 104
Laffan, R. G. 141
Lagebesprechungen, Hitlers 238
Lahrkamp, H. 200
Lain Entralgo, P. 87
Lamberg, J. M. v. 200
Lammers, W.
  (»Fahrtberichte«) 213
  (Otto von Freising) 162
Lamoreaux, N.R. 151
Lampe, K. H. 26
Lampert v. Hersfeld 162
Lancaster, J. C. 31
Lander, J. R. 81
Landesbibliothek, Schweizerische 38
Landeskunde des Saarlandes, Geschichtl. 122

Landeszentrale f. polit. Bildung Baden-Württ. 122
Lane Poole, A. 80
Lange, U. 121
Langer, W. L. 28
Langewiesche, D. 65
Langford, P. 80
Langosch, K.
  (Cochlaeus) 179
  (Die dt. Literatur d. MA) 129
  (Latein. MA/Gesch. d. Textüberlieferung) 128
Lankheit, K. A. 235
Lanzinner, M.
  (Gebhardt) 72
  (RTA) 196
Lapeyre, H. 61
Laqueur, W. 151
Larousse Encyclopédique, Grand 42
Larousse Universel, Grand 42
Larousse du XXe siècle 42
Lassalle, F. 209
Lasteyrie, R. de 34
Latham, R. E. 46
Lausberg, H. 129
Lautemann, W. 183
Lavisse, E. 82
Law Reports of Trials of War Criminals 241
League of Nations. Treaty Series 137
Leathers, S. 70
Lebecq, S. 83
Lebensbeschreibung einiger Bischöfe 163
Lebrun, F. 83
Lechner, J. 167
Le Clerc, J. 187
Leeb, J. 196
Lees, S. 57
Leesch, W. 104
Lefebvre, G. 62
Le Goff, J. 66
Lehenmann, C. 194
Lehmann, M. 177
Lehmann, P. 128
Lehmbruch, G. 125
Lehmkuhl, U. 81
Leibniz, G. W. 202
Leibniz-Bibliographie 203
Leisching, P. 79
Leistner, O. 21
Lemberg, H.
  (Biogr. Lexikon) 53
  (Bohemia) 143
Lemerle, P. 60
Lenger, F. 73

Lennhoff, E. 45
Lenz, M. 177
Lenzenweger, J. 110
Léon, P. 117
Leonhard, W. 101
Lepsius, J. 218
Lerchenfeld, H. Graf 212
Le Roy Ladurie, E. 82
Lettres secrètes et curiales 171, 172
Letzten vierzig Jahre, Die 207
Leucht, C. L. 195
Leuchtenberg, W. E. 81
Leugers-Scherzberg, A.H. 251
Leuschner, J.
  (Dt. Gesch.) 77
  (Einf. in d. Gesch.wiss.) 11
Lévi-Provençal, E. 85
Levine, M. 32
Levison, W. 154
Lex Salica 163
Lexikon, Biogr. – z. Gesch. d. böhm. Länder 53
Lexikon, Biogr. – z. Gesch. Südosteuropas 55
Lexikon, Biogr. – z. Weltgesch. 56
Lexikon d. dt. Gesch. 49
Lexikon d.dt. Gesch. v. 1945 bis 1990 49
Lexikon z. Gesch. d. Kartographie 89
Lexikon z. Gesch. d. Parteien 48
Lexikon d. Gesch. Rußlands 51
Lexikon, Historisch-biogr. – d. Schweiz 53
Lexikon f. Kirchen- u. Staatskirchenrecht 45
Lexikon für Kirchengeschichte 44
Lexikon, Mennonitisches 45
Lexikon des Mittelalters 49
Lexikon, Österr. biogr. 53
Lexikon zur Parteiengesch. 48
Lexikon der Politik 48
Lexikon der Politikwissenschaft 48
Lexikon, Ritters geogr.-statistisches 90
Lexikon d. Schweiz, Histor. 50
Lexikon der Sowjetunion, Hist. 51
Lexikon f. Theologie u. Kirche 44
Lexikon der Weltgesch. 49
Lhotsky, A.
  (Österr. Historiographie) 133
  (Quellenkunde) 156
L'Huillier, F. 62
Liber censuum de l'Eglise, Le 171
Liber pontificalis, Le 171
Liberalismus, Dt. – im Zeitalter Bismarcks 210
Liberalismus, Polit. – in d. brit. Besatzungszone 252
Library, The British – General Catalogue 17
Library, The Wiener 30
Lieber, H.-J. 258
Lieberich, H. 112
Lietzmann, H. 92
Lill, R. 84
Lindemann, Margot 126
Lindsay, J. O. 70
Linhartová, M. 192
Link, W. 78
Linke gegen die Parteiherrschaft, Die 260
Linke, H. G. 182
Linksliberalismus in der Weimarer Republik 251
Lipgens, W. 238
Lipson, E. 120
Literatur d. MA, Die dt. 129
Literatur d. MA, Deutschsprach. 129
Literatur, Neue Politische 147
LNTS 137
LOC 18
Londorp, M. C. 194
Lönne, K.-E. 181
López, A. Canellas 86
López, M. Torres 85
López Estrada, F. 86
Lorenz, C. 12
Lorenz, G.
  (APW) 199
  (Quellen Dreißigjähr. Krieg/Wallenstein) 180
Lorenz, O. 92
Lorey, H. 229
Lortz, J. 110
Lot, F. 63
Loth, W.
  (Doc. on the History of Eur. Integration) 238
  (dtv-Weltgesch.) 68
  (Großer Hist. Weltatlas) 90
  (Zentrumsfraktion) 251
Lotter, K. 259
Lottes, G. 133, 12
Lötzke, H. 106
Lovie, J. 83
Lowe, E. A. 98
Löwe, H. 154
Loewe, V.
  (Acta Borussica) 205
  (Preußens Staatsverträge) 178, 179
Löwenfeld, S. 170
LThK 44
Lübbe, K. 57
Lückerath, C. A. 163

Ludwig, K.-H. 130
Ludwig, O. 97
Luise, Königin 178
Lülfing, H. 106
Lünig, J. C. 193
Luschin von Ebengreuth, A. 103
Luscombe, D. 70
Lüthge, F. 118
Luther, M. 183
Luther-Jahrbuch 146
Luttenberger, A.P. 180
Lutz, G. 192
Lutz, Heinrich
  (Nuntiaturberichte) 189
  (Oldenbourg Grundriß) 65
  (Propyläen Gesch. Deutschlands) 75
Lutz, Hermann 225
Lutz, L. 49
Luyks, T. 51

MA 152
Maas, P. 128
Mackie, J. D. 80
Macneill, W. H. 141
Maddicott, J. R. 151
Madurowicz-Urbánskiej, H. 40
Maichel, K. 35
Maier, F. G. 66
Maier, K.A. 181
Mair, J. 141
Malfèr, S.
  (Habsburgermonarchie) 79
  (Ministerratsprot.) 217
Mandrou, R.
  (Propyläen Gesch. Europas) 69
  (Louis XIV) 61, 62
Manitius, M. 127
Mann, G. 64
Mansi, G. D. 166
Mantey, E. v. 229
Mantran, R.
  (Nouv. Clio) 60
  (Peuples et civilisations) 62
Marçais, G. 63
Marcel, P. 186
Marchi, G. De 138
Marcowitz, R. 182
Margolin, J.-C.
  (Erasmus-Bibliographie) 187
  (Peuples et civilisations) 62
Maria Theresia 180
Marichal, R. 98
Marine-Archiv 229
Markschies, C. 110
Marquardt, E. 122

Marra, S. 12
Marschalck, P. 117
Martens, C. de 135
Martens, G. F. de 134
Martin IV 171
Martin, A. 34
Martin, J.
  (OGG) 65
  (Saeculum) 148
Martin, J. B. 166
Martin, V. 110
Martini, A. 236
Marx, K.
  (Briefw. m. Lassalle) 209
  (Briefw. m. S. v. Hatzfeld) 209
  (Werke) 253
Marx-Engels-Begriffslexikon 259
Marxismus im Systemvergleich 48
Masterson, J. R. 33
Mastrogregori, M. 24
Mata Carriazo Arroquia, J. de 86
Mateu Ibars, D. 99
Mateu Ibars, J. 99
Materna, J. 123
Matthias, E. 249, 250
Mattig, M. 147
Matulich, S. A. 28
Matuschka, E. Graf v. 115
Matz, K.-J. 139
Maupertius, P. L. M. de 179
Maurain, J. 62
Maurer, I. 251
Maurer, M. 12
Mauro, F. 61
Mayer, C. 45
  (Augustinus-Lex.) 45
  (Corpus August Giss.) 45
Mayer, G. 209
Mayer, H. E. 25
Mayeur, J.-M.
  (Débuts de la 3me République) 83
  (Histoire du christianisme) 111
Mayr, K. 197
Mayr-Deisinger, K. 198
Mazard, J. 104
McCloskey, D. 120
McDonald, T. 54
Mckisack, M. 80
McKitterich, R. 70
McNeil, I. 131
McNulty, P. 71
M. d. R. 57
Medieval Academy of America 152
Medley, D. J. 32
MEGA 253, 256

Mehlhausen, J. 149
Meier-Benneckenstein, P. 223
Meier-Welcker, H. 250
Meiern, J. G. v. 194
Meinardus, O. 178
Meinecke, F.
  (Handb. d. ma. u. neueren Gesch.) 68
  (Historismus/Gesch.schreibung) 132
  (HZ) 145
  (Idee d. Staatsräson) 124
Meinhart, M. 149
Meisner, H. O.
  (Archivalienkunde) 104
  (Waldersee) 210
Meister, A.
  (Gebhardt) 72
  (Grundzüge d. hist. Methode) 11
  (Nuntiaturberichte) 190
Melanchthon, P. 185
Mendelssohn-Bartholdy, A. 218, 220
Menéndez Pidal, R. 85
Menger, C.-F. 113
Menke, T. 89
Menner, J. 149
Mennonitisches Lexikon 45
Mensing, H. P. 243
Mentz, G. 98
Menzel, J. J. 123
Mercati, A. 183
Merz, G. 184
Messerschmidt, M. 115
Methoden, Politikwiss. 125
Meulen, J. Ter 202
Meuthen, E. 65
MEW 254
Meyer, A. O.
  (APP) 214
  (Handb. d. dt. Gesch.) 73
  (Nuntiaturberichte) 192
Meyer, H. 105
Meyer, J.
  (Histoire de France) 82
  (Peuples et civilisations) 62
Meyer, K. 36
Meyer, O. 49
Meyer von Knonau, G. 76
Meyer-Lindenberg, H. 115
Meyern, M. 194
Meyers großes Personenlexikon 52
Meyers Handbuch d. Gesch. 56
Meyers Lexikon 41
Meyer's Orts- und Verkehrslex. 91
Meyers Taschenlexikon Gesch. 49
MGH 158
MGM 146

Michaelis, H.
  (APP) 215
  (Der Zweite Weltkrieg) 73
  (Ursachen u. Folgen) 222
»Michaud« 52
Michel, H. 63
Mieck, I. 117
Miège, J.-L. 61
Miethke, J. 163
Migne, J. P. 164
Mikoletzky, H. L. 167
Milatz, A. 180
Militär u. Innenpolitik 250
Militärgerichtshof, Internationaler 239
Militärgeschichte 146
Militärgeschichtliche Zeitschrift 146
Militärgeschichtliche Mitteilungen 146
Militärgeschichtliches Forschungsamt
  (MGM) 146
  (Handbuch z. dt. Mil.gesch.) 115
Militärgeschichtliches Institut d. DDR
  146
Miller, S. 249
Milne, A. T.
  (A Centenary Guide) 33
  (Writings on British History) 31
Milward, A. S. 118
Ministère des Relations extérieures 107
Ministerium Belcredi usw., Das 218
Ministero per i beni culturali 106
Ministerratsprotokolle Österreichs, Die
  217
Minuth, K.-H. 233, 234
MIÖG 146
Miquel, P. 90
Mitteilungen, Historische 144
Mitteilungen d. Instituts f. österr. Geschichtsforschung 146
Mitteilungen, Militärgeschichtliche 146
Mitteilungen d. österr. Staatsarchivs 147
Mitteis, H. 112
Mittelalter (= Gesch. in Quellen) 183
Mittellateinisches Glossar 46
Mittellateinisches Wörterbuch 46
Möcker, H. 156
Modern Encyclopedia of Russian History,
  A 50
Moderne dt. Verfassungsgeschichte 113
Moderne Technikgeschichte 130
Moderne Wirtschaftsgeschichte 117
Mohs, P. 91
Mokrosch, R. 166
Mokyr, J. 151
Molas Ribatta, P. 86
Molhuysen, P. C. 202

Verfasser- und Sachtitel-Register 293

Molinier, A. 156
Molíns, M. J. Viguera 85
Moll, M. 237
Molleda, D. Gómez 35
Moeller, B.
  (Ökumen. Kirchengesch./Kirche in ihrer Gesch.) 110
  (Zeitalter d. Reformation) 77
Möller, H.
  (Einführung in d. Zeitgeschichte) 13
  (Europa zw. d. Weltkriegen) 65
  (Fürstenstaat od. Bürgernation) 74
Mols, M. 125
Mommsen, H. 75
Mommsen, Wilhelm 245
Mommsen, Wolfgang A. 106
Mommsen, Wolfgang J.
  (Fischer Weltgesch.) 67
  (Gebhardt-Handbuch) 73
  (Die latente Krise d. Dt. Reiches) 73
  (Propyläen Gesch. Deutschlands) 75
Monatshefte, Berliner 143
Möncke, G. 163
Moniot, H. 61
Monod, G.
  (Bibliographie de l'hist. de France) 33
  (RH) 152
Montanmitbestimmung 251
Montgelas, M. 221
Monumenta Germaniae historica 158
Morales Moya, A. 86
Moraw, P. 74
Morazé, C. 150
Möring, W. 210
Morison, S. E. 81
Moritz von Sachsen 196
Morris, J. B. 50
Morris, R. B. 50
Morsey, R.
  (Adenauer) 243
  (Oldenbourg Grundriß) 65
  (Quellen z. Gesch. d. Parlamentarismus) 249, 250
  (Veröff. d. Komm. f. Zeitgesch.) 235
Moscati, R. 84
Mosconi, N. 192
Moser, J. J. 203
Mosse, G. L. 71
Mostecky, V. 137
Most-Kolbe, I. 174
Mourre, M. 50
Mowat, C. L. 70
Moya, A. Morales 86
Moyen âge, Le 152
Mühlbacher, E. 167

Müller, G.
  (Nuntiaturberichte) 189
  (TRE) 44
Müller, I. 253
Müller, J. 213
Müller, J. J. 193
Müller, Klaus
  (Quellen z. Wiener Kongreß) 180
  (Quellenkunde) 156
Müller, Kurt 203
Müller, K. A. v. 211
Müller, R.-D. 213
Müller-List, G. 251
Mullins, E. L. C. 33
Münch, E. 123
Mundt, H. 20
Mundy, J. H. 71
Münkler, H. 124
Munro, D. J. 31
Munzinger, L. 52
Münzverwaltung, Die 206
Münzwesen, Das Preußische 206
Muret, P. 62
Murhard, C. 135
Murhard, F. 135
Murray, A.V. 25
Museum, The British – General Catalogue 17
Musset, L. 60
Myres, J. N. L. 80

NA 147
Nachkriegsdeutschland 182
Nachlässe, Die – in d. Bibliotheken d. Bundesrepublik 106
Nachlässe, Die – in d. dt. Archiven 106
Nachlässe, Die – in d. wiss. Allgemeinbibliotheken 106
Nachlässe, Die – in wiss. Instituten 106
Näf, W. 68
Nagel, T. 65
Namen u. Daten 56
Nappo, T. 54, 55
Narr, K. J. 73
National Union Catalog, The 18
Nationalbibliographie, Dt. 16
Nationalliberalismus in d. Weimarer Rep. 251
Nationalversammlung, Dt. 224, 225
Nationalversammlung, Verhandlungen d. verfassunggebenden Dt. 248
Nations, United –. Treaty Series 137
Nations, United – War Crimes Commission 241
Naudé, A. 204

Naudé, W. 207
Nazi Conspiracy and Aggression 239
NDB 53
Neck, R. 234
Neff, C. 45
Négociations secrètes 194
Neher, M. 72
Nehring, K.
  (Biogr. Lex. z. Gesch. Südosteur.) 55
  (Hist. Bücherkunde Südosteur.) 39
Neitmann, K. 145
Neri, D. 190
Neubauer, F. 259
Neubecker, O. 102
Neubeginn bei Eisen u. Stahl im Ruhrgebiet 251
Neue Deutsche Biographie 53
Neue Deutsche Geschichte 74
Neue Konkordate 183
Neue Pauly, Der 43
Neue politische Literatur 147
Neue Propyläen-Weltgeschichte, Die 64
Neue u. vollständigere Sammlung d. Reichs Abschiede 193
Neuerwerbungen d. WKB 27
Neues allgemeines dt. Adels-Lexicon 97
Neues Archiv 147
Neues Conversations-Lexikon 47
Neues Handbuch d. Literaturwiss. 128
Neugebauer, W.
  (Acta Borussica) 216
  (Jahrb. f. Gesch. Mittel- u. Ostdeutschlands) 145
Neuhaus, H. 142
Newald, R. 128
New Cambridge Medieval History, The 70
New Cambridge Modern History, The 70
New Dictionary of British History, A 50
New Guide to the Diplomatic Archives, The 108
New History of England, The 81
New Oxford History of England, The 80
Newman, E. L. 50
Nicolas III 171
Nicolas IV 171
Niedersächsische Geschichte 121
Niederschriften über d. Verhandl. d. Reichsrats 249
Niederstätter, A. 78
Niedhart, G. 80
Niermeyer, J. F. 46
Nicsel, W. 186
Nissen, H. J. 65
Nissen, W. 259

Nitschke, A. 64
NMT 239
Noack, P. 125
Nohlen, D. 48
Nolte, E. 67
Norberg, D. 128
Nordhoff, A. W. 213
Nordrhein-Westfalen 251
Nordrhein-Westfäl. Hauptstaatsarchiv 142
North, M. 119
Northcutt, W. 50
Norton, M. B. 24
Nouveau recueil général de traités 135
Nouvelle biographie générale 52
»Nouvelle Clio« 60
Nouvelle histoire de la France contemporaine 83
Nouvelle histoire de la France médiévale 82
Nouvelle histoire de la France moderne 83
Novaja i novejšaja istorija 152
Novum glossarium mediae latinitatis 46
NPL 147
NUC 18
Nuntiaturberichte 188
Nürnberger Prozesse 238

Oberkommando der Wehrmacht, Kriegstagebuch 236
Oberländer, E. 260
Oberländer, G. 242
Oberman, H. A. 166
Oberndorff, L. Graf v. 169
Oberschelp, R.
  (Bibl. z. Landesgesch.) 124
  (GV) 16
Oeconomos, L. 63
Office, Public Record 107, 108
Office of U. S. Chief of Counsel 239
Ohler, N. 25
Ökumenische Kirchengeschichte 110
Oldenbourg Grundriß d. Gesch. 65
Ollé, F. G. 35
Oelsner, S. 75
Oncken, H.
  (APP) 214
  (Rheinpolitik/Friedr. I. v. Baden) 210
Ontiveros, S. 28
Opgenoorth, E.
  (Einführung in d. Studium) 13
  (Handb. d. Gesch. Ost- u. Westpreußens) 123
Opll, F. 168
Oppeln-Bronikowski, F. v. 205

Orbis Latinus 90
Oeri, J. 11
Ortí, M. Cárcel 100
Ortiz, A. Domínguez 86
Orts- u. Verkehrslex., Meyer's 91
Oschmann, A. 199
Oesterley, H. 91
Österreich. Die Zweite Republik 79
Österreichische Akad. d. Wiss. 53
Österreichische Akten z. Gesch. d. Krimkriegs 214
Österreichische Geschichte 78
Österreichische historische Bibliographie 38
Österreichische Parteiprogramme 245
Österreichisches biographisches Lexikon 53
Österreichisches Komitee f. d. Veröff. d. Ministerratsprotokolle 217
Österreich-Ungarns Außenpolitik 220
Osterroth, F. 57
Osteuropa 147
Oswald, G. 102
Otečestvennaja istorija 152
Ott, H. 116
Ottenthal, E. v. 167
Ottmann, H. 124
Otto von Freising 162
Oxford Dictionary of Byzantium, The 49
Oxford Encyclopedia of the Reformation 50
Oxford History of England, The 80
Oxford History of Modern Europe, The 71
Oxford Latin Dictionary 46

PA 107
Pachner v. Eggenstorff, J. J. 193
Padberg, L. E. v. 116
Palluel-Guillard, A. 83
Palmade, G. 67
Palmer, R. B. 128
Pannier, J. 186
Papke, G. 115
Papsturkunden 166
Paquet, A. 212
Pargellis, S. 32
Parker, R. A. C. 67
Parlamentarische Rat, Der 252
Parlamentshandbücher, Deutsche 249
Parlamentspraxis 250
Parry, C. 134
Parteiprogramme, Dt. 245
Parteiprogramme, Österr. 245
Pascu, Ş. 40

Past and Present 152
Paetau, R. 216
Paetow, L. J. 25
Patze, H.
  (Gesch. Niedersachsens) 121
  (Gesch. Thüringens) 123
Paul, I. U. 183
Paul, J. 60
Paulhart, H.
  (MIÖG) 146
  (Österr. hist. Bibl.) 38
Paulinyi, A. 130
Pauls, V. 121
Pauly, Der Kleine 43
Pauly, Der Neue 43
Paulys Realencyclopädie 43
Pautsch, I. D. 243
Pearson, J. B. 165
Pelzer, A. 99
Pennington, D. H. 71
Pérez, J. 86
Pérez Bustamante, C. 86
Pérez de Urbel, F. J. 85
Perroy, E. 62
Personenlexikon, Meyers großes 52
Perticone, G. 84
Pertz, G. H.
  (Archiv d. Gesellschaft) 142
  (Leibniz) 202
  (MGH) 158, 160
Peter von Dusburg 163
Peter, H. 201
Peter, M. 13
Peters, W. 206
Petersdorff, H. v. 215
Petit, L. D. 37
Petke, W. 168
Petri, F. 122
Petry, L. 123
Petter, W. 115
Peuples et civilisations 61
Pfeiffer, A. 260
Pfeilschifter, G. 188
Pfister, C. 63
Pflugk-Harttung, J. v. 170
Philipp der Großmüthige
  (Briefw. m. Bucer) 177
  (Polit. Archiv) 178
Philipp, A. 224, 226
Philipp, W. 36
Philippe, R. 200
Philippi, F. 98
Phillips, L. R. 238
Philpin, C. H. E. 31
Picker, H. 237

Pidal, R. Menéndez 85
Piecha, W. 144
Pietschmann, H. 87
Pikart, E.
  (Ausschuß f. Grundsatzfragen) 252
  (Reichstagsfraktion d. dt. Sozialdem.) 249
Pinhas, J. 135
Pipers Handbuch d. polit. Ideen 124
Pipers Weltgeschichte in Karten 90
Pirenne, H.
  (Bibliographie) 38
  (Hist. du moyen âge) 63
  (Peuples et civilisations) 62
Pirenne, J. 59
Pistohlkors, G.v. 123
Pitz, E.
  (Repertorium Germanicum) 173
Plaggenborg, S. 88
Planitz, H.
  (Bibl. z. Rechtsgesch.) 116
  (Dt. Rechtsgesch.) 112
Plechl, H. 91
Plenum 252
Plessis, A. 83
Plöchl, W. M. 111
Plochmann, J. G. 184
»Ploetz«
  (Bevölkerung) 89
  (Dt. Gesch.) 72
  (Der Große P.) 59
  (Lex. d. Weltgesch.) 49
  (Territorien) 121
  (Verträge) 136
  (Wirtschaft) 116
Ploetz, K. 59
Ploetz-Verlag
  (Territorien-Ploetz) 121
Pohl, H. 148
Policy, German Foreign 233
Politik, Die auswärtige – d. Dt. Reiches 220
Politik, Die auswärtige – Preußens 214
Politik Bayerns, Die 197
Politik, Die Große – d. Europ. Kabinette 218
Politik, Die internationale 140
Politik u. Wirtschaft in d. Krise 251
Politikwissenschaft 125
Politikwissenschaftliche Methoden 125
Politische Testamente 180
Politische Verhandlungen 201
Politischer Liberalismus i.d. brit. Besatzungszone 252
Politisches Archiv 107

Politisches Archiv Philipps d. Großmüthigen 178
Politisches Handwörterbuch 48
Pollmann, W. 33
Poly, J. P. 60
Pommerin, R. 182
Poenicke, K. 14
Ponteil, F. 62
Poole, A. L. 80
Pope, B. H. 28
Poschinger, H. Ritter v. 177
Posner, E. 206
Posner, M. 177
Posner, O. 45
Posse, O. 101
Potter, G. R. 70
Potthast, A.
  (Bibliotheca historica) 24
  (Regesta pontificum) 170
Potthoff, H.
  (Die Regierung d. Volksbeauftragten) 250
  (Die SPD-Fraktion) 252
Pouthas, C.-H. 62
Powicke, F. M.
  (Handbook of Brit. Chronology) 139
  (Oxford Hist. of England) 80
Préclin, E. 60
Prem, H. J. 65
Press, V. 74
Presse der Arbeiterklasse, Die 260
Presse, Deutsche 126
Preuß, J. D. E. 204
Preußen im Bundestag 177
Preußen u. Frankreich 177
Preußens Staatsverträge 178, 179
Preußische Akad. d. Wiss.
  (Acta Borussica) 205
  (Dt. Rechtswörterbuch) 48
  (Friedrich d. Gr.) 204
  (Leibniz) 202
Preußische Akten z. Gesch. d. Krimkriegs 214
Preußische Finanzpolitik 179
Preußische Heer, Das 179
Preußische Jahrbücher 147
Preußische Kommission bei d. Preuß. Akad. d. Wiss. 200
Preußische Münzwesen, Das 206
Preußische u. österr. Acten z. Vorgesch. d. Siebenjähr. Krieges 178
Preußische Seidenindustrie, Die 207
Preußische Staatsschriften 205
Pribram, A.F.
  (Österr.-Ungarns Außenpol.) 221
  (Urkunden u. Actenstücke) 201

Verfasser- und Sachtitel-Register

Priesdorff, K. v. 116
Prieur, P. 104
Principio, In 47
Prinz, F.
  (Böhmen und Mähren) 123
  (Gesch. Bayerns) 122
  (Neue Dt. Gesch.) 74
PRO 107
Probleme u. Methoden d. Landesgesch. 121
Probszt, G. 103
Procès des grands criminels de guerre 239
Prochasson, C. 84
Propyläen Geschichte Deutschlands 75
Propyläen Geschichte Europas 69
Propyläen-Kunstgeschichte 129
Propyläen-Technikgeschichte 130
Propyläen-Weltgeschichte 64
Propyläen-Weltgeschichte, Neue 64
Prothero, G. W. 70
Protokolle d. gemeins. Ministerrates 218
Protokolle d. Ministerrates d. Ersten Republik 234
Protokolle des österr. Ministerrates 217
Protokolle u. Relationen d. Brandenburg. Geh. Rates 178
Protokolle ü. d. Verhandlungen d. Bundesrats 248
Prou, M. 104
Prozeß gegen d. Hauptkriegsverbrecher, Der 239
Prozesse, Nürnberger 238
Public Record Office Lists 107
Publicationen aus d. Preuß. Staatsarchiven 177
Publizistik 147
Purlitz, F. 140
Pütter, J. S. 203
Putzger, F. W. 89

QFIAB 147
Quartalsschrift, Römische 148
Quellen z. Ära Metternich 180
Quellen, Die archivalischen 105
Quellen z. d. Bezieh. Dtld. z. s. Nachbarn 182
Quellen z. d. dt.-amerik. Bezieh. 182
Quellen z. d. dt.-britischen Bezieh. 182
Quellen z. d. dt.-franz. Bezieh. 182
Quellen z. d. dt.-ital. Bezieh. 182
Quellen z. d. dt.-poln. Bezieh. 182
Quellen z. d. dt.-russ. Bezieh. 182
Quellen z. d. dt.-sowjet. Bezieh. 182
Quellen z. d. dt.-tschech. Bezieh. 182
Quellen, Deutsche – z. Gesch. d. 1. Weltkriegs 181
Quellen z. dt. Außenpolitik (1933-1945) 181
Quellen z. dt. Außenpolitik im Zeitalter d. Imperialismus 181
Quellen z. dt. Gesch. d. MA, Ausgewählte 161
Quellen z. dt. Gesch. d. NZ, Ausgewählte 179
Quellen z. dt. Innenpolitik (1890-1914) 180
Quellen z. dt. Innenpolitik (1933-1945) 181
Quellen z. dt. Politik Österreichs 211, 215
Quellen z. dt. Revolution 180
Quellen z. dt. Verfassungs-, Wirtschafts- u. Sozialgesch. 163, 244
Quellen z. dt. Wirtschafts- u. Sozialgesch. (19./20. Jh.) 181
Quellen z. Entstehung d. Ersten Weltkrieges 181, 221
Quellen u. Forschungen aus italienischen Archiven u. Bibl. 147
Quellen z. Friedensschluß v. Versailles 181
Quellen z. Gesch. d. Außenpolitik d. Weimarer Republik 181
Quellen z. Gesch. d. Bauernkrieges 179
Quellen z. Gesch. d. dt. Bauernstandes im MA 163
Quellen z. Gesch. d. dt. Bauernstandes in d. NZ 180
Quellen z. Gesch. d. dt. Bundes 213
Quellen z. Gesch. d. dt. Kolonien 181
Quellen z. Gesch. d. Dreißigjähr. Krieges 180
Quellen z. Gesch. d. Innenpolitik d. Weimarer Republik 181
Quellen z. Gesch. Kaiser Heinrichs IV. 162
Quellen z. Gesch. Karls V. 180
Quellen z. Gesch. Maximilians I. 180
Quellen z. Gesch. Österreichs, Die 156
Quellen z. Gesch. d. Parlamentarismus u. d. polit. Parteien 225, 249
Quellen z. Gesch. d. Rätebewegung 233
Quellen z. Gesch. d. sächs. Kaiserzeit 162
Quellen z. Gesch. d. 7. u. 8. Jh.s 161
Quellen z. Gesch. Wallensteins 180
Quellen z. Gesch. d. Wiener Kongresses 180
Quellen z. Gesch. d. Zweiten Weltkrigs, Dt. 181
Quellen z. Hanse-Geschichte 163
Quellen z. Innenpol. d. Adenauer-Ära 181
Quellen z. Investiturstreit 162

Quellen, Italische – ü. Friedrich I. 162
Quellen z. karolingischen Reichsgesch. 161
Quellen z. katholischen Reform 180
Quellen z. Kirchenreform 163
Quellen des 9. u. 11. Jh.s 162
Quellen z. politischen Denken d. Dt. im 19. u. 20. Jh. 181
Quellen z. Reformation 180
Quellen z. Reichsgeschichte (1190-1214) 163
Quellen z. Reichsreform 164
Quellen z. Staatl. Neuordnung Deutschlds. 181
Quellen z. Verfassungsgesch. d. dt. Stadt 163
Quellen z. Verfassungsgesch. d. Römisch-Dt. Reiches 163, 244
Quellen z. Verfassungsorganismus d. Hl. Röm. Reiches 180, 193, 244
Quellen z. Vorgeschichte d. Dreißigjährigen Krieges 180
Quellen z. Wirtschafts- u. Sozialgesch. mittel- u. oberdt. Städte 163
Quellenkunde z. dt. Gesch. d. NZ 156
Quellensamml. z. Gesch. d. dt. Sozialpol. 216
Quesada, M. Á. Ladero 85
Quidde, L.
  (Dt. Reichstagsakten) 174
  (Dt. Zeitschr. f. Gesch.wiss.) 145
Quirin, H. 13

Raab, H. 49
Rabe, H. 74
RAC 44
Raccolta di concordati 183
Rachel, H. 207
Raeder, E. 229
Radke-Sieb, B. 144
Radowitz, J. v. 210
Radowitz, J. M. v. 210
Rahn, W. 237
Rahner, K. 44
Rainer, J. 190, 192
Ramos, D. 86
Randa, A. 64
Raper, R. 80
Rapp, F. 60
Rassow, P.
  (Bronsart v. Schellendorff) 211
  (Dt. Gesch.) 72
  (Quellensamml. Soz. pol.) 216
Rat, Der Parlamentarische 252
Räteorganisation, Regionale u. lokale 233

Rathgeber, C. 216
Ratzel, F. 89
Rau, R. 161
Raum u. Bevölkerung 89
Raum Westfalen, Der 121
Raumer, K. v. 73
Ravier, E. 203
RE 43
Read, C. 32
Real, W. 212
Realencyclopädie, Paulys 43
Realencyclopädie f. protestantische Theologie u. Kirche 44
Realenzyklopädie, Theologische 44
Reallexikon f. Antike u. Christentum 44
Reallexikon d. dt. Kunstgeschichte 130
Reallexikon d. german. Altertumskunde 43
Rebérioux, M. 83
Rébillon, A. 59
Recherche historique en France, La 34
Rechtswörterbuch, Dt. 48
Records of the Foreign Office, The 108
Recueil de traités 134
Redlich, O.
  (Regesten d. Kaiserreiches) 169
  (Privaturkunden) 98
  (Urkundenlehre) 100
Reedijk, C. 187
Reformation Kaiser Sigmunds 174
Reformministerium Stein, Das 179
Regenten u. Regierungen d. Welt 139
Regesta historico-diplomatica 170
Regesta Imperii 167
Regesta pontificum Romanorum 170
Regierung Eisner, Die 250
Regierung d. Prinzen Max, Die 249
Regierung d. Volksbeauftragten, Die 250
Regionale u. lokale Räteorganisation 233
Register, The Annual 140
Registres et lettres des Papes 171
Reglá Campistol, J. 86
Regling, V. 116
Reich, Im Bismarckschen 182
Reich und die Deutschen, Das 74
Reich und Länder 244
Reichenberger, R. 190
Reichsarchiv 228
Reichshandbuch d. Dt. Gesellschaft 56
Reichsinstitut f. ältere dt. Geschichtskunde 158, 160
Reichsinstitut f. Gesch. d. neuen Deutschlands 214
Reichskommission, Historische 214

Reichstag 1608, Vom 197
Reichstag von 1613, Der 198
Reichstag: Stenographische Berichte ü. d. Verhandlungen d. -es 245
Reichstagsakten, Dt.
 (Ältere Reihe) 174
 (Mittlere Reihe) 175
 (Jüngere Reihe) 195
Reichstagsfraktion d. dt. Sozialdemokratie, Die 249
Reif, K. 183
Reimann, M. 172
Rein, G. A. 179, 180
Reinhard, W.
 (Gebhardt-Handb.) 72
 (Nunt.berichte) 191
Reinhardt, A. 147
Reinhardt, V. 133
Reiß, K.-P. 249
Relations, Soviet Foreign 36
Religion in Gesch. u. Gegenwart, Die 44
Religiöser Sozialismus 260
Rémond, R.
 (RH) 152
 (Le 20e siècle) 82
Renaissance – Glaubenskämpfe – Absolutismus 183
Renaudet, A. 62
Renner, G. 105
Renouvin, P.
 (Clio) 60
 (Hist. des relations internat.) 63
 (Introduction) 13
 (Peuples et civilisations) 63
Reorganisation d. preuß. Staates 179
Répertoire bibliographique de l'hist. de France 34
Répertoire International des Médiévistes 25
Repertorium van boeken 38
Repertorium d. diplomat. Vertreter 139
Repertorium fontium 24
Repertorium Germanicum 172
Repertorium der verhandelingen en bijdragen 37
Repgen, K.
 (APW) 198, 200
 (Handb. d. Kirchengesch.) 110
 (Quellen z. Gesch. d. 30jähr. Krieges) 180
 (Veröff. d. Komm. f. Zeitgesch.) 234
Reports, Law – of Trials of War Criminals 241
Republik, Die Weimarer 182

Research Foundation for Jewish Immigration 58
Restauration u. Frühliberalismus 182
Retana, L. Fernández y Fernández de 86
Retrospective Index to Theses 21
Reuß, E. 185
Reuß, J. A. 195
Reuter, T. 70
Review, The American Historical 150
Review, The Economic History 151
Review, The English Historical 151
Revolution, Amerikanische u. Französ. 183
Revolution u. Kapp-Putsch, Zwischen 250
Revolution, Von der – z. Nordt. Bund 212
Revolution, Die russische 259
Revue d'hist. diplomatique 152
Revue d'hist. ecclésiastique 24, 152
Revue d'hist. moderne et contemporaine 152
Revue historique 152
Revue Suisse d'histoire 148
RGG 44
RH 152
RHE 152
Rheinische Briefe u. Akten 209
Rheinische Geschichte 122
Rheinische Vierteljahrsblätter 147
Rheinisch-Westfäl. Akad. d. Wiss.
 (APW) 198
 (RAC) 44
Rhenanus, Beatus 187
Ribalta, P. Molás 86
Ribbe, W.
 (Brandenburg. Gesch.) 123
 (Handb. d. Genealogie/Taschenb. f. Familiengesch.forschung) 92
Richter, A. L. 111
Richter, L. 251
Riezler, K. 212
Rioux, J.-P. 84
Ritter, A. M. 166
Ritter, B. 90
Ritter, G.
 (Bismarck) 216
 (Dämonie d. Macht) 124
 (Die dt. Gesch.wiss.) 30
 (Gesch. d. NZ) 68
Ritter, G. A.
 (Bibliographie z. ... Arbeiterbewegung) 261
 (Quellen z. Gesch. d. Parlamentarismus) 249
Ritter, M. 197

Ritters geographisch-statist. Lex. 90
Rittmann, H. 103
Rivista storica italiana 152
Rivista storica svizzera 148
Rjazanov, D. B. 253
Roach, J. 26
Robbins, K. 32
Roberg, B. 191
Roberts, H. L. 28
Roberts, J. M.
  (Europe 1880-1945) 71
  (The New Oxford Hist. of Engl.) 80
Robinson, I. S. 162
Robinson-Hammerstein, H. 162
Rodbertus, K. 210
Rödder, A. 65
Rodenberg, C. 160
Röder, W. 58
Rogall, J. 123
Roggenbach, F. v. 211
Röhl, J. C. G. 212
Rohlfes, J.
  (Gesch. u. ihre Didaktik) 12
  (GWU) 144
Rollmann, H. 229
Romano, R. 66
Römische Quartalsschrift 148
Rönnefarth, H. K. G. 136
Roper, M. 108
Ropp, G. Frhr. v. d. 175
Rörer, G. 183
Rosen, K. 199
Rosenbach, H. 252
Rosenberg, H. 210
Rosenfeld, Hans-Friedrich 127
Rosenfeld, Hellmut 127
Röskau-Rydel, I. 123
Rossijskaja akademija nauk 152
Rößler, H.
  (Biogr. Wörterbuch) 56
  (Sachwörterbuch) 49
Rotermund, H. W. 52
Rothacker, E. 143
Rothaus, B. 50
Rotteck, C. v. 47
Rousset de Missy, J. 134
Routh, C. R. N. 56
Roy Ladurie, E. Le 82
Royal Historical Society 31, 32
Royle, E. 120
RSI 152
Ruck, M. 30, 235
Rückriem, G. 14
Ruffmann, K. H. 67
Ruh, K. 129

Rühle, G. 223
Ruhrfrage, Die 251
Rumpler, H.
  (Die Habsburgermonarchie) 78
  (Ministerratsprotokolle) 217
  (Österr. Geschichte) 78
Rundfunk in Deutschland 126
Rundschau, Wehrwissenschaftliche 148
Rundstedt, H.-G. v. 176
Ruppert, K. 198
Rürup, R.
  (Arbeiterräte in Baden) 233
  (Deutschland im 19. Jh.) 77
  (Mod. Technikgesch.) 130
Rüsen, J. 11
Rusinek, B.A. 154
Russia and the Soviet Union 35
Russian Biographical Index 55
Russian History since 1917 36
Russische Revolution, Die 259
Russisches Biograph. Archiv 55
Rüstungen, Von den – Hzg. Maximilians 197
Ruys, J. A. 37
Rydbeck, J. 37

Sacher, H. 47
Sachers, E. 149
Sachse, W. L. 32
Sachsenspiegel des Eike v. Repgow, Der 163
Sachwörterbuch d. Mediävistik 49
Saeculum 148
Saeculum Weltgeschichte 64
Saffroy, G. 97
Sagittarius, C. 183
Sägmüller, J. B. 111
Sagnac, P. 61
Saint-Léger, A. de 62
Saint Siège, Le – et la Guerre en Europe 236
Salewski, M.
  (HPB) 144
  (HMRG) 144
  (Wehrmacht ... 1933-1939) 116
Salis, J. R. v. 67
Salm, H. 198
Salvatorelli, L. 84
Salway, P. 80
Salzmann, R. 253
Samanek, V. 169
Samaran, C.
  (Bibliographie générale) 34
  (Catalogue des manuscrits) 98
Samerski, S. 191

Sammlung, Neue u. vollständigere – d.
  Reichs-Abschiede 193
Sammlung sämtlicher Drucksachen d.
  Reichstages 248
Samwer, C. 135
Sánchez-Albornoz, C. 85
Sánchez Alonso, B. 35
Sandgruber, R. 79, 120
Sandkühler, J. 259
Sante, G. W. 121
Santifaller, L.
  (Neuere Editionen) 25
  (Repertorium d. dipl. Vertreter) 139
  (Urkundenforschung) 100
Santschy, J.-L. 38
Sauer, M. 12
Sautter, U. 81
Savigny, K. F. v. 212
Schaab, M. 122
Schäfer, D. 175
Schäfer, H. 116
Schäferdiek, K. 166
Scharf, C. 213
Scharrer, A. 147
Schatz, R. 105
Schätzel, W. 202
Scheel, H. 179
Scheibelreiter, G. 147
Scheible, H. 185
Scheler, E. 180
Schellhass, K. 190
Scherer, A. 227
Scheschkewitz, U. 173
Scheuner, D. 186
Scheuner, U. 204
Schieder, T.
  (Dokumentation d. Vertreibung) 242
  (Gesch. als Wiss.) 11
  (Handb. d. europ. Gesch.) 68
  (Propyläen Gesch. Europas) 69
  (Theorieprobleme) 11
Schieffer, R.
  (Dt. Archiv) 143
  (Gebhardt-Handbuch) 72
Schieffer, T. 68
Schiffers, R.
  (FDP-Bundesvorstand) 252
  (Grundlegung d. Verfassungsgerichts-
  barkeit) 251
  (Hauptausschuß) 250
Schilling, H.
  (Siedler dt. Geschichte) 74
  (Siedler Gesch. Eur.) 69
Schilling, L. 149
Schissler, H. 179

Schlenke, M. 183
Schlesinger, W. 123
Schlochauer, H.-J. 48
Schmale, F.-J.
  (Deutschlands Gesch.quellen) 155
  (Gesch.schreibung) 132
  (Quellen z. dt. Gesch. d. MA) 161
  (Quellen z. Investiturstreit) 162
Schmale, W. 84
Schmale-Ott, I. 162
Schmauss, J. J.
  (Corpus iuris publici) 203
  (Reichsabschiede) 193
Schmeck, H. 128
Schmidt, A. 162
Schmidt, C. 66
Schmidt, C. D. 36
Schmidt, D. 179
Schmidt, G. 113
Schmidt, I. 147
Schmidt, K. 23
Schmidt, K. D.
  (Arbeiten z. Gesch. d. Kirchenkampfes)
  236
  (Grundriß d. Kirchengesch.) 110
  (Die Kirche in ihrer Gesch.) 110
Schmidtchen, V. 130
Schmidt-Glintzer, H. 65
Schmidt-Richberg, W. 115
Schmidt-Wiegand, R. 163
Schmied, H. 123
Schmiegelow-Powell, A.
  (Istoričeskie zapiski) 151
  (Voprosy istorii) 153
Schmitt, O. 130
Schmitz-Kallenberg, L.
  (Historiographie) 154
  (Urkundenlehre) 100
Schmoller, G. 205, 206, 207
Schmollers Jahrbuch 148
Schmoock, P. 125
Schmuck, H. 16
Schnabel, F. 156
Schneider, Boris 13
Schneider, Burkhart 236
Schneider, F. 145
Schneider, H.
  (Der Neue Pauly) 43
  (Propyläen Technikgeschichte) 130
Schneider, R. 65
Schoeck, R. J. 187
Schödl, G. 123
Schöllgen, G. 65
Scholz, K. 163
Schönbrunn, G. 183

Schönhoven, K. 233
Schöppe, L. 183
Schop Soler, A. M. 214
Schormann, G. 72
Schottelius, H. 116
Schottenloher, K. 30
Schrader, G. 259
Schramm, G. 88
Schramm, P. E. 236
Schraepler, E. 222
Schreiber, G. 237
Schreiner, P.
  (Byzantinische Zeitschrift) 143
  (Byzanz) 65
Schrift und Schriftlichkeit 97
Schriften d. Bibliothek f. Zeitgeschichte 27
Schrifttafeln z. dt. Paläographie 99
Schröder, B. 124
Schroeder, F. v.
  (Biogr. Lexikon) 55
  (Weltgesch. d. Gegenwart) 67
Schroeder, P. W. 71
Schröder, H. J. 13
Schröder, K.
  (Bibliogr. z. Deutschlandpol.) 244
  (Bibliogr. v. Zeitungen ... d.
  SBZ/DDR) 30
Schrottenberg, H. v. 145
Schrötter, F. Frhr. v.
  (Acta Borussica) 206
  (Wörterbuch d. Münzkunde) 103, 104
Schücking, W.
  (Kautsky-Dokumente) 221
  (WUA) 224
Schulatlanten in Deutschland 91
Schulbuchforschung, Internationale 145
Schulbuchinstitut, Internationales 145
Schulbuch-Verlag, Bayerischer 90
Schuler, M. 186
Schuler, P.-J. 25
Schulin, E. 59
Schulthess' europäischer Geschichtskalender 140
Schulthess, H. 140
Schultheß, J. 186
Schultze, J.
  (Duncker) 210
  (FBPG) 143
  (Mark Brandenburg) 123
Schultze, K. 24
Schultze, R.-O. 48
Schulz, G.
  (Deutschland seit d. 1. Weltkrieg) 77
  (Revolutionen u. Friedensschlüsse) 67
  (Staat u. NSDAP) 250

Schulz, W. 133
Schulze, G. 216
Schulze, H.
  (Kabinett Scheidemann) 233
  (Siedler Gesch. Europas) 69
  (Weimar) 74
Schulze, H. K.
  (Grundstrukturen d. Verfassung) 112
  (Reich d. Franken/Ottonen u. Salier) 74
Schulze, W.
  (Einführung) 13
  (GWU) 144
Schulze-Bidlingmaier, I. 233
Schumacher, B. 122
Schumacher, M.
  (M.d.R.) 57
  (Parlamentshandbücher) 249
  (Parlamentspraxis) 250
Schumann, H.-G. 245
Schüßler, W.
  (Bismarck) 215
  (Dalwigk) 209
Schütz, L. 45
Schwabe, K. 181
Schwarz, A. 73
Schwarz, D. W. H. 127
Schwarz, H.-P.
  (Akten z. Auswärt. Pol.) 243
  (Gesch. d. Bundesrepublik) 78
  (Quellen z. Gesch. d. Parlamentarismus) 251
Schwarz, M. 57
Schwarz, R. 186
Schwarz, W. E. 192
Schwarzmaier, H. 122
Schwedischen Korrespondenzen, Die 199
Schweinzer, S. 196
Schweizer, J. 191
Schweizerische Landesbibliothek 38
Schweizerische Zeitschrift f. Gesch. 148
Schwennicke, D. 93
Schwerin, C. v. 112
Schwertfeger, B.
  (Die diplomat. Akten d. AA) 220
  (Ursachen d. dt. Zusammenbruchs) 226
Schwertner, S. 44
Scott, S. F. 50
Scupin, U. 204
SDG 48
Seco Serrano, C. 87
Sée, H. 59
See, K. v. 128
Seeck, O. 170
Seeliger, G. 98
Seewann, G. 39

Seibt, F.
  (Bohemia) 143
  (Bohemica) 40
  (Handb. d. europ. Gesch.) 68
Seidenindustrie, Die Preußische 207
Séjourne, L. 66
Seligman, E. R. A. 48
Senckenberg, H. C. v. 193
Senkenberg, R. K. Frhr. v. 195
Senner, M. 214
Seraphim, H.-G. 241
Series, The Consolidated Treaty 134
Series episcoporum 138
Serrano, C. Seco 87
Services des archives de l'Assemblée nat. 57
Sestan, E. 51
Setterwall, K. 37
Sewering-Wollanek, M. 40
Sheehan, J. J. 71
Sheppard, J. 108
Showalter, D. E. 116
Sickel, T. v. 98
Siebmacher, J. 102
Siedler Deutsche Geschichte 74
Siedler Geschichte Europas 69
Siège, Le Saint 236
Siegler, H. v. 140
Siemann, W.
  (Neue Dt. Geschichte) 74
  (Quellenkunde) 156
Sieveking, P. 54
Simma, B. 115
Simmons, J. S. G. 35
Simon, C. 132
Simon, G. 37
Simonsfeld, H. 76
Sims, J. M. 31
Simson, B. 76
Simson, B. E. 201
Singer, C. 130
Sirinelli, J.-F. 152
Sirois, H. 182
Six, F. A. 223
Sjörgen, P. 37
Skalnik, K. 79
Skalweit, A. 207
Skalweit, S. 206
Slocum, R. B. 58
Slovar', Enciklopedičeskij 43
Smith, J. 151
Smith, R. A. 32
Soboul, A. 62
Société d'histoire générale ... 152
Société d'histoire moderne 152

Société des Nations 137
Society, Royal Historical 31, 32
Sokop, B. 94
Soldatisches Führertum 116
Solov'ev, S. M. 87
Sommer, W. 110
Somogyi, E. 218
Sophie, Hzg.in v. Hannover 177, 178
Sophie Charlotte, Königin 178
Sösemann, B.
  (Koszyk, Pressepolitik) 126
  (T. Wolff) 212
Sources de l'histoire de France, Les 156
Souter, A. 46
Sovetskaja istoričeskaja ėnciklopedija 50
Soviet Foreign Relations 36
Sowjetsystem u. demokratische Gesellschaft 48
Sozialismus, Religiöser 260
Sozialisten, Die Frühen 260
Sozialwissenschaftliche Informationen 148
Spahn, M. 201
SPD-Fraktion im Dt. Bundestag 252
Speck, W. A. 81
Speculum 152
Spenkuch, H. 216
Spies, H.-B. 181
Spindler, A. 229
Spindler, M. 122
Spitzemberg, H. Freifrau H. v. 211
Sprandel, R.
  (Quellen z. Hanse-Gesch.) 163
  (Verfassung u. Gesellschaft) 112
Spreckelmeyer, G. 144
Sprenger, B. 103
Spruner, K. v. 89
»Spruner-Menke« 89
Spuler, B. 139
Srbik, H. Ritter v.
  (Geist u. Gesch.) 132
  (Korrespondenz) 213
  (Öst.-Ungarns Außenpolitik) 221
  (Quellen z. dt. Pol. Österreichs) 211, 215
Staat, Der 148
Staat u. NSDAP 250
Staatsbibliothek, Bayerische 153
Staatsbibliothek Preußischer Kulturbesitz 249
Staats-Lexikon, Das 47
Staatslexikon, Evangelisches 47
Staatslexikon (Görresgesellschaft) 47
Staatsschriften, Preußische 205
Staatsverträge, Preußens 178, 179

Staats-Wörterbuch, Dt. 47
Stadelmann, R.
  (Bismarck) 216
  (J. Burckhardt) 11
  (Handb. d. dt. Gesch.) 73
  (Preußens Könige) 177
Stadtmüller, G. 148
Stadtmünsterische Akten 200
Stählin, K. 87
Stamm-Kuhlmann, T. 213
Stammen, T. 181
Stammfolge-Verzeichnisse 96
Stammler, W. 129
Stammtafeln europ. Herrscherhäuser 94
Stammtafeln z. Gesch. d. europ. Staaten 92
Ständische Verhandlungen 201
Staritz, D. 78
Steffens, F. 98
Steglich, W.
  (Päpstl. Friedensaktion) 225
  (RTA) 195
Stein zu Hardenberg, Von 179
Stein, H.
  (Bibliogr. générale) 34
  (Répertoire bibl.) 34
Stein, K. Frhr. v.
  (Briefe, Schriften) 208
  (Gedächtnisausgabe) 161, 179
Stein, W. 176
Steinberg, H. 14
Steinberg, H.-J. 261
Steinberg, S. H. 140
Steindorff, E. 76
Steinherz, S. 189
Steininger, R. 251
Steitz, W. 181
Stengel, E. E. 142
Stenographischer Bericht ü. d. Verhandlungen d. dt. constituirenden Nationalversammlung 245
Stenographische Berichte ü. d. Verhandlungen d. Dt. Reichstages 245
Stenographische Berichte ü. d. öff. Verhandlungen d. Untersuchungsausschusses 224
Stenton, F. M. 80
Stenton, M. 57
Stern, F. 133
Stern, L. 259
Sternfeld, W. 58
Stevenson, J. 151
Stiennon, J. 98
Stier, H.-E.
  (Atlas) 90
  (WaG) 149

Stieve, F. 197
Stoecker, H. 136
Stockhorst, E. 58
Stökl, G. 87
Stolberg-Wernigerode, O. Graf zu 211
Stolper, G. 119
Stoltz, J. 183
Stolze, W. 206
Stoob, H.
  (Bibl. z. ... Städteforschung) 124
  (Helmold v. Bosau) 163
Storia d'Italia 84
Stoerk, F. 135
Stosch, A. v. 211
Stotz, P. 128
Stoy, M. 39
Strauss, H. A. 58
Strayer, J. R. 49
Strecker, K. 128
Stricker, G. 123
Stropp, R. 105
Strubbe, O. 92
Strupp, K. 48
Strutz, E. 96
Strutz-Ködel, M. 96
Struve, T. 168
Stüber, G. 252
Studi medievali 152
Studi storici 152
Studien, Frühmittelalterliche 144
Studienbuch Geschichte 59
Studies, Comparative 151
Stuiber, A. 128
Stumpf, R. 227
Stumpf-Brentano, K. F. 169
Stupperich, R. 185
Sturm, H. 97
Stürmer, M. 74
Stutz, U. 149
Suárez Fernández, L. 86
Südosteuropa-Bibliographie 39
Südost-Institut 39
Suhle, A. 103
Suppan, A. 123
Survey of International Affairs 141
Svensk historisk bibliografi 36
Szabó-Bechstein, B. 147
Sybel, H. v.
  (HZ) 145
  (Kaiserurkunden) 98
Systematische Bibliographie v. Zeitungen ... zur ... Entwicklung d. SBZ/DDR 30
Systematischer Katalog d. Bibliothek f. Zeitgesch. 27

Verfasser- und Sachtitel-Register

Taddey, G. 49
Tapié, V.-L. 59
Taschenbuch, Gothaisches genealogisches 94
Taschenlexikon, Meyers – Geschichte 49
Tautscher, A. 120
Taylor, A. J. P.
  (Engl. Hist. 1914-1945) 80
  (Struggle f. Mastery) 71
Taylor, R. 31
Techen, F. 175
Technik d. Macht, Die 260
Technik-Geschichte 148
Technikgeschichte, Moderne 130
Tellenbach, G. 172
Tenenti, A. 66
Tenfelde, K. 261
Tennstedt, F. 216
Ter Meulen, J. 202
»Territorien-Ploetz« 121
Tessier, G. 100
Testamente, Politische 180
Thamer, H.-U. 74
Theatrum Europaeum 195
Theobald, L. 197
Theologische Realenzyklopädie 44
Theorieprobleme d. Gesch.wiss. 11
Thesaurus linguae latinae 46
Theuerkauf, G. 154
Theses, History 21
Thielen, P. G. 208
Thietmar von Merseburg 162
Thil, K. W. H. Frhr. du Bos du 209
Thimme, F.
  (Bismarck) 215
  (Große Politik) 218, 220
Thomas von Aquin 45
Thomas, D. H. 108
Thomas, H. 33
Thompson, F. M. L. 120
Thomson, D. 70
Thorau, P. 77
Thornton, C.-J. 44
Thoß, B. 181
Thränhardt, D. 244
Thürauf, U. 140
Thurnher, E. 127
Tiedemann, E. 58
Timm, A. 130
Tischer, A. 199
Tobler, R. 101
Toeche, T. 76
Tomás y Valiente, F. 86
Tomás Villarroya, J. 87
Toomey, A. F. 15

Torke, H.-J.
  (Forsch. z. osteur. Gesch.) 144
  (Lex. d. Gesch. Rußlands) 51
Torres, J. del Burgo 35
Torres Fontes, J. 86
Torres López, M. 85
Totok, W. 15
Touchard, J. 124
Tourneur-Nicodème, M. 101
Toynbee, A. J. 141
Toynbee, V. 141
TRA 193
Traditio 152
Traube, L. 128
Trauzettel, R. 66
TRE 44
Treasure, G. 56, 57
Treaty Series, The Consolidated 134
Treaty Series. League of Nations 137
Treaty Series. United Nations 137
Treichel, E. 213
Treitschke, H. v. 147
Treue, Wilhelm
  (Acta Borussica) 205
  (Athenaion-Bilderatlas) 73
  (Wirtschaftsgesch.) 118
Treue, Wolfgang 245
Treusch v. Buttlar, K. 204
Trial of the Major War Criminals 239
Trials of War Criminals 239
Triepel, H. 136
Trillmich, W. 162
Troitzsch, U. 130
Truhart, P. 139
Tschakert, P. 178
Tüchle, H. 110
Tudesq, A.-J. 83
Tulard, J. 82
Tümmler, H. 211
Türler, H. 53
Tyerman, C. 56
Typologie des sources du moyen âge 155
Tyrell, A. 125

Uebersberger, H. 221
Übersicht ü. d. Bestände d. DZA 106
Übersicht ü. d. Bestände d. Geh. Staatsarchivs 106
Uhlirz, K. 76
Uhlirz, M.
  (Böhmer-Regesten) 168
  (Jahrbücher d. Dt. Reiches) 76
Uhlmann, M. 182
Ullmann, H.-P. 253
Ullrich, P. 111

Ulmann, H. 209
Ungarisches Komitee f. d. Veröff. d. Ministerratsprotokolle 218
Unger, R. 106
Union, Die – u. Heinrich IV. 197
Union académique internationale 187
Union Catalog, The National 18
United Nations. Treaty Series 137
United Nations War Crimes Commission 241
Universalgeschichte 59
Universal-Lexikon, Großes vollständiges 41
Universitätsbibliothek Bochum 261
UNTS 137
Urbain IV 171
Urbain V 172
Urbanitsch, P. 79
Urbel, F. J. Pérez de 85
Urkunden u. Actenstücke 200
Urkunden u. erzählende Quellen z. dt. Ostsiedlung 163
Urkunden u. Siegel 98
Urkundenbuch, Hansisches 175
Urkundenbuch z. Reformationsgesch. d. Herzogthums Preußen 178
Ursachen d. dt. Zusammenbruchs, Die 226
Ursachen u. Folgen 222
Urteil im Wilhelmstraßen-Prozeß, Das 241
»Utet« 42
Uytterhaegen, F. 38

Valdeón Baruque, J. 86
Valeri, N. 84
Valjavec, F.
  (Historia Mundi) 64
  (Südosteuropa-Bibliographie) 39
  (Weltgesch. d. Gegenwart) 67
Valsecchi, F. 84
Vázquez de Parga, M. 109
Vaupel, R. 179
Vekene, E. van der 26
Verdenhalven, F. 92
Verdross, A. 115
Verein deutscher Archivare 108
Verein Deutscher Ingenieure 148
Verein für Hansische Geschichte 175
Verfassungsgeschichte, Mod. dt. 113
Verhandlungen d. Dt. Reichstages 248
Verhandlungen, Politische 201
Verhandlungen, Ständische 201
Verhandlungen d. verfassunggebenden Dt. Nationalversammlung 248

Verhandlungen d. 2. Unterausschusses, Die 225
Vernadsky, G. 88
Veröffentlichungen d. Komm. f. Zeitgesch. 235
Verträge d. Bundesrepublik Deutschland 137
Vertrags-Ploetz 136
Vervaeck, S. 38
Verwaltungs- u. Behördenreform, Allgemeine 179
Verwaltungsgeschichte, Dt. 113
Verzeichnis, Bio-Bibliographisches – v. Universitätsdrucken 20
Verzeichnis lieferbarer Bücher 17
Verzeichnis d. schriftlichen Nachlässe 106
VfZG 148
Vicens Vives, J. 86
Vidalenc, J. 60
Vierhaus, R.
  (Deutschland im Zeitalter d. Absolutismus) 77
  (Spitzemberg) 211
  (Staaten u. Stände) 75
Vierteljahrsblätter, Rheinische 147
Vierteljahrshefte, Bibliographische 26
Vierteljahrshefte f. Zeitgeschichte 148
Vierteljahrsschrift, Dt. – f. Literaturwiss. 143
Vierteljahrsschrift, Hist. 145
Vierteljahrsschrift f. Sozial- u. Wirtschaftsgesch. 148
Viesseur, G. P. 150
Viguera Molíns, M. J. 85
Villarroya, J. Tomás 87
Villat, L. 60
Villiers, J. 66
Visconti, A. 84
Vital, D. 71
Vitense, O. 123
Vittinghoff, F. 117
Vives, J. Vicens 86
VIB 17
Vocabulaire intern. de la diplomatique 100
Vocelka, K. 78
Vogel, B. 12
Vogel, J. 144
Vogel, W. 242
Vogelsang, T.
  (Bibliographie z. Zeitgesch.) 27
  (Das geteilte Deutschland) 67
Vogt, E. 79

Vogt, M.
 (Kabinett Müller) 233
 (Rassow-Handbuch) 72
Volborth, C.-A. v. 101
Völkel, W. 30
Völker, Staaten u. Kulturen 90
Völkerrecht im Weltkrieg, Das 226
Volkmann, E. O. 227
Volkmann, H.-E. 181
Vollnhals, C. 235
Volmar, I. 200
Volmuller, H. W. J. 51
Voltaire 178, 179
Voltmer, E. 25
Volz, G. B.
 (Acten z. Vorgesch. d. Siebenj. Krieges; Briefw. Friedr. d. Gr.) 178, 179
 (Werke Friedr. d. Gr.) 204
Von Aktie bis Zoll 103
Voprosy istorii 153
Vorgeschichte d. Weltkrieges 224
Vormärz u. Revolution 1848-1849 182
Vossler, K. 128
Voet, L. 92
Vovelle, M.
 (La chute de la monarchie) 83
 (Le siècle des lumières) 62
Vries, J. d. 151
Vries, P. d. 51
VSWG 148

Wachinger, B. 129
WaG 149
Wagener, H. 47
Wagner, F. 69
Wagner, J. V. 252
Wagner, W.
 (Europa ... seit 1945) 68
Waitz, G.
 (Dt. Verfassungsgesch.) 112
 (Jahrbücher d. Dt. Reiches) 76
Walch, J. G. 184
Walder, E. 68
Waldersee, A. Graf v. 210
Waele, M. De 38
Walford's Guide 15
Wallach, J. F. 49
Wallthor, A. Hartlieb v. 208
Walsh, M. 15
Walter, F.
 (Maria Theresia) 180
 (Österr. Verfassungsgesch.) 114
Walter, G. 34
Walter, J. v. 187
Walter, N. 142

Walter, R.
 (Einführung) 117
 (Wirtschaftsgesch.) 116
Walther, J. L. 194
Walz, H. 166
Wandruszka, A.
 (Die Habsburgermonarchie) 79
 (Nuntiaturberichte) 189
 (Protokolle d. Ministerrates) 234
 (Walter, Verfassungsgesch.) 114
Wappenbuch, Johann Siebmachers 102
Wappenfibel 101
Ward, A. W. 70
Warnke, M. 129
Wartenberg, F. W. 200
Wartenberg, G. 196
Watson, H. S. 71
Watson, J. S. 80
Wattenbach, W.
 (Bibliotheca rerum German.) 164
 (Deutschlands Gesch.quellen) 154
 (Schriftwesen) 98
Weber, Hartmut
 (Akten d. Reichskanzlei) 234
 (Kabinettsprotokolle) 234
Weber, Hellmuth 259
Weber, Hermann
 (Generallinie; SPD-Fraktion) 251
 (Gesch. d. DDR) 78
 (Oldenbourg Grundriß) 65
Weber, O.
 (Calvin) 186
 (Evangel. Kirchenlex.) 45
Weber, P. 252
Weber, W. 130
Wecken, F. 92
Weden, F. 154
Wee, H. van der 118
Weg zur Reichsgründung, Der 182
Wegener, W. 94
Wegner, K. 251
Wehler, H.-U.
 (Bibl. z. mod. Wirtschafts- u. Sozialgesch.) 120
 (Dt. Gesellschaftsgesch.) 119
 (Preuß. Finanzpolitik) 179
Wehrkunde, Europäische 148
Wehrwissenschaftliche Rundschau 148
Weigel, H. 174
Weill, G. 62
Weimarer Republik, Die 182
Weinberg, G. L. 235
Weinfurter, S. 138
Weinrich, L.
 (Quellen z. Kirchenreform) 164

(Quellen z. Verfassungsgesch.) 163, 244
Weinzierl, E. 79
Weis, E. 69
Weiss, G. 155
Weiss, S. 172
Weißmann, K. 75
Weisungen, Hitlers – f. d. Kriegführung 237
Weisz, C. 27
Weitzel, R. 15
Weizsäcker, J. 174
Welcker, C. 47
Wellenreuther, H. 81
Weller, A. 122
Weller, K. 122
Welt als Geschichte 149
Welt seit 1945, Die 183
Weltatlas, Großer Historischer 90
Weltgeschichte, Die 65
Weltgeschichte in Einzeldarstellungen 64
Weltgeschichte, Fischer 66
Weltgeschichte d. Gegenwart 67
Weltgeschichte d. Gegenwart in Dokumenten 224
Weltgeschichte in Karten, Pipers 90
Weltgeschichte, Saeculum 64
Weltkrieg, Der – 1914 bis 1918 228
Weltkriege u. Revolutionen 183
Weltkriegsbücherei 26
Welwei, K.-W. 161
Welzig, W. 187
Wende, F. 48
Wende, P.
  (Geschichte Englands) 80
  (Großbritannien) 66
Wendel, H. 225
Wengst, U.
  (Auftakt zur Ära Adenauer) 250
  (Einführung in d. Zeitgesch.) 13
  (FDP-Bundesvorstand) 252
Wentz, G. 175
Wentzcke, P.
  (Dt. Liberalismus) 210
  (HZ) 145
Wer ist's 55
Werden Hessens, Das 122
Werk des Untersuchungsausschusses, Das 224
Werminghoff, A. 111
Wermter, E. M. 199
Werner, K. F. 82
Werner, W. 252
Wernham, R. B. 70
Wesel, U. 112

Westarp, K. v. 251
Westermanns Atlas z. Weltgesch. 90
Westfälische Geschichte 121
Westintegration, Sicherheit u. dt. Frage 181
Wettengel, M. 253
Wetzer u. Welte's Kirchenlexikon 44
Whitney, J. P. 70
Who's Who 52
Who's Who in British History Series 56
Who's Who of British Members of Parliament 57
Who's Who in History 56
Wickert, K. 20
Wickham, C. 152
»Widerstand«, Bibliographie 28
Wieczynsky, J. L. 50
Wieser, K. 26
Wiesflecker, H. 169
Wiesflecker-Friedhuber, I. 180
Wieviorka, O. 84
Wigard, F. 245
Wijnhoven, J. 191, 192
Wilhelm II., Unter 182
Wilhelm, F. 66
Wilke, J. 126
Wilkinson, B. 32
Will, E. 148
Williams, B. 80
Williams, H. 80
Williams, T. J. 130
Willoweit, D. 112
Windelband, W. 216
Winkelbauer, T. 78
Winkelmann, E.
  (Acta Imperii inedita) 164
  (Böhmer-Regesten) 168
  (Philipp v. Schwaben) 77
Winter, G. 179
Winter, O. F. 139
Wippermann, K. 140
Wirtschaft u. Gesellschaft in Frankreich 120
Wirtschaftsgeschichte, Deutsche 119
Wirtschaftsgeschichte, Europäische 117
Wirtschaftsgeschichte, Moderne 117
Wirtschafts-Ploetz 116
Wirtschaftspolitik, Die deutsche 213
Wissowa, G. 43
Wittenberg, H.-W. 56
Wittstadt, K. 191
WKB 26
Wodke-Repplinger, I. 14
Wohlfeil, R. 115
Wohlgemuth-Kotasek, E. 139

Wolbert, R. G. 28
Wolf, A. 127
Wolf, E.
  (Arbeiten z. Gesch. d. Kirchenkampfes) 236
  (Die Kirche in ihrer Gesch.) 110
Wolf, G. 156
Wolf, H. 106
Wolff, F. 199
Wolff, H. 174
Wolff, T. 212
Wolfram, H.
  (Das Reich u. d. Dt.) 74
  (Österr. Gesch.) 78
  (Quellen z. Gesch. d. 7./8. Jh.s) 161
Wolfram, R. 115
Wollasch, J. 144
Wollindustrie 207
Wollstein, G. 182
Wolters, F. 201
Woodward, E. L. 80
World Dictionaries in Print 15
Woronoff, D. 83
Wörterbuch z. dt. Gesch., Biograph. 56
Wörterbuch, Mittellateinisches 46
Wörterbuch d. Münzkunde 103
Wörterbuch d. Völkerrechts 48
Worters, G. 54
Worth, M. 103
Woytecki, D. 163
W.P. Encyclopedie, Historische 51
Wrede, A. 195
Wright, G. 151
Writings on American History 33
Writings on British History 31
Wübbeke-Pflüger, B. 198
WUA 224
Wulf, P. 233
Wunder, H. 12
Wurzbach, C. v. 53
WWR 148
Wyduckel, D. 204

Yearbook, European 140

Zamora, M. Jover 85
Zapiski, Istoričeskie 151
Zapp, H. 111
Zaunmüller, W. 15
»Zedler« 41
Zeeden, E. W.
  (Dt. Kultur in d. frühen NZ) 127
  (Großer Hist. Weltatlas) 90
  (Propyläen Gesch. Europas) 69
Zeidler, J. G. 183

Zeit d. Nationalsozialismus, Die 182
Zeitalter, Das bürgerliche 183
Zeitkalender d. diplomat. Akten des AA 220
Zeitschrift, Archivalische 142
Zeitschrift, Byzantinische 143
Zeitschrift f. Gesch., Schweizerische 148
Zeitschrift f. Geschichtswiss. 149
Zeitschrift f. Geschichtswiss., Dt. 145
Zeitschrift, Historische 145
Zeitschrift f. hist. Forschung 149
Zeitschrift f. Kirchengeschichte 149
Zeitschrift, Militärgeschichtl. 146
Zeitschrift f. Ostforschung 149
Zeitschrift f. Ostmitteleuropaforschung 149
Zeitschrift f. Religions- u. Geistesgesch. 149
Zeitschrift d. Savigny-Stiftung f. Rechtsgesch. 149
Zeitschrift f. schweizerische Gesch. 148
Zeitschrift f. Wirtschafts- u. Sozialwissenschaften 149
Zeldin, T. 71
Zeller, G. 63
Zeller, O. 21, 22
Zeller, W. 21, 22
Zentraldirektion d. MGH 158
Zentralinstitut f. Geschichte 145
Zentralinstitut f. Kunstgesch. 130
Zentralrat d. dt. sozialistischen Republik, Der 233
Zentralstelle f. Dt. Personen- u. Familiengeschichte 97
Zentrumsfraktion, Die 251
Zerback, R. 213
Zernack, K.
  (Handb. d. Gesch. Rußlands) 88
  (Polen u. Rußland) 69
Zeumer, K.
  (Indices ... MGH) 160
  (Quellensammlung) 193, 244
ZfG 149
ZfO 149
ZHF 149
Ziebura, G. 120
Zielinski, H. 167
Zilch, R. 216
Zimmermann, H.
  (Das Mittelalter) 68
  (Papstregesten) 168
  (Papsturkunden) 166
Zimmermann, J. 115
Zinsmaier, P. 168
Zischka, G. A. 15

ZKG 149
Zögner, L. 91
Zöllner, E.
  (Gesch. Österreichs) 78
  (Quellen d. Gesch. Österreichs) 156
Zonenbeirat 252
Zophy, J. W. 26
Zorn, W.
  (Einführung in die Wirtsch.- u. Sozialgesch.) 119
  (Handb. d. dt. Wirtschaftsgesch.) 118

Zoske, H. 146
ZRG 149
Žukov, E. M. 50
Žurnal, Istoričeskij 151
Zürrer, W. 214
Zverev, R. J. 151
Zscharnak, L. 45
Zwicker, H. 185
Zwingli, H. 186
Zysberg, A. 83

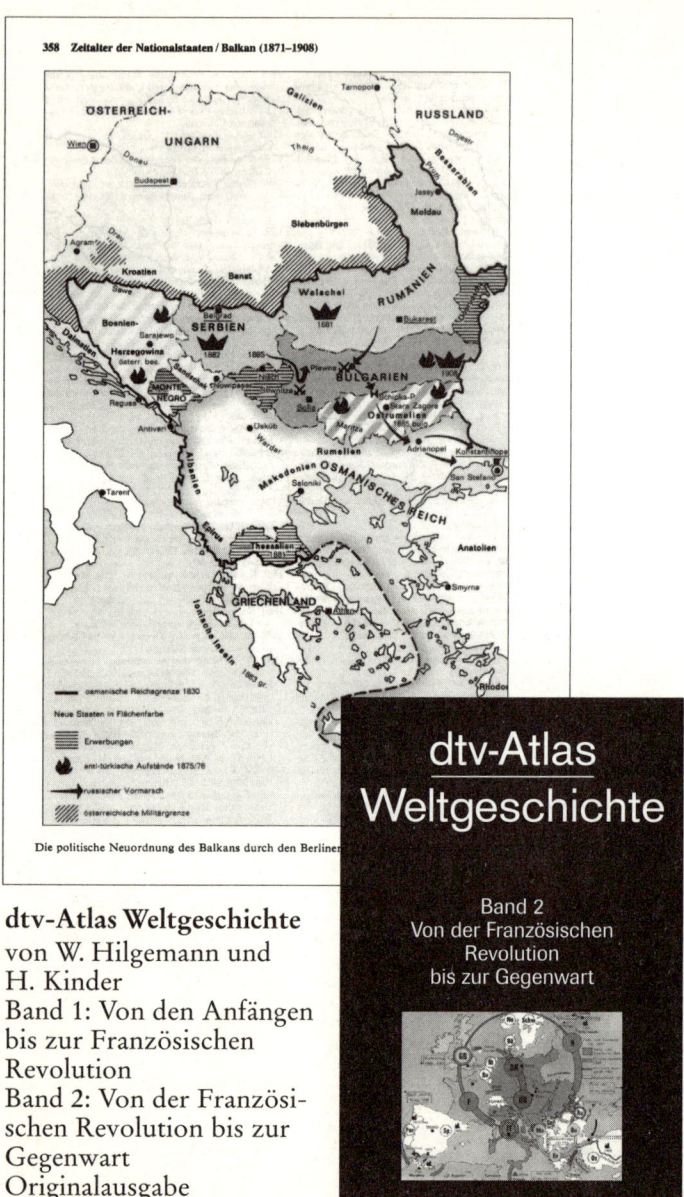

dtv-Atlas Weltgeschichte
von W. Hilgemann und
H. Kinder
Band 1: Von den Anfängen
bis zur Französischen
Revolution
Band 2: Von der Französischen Revolution bis zur
Gegenwart
Originalausgabe
dtv 3001 / 3002

Geschichte des 20. Jahrhunderts

Antisemitismus in Deutschland
Zur Aktualität eines Vorurteils
Hrsg. v. Wolfgang Benz
dtv 3-423-04648-1

Peter Bender
Episode oder Epoche?
Zur Geschichte des geteilten Deutschland
dtv 3-423-04686-4

Wolfgang Benz
Feindbild und Vorurteil
Beiträge über Ausgrenzung und Verfolgung
dtv 3-423-04694-5

Martin Broszat
Der Staat Hitlers
dtv 3-423-30172-4

Marion Gräfin Dönhoff
Namen, die keiner mehr nennt
dtv 3-423-30079-5

Niall Ferguson
Der falsche Krieg
Der Erste Weltkrieg und das 20. Jahrhundert
dtv 3-423-30808-7

Alain Finkielkraut
Verlust der Menschlichkeit
Versuch über das 20. Jahrhundert
dtv 3-423-30790-0

Timothy Garton Ash
Zeit der Freiheit
Aus den Zentren des neuen Europa
dtv 3-423-30816-8

Lothar Gruchmann
Der Zweite Weltkrieg
dtv 3-423-04010-6

Eric Hobsbawm
Das Zeitalter der Extreme
Weltgeschichte des 20. Jahrhunderts
dtv 3-423-30657-2

Andrew Roberts
Churchill und seine Zeit
dtv 3-423-24132-2

Kurt Sontheimer
Antidemokratisches Denken in der Weimarer Republik
dtv 3-423-04312-1

Hermann Weber
Geschichte der DDR
Aktualisierte Ausgabe
dtv 3-423-30731-5

Jürgen Weber
Kleine Geschichte Deutschlands seit 1945
dtv 3-423-30830-3

Wissen zum Nachschlagen: dtv-Wörterbücher

Geologisches Wörterbuch
Von Hans Murawski
dtv 3-423-03038-0

Wörterbuch Chemie
Fachbegriffe, Abbildungen,
Tafeln · dtv 3-423-03360-6

Wörterbuch zur Astronomie
Von Joachim Herrmann
Zahlreiche Grafiken und
Tabellen · dtv 3-423-03362-2

Wörterbuch Geschichte
Von Konrad Fuchs und
Heribert Raab
dtv 3-423-03364-9

Wahrig – Wörterbuch der deutschen Sprache
Auf der Grundlage der neuen
amtlichen Rechtschreibregeln
dtv 3-423-03366-5
CD-ROM
dtv 3-423-52102-3

DIERCKE-Wörterbuch Allgemeine Geographie
Von Hartmut Leser
dtv 3-423-03421-1

Wörterbuch Kirchengeschichte
Von Georg Denzler und
Carl Andresen
dtv 3-423-32503-8

Wörterbuch Archäologie
Von Andrea Gorys
dtv 3-423-32504-6

Wörterbuch Medizin
Mit farbigen Abbildungen
dtv 3-423-32505-4

Etymologisches Wörterbuch des Deutschen
Hrsg. von Wolfgang Pfeifer
dtv 3-423-32511-9

Wörterbuch Physik
Von Pedro Waloschek
dtv 3-423-32512-7

Wörterbuch Psychologie
Von Werner D. Fröhlich
dtv 3-423-32514-3

Wörterbuch Synonyme
Von Herbert Görner und
Günter Kempcke
dtv 3-423-32515-1

Wahrig Fremdwörterlexikon
Von Renate Wahrig-Burfeind
dtv 3-423-32516-X

Wörterbuch Musik
Von Gerhard Dietel
dtv 3-423-32519-4

Wörterbuch Pädagogik
Von Horst Schaub und
Karl G. Zenke
dtv 3-423-32521-6

Wahrig Universalwörterbuch Rechtschreibung
Von Renate Wahrig-Burfeind
dtv 3-423-32524-0

Joseph Rovan im dtv

Geschichte der Deutschen
Von ihren Ursprüngen bis heute
dtv 3-423-30638-6

Zwei Jahrtausende deutscher Geschichte zeichnet Joseph Rovan in den großen Entwicklungslinien und Epochen nach. Er charakterisiert die Kräfte, die der Geschichte der Deutschen ihre besondere Dynamik gegeben haben.

»Ein ungewöhnlich kühnes und souveränes Buch, durch das der Verfasser seinen Anspruch auf Mitbesitz an der deutschen Geschichte, die, wie er sagt, ihm einst entrissen und verboten wurde, zum Ausdruck bringt.« *Michael Stürmer*

Im Zentrum Europas
Deutschland und Frankreich im
20. und 21. Jahrhundert
dtv premium 3-423-24205-1

Aus französischer und deutscher Sicht betrachtet Joseph Rovan die europäische Geschichte der vergangenen hundert Jahre, ausgehend von der Regierungszeit Otto von Bismarcks. Für die Zukunft entwirft der bekannte Historiker das Bild eines geeinten und starken Europa, das im Konzert der Weltmächte eine wichtige Rollen spielen kann, wenn es gelingt, die Lehren aus der bewegten Vergangenheit zu ziehen.

Geschichten aus Dachau
dtv 3-423-30766-8

Wie war ein Überleben unter den extremen Bedingungen des Konzentrationslagers möglich? Der bekannte Historiker Joseph Rovan beschreibt die Organisation des Überlebens, der gegenseitigen Hilfe und des Widerstands gegen die brutale Unterdrückung. Seine Geschichten beeindrucken nicht nur durch analytische Brillanz, sondern vor allem durch die große menschliche Wärme und Versöhnlichkeit, die aus ihnen spricht.

dtv-Atlanten

informativ, zuverlässig, handlich und preisgünstig

dtv-Atlas Akupunktur
von C.-H. Hempen
dtv 3232

dtv-Atlas Anatomie
von W. Kahle,
H. Leonhardt und
W. Platzer
3 Bände · dtv/Thieme
3017/3018/3019

dtv-Atlas Astronomie
von J. Herrmann
Mit Sternatlas
dtv 3006

dtv-Atlas Atomphysik
von B. Bröcker
dtv 3009

dtv-Atlas Baukunst
von W. Müller
und G. Vogel
2 Bände
dtv 3020/3021

dtv-Atlas Biologie
von G. Vogel und
H. Angermann
3 Bände
dtv 3221/3222/3223

dtv-Atlas Chemie
von H. Breuer
2 Bände · dtv 3217/3218

dtv-Atlas Deutsche Literatur
von H. D. Schlosser
dtv 3219

dtv-Atlas Deutsche Sprache
von W. König
dtv 3025

dtv-Atlas Englische Sprache
von W. Viereck, K. Viereck
und H. Ramisch
dtv 3239

dtv-Atlas Ernährung
von G. Hauber-Schwenk
und M. Schwenk
dtv 3237

dtv-Atlas Erste Hilfe
von H. Karutz und
M. von Buttlar
dtv 3238

dtv-Atlas Informatik
von H. Breuer
dtv 3230

dtv-Atlas Mathematik
von F. Reinhardt
und H. Soeder
2 Bände
dtv 3007/3008

dtv-Atlanten

dtv-Atlas Musik
von U. Michels
2 Bände
dtv 3022/3023

dtv-Atlas Namenkunde
von Konrad Kunze
dtv 3234

dtv-Atlas Ökologie
von D. Heinrich
und M. Hergt
dtv 3228

dtv-Atlas Pathophysiologie
von S. Silbernagel
und F. Lang
dtv 3236

dtv-Atlas Philosophie
von P. Kunzmann,
F.-P. Burkhard und
F. Wiedmann
dtv 3229

dtv-Atlas Physik
von H. Breuer
2 Bände
dtv 3226/3227

dtv-Atlas Physiologie
von S. Silbernagl und
A. Despopoulos
dtv/Thieme 3182

dtv-Atlas Psychologie
von H. Benesch
2 Bände
dtv 3224/3225

dtv-Atlas Stadt
von J. Hotzan
dtv 3231

dtv-Atlas Weltgeschichte
von W. Hilgemann
und H. Kinder
2 Bände
dtv 3001/3002

Der Kleine Pauly
Lexikon der Antike

**Das klassische
Nachschlagewerk
in fünf Bänden**

dtv 3-423-05963-X

Dieses vielseitige Lexikon reicht von der Vor- und Frühgeschichte bis zum Weiterleben der Antike, von Mythen und Sagen bis zu den Kirchenvätern. Artikel zur Rechtswissenschaft, zur Tier- und Pflanzenkunde, zur vergleichenden Sprachforschung, zur Musik und zur Mathematik runden das Standardwerk ab.

Auf der Grundlage von ›Pauly's Realencyclopädie der classischen Altertumswissenschaft‹ bearbeitet und herausgegeben von Konrat Ziegler, Walther Sontheimer und Hans Gärtner.

5 Bände mit Abbildungen und Karten, 12 700 Stichwörtern und zahlreichen Literaturangaben.

»Niemals wird der Benutzer mit trockenen Zusammenstellungen oder Literaturhinweisen abgespeist:
Jeder Beitrag ist ein lebendig geschriebener Forschungsbericht.«
Die Welt

Hagen Schulze
Kleine deutsche Geschichte
dtv 3-423-30703-X

Wer die Gegenwart verstehen will, muß die Vergangenheit kennen. Nach den turbulenten Entwicklungen der letzten Jahre mit der Entstehung eines neuen deutschen Nationalstaats und auch im Hinblick auf die Zukunft in der EU ist das wichtiger denn je. Dem Autor ist es gelungen, 2000 Jahre deutscher Geschichte von den Anfängen bis zur Vereinigung des geteilten Deutschland im Jahre 1990 zusammenzufassen, in ihren Grundzügen darzustellen und alle wesentlichen Aspekte prägnant und anschaulich zu schildern. Gebündelte Information führt so zu solidem Wissen.

»Eine deutsche Geschichte, wie sie das Publikum lange nicht hatte: knapp, temperamentvoll, modern...«
Frankfurter Allgemeine Zeitung

»Schulze zeigt einmal mehr, daß große Geschichtsschreibung nicht unverständlich sein muß.«
Die Welt

»...die großen Linien, die oft zupackende, pointierte und überdies flüssige Darstellung machen die anregende Lektüre des Buches für jeden Leser zu einem Gewinn.«
Rheinischer Merkur